A PROVA
NO PROCESSO
ADMINISTRATIVO
TRIBUTÁRIO

Preencha a **ficha de cadastro** no final deste livro
e receba gratuitamente informações
sobre os lançamentos e as promoções da
Editora Campus/Elsevier.

Consulte também nosso catálogo
completo e últimos lançamentos em
www.campus.com.br

MARCIO PESTANA

A PROVA
NO PROCESSO ADMINISTRATIVO
TRIBUTÁRIO

© 2007, Elsevier Editora Ltda.

Todos os direitos reservados e protegidos pela Lei nº 9.610, de 19/02/1998.
Nenhuma parte deste livro, sem autorização prévia por escrito da editora,
poderá ser reproduzida ou transmitida, sejam quais forem os meios empregados:
eletrônicos, mecânicos, fotográficos, gravação ou quaisquer outros.

Copidesque
Maria da Glória Silva de Carvalho

Editoração Eletrônica
SBNIGRI Artes e Textos Ltda.

Revisão Gráfica
Kátia Regina de Almeida Silva

Projeto Gráfico
Elsevier Editora Ltda.
A Qualidade da Informação
Rua Sete de Setembro, 111 – 16º andar
20050-006 – Rio de Janeiro – RJ – Brasil
Telefone: (21) 3970-9300 Fax (21) 2507-1991
E-mail: info@elsevier.com.br
Escritório São Paulo
Rua Quintana, 753 – 8º andar
04569-011 – Brooklin – São Paulo – SP
Telefone: (11) 5105-8555

ISBN: 978-85-352-2455-9

Muito zelo e técnica foram empregados na edição desta obra. No entanto, podem ocorrer erros de digitação,
impressão ou dúvida conceitual. Em qualquer das hipóteses, solicitamos a comunicação à nossa Central de
Atendimento, para que possamos esclarecer ou encaminhar a questão.
Nem a editora nem o autor assumem qualquer responsabilidade por eventuais danos ou perdas a pessoas ou bens,
originados do uso desta publicação.

Central de atendimento
Tel: 0800-265340
Rua Sete de Setembro, 111, 16º andar – Centro – Rio de Janeiro
e-mail: info@elsevier.com.br
site: www.campus.com.br

CIP-Brasil. Catalogação-na-fonte.
Sindicato Nacional dos Editores de Livros, RJ

P572p

    Pestana, Marcio
    A prova no processo administrativo-tributário: a teoria da comuni-
    cação / Marcio Pestana. – Rio de Janeiro: Elsevier, 2007.
    304 p. – (Jurídica)

    Inclui bibliografia
    ISBN 978-85-352-2455-9

    1. Processo tributário - Brasil. 2. Prova (Direito). I. Título.

07-0715.   CDU: 347.9:351.713(81)

À Maria Clara.
Sem seu incansável estímulo, incondicional apoio e, mesmo, sacrifício pessoal, não seria possível a realização desta obra.

O Autor

MARCIO PESTANA é Doutor e Mestre em Direito do Estado, pela Faculdade de Direito da Pontifícia Universidade Católica de São Paulo, pela qual se graduou em 1978. Professor de Direito Administrativo na Faculdade de Direito, da Fundação Armando Alvares Penteado. Sócio Efetivo do Instituto dos Advogados de São Paulo – IASP. Membro da International Fiscal Association – IFA. Autor das obras *O Princípio da Imunidade Tributária*, editada pela Revista dos Tribunais, e *A Concorrência Pública na Parceria Público-Privada (PPP)*, publicada pela Atlas. Sócio do escritório Pestana e Maudonnet – Advogados.

Endereço eletrônico: marcio.pestana@pestanaemaudonnet.com.br

Prefácio

A estratégia que o cientista do Direito opta para aproximar-se do objeto do conhecimento jurídico é algo que se situa no plano das cogitações epistemológicas, sendo tema da Filosofia. E muitas são as propostas cognoscentes apresentadas no curso da evolução da história. Todas elas, porém, sob certo ângulo de análise, podem ser agrupadas em algumas categorias, das quais saliento as que acentuam o caráter normativo do Direito, as que dão prioridade ao aspecto institucional, ao elemento relacional, ao Direito como sistema, destacando seus subsistemas, ao lado daqueloutras de timbre historicista, sociológico, antropológico ou de psicologia social. De fato, há muitos modos de ver e de tratar o fenômeno jurídico. Um deles, atualíssimo, diga-se de passagem, é o de considerá-lo um grande processo de comunicação, em que aparecem o editor da mensagem (norma jurídica), transmitindo-a ao receptor ou destinatário, pela utilização de um código comum, servindo-se de canal competente, tudo dentro de um contexto que envolve a integridade do acontecimento factual. As concepções que privilegiam o dado lingüístico inscrevem-se, sem dúvida, nesse âmbito largo da teoria do Direito como fenômeno de comunicação, se bem que uma implique a outra: tanto a linguagem importa a comunicação, como esta última pressupõe a primeira.

É preciso dizer, desde logo, que essas tomadas do Direito posto, circunscritas a um determinado espaço territorial e colhidas numa precisa unidade de tempo, não se excluem mutuamente. Bem analisadas e cuidadosamente articuladas, complementam-se, ampliando os horizontes de observação do jurista.

Márcio Pestana examina, neste livro, a aplicação da técnica comunicacional naquilo que diz respeito às provas que o processo administrativo-tributário prevê para julgar constituídos os fatos e as relações jurídicas que deles se irradiam. Um dos pontos fundamentais é a dicotomia fato/evento, plataforma sobre a qual se erguem construções originais, utilizadas como instrumentos valiosos para a exploração da matéria jurídica, marcada, até agora, pela reiteração de vetustas fórmulas de aproximação cognoscitiva.

Vem progredindo intensamente a pesquisa dos fenômenos comunicacionais em todos os segmentos da vida social. Seus vários aspectos, principalmente a informação, a persuasão, a documentação e a difusão cultural, têm servido como vetores dinâmicos e originais, fecundos na produção de proposições úteis e sobremodo interessantes para a investigação científica. E, quando tudo isso se volta ao estudo do Direito, torna-se auspicioso reconhecer o avanço da Dogmática e o inevitável proveito da doutrina especializada, esclarecendo e iluminando os caminhos da experiência jurídica.

Em boa hora, portanto, o autor, ilustre professor de Direito Administrativo, dá à edição esta obra que interessa a todos os setores do conhecimento jurídico, por tudo aquilo que representa a introdução de novos esquemas metodológicos num domínio acentuadamente conservador e resistente a outras propostas de aproximação.

Não posso menos do que recomendar, de maneira enfática, a leitura deste trabalho, elaborado com espírito de pesquisa e muita seriedade.

São Paulo, 25 de abril de 2006.

Paulo de Barros Carvalho
Titular de Direito Tributário da PUC/SP e da USP

Sumário

INTRODUÇÃO 1

CAPÍTULO I   A ADMINISTRAÇÃO PÚBLICA 7
1.   O Estado brasileiro 7
2.   A Administração Pública 9
3.   Administração Pública: sentido *objetivo* ou *substancial* 9
4.   Administração Pública: sentido *subjetivo* ou *formal* 14
5.   Administração Pública e a Constituição Federal 15
6.   Administração Pública direta e indireta 16
7.   Administração Pública e o Processo Administrativo-tributário 17
8.   Conclusões 18

CAPÍTULO II   O PROCESSO ADMINISTRATIVO-TRIBUTÁRIO 21
1.   Introdução 21
2.   O processo administrativo: a visão comunicacional 22
3.   Os agentes da comunicação processual administrativo-tributária 23
4.   O tráfego comunicacional 25
5.   O código jurídico-comunicacional 27
6.   O código comunicacional-processual 29
7.   A decisão 30
8.   Os princípios 32
9.   Os princípios constitucionais 33
     9.1.   O princípio da inafastabilidade do controle jurisdicional 34
     9.2.   O princípio do contraditório 36
     9.3.   O princípio da ampla defesa 40
     9.4.   O princípio do devido processo legal 44
10. Os princípios jurídicos infraconstitucionais 47
     10.1.   O princípio da acessabilidade à informação 47
     10.2.   O princípio da ampla instrução 50
     10.3.   O princípio da *verdade material* 52
     10.4.   O princípio da revisibilidade 54
     10.5.   O princípio da oficialidade 56
     10.6.   O princípio do formalismo moderado 58
     10.7.   O princípio da legalidade objetiva 60
11. Conclusões 61

CAPÍTULO III OS EVENTOS E OS FATOS JURÍDICOS 77

1. Introdução 77
2. Os eventos 77
   - 2.1. A ocorrência: a ação e a conduta 77
   - 2.2. Os objetos 79
   - 2.3. O tempo e o espaço 80
   - 2.4. As circunstâncias 81
   - 2.5. A síntese do evento 81
3. O fato jurídico 81
   - 3.1. Os fatos jurídicos *ontológico-comunicacionais* 83
     - 3.1.1. As presunções 83
     - 3.1.2. As ficções 86
     - 3.1.3. As presunções e as ficções: o processo administrativo-tributário 88
     - 3.1.4. A Administração Pública: as presunções e as ficções 90
     - 3.1.5. O fato jurídico deliberada ou involuntariamente *artificial* 90
     - 3.1.6. O fato jurídico: a ênfase comunicacional 92
4. Conclusões...93

CAPÍTULO IV A PROVA NO PROCESSO ADMINISTRATIVO-TRIBUTÁRIO......... 101

1. O contexto jurídico-comunicacional 101
2. O código jurídico-comunicacional 103
3. A Prova 105
4. A crise do código *verdade-falso*. O código *consistente-inconsistente* 107
5. A circunstância 108
6. *Situação de fato e situação de direito* 110
7. *O jogo comunicacional probatório* 112
8. A finalidade: a decisão 115
9. O agir probatório 118
   - 9.1. A recepção da mensagem comunicacional: a compreensão situacional do Administrado 121
   - 9.2. Uma tomada de posição situacional 122
   - 9.3. A emissão de mensagens comunicacionais.......................................123
     - 9.3.1. O esgrimir lingüístico nos códigos e nos subcódigos 125
10. As pistas comunicacionais processuais probatórias 127
    - 10.1. A forma da comunicação 127
    - 10.2. A comunicação *da comunicação* 130
    - 10.3. O tempo da comunicação 131
    - 10.4. O espaço e a comunicação...132
    - 10.5. O ônus na comunicação probatória 133
    - 10.6. A mensagem probatória proibida 137
    - 10.7. Os meios de prova 140
11. Conclusões 143

CAPÍTULO V   A MENSAGEM DE ATAQUE... 163

1. Introdução 163
2. A mensagem de ataque 164
   - 2.1. A mensagem de ataque: o antecedente 165
3. O ataque contra a conduta lícita 166

3.1.	O aspecto pessoal	168
	3.1.1. O receptor da mensagem de ataque	168
	3.1.2. A predicação do receptor	173
3.2.	A conduta	175
	3.2.1. O agir	176
	3.2.2. O objeto do agir	177
3.3.	A quantificação	178
3.4.	O aspecto espacial	181
3.5.	O aspecto temporal	182
4.	O ataque contra a conduta ilícita	183
4.1.	O aspecto pessoal	185
	4.1.1. O devedor	186
	4.1.2. A predicação do devedor	187
4.2.	A conduta	188
4.2.1.	O agir	188
	4.2.2. O objeto do agir	189
	4.2.3. O motivo do agir	190
	4.2.4. A circunstância envolvendo a conduta	192
4.3.	O aspecto espacial	193
4.4.	O aspecto temporal	194
5.	Conclusões	195

CAPÍTULO VI A MENSAGEM DE DEFESA E A TÉCNICA JURÍDICO-COMUNICACIONAL ... **209**

1.	Introdução	209
2.	As fases	209
3.	A fase da compreensão	210
3.1.	Conhecimento ou *reconhecimento* do código	211
3.2.	Situações de fato	211
4.	A fase estratégica	213
4.1.	A descoberta	213
4.2.	A invenção	214
4.3.	O raciocínio	215
5.	A fase comunicacional	216
5.1.	Técnica: demonstração ou argumentação	217
	5.1.1. A demonstração	217
	5.1.2. A argumentação	218
6.	A *técnica jurídico-comunicacional*	219
6.1.	A manipulação	222
6.2.	Os recursos lingüísticos	223
6.3.	A concisão	225
6.4.	O desprender-se da mensagem	226
6.5.	O contexto jurídico-comunicacional	228
6.6.	Os códigos relevantes	229

6.7.	O recorte da *situação de fato*	231
6.8.	As circunstâncias e os motivos	234
6.9.	As camadas de linguagem	235
6.10.	O estilo comunicacional	237
6.11.	As premissas consistentes	240
6.12.	A relevância	241
6.13.	A Composição	242
6.14.	A argumentação comunicacional	248
	6.14.1. As técnicas de ligação	249
	6.14.2. As técnicas de dissociação de noções	255
6.15.	As armadilhas comunicacionais	256
7.	Conclusões	260

BIBLIOGRAFIA **283**

Introdução

Defrontamo-nos com perplexidades que dizem respeito ao que se convenciona designar *provas*, especificamente aquelas que revelem ter alguma pertinência e relevância para serem carreadas a um processo administrativo que tenha por objeto uma discussão envolvendo a matéria tributária.

Animados com o propósito de razoavelmente diminuir a intensidade de tais perplexidades em relação a esta partícula integrante da complexa realidade jurídica, uma decisão radical se nos impõe: como examinar e de que maneira sistematicamente discorrer sobre este objeto de nossa preocupação? Isto porque, ao nos aproximar de qualquer coisa com preocupações cognoscentes, invariavelmente indagamos, com inquietação, acerca da maneira mais apropriada para realizar tal empreendimento.

Se fôssemos premiar o fator *segurança* como aquele que poderia nortear a nossa investigação, evidentemente revisitaríamos as manifestações já consagradas e sedimentadas, compondo a própria história do Direito no que pertine às provas, notadamente aquelas provenientes de doutrinadores de tomo dos domínios do Direito Civil, Direito Processual Civil, Direito Penal e Direito Processual Penal,[1] limitando-nos a transplantar para o reduto *administrativo-tributário*,[2] com os ajustes evidentemente necessários, semelhantes considerações já conhecidas por todos aqueles que se preocuparam em examinar as provas com a recomendável detença e com preocupação cognoscente, especialmente aquelas que dizem respeito às *espécies de provas, ônus da prova, meios de prova* etc.

Igualmente transitaríamos por solo mais seguro caso examinássemos e discorrêssemos sobre a prova no âmbito do processo administrativo-tributário, segundo uma ótica dogmática, ou seja, tomando o Direito posto como guia e fim em si mesmo para compreenderem-se as minúcias das disposições relativas a esse objeto cuidado pelo Direito, piso este que já foi intensamente percorrido.

---

[1] Como Nicola Bramarino dei Malatesta, Francesco Carnelutti, Giuseppe Chiovenda, Piero Calamandrei etc.

[2] Ao longo desta investigação faremos referência à expressão *administrativo-tributário*, assim como a outras palavras compostas, com o propósito de enriquecer a linguagem com *sínteses expressivas*. Cf. Chaïm Perelman e Lucie Olbrechts-Tyteca. *Tratado da argumentação: a nova retórica*, p. 457.

Embora pudessem ser mais seguros, evidentemente esta orientação não se compagina com o dever que temos de procurar, a cada intervenção, na realidade circundante, inovações e contribuições para enlevar a sociedade da qual tomamos parte.

Bem, por isso é que nos animamos a examinar as provas sob a ótica jurídico-comunicacional, dotada de valores próprios e inegável operatividade no mundo contemporâneo – que notoriamente gravita ao derredor do fenômeno comunicacional – potencialmente inseguro e riquíssimo na propulsão de mutações culturais, buscando problematizá-las, para melhor compreendê-las, indiscutivelmente com propósitos não só teoréticos, como igualmente práticos.

Proposto e aceito este desafio, parte a investigação de dois axiomas *fundantes*:

a) o primeiro, de que o homem é o centro de tudo, conferindo-se, à evidência, uma visão antropocêntrica ao desenvolvimento da investigação. Tal tomada de posição justifica-se, pois, a nosso ver, sem o homem não há realidade no sentido histórico-cultural, inexistindo, conseqüentemente, algo que faça sentido, muito menos a prova ou um processo administrativo-tributário;

b) o segundo, de que ele, homem, possui, a par doutros, um predicado especial que lhe confere aspecto singular, distintivo em relação a tudo o mais que o cerca, qual seja, a aptidão de protagonizar o *agir comunicacional*, para tanto dispondo de maneira também muito especial sobre a linguagem.

Deveras, desde que passou a ser estudada no pormenor, percebeu-se que a *função lingüística da representação de estados de coisas é um monopólio humano. Enquanto o ser humano partilha com os animais as funções apelativa e expressiva só a função representativa deve ser constituída da razão.*[3] E mais: *a utilização comunicacional de uma linguagem articulada em proposições que é específica da nossa forma de vida sociocultural e que constitui o grau da reprodução social genuína de vida.*[4]

O homem sem linguagem empobrece-se, reduzindo-se a um dado objetal. Tal percepção, cremos, permitiu que se afirmasse que *os limites da minha linguagem significam os limites de meu mundo.*[5] Assim, se nada posso dizer sobre os objetos, sobre os eventos, sobre o que quer que seja, o meu mundo não os hospeda, logo, às últimas, sem a linguagem, o meu mundo é tão-somente o de um ser biologicamente *vivo*.

O fenômeno da linguagem é que tira a sua própria validade, não dependendo de elementos ou fatores exógenos, interessando-nos, aqui, sobretudo, as suas funções pragmática e semântica, sem qualquer menosprezo à função sintática, indissociável do texto.[6]

---

[3] Jürgen Habermas. *O Discurso Filosófico da Modernidade*, p. 289.

[4] Ibid., op. cit.

[5] Ludwig Wittgenstein. *Tractatus Logico-Philosophicus*, p. 245.

[6] Trazemos para o âmbito comunicacional as três áreas examinadas pela semiótica: *sintaxe*, como a conexão de signos com outros signos; *semântica*, como a conexão de signos com objetos; *pragmática* como a conexão de signos com os seus utentes, especialmente sob o prisma comportamental.

Ademais, interessa-nos examinar a linguagem introduzida num palco comunicacional, a partir de diversas mensagens[7] reconhecíveis através de emblemas com que a própria sociedade jurídica as qualifica e identifica, sob nomenclaturas *como princípios, normas, leis, atos administrativos, decisões judiciárias* etc., as quais materializam mensagens que repercutem no ambiente jurídico-comunicacional.

Tais enunciados são manuseados por entidades previamente credenciadas para este agir, daí ser imprescindível discorrermos sobre a Administração Pública e os instrumentos jurídicos que são no seu entorno utilizados para conferir concretude às mensagens de largo espectro que são diuturnamente lançadas no contexto jurídico.

Neste particular, especial atenção nos ocupa a matéria processual-tributária que se encontre sob discussão num ambiente hostil, em que os co-partícipes tenham posições antagônicas, desejando obter em determinado instante uma decisão que termine a controvérsia, para tanto realçando-se determinados aspectos que dizem respeito à dinâmica pragmática do processo administrativo-tributário, haja vista as repercussões que acarretam nas discussões em torno do litígio instalado naquele domínio.

Deixar-se-á, portanto, deliberadamente para outra oportunidade, considerações especificas sobre o processo judicial tributário, sobre a natureza jurídica do tributo, sobre os critérios informadores do tributo etc. Da mesma maneira, será irrelevante se o resultado obtido no processo administrativo será ou não mantido, se o interessado recorrerá à esfera judicial para modificar o decisório administrativo etc., haja vista que tais indagações transcendem ao nosso estudo.

Prosseguindo, ingressaremos no exame do efetivo núcleo da investigação, para tanto, cuidadosamente examinando o fato jurídico em toda a sua particular compleição. Indagaremos dos aspectos comportamentais do homem, não só no tocante a sua exteriorização, quanto a sua interiorização, os quais integradamente compõem o assento pragmático da comunicação. Da mesma maneira cuidaremos, com redobrada atenção, do contexto, das circunstâncias e dos códigos comunicacionais, que papel de destaque possuem no tráfego comunicacional, extremamente valiosos para problematizar e divisar, no pormenor, a distinção entre *situações de fato* e *situações de direito*, que tantas polêmicas já trouxeram e continuam trazendo aos operadores do Direito.

A partir de tais considerações, e à vista do contexto jurídico brasileiro, examinaremos dois conjuntos de mensagens essenciais para o processo administrativo-tributário: (a) a *mensagem de ataque*, e (b) a *mensagem de defesa*.

A *mensagem de ataque* é aquela proveniente da Administração Pública que pretende exigir do Administrado o cumprimento de determinada obrigação de

---

[7] As mensagens ou enunciados são aquelas proposições lingüísticas com a vocação de interferir nas relações intersubjetivas.

natureza tributária; a *de defesa*, a sua vez, materializa a insurgência do Administrado em relação à pretensão da Administração Pública emissora da *mensagem de ataque*.

Cada uma destas mensagens essenciais ao processo administrativo-tributário possui características peculiares, que vão desde o manuseio diferençado da linguagem, o objeto ao qual se referem e a finalidade almejada, até as repercussões que cada uma destas comunicações acarreta no ambiente jurídico.

Para desempenhar tal campanha, além de utilizar a linguagem na função descritiva, como, aliás, é próprio da ciência, procurando surpreender o Direito brasileiro em sua larga acepção (legislativa, jurisprudencial, doutrinária, axiológica etc.), adotaremos, no entanto, a linguagem também na sua função persuasiva, pois, ainda que não seja este o propósito visado, mediatamente pretende-se captar, ao menos, a compreensão do interlocutor desta exposição.

As conclusões a que chegamos melhor poderiam ser designadas como *assentamentos momentâneos* acerca de algum aspecto examinado ao longo da investigação realizada. O caráter que revela a precariedade extraível a partir desta expressão justifica-se, pois a revisitação que fazemos em relação às nossas conclusões de outrora leva-nos à conclusão – esta, efetivamente, uma *conclusão* genuína, em sentido estrito – de que o passar do tempo e as modificações que sofremos em relação ao nosso pensar, independentemente das mutações havidas nos referentes e nos circundantes, promovem revisões e reacomodações infindáveis nas nossas então *conclusões*, inclusive em razão de elas – *conclusões* –, ao serem emitidas, de nós desprenderem-se e passarem a integrar um duto comunicacional que propiciará a realização de outras leituras, doutras interpretações, por vezes até frontalmente diferentes daquelas que tenham sido visualizadas nos instantes que precederam a sua emissão.

Segundo a técnica jurídico-comunicacional que preconizamos ao longo desta obra, mas, sobretudo, a partir do exame que empreendemos em relação ao processo administrativo-tributário, impõe-se-nos lançar, com a concisão que a complexidade do tema nos permite, as *conclusões* a que chegamos sobre as provas no âmbito do processo administrativo-tributário, realizando um recorte sobre uma explanação que em si só já é um recorte da realidade lingüística que, a sua vez, é fragmento da realidade circundante; consubstancia-se num *convite lingüístico* a que certos assentamentos pousados em linguagem capturem a atenção do ainda *desinteressado*, para convertê-lo na categoria dos *interessados*, animando-o a ingressar nos labirintos do exame por nós empreendido, aumentando, com isto, a probabilidade de que se possa seduzi-lo a ler, compreender e, sobretudo, criticar esta obra, que não é, sabe-se, modesta ou exuberante, aprofundada ou rala, mas simplesmente compatível com as possibilidades e a capacidade do emissor destas *mensagens conclusivas*, as quais poderão merecer expansão ou sofrer constrição por parte dos destinatários da mensagem, enaltecendo, assim, o agir que tem lugar no plano repercussional.

Como conseqüência, ter-se-á à mão uma exposição que tanto enaltecerá a função persuasiva, quanto *descritiva* da linguagem: (a) *persuasiva* por, ainda que subrepticiamente, pretender repercutir no mundo do homem, captando a sua simpatia, e, quiçá, obtendo a sua adesão acerca de uma determinada forma de pensar e de agir; (b) *descritiva*, por procurar examinar e relatar os aspectos de maior pertinência e relevo envolvendo as provas, tais como se nos apresentam, o que, sabemos, é extremamente difícil, pois as palavras e expressões referem-se a qualquer coisa e, se não houver um compromisso do seu emissor em utilizá-las com parcimônia e esmero, o resultado poderá comprometer, com viços de prejudicialidade, as expectativas previamente almejadas.

Ainda que não se obtenha consenso – o que de pronto, sabe-se, probabilisticamente, é de todo mais provável não ocorrer –, pretende-se, ao menos, sensibilizar-se os interessados e estudiosos para as distorções que as mensagens jurídicas proporcionam ao transitarem pelo duto do processo administrativo-tributário, tornando evidente que, por vezes, não basta conhecer-se todos os dispositivos dogmáticos aplicáveis ao caso concreto ou igualmente dominar em detalhes os eventos ocorridos. É preciso conhecer e dominar a *técnica jurídico-comunicacional*, sob pena de não se obter, no plano concreto repercussional, habitado pela decisão terminativa, um entendimento conveniente ao interessado.

Capítulo I

A Administração Pública

1. O Estado brasileiro

Vemos o *Estado* como a entidade jurídica que regula, sobretudo, as relações sociais e econômicas dos integrantes de uma determinada população, num determinado território. A Constituição, a seu turno, como o conjunto de enunciados ou mensagens jurídicas que permite ordenar os elementos do Estado, a saber: o *povo*, o *território* e o *poder.*

Para nós, *povo* exprime a idéia de conjunto de pessoas vinculadas de forma institucional e estável a uma determinada ordem jurídica,[8] enquanto *território* é a unidade jurídica – não necessariamente geográfica ou natural – onde validamente incidem as prescrições provenientes do Estado. "O modo de exercício do poder político em função do território dá origem ao conceito de *forma de Estado*", sob a ótica estrutural.

> Se existe unidade de poder sobre o território, pessoas e bens, tem-se *Estado unitário*. Se, ao contrário, o poder se reparte, se divide, no espaço territorial (divisão espacial de poderes), gerando uma multiplicidade de organizações governamentais, distribuídas regionalmente, encontramo-nos diante de uma *forma de Estado composto*, denominado *Estado federal* ou *Federação de Estados.*[9]

O Brasil adota regime federativo *peculiar*, posto que é integrado pela união indissolúvel dos Estados, Municípios e Distrito Federal.[10] Em outras palavras, os Municípios, no Brasil, não são considerados uma mera divisão política e administrativa do Estado-membro, constituindo-se, sim, em elementos indissociáveis da federação brasileira.

Em matéria de organização do Estado, observa-se que o Brasil prestigia o princípio da autonomia da União, dos Estados, do Distrito Federal e dos Municípios, segundo recorte de competências empreendido no plano constitucional, a rigor do

---

[8] Paulo Bonavides, *Ciência Política*, p. 68.
[9] Cf. José Afonso da Silva, *Curso de Direito Constitucional positivo*, p. 92.
[10] Art. 1, da Constituição Federal.

conteúdo do art. 18, da Constituição Federal. São esses, portanto, os protagonistas da organização político-administrativa do Estado brasileiro.

Prosseguindo, e, agora, cercando o terceiro elemento do Estado, vê-se que o *poder* "representa sumariamente aquela energia básica que anima a existência de uma comunidade humana num determinado território, conservando-a unida, coesa e solidária".[11]

Tal poder, não obstante seja uno e incindível, admite, entretanto, ter repartido o exercício de algumas funções que lhe são essenciais, tendo sido tal diretriz adotada no Brasil, para tanto autorizando-se a Carta Constitucional a expressamente prescrever: *são poderes da União, independentes e harmônicos entre si, o Legislativo, o Executivo e o Judiciário,*[12] determinação esta, aliás, considerada *cláusula pétrea*, a rigor do art. 60, § 4, III, da própria Constituição Federal.

Trata-se da hospedagem constitucional brasileira da concepção originariamente já desenvolvida por Aristóteles[13] e John Locke,[14] que ganhou notável impulso pela clareza e precisão com que Montesquieu[15] a esquadrinhou, não obstante tenha sofrido, naturalmente, subseqüentes refinamentos e aperfeiçoamentos, notadamente com a incidência dos vetores *tempo, ideologia* etc.

Seja como for, o Brasil adota, fundamentalmente, esta *repartição de poderes* entre Legislativo, Executivo e Judiciário, competindo a cada um deles o exercício *preponderante* das funções que originariamente lhes foram endereçadas.

Assim, ao Legislativo compete, *fundamentalmente*, a produção de veículos transportadores de enunciados que promovam a renovação diuturna do contexto jurídico; ao Executivo, *precipuamente*, o exercício da função de dar cumprimento às prescrições alojadas nos veículos comunicacionais produzidos pelo legislativo, dar cumprimento e efetividade às decisões proferidas no Judiciário, e incessantemente perseguir e voltar-se para o atingimento do quanto seja considerado *interesse público* e *coletivo*, quer sob a ótica administrativa, quer sob o prisma das posições de Governo; ao Judiciário, finalmente, compete, *fundamentalmente*, examinar situações controversas, compondo conflitos e aplicando regras jurídicas a casos concretos, sejam individuais, sejam difusos.

Ao consignar-se, de maneira evidente, tais advérbios,[16] quer-se deixar claro que tais repartições de funções não são estanques ou genuína ou exclusivamente puras. Deveras, atualmente admite-se, em conformidade com o requadro constitucional, que uma função, aparentemente vocacionada para um determinado *poder*, seja exercida por outro *poder*.

---

[11] Paulo Bonavides, *Ciência Política*, p. 107.

[12] Art. 2, da Constituição Federal.

[13] Aristóteles vislumbrou a tripartição entre Poderes Deliberativo, Executivo e Judiciário. *A Política*, p. 127-143.

[14] John Locke divisou os Poderes Legislativo, Executivo e Federativo. *Dois Tratados sobre o Governo*, p. 502-517.

[15] Charles-Louis de Secondat, Barão de La Brède e de Montesquieu. *Espírito das Leis*.

[16] Preponderantemente, fundamentalmente e precipuamente.

Capítulo I • A Administração Pública | 9

Citem-se, neste sentido, colhidas do exemplário constitucional, a autorização concedida ao Presidente da República para editar Medidas Provisórias, *com força de lei* (art. 62), ou elaborar leis delegadas (art. 68); ou a competência atribuída ao Supremo Tribunal Federal para confeccionar lei complementar para dispor sobre o Estatuto da Magistratura (art. 93); ou, ainda, a competência atribuída ao Senado Federal para julgar o Presidente da República nos crimes de responsabilidade (art. 86).

Assim, à vista do sumariamente exposto, constata-se que a ordem jurídico-constitucional brasileira evidencia que o Estado brasileiro (i) adota a organização político-administrativa da qual participam a União, Estados, Distrito Federal e Municípios; e (ii) estabelece a repartição de poderes, distribuindo-se o exercício das funções que lhe são inerentes ao Legislativo, ao Executivo e ao Judiciário.

Não se cogita, portanto, de hierarquia ou supremacia de uma pessoa política de Direito Constitucional interno sobre a outra; muito menos admite-se a supremacia de um poder em relação a outro poder. O que se tem à fronte e à evidência é o Estado brasileiro, ordenado pela Constituição Federal de 1988, aparelhando pessoas e atribuindo-se-lhes funções, para o exercício do poder, segundo disposições democraticamente assentadas.

2. A Administração Pública

A partir desta visão paisagística do Estado brasileiro, desce-se ao exame do reduto ocupado pela Administração Pública, o qual admite ser examinado sob os ângulos *objetivo* ou *material* e *subjetivo* ou *formal*.

Considera-se Administração Pública, sob a ótica *objetiva ou substancial*, o exercício da função administrativa em si, ou seja, no que lhe seja essencial, encargo que compete, predominantemente, ao Poder Executivo; já, sob o prisma *subjetivo ou formal*, vê-se a Administração Pública como o conjunto de pessoas jurídicas, órgãos e agentes públicos que têm o objetivo de exercer a função administrativa.

3. Administração Pública: sentido *objetivo* ou *substancial*

A tripartição de poderes, como vimos, é a possibilidade que se abre ao Estado de organizar e distribuir, mediante a outorga de competências, o exercício das suas funções, as quais, fundamentalmente, são agrupadas em legislativas, judiciárias e executivas, cada uma delas tendo a sua ênfase, o seu predomínio, o traço que mais as impressiona.

Assim, é inegável que a função legislativa seja reconhecida pela característica marcante de estar vocacionada a introduzir modificações num contexto jurídico, produzindo ou suprimindo enunciados que a todos possui a inegável destinação de obrigar ou desobrigar. Contudo, além dessa que ocupa, de maneira predominante, a atenção de todo o aparelhamento estatal legislativo, no plano federal representado pelo Congresso Nacional, no estadual, pela Assembléia Legislativa, no distrital, pela Câmara Legislativa, e nos Municípios, pela Câmara dos Vereadores, a par do exercício dessa função poder-se-ia dizer *finalística*, este aparelhamento pratica atos de administração em sentido estrito, instrumentalizadores das suas finalidades, como adquirir cadeiras, canetas, papel, material de informática etc. para que os Senadores, Deputados Federais, Deputados Estaduais, Deputados Distritais e Vereadores, assim como o pessoal que os assessora e os assiste, possam exercitar, concretamente, o seu dever. Da mesma maneira, o Poder Legislativo exerce o controle do pessoal que presta serviços às Casas Legislativas, inclusive aplicando-lhes sanções no caso de descumprimento das obrigações que lhes competem.

Assim, como se observa, há, no âmbito do Poder Legislativo, o exercício de *atividades-meio*, isto é, instrumentalizadoras daquelas que *finalisticamente* predominam nos seus domínios, que têm o propósito de inovar o ordenamento jurídico, mediante a produção de mensagens jurídicas.

No Poder Judiciário, o cenário não é diferente. Sabe-se, como antes já se indicou, que o Poder Judiciário tem a função precípua de compor interesses conflitantes, mediante o assentamento de posições contrapostas, com a força própria da coisa julgada. Para que isto ocorra, contudo, tal qual no âmbito do Poder Legislativo, pratica, o Poder Judiciário, atos de administração, ou *atos-meio*, ocupando-se de temas que lhes serão valiosos para o atingimento dos seus objetivos *finalísticos*.

Assim, quando nos encontramos nas instalações de um Tribunal, bem podemos divisar que diversas atividades são ali desenvolvidas, todas elas de maneira instrumentalizadora, de maneira que permita que os Juízes, Desembargadores e Ministros possam dirimir as controvérsias que são submetidas a seu exame: a forma de ordenação do protocolo, o horário de funcionamento do distribuidor, a disposição dos cartórios nos andares, os letreiros de direção com plaquetas indicativas das instalações, o tráfego de elevadores etc. constituem providências que não podem ser consideradas jurisdicionais, mas, sim, administrativas, ou seja, freqüentadoras da noção de Administração Pública, em seu sentido mais lato.

Já no tocante ao Poder Executivo, observa-se que a sua *função finalística* desdobra-se na prática de atos de governo e de administração. Os atos de governo têm a ver com *a tomada de decisões fundamentais à vida da coletividade, com vistas até o seu futuro; administração significa realizar tarefas cotidianas e simples. Também se diz que o governo é dotado de função primordialmente política e fixa as diretrizes da vida associada, cabendo à Administração a tarefa de simples cumprimento de tais diretrizes; nessa linha, a Administração apareceria como dependente do governo ou submetida às diretrizes do governo.*[17]

---

[17] Odete Medauar, *Direito Administrativo Moderno*, p. 50.

Nos domínios do Poder Executivo, portanto, há o exercício de ambas as funções, observando-se, contudo, que a atividade de administração possui o traço marcante da *instrumentalidade*, ou seja, de cuidar dos meios para que determinadas finalidades sejam alcançadas, quer em obediência às diretrizes governamentais tomadas no âmbito do próprio Poder Executivo (*v.g.* apreensão de veículos em uma *blitz*, realização de campanhas de vacinação), quer em atendimento a determinações provenientes do Poder Legislativo (*v.g.* elaboração de formulários adequados para o tabulamento de dados numa votação, cujas diretrizes encontrem-se fixadas em lei), quer em respeito a determinações originadas do Poder Judiciário (*v.g.* liberação de gêneros alimentícios apreendidos).

Especificamente no que se refere ao exercício da função no âmbito do Poder Executivo, aspecto de maior relevo para o presente trabalho, observa-se que invariavelmente a sua prática tem em mira o *interesse público*.

A respeito, concordamos com Celso Antonio Bandeira de Mello, que nos esclarece que *o interesse público deve ser conceituado como o interesse resultante do conjunto de interesses que os indivíduos pessoalmente têm quando considerados em sua qualidade de membros da Sociedade e pelo simples fato de o serem.*[18]

Os indivíduos, singularmente considerados, possuem seus próprios interesses, às vezes, colidindo com os de terceiros, às vezes, com estes coincidentes.

A conjugação destes interesses individuais, ainda que convergentes ou divergentes entre si, faz nascer uma categoria especialíssima de interesse: o coletivo. O interesse coletivo representa a vontade de todos aqueles que integram este *ser plural sociedade.*

Esta vontade coletiva, portanto, consubstancia o *interesse público*, expressão que equivale à aspiração de toda a coletividade. Valores e objetivos, coletivamente considerados, constituem-se, à evidência, o cerne do interesse público.

Porém, quando tais interesse e valores são objeto das mensagens jurídicas, ou seja, são reconhecidos pelo Direito e, por ele, conseqüentemente, imantados de juridicidade, vê-se aflorar o conceito jurídico-positivo de interesse público: aquele descrito no ordenamento jurídico, o qual deve ser perseguido, tanto pela Administração Pública, quanto por particulares.

A partir destas considerações, permitem-se consignar os seguintes registros que mais de perto apresentam interesse: (i) nem tudo que a Administração Pública pratica, o faz em prol do interesse público; (ii) o interesse público pode contrariar o interesse particular.

---

[18] *Curso de Direito Administrativo*, p. 53.

(i)   Nem tudo que a Administração Pública pratica, ela o faz em prol do interesse público.

Realmente, vezes há que a Administração Pública, no desempenho dos seus deveres, adota posições francamente contrárias ao interesse público. No Brasil, já se observaram, com alguma freqüência, iniciativas de secretarias responsáveis em promover a arrecadação tributária, chegando a editar atos administrativos que excedem os limites fixados na lei, reveladora de voracidade arrecadatória que ultrapassa os perímetros estabelecidos pelo povo, através das respectivas Casas Legislativas.

Outras tantas vezes vemos as pessoas políticas de Direito Constitucional interno procrastinar o pagamento de precatórios ou de repetições de indébito de natureza tributária, não importa sobre quais ou tais justificativas, em evidente afronta ao interesse público, desprestigiando, com sobras, a própria estrutura jurídica especialmente concebida para tutelar e regrar o pagamento destes créditos.

Assim, são diversos os exemplos e as situações em que a Administração – permita-se dizer – chega a afrontar o interesse público, defendendo *interesses secundários*, interesses próprios, e não os *interesses primários* ou públicos, conforme já identificado pela doutrina.[19]

Este aspecto, convém sublinhar, apresenta-se bastante relevante no processo administrativo-tributário, pois a dirimência, no âmbito administrativo, de controvérsias, imprescindivelmente, exige que o agente e o órgão adotem comportamento em estrito atendimento ao interesse público, não privilegiando este nem aquele, mas, sim, dando cumprimento ao que prescrevem as determinações jurídicas aplicáveis, efetivamente concretizando, assim, o interesse coletivo, como já sublinhado.

(ii) *O interesse público pode contrariar o interesse particular*

Não temos a menor dúvida em dizer que o interesse do indivíduo, particularmente considerado, num primeiro lance, pode, por vezes, ser contrário ao interesse coletivo. Contudo, se analisarmos a situação com redobrada atenção e detença, observaremos que o interesse individual deve *conformar-se* ao coletivo, mas não com ele colidir.

Saquemos o tombamento como exemplo. O interesse coletivo inegavelmente defende a preservação da nossa memória e do nosso passado. Podem, até, alguns, com vocação que poderia ser alcunhada de *progressista*, tolerar a destruição dos registros do passado, como forma de nos impulsionar para o futuro despidos de valores e preconceitos, mais bem aparelhados sob esta ótica, para dar ênfase à nossa genialidade para empreender.

---

[19] Celso Antonio Bandeira de Mello, *Curso de Direito Administrativo*, p. 58.

Não é, contudo, o que prevalece, ao menos aqui, no Brasil. O interesse coletivo, no ponto não só filosófica, histórica ou sociologicamente considerado, mas, sobretudo, juridicamente tomado em consideração, defende a preservação de nossa memória e de nossa história, merecendo, inclusive, prestígio constitucional.[20]

Poderá ocorrer – e, efetivamente, tal se dá – que o proprietário de um imóvel defenda, como cidadão, o direito ao tombamento, tal qual configurado em lei. Contudo, este mesmo defensor do direito *em tese*, sendo proprietário, *in concretu*, de um imóvel com reconhecido valor histórico e artístico, caso o veja ser tombado, não podendo mais dele dispor como até então lhe aprouvera, passa a divergir da vontade coletiva. Seu interesse individual, à evidência, será *diferente* daquele adotado pela coletividade.

No campo tributário, o *conflito* é mais do que evidente e profuso. Confessamos não conhecer pessoa física ou jurídica que, no Brasil, apresente-se satisfeita em recolher tributos, ao menos, no que se refere à carga exuberante com que vem sendo atualmente exigida dos contribuintes. A oposição do interesse público em relação ao interesse individual é marcante no âmbito do Direito Tributário, o que suscita, iterativamente, controvérsias que são levadas à Administração Pública para serem solvidas.

Seja como for, o interesse da coletividade ou interesse público tal qual previsto no ordenamento jurídico[21] – e não o individual –, contudo, é que deve prevalecer. O interesse individual deve, necessariamente, curvar-se à vontade coletiva.

Assim, à vista do exposto, pode-se agora vislumbrar a Administração Pública, em sentido objetivo, como a expressão que representa as atividades que o Estado promove, com ênfase nos domínios do Poder Executivo, para a consecução dos interesses públicos, as quais admitem ser agrupadas em atividades de *fomento*, *polícia administrativa* e *serviço público*.[22]

Atividades de fomento são aquelas voltadas ao estímulo de iniciativas que se revertam em favor do interesse público, caso dos incentivos fiscais concedidos a certos empreendimentos, financiamento a determinadas atividades, outorga de subvenções, realização de desapropriações que favoreçam específicas associações sem fins lucrativos, mas em favor da coletividade etc.

Atividades de polícia administrativa, por sua vez, são aquelas limitações impostas às liberdades e ao direito de propriedade dos indivíduos e que, dentre

---

[20] Art. 216 da Constituição Federal.

[21] *Ordenamento jurídico* aqui referido, não só no que toca às normas jurídicas emitidas pelo Poder Legislativo, mas, inclusive, no que se refere às decisões tomadas no âmbito do Poder Judiciário, que promovem modificações no conteúdo das mensagens produzidas pelo Poder Legislativo e, mesmo, daquelas impulsionadas inicialmente pelo Chefe do Poder Executivo, caso das Medidas Provisórias, afastando vícios de inconstitucionalidade ou, mesmo ilegalidade que as gravam.

[22] Maria Sylvia Zanella di Pietro, *Direito Administrativo*, p. 59.

outras possibilidades, admitem a cobrança de taxa, espécie de tributo, pela União, Estados, Distrito Federal e Municípios, em razão do exercício do poder de polícia.[23]

Finalmente, por *serviço público* compreende-se a atividade prestada pelo Estado ou por quem lhe faça as vezes, submetida a regime de Direito Público, que tenha o objetivo de oferecer utilidades e proporcionar comodidades aos administrados, em conformidade com os valores coletivos alojados na ordem jurídica.

4. Administração Pública: sentido *subjetivo* ou *formal*

O Poder, cujo exercício de funções é tripartido, como já visto, para ser efetivamente implementado, enfatizando-se, no ponto, o Poder Executivo, conta, mais das vezes, com a presença dos seguintes personagens: *pessoas jurídicas, órgãos* e *agentes públicos.*

Por *pessoas jurídicas,* pode-se adotar a orientação estabelecida no art. 41, do Código Civil, que prescreve ser pessoas jurídicas de Direito Público interno a União, os Estados, o Distrito Federal e os Territórios, os Municípios, as autarquias e as demais entidades de caráter público criadas por lei, assim como, de outro lado, as pessoas jurídicas de Direito Privado, que integrem a chamada Administração Pública indireta. Todas estas possuem a marcante condição de serem titulares de direitos e obrigações, os quais, de certa maneira, referem-se ao interesse público, ao interesse coletivo.

Órgãos, a sua vez, *são unidades de atuação, que englobam um conjunto de pessoas e meios materiais ordenados para realizar uma atribuição predeterminada.*[24] Quando se fala, no âmbito publicista, de *órgãos públicos,* quer se referir a certas unidades que possuem atribuições específicas, no âmbito público, sem, contudo, serem titulares de direitos e obrigações. É o caso de uma Delegacia Regional que pertence e é parte integrante da Administração de um Estado. A ênfase, portanto, é de ser parte de um todo, amplo, este sim, contendo a aptidão de pugnar por direitos e atender às obrigações de que é titular.

Finalmente, revela-se, de clareza meridiana, consignar que não há atividade do Estado sem que se contenha a presença de um ser humano. Ainda que se possa imaginar que possua uma região ôntica, própria, que independa da interferência do homem, ainda assim o exercício das funções que lhe são inerentes inegavelmente somente poderá ocorrer com a intervenção humana, ainda que se utilizando de máquinas previamente instruídas pelo homem. Assim, o Estado, através de pessoas físicas para tanto credenciadas, rotuladas de *funcionários públicos, agentes públicos,*

---

[23] Art. 145, II, da Constituição Federal.
[24] Odete Medauar, *Direito Administrativo Moderno,* p. 57.

delegados etc., são os protagonistas essenciais para o desempenho da função que compete à Administração Pública.

5. Administração Pública e a Constituição Federal

O Estado brasileiro, conforme já pudemos antes mencionar, organiza-se, em matéria político-administrativa, na União, Estados, Distrito Federal e Municípios, conforme assim prescreve o art. 18, da Constituição Federal. No tocante especificamente à Administração Pública, distingue-a, o Texto Constitucional, com o longo dispositivo alojado no seu art. 37, em que se disciplinam diversas relações jurídicas que lhe dizem respeito, ora cuidando da sua conformação orgânica, ora versando sobre os seus agentes, ou ainda ora tratando das relações jurídicas com terceiros em que igualmente tome parte etc.

O certo é que concede, neste dispositivo, prolongada disposição constitucional, que evidentemente prefixa o conteúdo dos enunciados jurídicos a serem produzidos subseqüentemente, os quais possuem a missão e o propósito de conferir concretude e apelo prático e efetivo àqueles enunciados de feição mais larga e abrangente, trazendo evidentes reflexos nos processos administrativos.

No tocante ao aspecto subjetivo, vê-se que o *caput*, do art. 37, da Constituição Federal, efetua declaração de capital importância para a exata compreensão do que seja a estrutura da Administração Pública: em primeiro lugar, prevê, na expressão *administração pública direta e indireta*, o desdobramento orgânico da Administração. Deveras, sem ingressar no pormenor de esclarecer a sua consistência, adverte, contudo, que a administração pública desdobra-se em duas espécies estruturalmente distintas: a *direta* e a *indireta*.

Prosseguindo: ambas as espécies de Administração Pública – direta e indireta – são encontráveis em qualquer um dos personagens que participam da organização político-administrativa a que já nos referimos ao mencionar o art. 18, da Carta constitucional, ou seja, União, Estados, Distrito Federal e Municípios.

Assim, vê-se que a Administração Pública:

(i)   pode tanto ser da espécie direta, quanto indireta; e

(ii) encontra-se presente na União, nos Estados, no Distrito Federal e nos Municípios.

As diretrizes de maior abrangência que dizem respeito à Administração Pública encontram-se alojadas na Seção I, do Capítulo VII, da Administração Pública, integrada pelos arts. 37 e 38, ao passo que o disciplinamento específico em relação aos agentes públicos é encontrável nos arts. 39 a 41, reservando-se o regramento constitucional, no tocante aos militares dos Estados, Distrito Federal e Territórios, no art. 42, e encerrando-se, no art. 43, diversas disposições de evidente apelo programático, voltadas para estimular a articulação e o desenvolvimento das diversas e diferentes regiões brasileiras.

A par deste núcleo de enunciados jurídico-constitucionais voltados à Administração Pública, há, ainda, outros tantos esparramados no Texto Constitucional, notadamente no que se refere à matéria fiscal e tributária, esta última que merecerá referências específicas logo mais.

6.   Administração Pública direta e indireta

A expressão *administração direta e indireta*, prestigiada pela atual Constituição Federal, provém do Decreto-Lei n.º 200/67, que promoveu no Brasil uma reforma administrativa no plano federal, irradiando, a partir deste diploma e do Ato Institucional 8/69, tal concepção administrativa aos Estados e Municípios (estes, com mais de 20 mil habitantes).

A distinção básica de ambas as espécies de administração é a de que a Administração Pública direta encontra-se concentrada no *núcleo* do respectivo Poder, tal qual tracejado pelo próprio Texto Constitucional; já a designada Administração Pública indireta encontra-se na *periferia* deste núcleo, sob os auspícios da descentralização administrativa.

Exemplifiquemos. No plano federal, se examinarmos a estrutura do Poder Executivo, local onde há a avantajada presença da Administração Pública, observa-se que o núcleo da Administração encontra-se na Presidência da República e nos Ministérios, bastando para chegar-se a tal conclusão examinarem-se, com alguma atenção, os enunciados alojados nos arts. 84 e 87, da Constituição Federal, sem prejuízo, naturalmente, de tantos outros enunciados constitucionais.

Assim, integram a Administração Pública federal direta a Presidência da República, o Ministério do Planejamento, o Ministério da Defesa, o Ministério da Educação e Cultura etc. Aqui, portanto, reside o *núcleo* da administração pública federal, podendo ser designada *Administração Pública federal direta*.

Já a *Administração Pública federal indireta*, periférica a esse núcleo, é representada por pessoas jurídicas, ora de Direito Público, ora de Direito Privado, conhecidas sob a designação de autarquias, fundações públicas, empresas públicas e sociedades de economia mista. Sua vocação é auxiliar o *núcleo* da administração pública, notadamente sob os auspícios do princípio da especificidade.

O importante é compreendermos, por ora, que a Administração Pública direta equivale ao epicentro com que se estrutura os poderes, enquanto a Administração Pública indireta diz respeito às pessoas jurídicas que orbitam no entorno do núcleo que diz respeito ao Poder Executivo.

A partir disto, pode-se, a traço sumário, estabelecer-se a distinção entre os vocábulos *concentração* e *desconcentração, centralização* e *descentralização*.

a) Concentração e desconcentração

Desconcentrar é o ato por meio do qual determinadas atividades, antes enfeixadas por um ou alguns centros da administração, passam, agora, a ser distribuídas entre outros tantos centros da administração, não obstante, todos eles sejam integrantes e passem a pertencer ao núcleo da Administração antes sublinhado.

Reversamente, ou seja, o processo de *concentração*, importaria na movimentação *voltada para o centro*, podendo ser representada pela extinção de Delegacias, Divisões, Seções etc. *Concentrar*, portanto, equivale ao ato que promove o redirecionamento dos deveres e responsabilidades de administração em direção ao núcleo da Administração, justamente àquele que mais próximo se encontra ou com que funcionalmente se relaciona.

b) Descentralização e centralização

Para que a *descentralização* ocorra é imprescindível a presença de outra pessoa jurídica que não seja aquela que representa o núcleo do poder da Administração Pública. É necessária a presença de Autarquia, Fundação Pública, Empresa Pública ou Sociedade de Economia Mista, pessoas jurídicas que integram, como já se destacou, o conceito de Administração Pública indireta.

Descentralizar significa retirar uma parcela de atribuição, de dever, de responsabilidade de um determinado agir, de um núcleo para uma pessoa periférica. Em outras palavras, e ainda permanecendo no plano federal, equivaleria a retirar um encargo de um Ministério, no tocante ao exercício de uma determinada função da administração pública, transferindo-a para uma Autarquia. *Centralizar*, a seu turno, importa na movimentação inversa.

7. Administração Pública e o Processo Administrativo-tributário

Estas considerações introdutórias recém-consignadas, enaltecendo, no pormenor, a Administração Pública, justificam-se, pois o processo administrativo-tributário tem lugar tanto no âmbito da Administração Pública direta quanto no da indireta.

Limitando-se a aqui permanecer no plano federal para ilustrar tal constatação, observam-se inúmeras discussões entre a Administração Pública e o Administrado, envolvendo tributos e obrigações correspondentes, as quais são corriqueiramente travadas diretamente no Ministério da Fazenda, especificamente nos domínios da Secretaria da Receita Federal, ou seja, no âmbito da *Administração Pública federal direta*.

Igualmente, entretanto, outro tanto tem lugar nas quadras da Administração Pública federal indireta, como a que se realiza em Autarquias, caso do Banco Central do Brasil ou se realizam nos domínios do Instituto Nacional do Seguro Social (INSS), especialmente no que se refere a taxas e contribuições.

Outras, ainda, têm lugar, inicialmente, nos domínios da Administração Pública federal indireta, passando, entretanto, numa determinada altura, a transitar no âmbito da Administração Pública federal direta, dependendo da natureza da controvérsia e da situação processual específica do caso concreto, como as que admitem reexames por parte de Ministros de Estado.

Assim, revela-se imprescindível terem-se bem presentes os característicos essenciais dos domínios onde terá lugar o processo administrativo-tributário, assim como em relação aos seus protagonistas, especialmente porque cada um destes ambientes e agentes submeter-se-á a um conjunto próprio e específico de códigos ordenadores e prescritores de condutas propiciadores de repercussões efetivas no processo administrativo-tributário, previamente catalogados, segundo a ordem jurídica.

8. Conclusões

1ª – O *Estado* é a entidade jurídica que regula, predominantemente, as relações sociais e econômicas dos integrantes de uma determinada população, num determinado território.

2ª – A Constituição é um conjunto de enunciados ou mensagens, com repercussões jurídicas, dentre outras, que permite ordenar os seguintes elementos do Estado: (i) o *povo*, que é um conjunto de pessoas vinculadas de forma institucional e estável a uma determinada ordem jurídica; (ii) o *território*, que é uma unidade jurídica onde validamente incidem as prescrições provenientes do Estado; e (iii) o *poder*, que pode ser compreendido como a energia que em caráter essencial imanta uma comunidade humana num determinado território, conservando-a unida, coesa e solidária.

3ª – O Brasil adota regime federativo *peculiar*, vez que é integrado pela união indissolúvel dos Estados, Municípios e Distrito Federal, observando-se, à vista do Texto Constitucional, que os Municípios, no Brasil, não são considerados uma mera divisão política e administrativa do Estado-membro, mas elementos indissociáveis da própria federação.

4ª – O *poder*, não obstante seja uno e incindível, admite ter repartido o exercício de algumas funções que lhe são essenciais, tendo sido tal diretriz adotada no Brasil, que determinou, através da Constituição Federal, serem *poderes da União, independentes e harmônicos entre si, o Legislativo, o Executivo e o Judiciário*, determinação considerada *cláusula pétrea*: (i) ao Poder Legislativo compete, *fundamentalmente*, a produção de veículos transportadores de enunciados que

Centremos a nossa atenção naqueles mais *íntimos* ao plano ontológico lingüístico dos processos administrativos. São eles: (a) a inafastabilidade do controle jurisdicional, (b) o contraditório, (c) a ampla defesa e (d) o devido processo legal.

9.1. O princípio da inafastabilidade do controle jurisdicional

A Constituição Federal prescreve, no art. 5, XXXV, que a lei não excluirá da apreciação do Poder Judiciário lesão ou ameaça a direito. Trata-se do repositório expresso do princípio da inafastabilidade do controle da jurisdição ou da universalidade da jurisdição, que é informado por diversos enunciados e princípios alojados no próprio Texto Constitucional, voltados para, substancial e formalmente, conferir efeitos concretos a esta diretriz constitucional.

Este princípio – aliás, como tudo sobre o que se pode falar – admite ser examinado sob diversos ângulos. Sublinhemos aqueles que nos parecem mais pertinentes e relevantes à presente exposição.

Em primeiro lugar, frisamos que tal princípio porta expressa e inequívoca advertência ao Poder Legislativo, no sentido de coibir, por ameaça de desconformidade com a Constituição Federal, a produção de mensagens legislativas que excluam a apreciação do Poder Judiciário de lesão ou ameaça a direito. Isto porque o Poder Judiciário possui o monopólio do controle jurisdicional – por imposição constitucional – donde ser incogitável iniciativas que contornem este dever do Estado de prestar a jurisdição. Compartilhadamente com o Poder Legislativo, igualmente carrega advertência ao Presidente da República para não produzir Medidas Provisórias, *com efeitos de lei*, que contornem ou impeçam a *acessabilidade jurisdicional.*

Assim, na relação Estado-indivíduo, não poderão ser produzidos enunciados legislativos que obstruam o acesso ao Poder Judiciário àquele que tenha sofrido lesão ou ameaça a um direito. Conseqüentemente, e por maior razão, dada a conformação do ordenamento jurídico brasileiro, não poderão ser produzidas mensagens chamadas *atos administrativos* que contenham igual vício.

Em segundo lugar, convém assinalar que o Poder Judiciário, em razão deste monopólio jurisdicional, promove a revisibilidade das decisões tomadas no âmbito da Administração Pública, ou seja, revê, se provocado, com foros de definitividade, próprio da coisa julgada, as matérias que tenham sido objeto de discussão em processos administrativos, incluindo-se, é claro, os dos processos administrativo-tributários.

Portanto, caso um determinado indivíduo, interessado em obter sua inscrição na repartição fazendária, tiver negada a sua pretensão, pela autoridade pública

através de mensagens jurídico-estruturantes, as quais fixam não só a competência de onde eles poderão ter lugar, mas, sobretudo, as regras atinentes aos requisitos dos interessados que deles queiram participar, a forma e a maneira com que os litígios lá são levados seriamente em conta, para o fim de sobre eles obter-se decisões específicas etc.

Algumas destas mensagens enfeixam cargas axiológicas de maior relevo, se comparadas com as demais, alçando-lhes a alcunha de *princípios*. Trata-se, portanto, de uma categoria expressional de intensa carga axiológica, que reúne, no seu entorno, enunciados e normas jurídicas voltados para prescrever condutas e repercutir nas relações intersubjetivas, podendo tanto ser expressos na forma escrita, quanto implícitos no texto. Alguns deles, por mais de perto ferir a realidade processual administrativa, merecem ser examinados com razoável atenção, contribuindo tal iniciativa para permitir melhor sedimentação da compreensão acerca do contexto jurídico que nos envolve.

Pois bem, no Brasil, o exercício dessa função atribuída à Administração Pública de encerrar controvérsias, após realizado o competente processo administrativo, decorre fundamentalmente de enunciados instalados na Constituição Federal, os quais são complementados e verdadeiramente enriquecidos, quanto a pormenores com vistas a atingir casos concretos, através de mensagens instaladas em veículos desde legislativos até reguladores e fiscalizadores.

9. Os princípios constitucionais

No plano constitucional, há princípios considerados universais no ambiente jurídico-comunicacional, assim como outros de abrangência menos extensa, porém mais intensamente preocupados, no ponto sob realce, com o processo administrativo.

Aqueles universais são iterativamente examinados pela doutrina e pela jurisprudência, não nos parecendo oportuno e, mesmo conveniente, revistá-los aqui no pormenor, para não alargar indevidamente o perímetro dos trabalhos que estão ora tendo lugar, e, em matéria comunicacional, congestionar o duto no qual transitam as mensagens que estamos especial e artesanalmente introduzindo com fins de estimular o debate na comunidade integrada pelos operadores do Direito, debate que se consubstancia numa das manifestações mais fascinantes do fenômeno comunicacional.[45]

---

[45] Como Princípio da segurança jurídica, Princípio da supremacia do interesse público sobre o privado, Princípio da indisponibilidade dos interesses públicos, Princípio da igualdade, Princípio da isonomia das pessoas constitucionais, Princípio da legalidade, Princípio da irretroatividade das leis, Princípio da finalidade, Princípio da razoabilidade, Princípio da proporcionalidade, Princípio da motivação, Princípio da impessoalidade, Princípio da publicidade e transparência, Princípios da moralidade e da probidade administrativa, Princípio da eficiência, dentre outros.

imputa à Administração a obrigação de aceitar as repercussões advindas do decisório, como obrigatoriamente aceitar o não pagamento de determinado tributo, aceitar a forma como é prestada determinada declaração ao erário etc.

Decidir, em suma, no âmbito do processo administrativo, é prescrever condutas, predominantemente no modal deôntico *obrigatório*, não obstante também sirvase, por vezes, dos modais *proibido* e *permitido.*

A decisão a ser proferida no âmbito do processo administrativo deve ter em mira a pretensão oferecida por aqueles que se encontram em posição antagônica em relação a algum objeto, pessoa ou em relação às relações jurídicas estabelecidas.

Se a Administração Pública-interessada acusa o Administrado de não ter prestado determinada informação ao Fisco, enquanto este mesmo administrado diz tê-la prestado, a decisão ao final do processo administrativo deverá terminar a controvérsia.

O importante, ao menos para os limites desta obra, como já se antecipou, é que haja controvérsia, ou seja, posição divergente entre a Administração Pública interessada e, no mínimo, um Administrado, em relação a algum aspecto jurídico a eles pertinente, e que tal posição de antagonismo encontre-se marcada pela adoção de comportamentos conflitantes, gerando resistência de um dos seus protagonistas em relação à pretensão do outro.

A *controvérsia*, portanto, nas quadras do processo administrativo-tributário, marca-se pela resistência oferecida pelo Administrado em relação à Administração, colocando-se em posição de enfrentamento, evidentemente no tocante a algum aspecto envolvendo a matéria tributária. Sim, pois interessa-nos, aqui, de maneira exclusiva, a matéria tributária, referida em todas as vertentes que lhe são próprias.

Queremos com isto ferir que a matéria tributária passível de gerar controvérsias não se limita ao pagamento ou não pagamento de um determinado tributo. Sabemos, bem ao revés, que as disputas com repercussões tributárias apresentam diferentes matizes, ora dizendo respeito à obrigação de cumprir determinado agir, ora fazendo referência às situações envolvendo imunidade tributária, ora trazendo respeito às sanções impostas ao administrado, ora desobrigando o contribuinte do cumprimento de obrigações, caso das isenções etc.

O cerne de nosso interesse, portanto, é tratar-se de matéria considerada de natureza tributária em sua ampla acepção, referindo-se, direta ou indiretamente, às obrigações referentes a tributos.

8. Os princípios

O processo administrativo e, conseqüentemente, o processo administrativo-tributário compõem redutos lingüísticos engenhosamente concebidos pelo homem

Saliente-se, todavia, que tal decisão possui vestes de *relatividade peculiar.* Quer-se com isto dizer que a decisão proferida nos domínios do processo administrativo não possui o caráter absoluto e de definitividade que a coisa julgada confere às decisões tomadas nos domínios do Poder Judiciário, não obstante possua, a nosso ver, definitividade, no tocante às decisões contrárias à própria Administração.

Realmente, caso a decisão administrativa seja desfavorável ao administrado, abrem-se as portas do Judiciário para que este, querendo, promova a rediscussão sobre a matéria anteriormente enfrentada no âmbito administrativo.

De outra parte, contudo, sublinhe-se, caso a decisão seja desfavorável à Administração Pública, esta não poderá bater às portas do Judiciário.[43] Deveras, restaria absolutamente sem sentido, lógico e jurídico, cogitar-se de que uma face do Poder (que é uno e incindível, repartido em funções tão-somente em razão do aspecto *operativo* e de *concretude*), decidindo desfavoravelmente à pretensão estatal, visse o seu próprio decisório ser reexaminado pelo próprio Estado, agora, noutro portal funcional, em que pese – registre-se – haver posições contrárias ao nosso entendimento, aspecto controvertido que freqüenta o entorno da presente investigação, razão pela qual não nos deteremos no aprofundamento do exame de tal posição oposta.[44]

Evidentemente, para nós, tal não pode ocorrer, respeitadas, naturalmente, no processo administrativo-tributário em questão, as situações que apresentem incidentes marcados por ilegalidade, hipótese que poderia suscitar a intervenção por parte do Poder Judiciário, que, no caso, ao decidir sobre a ilegalidade identificada, reflexamente, é natural, traria conseqüências efetivas à própria decisão tomada, dada a nulidade acaso prescrita envolvendo o próprio processo administrativo.

A decisão ao final obtida no processo administrativo-tributário invariavelmente prescreverá uma conduta, que tanto atingirá a Administração Pública como também o Administrado.

Ao ser proferida, ganhará a emblemática expressão de *ato administrativo*, posto que produzido pela Administração Pública, enfatizando-se o modal *obrigatório.* Ao decidir uma controvérsia, compondo o litígio, a decisão mais das vezes torna obrigatório tal ou qual conduta. Exige, com foros obrigacionais, o pagamento de determinado tributo ou o sacrifício de determinado apenamento; exige, igualmente, em tom obrigatório, o dever de prestar declaração à Fazenda etc. Reversamente,

---

[43] O caráter de definitividade da decisão tomada no âmbito do processo administrativo-tributário admite que o contribuinte possa promover o seu reexame na esfera judicial, *coisa que a Administração não poderá fazer.* Ricardo Lobo Torres, *Curso de Direito Financeiro e Tributário,* p. 297.

[44] Por exemplo, a posição externada através do Parecer n. 1.087/04, do Procurador-Geral da Fazenda Nacional, que, ao arrematar o seu entendimento, consigna haver possibilidade jurídica de "as decisões do Conselho de Contribuintes do Ministério da Fazenda, que lesarem o patrimônio público, serem submetidas ao crivo do Poder Judiciário, pela Administração Pública, quanto à sua legalidade, juridicidade, ou diante de erro de fato".

As ações lingüísticas trazidas ao processo administrativo-tributário são articuladas de maneira sucessiva e lógica, ou seja, umas após as outras, e uma como que armando o cenário para que a outra seja produzida e introduzida no âmbito comunicacional.

A sucessividade na relação comunicacional processual, aliás, é até uma forma de conferir-se ordenação aos trabalhos processuais. Para tanto, as regras jurídicas atinentes ao processo administrativo-tributário *artificializam* a relação comunicacional, admitindo e tolerando hiatos comunicacionais entremetidos no lapso compreendido entre a expedição, pelo emitente, e o recebimento da narrativa, pelo receptor, sob a nomenclatura de *prazos*.

Diz-se, ainda, serem *lógicos*, porque se estabelece um encadeamento da ação anterior com aquela que lhe é posterior, para, ao final, ocorrer uma conexão entre todos os resultados do agir comunicacional levados ao processo administrativo-tributário, instando o decisório final.

Por fim, *jurídicos*,[40] pois, evidentemente, ao falar-se de processo administrativo-tributário, estar-se-á falando da prática de *ações lingüísticas controladas por regras jurídicas e, pois, formas de atuação social institucionalizadas e generalizadas.*[41]

Este agir, à evidência, submete-se às conformações previstas em mensagens assentadas em veículos propulsores de estruturas comunicacionais normativas, como a lei, a qual lhes confere efeitos jurídicos conseqüentes. A conformação jurídica, no ponto, irradia-se a partir da Constituição Federal, alojamento de valores sociais e suporte concreto do que se designa *ordenamento social duradouro.*[42]

7. A decisão

Enfatiza-se no processo administrativo-tributário a busca de uma decisão no âmbito da Administração Pública que, proferida por agente para tanto credenciado pela ordem jurídica, dirá o que o Estado entende sobre a matéria sob polêmica e prescreve sobre a controvérsia que lhe tenha sido trazido a exame.

A decisão tanto pode atender à pretensão do Administrado como poderá, conversamente, satisfazer ao entendimento e ao agir da própria Administração Pública. Combinatoriamente, ainda poderá inclusive desatender à pretensão de ambos, em especial quando recepciona porções parciais das pretensões ofertadas.

O aspecto de relevo, contudo, é que deverá necessariamente haver uma decisão, não importa se a favor ou em desfavor de quem quer que seja.

---

[40] Cf. Cap. IV-2.

[41] Tércio Sampaio Ferraz Jr., *Direito, Retórica e Comunicação*, p. 73.

[42] "O direito é um fato social que em tudo se insinua, e do qual é impossível se abstrair. Sem o direito, nenhuma esfera da vida encontra um ordenamento social duradouro; nem a família ou a comunidade religiosa, nem a pesquisa científica ou a organização partidária de orientações políticas." Niklas Luhmann, *Sociologia do direito* I, p. 7.

6.   O código comunicacional-processual

No âmbito do processo administrativo, há a prática de diversas e sucessivas ações comunicacionais sobretudo juridicizadas, tanto provenientes da Administração como do Administrado, as quais submetem-se ao princípio da segurança jurídica, que não se deve absolutizar, mas que representa uma contribuição imanente ao Direito em favor da legitimidade da ordem jurídica, a qual conta com uma certa medida de previsibilidade.[39]

referimo-nos a *ações comunicacionais* como aquele agir consistente na exteriorização da determinação humana, materializada na produção de enunciados que, no seu conjunto, consubstanciam proposições credenciadas a trazer repercussões jurídicas, obrigatoriamente reduzidos a escrito, suporte físico com o qual se desenvolve o processo administrativo-tributário.

São ações autônomas por serem passíveis de ser isoladas do contexto comunicacional, não só no plano teorético – que cinde o incindível –, mas por efetivamente corresponder a uma determinação daquele participante da relação processual instalada, isoladamente considerada.

O singelo enunciado proveniente da Administração Pública-interessada anexando determinado documento ao processo, ou a intervenção do Administrado apontando o escoamento de determinado prazo sem a prática de alguma providência comunicacional a cargo da Administração, ou, mesmo, o pronunciamento do julgador, exigindo determinado agir, representam exemplos eloqüentes da autonomia da ação comunicacional aqui referida.

Todas independentes, ou seja, estruturadas e passíveis de compreensão de *per si*, gerando efeitos e repercussões correspondentes, evidentemente num certo contexto –, no caso, comunicacional. O ato de protocolar um determinado requerimento atinente a um certo processo administrativo em curso, além de ser ato passível de ser segregado do processo administrativo-tributário como um todo, suscita a geração de direitos e obrigações que lhe são próprios, como compelir a Administração Pública a pronunciar-se sobre o quanto requerido, abrindo-se, reversamente, o direito do Administrador em contar com o pronunciamento da Administração em relação ao pleito formulado.

Seja ações comunicacionais que ganham a roupagem jurídica de *atos administrativos*, seja de *atos não administrativos*, o que interessa sublinhar é que os protagonistas do confronto exercitam ações comunicacionais de maneira intensa nos domínios do processo administrativo, quer na condição de oradores, quer na de receptores da relação comunicacional processual, quer mesmo na de *decididores* do conflito instalado.

---

[39] Jurgen Habermas, *A inclusão do outro: estudos de teoria política*, p. 353.

e não meramente catalogada como possíveis respostas comportamentais – o conjunto de unidades que promovem a integração entre plano de expressão, plano do conteúdo e plano de repercussão, encerrando um percurso comunicacional.

Graficamente:

Plano de Expressão >>>> Plano do Conteúdo >>>> Plano da Repercussão
{..código..}

O código propicia o trânsito e a compreensão da mensagem, que transita por entre planos, estabelecendo ligação entre o codificador (emissor da mensagem) e o decodificador (receptor e destinatário da mensagem), imprescindíveis para estabelecer-se a inter-relação comunicacional.

As possibilidades combinatórias entre as diversas séries que integram os aludidos sistemas ou planos constituem um repertório de *possibilidades preconcebidas ou de representações pré-fabricadas,*[36] as quais permitem o estabelecimento da comunicação, tendo grande valia no âmbito do Direito, pois remetem a situações e comportamentos previamente anteprevistos e disciplinados. Tais possibilidades, portanto, constituem o núcleo da teoria da comunicação.[37]

Agora, há que se atribuir um *toque jurídico* a esta comunicação, para diferenciá-la das demais modalidades comunicacionais. Quer-se com isto consignar-se que, não obstante trate-se de um fenômeno comunicacional, que contenha as unidades que lhe são próprias, há uma *forração jurídica* no respectivo código, que estabelece maneiras apropriadas para organizar-se, validar-se, atribuir-se eficácia, atualizar-se, corrigir-se etc. em relação às mensagens que são trocadas nesta acústica específica, cujo estudo é objeto da Teoria Geral e da Filosofia do Direito, as quais buscam explicações, promovendo sistematizações, para compreender-se o Direito em sua plenitude, encargo reconhecidamente árduo, em vista da sua própria complexidade.[38]

Aqui, entretanto, basta-nos ter presente que a comunicação sobre a qual discorremos possui, dentre outros característicos que lhe são próprios, a aptidão de causar repercussões também peculiares. Ou seja, as mensagens trocadas entre os integrantes da relação jurídico-comunicacional poderão ocasionar imposições de execução coercitiva, sob os auspícios do Estado, ferindo, de certa maneira, o *mundo da vida,* como as situações em que a repercussão acarreta a prisão, sacrifício patrimonial etc. por parte de um dos interventores da relação comunicacional.

---

[36] Roman Jakobson, *Lingüística e Comunicação,* p. 21.
[37] Ibid., p. 76.
[38] Cf. Cap. IV-2, em que se examina o código jurídico-comunicacional.

Pois bem, no processo administrativo-tributário é absolutamente compreensível que todos os interessados estejam almejando obter uma decisão que lhes seja favorável. Assim, revela-se extremamente importante que todos ajam com vistas a obter uma decisão favorável, ou seja, uma decisão proferida no plano da repercussão, pois decisão nada mais é do que uma conduta (espécie de comportamento) em resposta a estímulos provenientes de mensagens.

A necessidade de ressaltar-se o plano da repercussão justifica-se. Como estamos preocupados com o fenômeno jurídico-comunicacional, não nos basta levar em consideração, como se fossem ingenuamente para aqui transplantadas as experiências da semiótica e da semiologia, extremamente elucidativas para explorar-se o objeto destas ciências, mas insuficientes para explicar a realidade comunicacional na seara jurídica.

As repercussões, à evidência, notadamente no ambiente jurídico, são as que de perto efetivamente nos interessam, daí justificar-se a fixação do *plano da repercussão*, como ambiente interessante e *finalístico* à exposição que presentemente desenvolvemos.

Deveras, não se pode falar em comunicação nas relações humanas – caso da comunicação nos domínios do Direito – sem falar-se de repercussão. Aqui é que se evidencia o núcleo comportamental que poderá gerar desde a imposição de sanções ou graduar apenamentos, até cordatamente sinalizar a satisfação de expectativas. Trata-se de plano fértil a explorações zetéticas e constatações dogmáticas, dado o caráter exuberantemente pragmático e, portanto, não controlado aprioristicamente por prescrições vazadas em linguagem, não obstante possam ser previamente catalogadas as possibilidades de reação, disciplinando-as correspondentemente.

5.   O código jurídico-comunicacional

Há um elemento imprescindível para integrar expressões, conteúdos e repercussões, sem o que permaneceriam como unidades dispersas: *o código comunicacional.*

A comunicação somente se instala caso, dentre outros requisitos, haja um código presente. *Código*, numa visão semiótica, pode ser entendido como a regra que associa séries de sinais regulados por leis combinatórias internas (sistema sintático), com as séries de conteúdos de uma possível comunicação (sistema semântico), ou com as séries de possíveis respostas comportamentais por parte do destinatário (sistema pragmático).[35]

Pode, também, ser considerado noutro prisma – que eclipsa o sistema pragmático, recompondo-o e ampliando-o para compreender, inclusive, a repercussão efetiva

---

[35] Umberto Eco, *Tratado Geral de Semiótica*, p. 29-30.

Visualizamos, contudo, um novo plano de extrema relevância à vista do fenômeno comunicacional examinado: o Plano da Repercussão, que é aquele no qual o destinatário da mensagem *responde* efetivamente à provocação comunicacionalmente recebida, resposta esta consubstanciada na adoção de um determinado comportamento, que, portanto, terá ligação íntima com a mensagem recebida.

Assim, para uma visualização aproximativa, teríamos três planos sobre o qual se assenta a relação comunicacional:

$$\text{Planos da relação comunicacional} \begin{cases} \text{Plano da repercussão} \\ \text{Plano do conteúdo} \\ \text{Plano da expressão} \end{cases}$$

O plano de repercussão configura a ponta terminal de um ciclo de relações estabelecidas entre unidades que ganham integração num percurso comunicacional, e que, mais das vezes, inaugura um novo ciclo de comunicação, gerando nova mensagem que, assim, sucessivamente, irá prosseguir seu curso indefinidamente.

Utilizemo-nos de um exemplo de Umberto Eco, atinente aos planos de expressão e de conteúdo, para complementá-lo com a nossa inserção particular de natureza *repercussional*. A bússola, como sabemos, é um elemento integrante do plano de expressão. *A rosa-dos-ventos é a pertinentização do espaço do conteúdo, que pode ser muito simples – apenas o norte, o leste, o sul e o oeste.*[34] A conduta de deslocar-se, efetivamente, na realidade circundante, a partir do recebimento do conteúdo proporcionado pela expressão (bússola), indo na direção norte ou na direção sul, evidencia a repercussão a que nos referimos, traduzida num *agir repercussional*, ao final de um conjunto de elementos que podem encerrar um percurso comunicacional.

Quer-se com isto dizer que, uma vez atingindo o plano da repercussão, reinicia-se o tráfego comunicacional, com ingresso no plano de expressão, partindo-se para o plano do conteúdo, para atingir-se, novamente, o plano da repercussão. E, enquanto houver sobre o que falar-se e, claro, desejar falar-se, este processo reinicia-se.

Habita, portanto, o plano da repercussão do destinatário da mensagem, aquele mesmo que é focado pelo emissor da mensagem com vistas a dele obter algum comportamento específico. O receptor de dada mensagem não ficará inerte, ao receber uma comunicação. Terá um comportamento, não importa se omissivo ou comissivo. Se silencioso e aparentemente inerte, tal agir equivalerá a uma nova mensagem configurada no plano de expressão (através da linguagem do silêncio), que galgará o plano do conteúdo (agora, do outro receptor desta mensagem), que acarretará reações, no plano da repercussão e assim avante.

---

[34] Umberto Eco, *Conceito de Texto*, p. 22.

permanecer ao largo dos domínios do processo administrativo, enquanto o extra-ordinário, bem ao reverso, nele intervir e participar, o que evidentemente confere um grau de instabilidade ao respectivo discurso;

c) *modalidade discursiva* – a Administração Pública predominantemente *fala* acerca do direito, não obstante, ao explicitar as motivações do seu agir, tanto pretendido, como de natureza decisória, consigne os fatos que animam a sua ação, evidentemente, contudo, também a partir de um contexto jurídico; o Administrado, a sua vez, fala preponderantemente sobre os fatos, não obstante, registre-se, não deixe de igualmente articular interpretações nos domínios do Direito. Lá, portanto, a ênfase é a linguagem do Direito; aqui, a linguagem dos fatos;

d) *modulação* – na Administração Pública, a ação lingüística é pautada por fórmulas consagradas, dotadas de estruturas estandardizadas, sintaticamente constantes e uniformizadas, como as que conformam um *lançamento* ou um *auto de infração*. Da mesma forma, este *standard* é observável na decisão tomada, a qual segue, muitas vezes, fórmulas já sedimentadas através da sucessão de decisões sobre situações consideradas semelhantes, senão idênticas; o discurso do Administrado, diferentemente, por ser reativo e partidário, ondula-se em função da ação lingüística da Administração, dos preceptivos normativos e da realidade fatual.

4. O tráfego comunicacional

A semiologia e a semiótica[31] utilizam-se da fórmula de fixação de um plano de expressão e de um plano do conteúdo para melhor compreensão do seu objeto. Segundo esclarece Roland Barthes, o plano de expressão é o plano dos significantes, enquanto o dos significados, o plano do conteúdo.[32] Satisfazemo-nos com as descrições endereçadas pela semiótica e pela semiologia aos planos de expressão e do conteúdo, as quais já foram trazidas – e, mesmo sofisticadas – para a realidade jurídica por Paulo de Barros Carvalho.[33]

---

[31] Há diferenças históricas entre semiologia e semiótica: "semiologia (linha lingüístico-saussuriana) e semiótica (linha filosófico-peirciana e morrisiana)". Cf. Umberto Eco, *Tratado Geral de Semiótica*, p. 1. Para Ferdinand de Saussure, Semiologia é a ciência que estuda a vida dos signos no seio da vida social. Constituiria uma parte da psicologia social e, por conseguinte, da psicologia geral. *In Curso de Lingüística Geral*, p. 24. Já Semiótica poder-se-ia assinalar que se interessa por todos *os tipos possíveis de signos, verbais, não-verbais e naturais, seus modos de significação, de denotação e de informação; e todo o seu comportamento e propriedade*. Lucia Santaella e Winfried Nöth, *Comunicação e semiótica*, p. 76. Trata-se, à evidência, de registros sumários que pretendem tão-somente consignar os largos traços e evidentemente empobrecidos acerca de cada uma destas ciências.

[32] *Elementos de Semiologia*, p. 33.

[33] Merece ser examinado, com detença, o percurso da construção de sentido que pode ser aplicado ao direito tributário. *Curso de Direito Tributário*, p. 78-93.

Como mais das vezes o processo administrativo-tributário instala-se a partir de uma ação irradiada da Administração Pública (expedição do *lançamento*, emissão de *Auto de infração* etc.), a Administração Pública assume freqüentemente o lugar do orador na relação comunicacional.

Como receptor – ou ouvinte – há os Administrados, isto é, aqueles que tenham algum tipo de liame jurídico com a Administração Pública, quer se apresentando como *contribuinte, responsável, garantidor de obrigações tributárias de terceiros, responsável solidário* etc. O importante é que seja pessoa que tenha relação com o fato jurídico sobre o qual se instala a controvérsia ou litígio, conferindo, o ordenamento jurídico, legitimidade para figurar no processo administrativo.

Finalmente, mas igualmente integrando a relação comunicacional, tem-se a Administração Pública-julgadora, ou seja, o agente singular ou plural credenciado para, após examinar os fatos trazidos a exame, expedir, também necessariamente sob a forma escrita, o decisório correspondente, certificando a compreensão que a *Administração-julgadora* possui sobre a controvérsia.

Examinando-se o agente emissor (no caso, a Administração Pública), o receptor ou ouvinte (o Administrado), e o julgador (a Administração Pública-julgadora), e procurando-se estabelecer distinções em relação ao agir comunicacional, observam-se alguns aspectos interessantes que merecem referência específica, a partir das considerações de Tércio Sampaio Ferraz Jr.:[30]

a) *relação assimétrica* – a Administração Pública, tanto como interessada quanto como julgadora, na sua atuação não conta com a presença dos elementos integrantes da personalidade dos seus servidores, vez que a pretensão buscada, assim como a decisão concedida, decorrem de previsões normativas irradiadas a partir de um contexto jurídico, e de ações e de fatos *desapaixonadamente* considerados; o Administrado, diferentemente, daí a assimetria, ao agir, imiscui-se e por vezes enreda-se nos seus traços emotivos e elementos afetivos de natureza pessoal, como receios, dúvidas, angústias, ideologia, inseguranças etc., especialmente porque a decisão a ser proferida será o motivo que repercutirá na sua própria conduta, no seu nome, no seu patrimônio, na sua individualidade;

b) *estabilidade e instabilidade* – para a Administração Pública, o discurso é rotineiro, freqüentando, portanto, o exercício corriqueiro da função administrativa do agente responsável pela matéria, quer ao defender a Administração Pública pugnando pelos direitos do Estado (a Administração Pública-interessada), quer expedindo a decisão terminativa do processo administrativo (a Administração Pública-julgadora), donde se observar um agir estável e homogêneo; em relação ao Administrado, contudo, trata-se de uma vivência singular, pois o ordinário é

---

[30] Tércio Sampaio Ferraz Jr., *Direito, Retórica e Comunicação*, p. 74.

Trava-se, portanto, um *esgrimir lingüístico* num contexto comunicacional, em que cada um dos jogadores possui uma determinada finalidade a animar o seu agir. A Administração Pública, interessada, exigindo o cumprimento de uma certa conduta; o Administrado, rebelando-se contra tal exigência; o julgador, buscando aplicar ao caso a solução juridicamente mais apropriada.

Seja como for, repise-se, todos os participantes expressam-se através da linguagem, ora manejando-a especificamente para o processo administrativo, ora trazendo, à ribalta processual, narrativas já produzidas, caso de documentos, lançamentos contábeis etc., em grande parte – senão na unanimidade – de forma escrita no caso da matéria tributária, que julgam valiosas para o encaminhamento deste *esgrimir comunicacional.*[28]

A linguagem utilizada, conforme já sublinhado, tem um propósito inequívoco: assegurar, para o interessado na sua utilização, o atingimento de uma determinada finalidade. E, para que isto ocorra, numa visão de resultados, deve voltar-se para captar a atenção e obter o convencimento do julgador, quer através da adoção da *solução ótima*, quer da *solução satisfatória.*[29]

Enfatiza-se, portanto, no processo administrativo, como de resto em qualquer processo, seja judicial, seja arbitral, a função pragmática da linguagem, observável numa conexão situacional, e que sublinha o aspecto repercussional intersubjetivo.

Deparamo-nos, portanto, no processo administrativo-tributário, com uma forma específica de comunicação, que conta com protagonistas, com objeto, com regras, enfim, com elementos e vetores que interferem e, ao mesmo instante, conformam o contexto comunicacional.

3. Os agentes da comunicação processual administrativo-tributária

Retomando a um dos pontos cardeais de interesse da presente investigação, e examinando-se a relação comunicacional instalada no processo administrativo-tributário, notar-se-á a presença de, no mínimo, três personagens interagindo no eixo central do litígio: a Administração Pública-interessada, o Administrado e a Administração Pública-julgadora.

A Administração Pública, como já anteriormente examinamos, é integrada pelas pessoas políticas de Direito Constitucional interno, assim como pelas pessoas jurídicas de Direito Privado e de Direito Público atingidas pelo conceito de Administração Pública indireta.

---

[28] Vê-se, tão-somente por estas referências a figuras lingüísticas que configuram um mundo processual, como *a linguagem – e não a razão ou a consciência –, distingue-nos tão radicalmente de todas as espécies animais.* Hanna Arendt, *Sobre a violência*, p. 59.

[29] Tércio Sampaio Ferraz Jr., *Direito, Retórica e Comunicação*, p. 95.

Interessará examinar, antes, as situações envolvendo o processo administrativo em que haja insurgência em relação a determinada obrigação ou direito de natureza tributária, quer freqüentando o núcleo da obrigação tributária, quer o seu entorno.[26]

Assim, servindo-se dos mesmos exemplos recentemente oferecidos, caso, no *processo administrativo de expediente*, a Administração Pública emita certidão, sobre cujo conteúdo discorde o administrado, pugnando, a seguir, pela sua modificação, ou, se no *processo administrativo de outorga* a Administração Pública não reconheça os efeitos jurídicos próprios de isenção tributária que, em verdade, deveria favorecer um certo contribuinte, que contra tal decidir, insurge-se, ou, caso no *processo administrativo de controle*, a Administração fazendária denegue a homologação de determinado lançamento tributário realizado pelo contribuinte, contra a qual passa a exigir a sua revisão, ou, ainda, se no *processo administrativo punitivo*, o Fisco determine o pagamento de determinada multa, gerando a irresignação do interessado, que resolve enfrentar a determinação fazendária, tais situações ensejarão o processo administrativo-tributário sobre o qual ora discorre-se, em que as mensagens probatórias ocupam papel de incontestável destaque.

2. O processo administrativo: a visão comunicacional

Observamos que o processo administrativo-tributário evidencia a prática de ações lingüísticas, autônomas, mas sucessiva, lógica e juridicamente encadeadas, com o propósito de, ao final, obter-se, no âmbito da Administração Pública, uma decisão prescritora de comportamento, terminativa da controvérsia até então existente entre a própria Administração Pública e o Administrado, no que se refere à matéria tributária.

O processo administrativo-tributário instala-se, desenvolve-se e encerra-se com o manuseio da linguagem, aspecto que lhe é essencial e, portanto, indissociável, pois inexiste, ao que nos consta, processo administrativo que não se expresse em linguagem, notadamente na forma escrita.

Sucessivas movimentações são empreendidas ao longo do seu curso, num verdadeiro *esgrimir* travado entre os, ao mesmo tempo, emissores e destinatários das mensagens intercambiadas num contexto apreensível tanto pelo remetente como pelo destinatário da mensagem, com a utilização de código comum aos protagonistas da comunicação, os quais estabelecem, entre si, uma conexão psicológica que lhes permite instalar, desenvolver e finalizar a comunicação.[27]

---

[26] O processo administrativo, ao tocar o núcleo da matéria tributária, consubstancia-se na decorrência natural da divergência de interpretação entre o Fisco, que deseja receber determinada receita que considera devida, e o contribuinte, que não a quer entregar por entendê-la indevida. Ives Gandra da Silva Martins, *Processo Administrativo Tributário*, p. 58.

[27] Roman Jakobson, *Lingüística e Comunicação*, p. 19-24.

Capítulo II

O Processo
Administrativo-Tributário

1. Introdução

Ao iniciar a nossa investigação nas quadras onde terão destaque as mensagens comunicacionais de natureza probatória, especificamente no âmbito do processo administrativo-tributário, gostaríamos de pronto sublinhar que não nos referiremos, aqui, especialmente a uma ou a outra modalidade de processo administrativo, como as que ganham a rotulação de *processo de expediente, processo de outorga, processo de controle* ou *processo punitivo*,[25] nas quais há uma decisão ou pronunciamento da Administração Pública, não importa se provocada ou por ela própria impulsionada, conferindo-se, assim, a chancela administrativa.

O ponto nuclear que suscita a presente investigação é a presença de controvérsia, ou seja, a situação em que haja confronto trazido aos domínios do processo administrativo-tributário, evidenciando uma posição antagônica que será, ao final, apreciada de uma maneira específica e interessada.

Assim, não nos interessa, aqui, o *processo administrativo de expediente*, no qual se emita uma certidão certificando que um administrado encontra-se em dia com as obrigações exigidas pela Administração fazendária, satisfazendo o interessado, ou, o *processo administrativo de outorga*, em que a Administração Pública reconheça efeitos jurídicos a determinada situação de isenção tributária que favoreça um contribuinte, que, a sua vez, satisfaz-se com tal reconhecimento, ou, ao *processo administrativo de controle*, em que a Administração fazendária homologa determinado lançamento tributário formulado pelo próprio contribuinte, ou seja, o chamado *lançamento por homologação*, ou, ainda, o *processo administrativo punitivo*, no qual o Fisco identifica determinado comportamento ilegal do contribuinte, prescrevendo-lhe o pagamento de determinada multa, a qual é aceita incondicionalmente pelo devedor, que a recolhe prontamente.

---

[25] Hely Lopes Meireles, *Direito Administrativo Brasileiro*, p. 651-653.

5.6. A Administração Pública, em regra, age em obséquio ao *interesse público*, observando-se, contudo, determinadas situações de ofuscamento decorrentes de algumas condutas dos seus agentes, que por vezes incorrem em práticas que não se coadunam com o *interesse público*, potencializando, com isto, a probabilidade de um embate na esfera administrativa.

5.7. A Administração Pública, no Brasil, biparte-se em *administração pública direta e indireta*, ambas encontráveis em qualquer um dos personagens que participam da organização político-administrativa, ou seja, União, Estados, Distrito Federal e Municípios. A distinção básica entre ambas as espécies de administração é a de que a Administração Pública *direta* encontra-se concentrada no *núcleo* do respectivo poder, tal qual estabelecida na Constituição Federal, na Constituição dos Estados e na legislação de regência orgânica dos Municípios, enquanto a Administração Pública *indireta* encontra-se na *periferia* deste núcleo, sob os auspícios da descentralização administrativa.

6ª – O processo administrativo-tributário tem lugar tanto no âmbito da Administração Pública direta, quanto indireta, razão pela qual é de todo conveniente teremse à vista os característicos essenciais dos domínios onde terão lugar, assim como Em Relação Aos Seus Protagonistas, Especialmente Porque Cada Um Destes Ambientes e agentes submete-se a um conjunto específico de códigos ordenadores e prescritores de condutas propiciadores de repercussões efetivas no processo administrativo-tributário, de acordo com um contexto jurídico-comunicacional.

Capítulo I • A Administração Pública | 19

promovam a renovação diuturna do contexto jurídico; (ii) ao Poder Executivo, **precipuamente**, compete dar cumprimento às prescrições alojadas nos veículos jurídico-comunicacionais produzidos pelo Poder Legislativo, como também às decisões proferidas nos domínios do Poder Judiciário, ocupando-se de diuturnamente implementar, concretamente, o atingimento de tudo o que seja considerado **interesse público** e **coletivo**; (iii) ao Poder Judiciário, por fim, compete, **fundamentalmente**, examinar situações controversas, compondo conflitos e aplicando enunciados jurídicos a casos concretos, sejam individuais, sejam difusos.

5ª – A Administração Pública, vista sob a ótica *objetiva ou material*, refere-se ao exercício da função administrativa em si mesma considerada, ou seja, no que lhe seja essencial tal qual estabelecida no contexto jurídico, encargo que compete, predominantemente, ao Poder Executivo. No tocante ao aspecto s*ubjetivo ou formal*, vê-se a Administração Pública como o conjunto de *pessoas jurídicas, órgãos e agentes públicos* que tem o objetivo de exercer a função administrativa.

    5.1. No tocante às *pessoas jurídicas*, sobressaem-se as de Direito Público interno, integradas pela União, os Estados, o Distrito Federal e os Territórios, os Municípios, as autarquias e as demais entidades de caráter público criadas por lei, assim como as pessoas jurídicas de Direito Privado, que, no ponto sob destaque, sejam integrantes da *Administração Pública indireta*.

    5.2. *Órgãos* são unidades de atuação integradas por pessoas e meios unidos com o propósito de realizar determinada atribuição, os quais ganham a rotulação de *órgãos públicos*, nas situações em que se referirem a certas unidades que possuam atribuições específicas, no âmbito público, sem, contudo, em regra, serem titulares de direitos e obrigações.

    5.3. *Agentes públicos* são as pessoas físicas com credenciais específicas fixadas na ordem jurídica, protagonistas essenciais para o desempenho da função que compete à Administração Pública.

    5.4. A Administração Pública encontra-se presente tanto nos domínios dos Poderes Legislativo e Judiciário, como sobretudo no do Poder Executivo. Naqueles dois primeiros, nitidamente de caráter instrumental em relação às finalidades e encargos que lhes são essenciais.

    5.5. No tocante ao Poder Executivo, habitado pela prática de atos tanto de *governo*, quanto de *administração*, observa-se que a atividade de administração possui o traço marcante da *instrumentalidade*, ou seja, de cuidar dos meios para que determinadas finalidades sejam alcançadas, quer em obediência às diretrizes governamentais tomadas no âmbito do próprio Poder Executivo, quer em atendimento a determinações provenientes do Poder Legislativo, quer em respeito a prescrições provindas do Poder Judiciário.

competente, não importa se por tais ou quais fundamentos,[46] e após submeter-se a um processo administrativo no qual pleiteia a revisibilidade de tal indeferimento, ainda assim, a negativa encontrar-se prevalecendo, restar-lhe-á aberta a porta do Judiciário, onde poderá deduzir os motivos de fato e de direito que julgue apropriados para ver concedida a inscrição almejada.

Em terceiro lugar, e intimamente entrelaçado com o aspecto recém-sublinhado acerca da revisibilidade dos atos da Administração Pública, sublinhe-se que o Poder Judiciário não pode, contudo, em princípio, ingressar na revisão de determinadas matérias e atos envolvendo ou referentes à Administração Pública, como aqueles relativos a atos de Governo, mérito administrativo, situações que prevejam a necessidade do esgotamento da esfera administrativa e, finalmente, os chamados atos *interna corporis*.

Contudo, não obstante a natureza jurídica destas matérias, caso haja lesão ou ameaça a direito, com foros de preponderância prevalecerá a possibilidade da revisibilidade jurisdicional, pelo Poder Judiciário, afastando-se o manto de impenetrabilidade que, em princípio, as guarnece.

Em quarto lugar, destaque-se que este princípio assegura o acesso ao judiciário, quer em defesa de interesses individuais, quer coletivos ou difusos, que sejam feridos ou se encontrem sob ameaça.

A sociedade brasileira muita das vezes possui interesses que a todos aproveita, a todos beneficia, como, também, a todos prejudica, quando feridos. Veja-se o meio ambiente: qualquer lesão que ocorra neste segmento não aflige somente um ou outro indivíduo. É toda a coletividade que sofre as repercussões advindas de desastres ambientais, como a poluição dos rios em decorrência do lançamento de lixo químico etc.

Este princípio, portanto, como já se assinalou, assegura a garantia de acessabilidade ao Poder Judiciário, não só para a defesa de direitos individuais, como também de direitos coletivos e difusos.

Por fim, observe-se que o acesso ao Judiciário é plenamente assegurado na ocorrência de ameaça, e não só quando o dano já tiver ocorrido. Em outras palavras, o dever do Estado, de prestar a atividade jurisdicional, tem lugar antes mesmo do dano materializar-se. Basta que haja uma possibilidade ainda potencial de ocorrer a ofensa ao direito, para que a ameaça concretize-se, disparando o direito constitucional de acesso do interessado.

---

[46] Sabe-se que atualmente é bastante comum ser negada a inscrição de determinadas empresas junto a determinadas repartições da Administração Pública, sob o fundamento de haver débitos não pagos de natureza tributária. Esta negativa, aliás, *atropela flagrantemente o princípio constitucional que assegura a liberdade do exercício de qualquer atividade econômica, independentemente de autorização de órgãos públicos, salvo os casos previstos em lei.* Hugo de Brito Machado, *Aspectos fundamentais do ICMS*, p. 237.

Esta teoria, à evidência, possui extrema importância para compreender-se a compleição do processo administrativo, e o aspecto de relatividade que cerca a mensagem decisória nele proferida, a qual, dependendo do conteúdo e do sentido que tiver, poderá ser levada para as plagas judiciárias.

9.2. O princípio do contraditório

Assegura a Constituição Federal aos litigantes, em processo judicial ou administrativo, e aos acusados em geral, o contraditório e a ampla defesa, com os meios e recursos a ela inerentes, a rigor do art. 5, LV, do Texto Constitucional.

Numa introdução preambular à tessitura da mensagem, observa-se que a dicção constitucional refere-se a *litigantes*, rotulação atribuída àqueles que se enfrentam, tanto no processo administrativo quanto no processo judiciário.

Litigante, segundo os limites desta investigação, significa a nomenclatura atribuída àquele que possua uma pretensão em relação a outrem, exteriorizada em linguagem na forma escrita, especificamente relativa à matéria tributária, a qual enfrente resistência também redutível à linguagem igualmente escrita por parte desta outra contraparte, levando-se aos domínios da Administração Pública, segundo regras previamente catalogadas no contexto jurídico, as razões das discordâncias havidas, tudo com o propósito de obter-se uma mensagem jurídica decisória que, ao final, termine o confronto.

Para nós – e insistimos neste ponto – há necessidade, no processo administrativo-tributário, da pretensão ser efetivamente resistida. Sim, pois só assim haverá controvérsia sob modalidade previamente autorizada, condição imprescindível à formação adequada do processo administrativo-tributário configurador do chamado *contencioso administrativo-tributário*.

O princípio do contraditório, de prestígio expresso constitucional, forja-se com a finalidade de exigir-se a produção de enunciados jurídicos prescritivos que assegurem a possibilidade dialética e homogeneizada de manifestação das pessoas entre si oponentes, no tocante àquilo que se encontra em discussão, ou seja, em situação de confronto envolvendo proposições que não podem conviver.

Assim, se a Administração Pública entende que determinado Administrado é contribuinte de tal tributo, e este, ao reverso, entende não ser contribuinte desse tal tributo, evidentemente, estar-se-á diante de proposições que *não cabem* no mesmo duto comunicacional. Em outras palavras, ou a Administração é portadora de uma proposição que deve prevalecer à vista do contexto jurídico, ou o Administrado detém a proposição prevalecente; ou, mesmo, em arremate, nenhum deles possui proposições que mereçam prevalecer em relação a qualquer uma daquelas até então trazidas à ribalta.

Capítulo II • O Processo Administrativo-Tributário | 37

Evidentemente, ao falar-se em *proposições prevalecentes* – e, por implicitude, de *proposições prevalecidas* – quer-se referir às conseqüências jurídicas advindas no enunciado em questão. Sim, pois o que se mostra relevante para o processo administrativo é a fixação das conseqüências aplicáveis às proposições comunicacionais formuladas. Deveras, a proposição *ser contribuinte de tal tributo*, uma vez reconhecido o preenchimento dos requisitos para julgar-se apropriada tal afirmação, dá ensejo ao nascimento de relações jurídicas que lhe são conseqüentes, como o dever de pagar este tributo, a obrigação de prestar informações periódicas acerca dos recolhimentos havidos etc.

O importante é compreender-se, com bastante clareza, que o vetor do princípio do contraditório enceta a sua incidência sobre proposições, que se referem a objetos, pessoas e eventos, e que as decisões proferidas elegem uma certa conseqüência jurídica ao caso, o que acarreta a exclusão das demais que potencialmente poderiam justificar a mensagem julgadora emitida, promovendo-se-lhes a respectiva exclusão: se *as conseqüências jurídicas se excluem reciprocamente, só uma das proposições jurídicas é que pode conseguir aplicação. Pois que não teria sentido que a ordem jurídica quisesse prescrever ao mesmo tempo A e não A.*[47]

Mas, recorde-se, tais mensagens necessariamente serão submetidas a confronto, pois há uma controvérsia entre os seus titulares. Para que isto ocorra de maneira equilibrada, assegura-se a movimentação dialética entre mensagens, seus fundamentos, e o agir das contrapartes, de maneira que a *todo ato produzido caberá igual direito da outra parte de opor-se-lhe ou de dar-lhe a versão que lhe convenha, ou ainda de fornecer uma interpretação jurídica diversa daquela feita pelo autor.*[48]

Assistindo a esta movimentação dialética, dela procurando identificar a proposição verdadeira, encontra-se o julgador (a Administração Pública-julgadora), aquela entidade que é representada por pessoa ou conjunto de pessoas credenciadas pelo ordenamento jurídico para terminar a controvérsia levada à Administração Pública.

Evidentemente, tal *decididor* deverá ter posição de eqüidistância em relação aos litigantes, franqueando às partes contrapostas a possibilidade de manifestarem-se em favor de suas proposições e, conversamente, em desfavor da proposição que lhe seja oposta.

Tal posição de eqüidistância, confesse-se, é mais comumente identificável naquelas entidades que decidam processos administrativos-tributários em instância superior, no exercício de *função revisional*, caso, *v.g.*, do Tribunal de Impostos e Taxas – TIT, do Conselho de Contribuintes etc.

---

[47] Karl Larenz. *Metodologia da Ciência do Direito*, p. 373.
[48] Celso Ribeiro Bastos, *Comentários à Constituição do Brasil*, vol. 2, p. 267.

Nas decisões tomadas na instância inaugural do processo administrativo, contudo, por vezes observa-se que tal relação de eqüidistância encontra-se prejudicada, como se constata em certos julgamentos e decisões tomadas em Delegacias, Seções ou Órgãos às vezes muito próximos, em termos funcionais, daqueles onde foram realizadas as investigações e, sobretudo, as fiscalizações de natureza tributária, que tenham lavrado autos de infração ou lançamentos de determinados tributos e encargos.

É evidente que aqui não estamos generalizando a constatação, dizendo que seja esta a regra encontrável e preponderante nos domínios do processo administrativo-tributário. Não é este o ponto que se quer sublinhar. Queremos tão somente registrar que o legislador e a própria Administração Pública devem dispensar cuidado redobrado no tocante à função dual do Estado de, ora defender a sua posição, ora apreciar e julgar a controvérsia com absoluta isenção.

São duas vestimentas evidentemente inconfundíveis. Enquanto a Administração Pública-interessada, ao defender as suas proposições, utiliza-se de todos os meios que o Direito lhe confere (alguns até de maneira censurável, quando, por exemplo, emite lançamentos de tributos que não se encontram cercados dos cuidados procedimentais apropriados, isto, com o intuito de evitar-se a prescrição tributária, situação lamentavelmente não tão raramente encontrável na nossa realidade diária), tal proceder evidentemente não pode ser esperado e muito menos aplaudido por ocasião da decisão de um processo administrativo-tributário veiculador de posições sob conflito.

Regras formais devem ser abrandadas, notadamente aquelas atinentes e atribuíveis ao Administrado, para que a procedência da afirmação produzida seja reconhecida. Assim, deve-se privilegiar o aspecto substancial do conteúdo dos enunciados emitidos pelos interessados, em detrimento da forma, de maneira a assegurar-se a efetiva aplicação do Direito no caso concreto.

Aliás, esta busca em relação à procedência do relato contido na mensagem, relativizando os aspectos formais da veiculação da comunicação e os rigores herdados dos romanos, são atualmente constatadas em diversos subsistemas do Direito, caso, exemplificativamente, das disciplinas que regem os Juizados de Pequenas Causas, assim como as da Ação Civil Pública; naquelas, colhida do exemplário, a propositura através da linguagem na forma oral da demanda, dispensado-se o formalismo da linguagem escrita historicamente utilizado no que se designa *petição inicial*; nestas, também aqui como mera referência ilustrativa, no tocante à legitimidade ativa relativa à coisa julgada, propiciando a outorga de tutela coletiva.

Cândido Rangel Dinamarco comenta:

> (...) o legislador moderno, comprometido com o método que se qualifica como *processo Civil de resultados*, opta por *ousar prudentemente*, renunciando a

exigências que retardam a tutela e permitindo soluções e condutas que, sem criarem grandes riscos de males prováveis, concorrem para a maior aderência do processo à realidade econômica dos conflitos e dos litigantes, com maior aptidão a abreviar a penosa duração dos juízos.[49]

Evidentemente, esta suavização do rigor formal envolvendo as mensagens levadas ao domínio dos processos administrativo-tributários evita que etapas marcadamente instrumentais causem embaraço e empeço ao conhecimento de eventos e fatos substancialmente relevantes para o término do processo. Isto, tanto no que se refere ao processo judicial, quanto em relação ao processo administrativo.

Bem na linha do pensamento que reafirma a unicidade do Direito, com a integral e indissociável interdependência dos seus subsistemas.

A tradicional divisão dos sistemas jurídicos em *famílias*, cada qual com sua características próprias e essencialmente diferente das demais (Renê David), é suplantada pela *globalização da cultura e das relações humanas*, sendo lícito que uma *família jurídica* absorva as conquistas de outra e valha-se de experiências desenvolvidas em outro contexto sistemático. Não se trata de substituir um sistema por outro e muito menos de renunciar a princípios, mas de adequar o modo como incidem e com isso caminhar para um processo mais justo e mais efetivo.[50]

Este *olhar* da realidade jurídica é absolutamente apropriado para o quanto estamos a discorrer. Sim, pois, neste instante em que o fenômeno comunicacional ocupa lugar de proeminência na realidade sociocultural, há um inegável *embaralhamento* de culturas jurídicas díspares, propagando, às vezes de maneira desarranjada, a troca de valores fundantes de um para outro sistema jurídico.

Basta observar a influência que o Direito norte-americano está presentemente exercendo sobre o Direito brasileiro, o que faz, *v.g.*, com que a espécie contratual consubstanciadora de corpos de mensagens jurídico-comunicacionais tenha *whereas* em verdadeira profusão, relatando termos e condições precedentes que nada mais significam do que a mera reprodução de fórmulas prévia e expressamente catalogadas no Direito Positivo brasileiro.

Assim, em súmula estrita, tanto o processo judicial quanto o administrativo devem incessantemente contar, para o atingimento das suas finalidades, com o forte vetor axiológico proveniente do princípio do contraditório, o qual deverá sempre e sempre prestigiar a essência, em convivência com o formalismo *compreensivo*, não tão elástico a ponto de permitir que arrivistas, travestidos de contrapartes, adotem comportamentos procrastinatórios, desleais e antijurídicos, mas suficientemente relativizados, de maneira a não emprestar relevância a obstáculos que impeçam a efetiva aplicação do Direito no caso concreto.

---

[49] Cândido Rangel Dinamarco, *Fundamentos do Processo Civil moderno*, vol. II, p. 733.

[50] Cândido Rangel Dinamarco, *Fundamentos do Processo Civil moderno*, vol. II, p. 733-734.

9.3. O princípio da ampla defesa

A Constituição federal assegura, expressamente, o direito da ampla defesa a todos aqueles que possuam posições controvertidas levadas ao processo administrativo-tributário, expressão praticamente indissociável do princípio do contraditório antes examinado.

Ampla defesa, a nosso ver, significa a expressão lingüística que procura transmitir uma garantia de prestígio constitucional de que aquele que atua num processo administrativo tudo possa fazer para que o seu entendimento prevaleça à frente de outro que lhe é oposto, para o fim de obter uma decisão que lhe seja favorável.

Tanto pode referir-se à produção e exibição de mensagens de natureza probatória, como à formulação e apresentação de argumentos lógica ou retoricamente encadeados.

A produção e a exibição de comunicações atinentes às provas são essenciais para a comprovação do que se diz, e, especialmente, para a sensibilização de todos aqueles que a apreciarão, exatamente aqueles que detêm competência assegurada pelo contexto jurídico para terminar a controvérsia.

Contudo, é evidente que as provas ou os relatos de natureza probatória não *despencam* no processo administrativo-tributário, simplesmente *jogadas*. Sobre elas há um discurso, minimamente estruturado, cuja tessitura atende aos aspectos pragmáticos, semânticos e sintáticos da linguagem, harmonizando-se com o contexto, indicando, em grau de intensidade variada, as circunstâncias, tudo segundo um código apropriado.

Consultam, ora o fato jurídico, erigido a partir do evento, provado ou que pretenda ser provado; visitam, numa movimentação dialética, o contexto jurídico, especialmente no que se refere aos enunciados potencialmente aplicáveis ao caso; divisam e discorrem sobre as relações jurídicas entretecidas entre os elementos que integram o núcleo da controvérsia, pousadas, como já se sublinhou, nos objetos, nas pessoas, nos eventos, nos fatos.

Ampla defesa, por outro lado, igualmente refere-se à garantia assegurada aos litigantes do processo administrativo-tributário de poderem utilizar *os meios e os recursos inerentes*, segundo a dicção constitucional, sobretudo, no ponto sob realce, de natureza lingüística escrita.

Em outras palavras, poder-se-ia dizer que o litigante terá oportunidade de se utilizar de todos os instrumentos que o ordenamento jurídico admita como adequados, quer no tocante aos meios naturais por meio dos quais o homem possa divisar uma certa realidade (por meio dos sentidos), quer por intermédio daqueles instrumento culturalmente desenvolvidos pelo homem, especialmente, no ponto, os integrantes do chamado *mundo jurídico*, concebidos lingüisticamente para propiciar a aplicação efetiva e prática de tais garantias, como a utilização de mandado de segurança, *habeas data*, mandado de injunção etc. ou, mesmo, da formulação de mensagens estruturantes ou recursais a serem veiculadas nos domínios do processo administrativo-tributário em que se instale a controvérsia.

Assim, observa-se que o princípio da ampla defesa tem por finalidade assegurar àquele que litiga todas as condições para que se traga ao processo administrativo-tributário o que necessário for para comprovar-se a procedência dos relatos apresentados.

A garantia da ampla defesa, para nós, sublinhe-se, é de aplicação penetrante no que se refere ao processo administrativo-tributário. Isto porque há o confronto de duas pessoas absolutamente diferentes. De um lado, o Estado, por meio da Administração Pública, cujo aparelhamento operacional e funcional é, mais das vezes, rico e esmerado, contando com servidores de excelente preparo e incontestável conhecimento técnico. De outro, tem-se o Administrado, mais das vezes absolutamente despreparado em matéria tributária, e que diante da exuberância do aparelhamento estatal deverá disputar lingüisticamente o Direito que, entende – ou passa precariamente a entender, depois de lhe ser explicado por especialista –, possa lhe assistir.

À evidência, este princípio materializa um direito fundamental no plano constitucional, freqüentador de uma verdadeira constelação jurídica com a qual se reveste o chamado *direito de defesa*. Como

> (...) direitos do homem e do cidadão, os direitos fundamentais são, uma vez, *direitos de defesa* contra os poderes estatais. Eles tornam possível ao particular defender-se contra prejuízos não autorizados em seu *status* jurídico-constitucional pelos poderes estatais no caminho do Direito. Em uma ordem liberal constitucional são necessários tais direitos de defesa, porque também a democracia é domínio de pessoas sobre pessoas, que está sujeito às tentações do abuso de poder, e porque poderes estatais, também no estado de direito, podem fazer injustiça.[51]

A par desta diferença envolvendo os personagens que integram o processo administrativo-tributário que, por si só, já traz foros de preocupação para aqueles que cultivem o *justo* como um valor caro à sociedade, o vetor tempo, sabe-se, aqui também presente, privilegia aquele que emite a *mensagem de ataque*. Sim, pois, o que dá impulso inicial a uma pretensão, cuja reação será competentemente levada ao domínio processual junto à Administração Pública, teve, mais das vezes, tempo laço e dilatado para suficiente e cuidadosamente estruturar a sua pretensão lingüística de ataque, reunindo relatos sobre eventos e fatos, robustecendo-os com comprovações lingüísticas, polindo seus argumentos, refinando os seus instrumentos etc.

---

[51] Konrad Hesse, *Elementos de Direito Constitucional da República Federal da Alemanha*, p. 235.

O receptor da *mensagem de ataque* (o Administrado), ao revés, possui lapso diminuto para calçar o seu direito, para formar adequadamente a controvérsia com a finalidade de obter decisório que lhe seja favorável.

Deveras, a Administração Pública, quantas e quantas vezes ao efetuar uma fiscalização duma pessoa jurídica, demora-se até um ano, colhendo dados, informações, construindo interpretações etc., invariavelmente sendo assistida por contadores, empregados e colaboradores do Administrado que, em havendo litígio, não serão aqueles que promoverão a defesa do administrado, pessoa jurídica. Lavrada a autuação (ou seja, expedida a *mensagem de ataque*, conforme será adiante examinado), inicia-se o estreito prazo de defesa, em que o Administrado, dependendo da legislação aplicável, desejando enfrentar a mensagem imputacional que lhe é endereçada, deverá produzir a *mensagem de defesa*, provando o que vislumbra ser *o seu direito*, isto no prazo costumeiramente de 15 ou 30 dias do recebimento da *mensagem de ataque*.

À evidência, o vetor temporal no processo administrativo-tributário tem incidência diferençada, relativamente às partes que se encontram em confronto, razão pela qual, aliada à diferença já antes apontada em relação à compleição de cada um de seus protagonistas, a *ampla defesa visa pois a restaurar um princípio de igualdade entre partes que são essencialmente diferentes*.[52]

Porém, é inegável que o direito de ampla defesa encontra algumas limitações. A primeira delas refere-se à utilização no âmbito do processo das chamadas *provas ilícitas*, obtidas de maneira ardilosa, artificial e, portanto, subalterna. De acordo com o art. 5, LVI, do Texto Constitucional, consideram-se inadmissíveis, no processo, as provas obtidas por meios ilícitos, limitação que será reexaminada com maior detença ao ingressarmos no exame pormenorizado das mensagens de natureza probatória.

O direito à ampla defesa, ademais, deverá ser exercido no tempo que a lei assim assegure e o admita. Realmente, tornar-se-ia um verdadeiro sem-sentido lógico e jurídico franquear-se a possibilidade de produção de provas e, conseqüentemente, no ponto, uma das faces do direito de defesa, num processo administrativo-tributário já encerrado, ou seja, após ter sido proferida a decisão final sem qualquer apelo recursal por quem quer que seja.

Realmente, a defesa há que ser realizada *nos tempos processuais* para tanto admissíveis, de maneira a instruir o convencimento do julgador, permitindo o exercício pleno do direito do interessado, sem interesses subalternos ou abrigados em subterfúgios, nem se curvando e nem encontrando, doutra parte, óbice intransponível nos rigores formais, turrões e verdadeiramente imprestáveis à Justiça e ao Direito.

---

[52] Celso Ribeiro Bastos, *Comentários à Constituição do Brasil*, v. 2, p. 267.

Ponto nevrálgico do direito de defesa, evidentemente, cerca o convencimento do julgador, assim como, especialmente, o conteúdo do decisório. Deveras, de nada servirá o interessado defender-se com todas as armas e possibilidades que o direito lhe assegura, se, na ponta final do processo administrativo-tributário, a decisão for tomada em obséquio a uma apreciação meramente burocrática, não se realizando, portanto, com a detença e reflexão que devem presidir qualquer intervenção por parte do Estado.

É imprescindível, para que tal não ocorra, que a pessoa ou conjunto de pessoas credenciadas para terminar a controvérsia, a par de reunir condições técnicas e morais para exercer tal função, igualmente satisfaçam as condições legais a elas impostas.

Além disso, o julgador do processo administrativo-tributário não pode sucumbir ao excesso de controvérsias que lhe são submetidas, julgando burocraticamente os litígios que lhe são colocados à apreciação. Tal agir constitui-se, em verdade, em um desserviço, pois dá a falsa impressão de que a máquina estatal administrativa está cumprindo a função que lhe foi conferida pela Constituição Federal, quando, efetivamente, tal não ocorre.

Se há vícios na estrutura e na concepção do rito aplicável ao processo administrativo-tributário, então que sejam reexaminados e reestruturados. Não se pode admitir que o julgador de um processo administrativo-tributário não aja de maneira participativa, inclusive ativamente determinando a coleta e a produção de mensagens de natureza probatória, não se limitando, como lamentavelmente e com bastante freqüência observa-se, a apreciar somente aquilo que lhe é colocado sob o campo de visão.

Como no âmbito do processo administrativo, tal qual no processo judicial, tem-se em mira o livre convencimento do julgador (desde que, naturalmente, segundo as conformações do contexto jurídico), caberá a ele determinar o que lhe falta para obter o convencimento apropriado acerca da controvérsia, diligenciando para que tal efetivamente ocorra no processo submetido a sua apreciação.

Em outras palavras, a ampla defesa pressupõe não só a participação ativa das contrapartes interessadas (Administração Pública-interessada e Administrado), como, é inegável registrar, do responsável pela decisão a ser proferida, que, também de maneira ativa deve perseguir e exigir tudo aquilo que nos limites do contexto jurídico julgar necessário para a decisão do caso.

Refere-se, aqui, à maneira mais apropriada, vez que, sabe-se, a decisão tomada em relação aos objetos notadamente de natureza cultural invariavelmente podem ter um ou outro prisma, um ou outro calço jurídico, ainda que todos eles estejam rigorosamente de acordo com a determinação legal.

Dizer o contrário é, a nosso ver, em verdade, negar a natureza humana, que é reconhecidamente genial ao dispor de sistemas de referência e ao manusear a ideologia, aqui referida como instrumental hierarquizador de valores, fazendo ouvido mouco da riquíssima realidade que confirma, à saciedade, a advertência que ora se sublinha.[53]

O princípio do direito à ampla defesa, portanto, é de riquíssima consistência e de ampla repercussão, ocupando evidente destaque no processo administrativo-tributário.

9.4. O princípio do devido processo legal

Todo aquele que examina o princípio do devido processo legal não deixa de ser atraído pela sua dimensão histórica, hipnótica e vibrante, de reconhecida importância na criação da contemporânea noção do estado democrático de direito.[54]

Esse princípio, em formato embrionário sob a designação *per legem terrae*, surgiu por intermédio da Magna Carta, de 15/06/1215 que, no art. 39, originariamente escrito em latim, subseqüentemente vertido para a língua inglesa, assim se expressara: *No free man shall be seized or outlawed or exiled, or deprived of his rights or possessions, or outlawed or exiled, or deprived of his standing in any other way, nor will be proceed with force against him, or send others to do so, except by the lawful judgement of his equals or by the law of the land.*

Editada num contexto de disputa entre o trono e a nobreza a propósito de privilégios feudais, notadamente em decorrência do fracionamento da terra e acumulação de riqueza do baronato, a Magna Carta estabeleceu regras de uma conveniência política e econômica.

Estruturalmente, portanto, essa disposição tinha como beneficiários os homens livres, especificamente barões vitoriosos e os proprietários de terra; como objeto, a inviolabilidade de seus direitos relativos à vida, liberdade e propriedade (evidente inspiração jusnaturalista), que somente poderiam ser suprimidos por meio da *lei da terra*; ou seja, segundo os procedimentos e por força do direito comumente aceito e segmentado nos precedentes judiciais; isto é, pelos princípios e costumes jurídicos consagrados pelo *common law*.

---

[53] Transplantando-se para a órbita do processo administrativo, entendemos apropriadas as considerações expendidas no âmbito do processo judicial por Ovídio A. Baptista da Silva: "Uma lide, ou se quisermos o processo que a contém, oferece ao julgador – e nos juízos colegiados isto se torna ainda mais evidente – inúmeras 'verdades', ou incontáveis alternativas de solução do conflito, todas elas plausíveis e verossímeis, postas à disposição do magistrado, que acabará formando seu convencimento, escolhendo, dentre a multidão de fatos, circunstâncias e indícios existentes nos autos, aqueles que o tenham impressionado mais fortemente, que mais se harmonizem com a sua compreensão do direito das funções que o ordenamento jurídico haverá de desempenhar, que mais se aproximem de sua particular visão de justiça, a ser feita naquele caso particular; que mais se coadunem com suas inclinações pessoais, com sua formação moral e com seus compromissos ideológicos." *As Garantias do Cidadão na Justiça*, p. 163.

[54] Democracia no sentido de formas institucionalmente garantidas de uma comunicação geral e pública, que se ocupa das questões práticas: de como os homens querem e podem conviver sob as condições objectivas de uma capacidade de disposição imensamente ampliada. Jurgen Habermas, *Técnica e Ciência como Ideologia*, p. 101.

Capítulo II • O Processo Administrativo-Tributário | 45

Após passar a ser conhecido pela expressão *due process of law*, durante o reinado de Eduardo III,[55] esse princípio foi inserido nas constituições das colônias inglesas, na época da pré-federação da América do Norte, com o sentido de evitar o arbítrio dos governantes, sendo subseqüentemente introduzidas na Constituição Federal norte-americana, através das Emendas Constitucionais V e XIV.

No Brasil, o Texto Constitucional de 1988 estabelece, no art. 5, LIV, que ninguém será privado da liberdade ou de seus bens sem o devido processo legal, não se adotando, nestas paragens constitucionais, a referência à perda do direito à vida, dado não se admitir, na ordem constitucional brasileira, a pena de morte.

Pois bem, o foco sobre o qual se direciona tal prescrição constitucional é a liberdade e o perdimento de bens. Por *liberdade*, entendemos que o olhar constitucional quer se referir à *defesa da esfera jurídica dos cidadãos perante a intervenção ou agressão dos poderes públicos*.[56] Com isto, assegura o direito à identidade, direito à liberdade, direito à vida, direito à intimidade, direito à liberdade de imprensa, liberdade de culto etc.

Por *bens*, entende-se a espécie de coisa – que, a sua vez, é tudo aquilo perceptível pelo homem – que admite ser referida e regulada por enunciados jurídicos, apresentando-se ora associados a coisas da realidade circundante, caso dos bens imóveis, bens móveis etc., ora imaterialmente, caso da honra, imagem etc. que, no contexto com que se expressa a dicção constitucional, mais os aproximam da noção de *liberdade* igualmente abrangida pelo princípio do devido processo legal.

Em função da ampla tessitura que porta, atingindo de maneira frontal todas as relações entre o Estado e o indivíduo, de há muito evita-se conceituá-lo, pois tal importaria numa limitação, verdadeiro engessamento, que restringiria de alguma maneira a sua efetiva aplicação.

Conferindo-lhe consistência variada, valiosa no enfrentamento do casuísmo diuturnamente submetido ao Poder Judiciário, mediante procedimento que chamara de *processo de inclusão e exclusão*, já em 1878, o Chief Justice Miller, afirmara: a par do risco de um malôgro em dar uma definição que fôsse simultâneamente clara, compreensiva e satisfatória, será prudente, pensamos nós, apurar o sentido de tão importante cláusula da Constituição Federal através do gradativo processo de inclusão e exclusão judicial, à proporção que os casos submetidos a julgamento assim o reclamem.[57]

O seu núcleo, contudo, evidencia aspectos substanciais e formais. A ênfase substancial do princípio do devido processo legal volta-se para a fixação de limites

---

[55] Carlos Roberto de Siqueira Castro, *O devido processo legal e a razoabilidade das leis na nova Constituição do Brasil*, p. 10.

[56] J. J. Gomes Canotilho e Vital Moreira, *Fundamentos da Constituição*, p. 109.

[57] Davidson V. New Orleans, 96 US 97, 24 L. Ed. 616 (1878), *in* Antonio Roberto Sampaio Dória, *Princípios constitucionais tributários e a cláusula* due process of law, p. 47.

para os poderes Legislativo, Judiciário e Executivo, coibindo qualquer iniciativa legislativa, judiciária ou executiva que pretenda sacrificar ou restringir os direitos de liberdade e de propriedade dos indivíduos, sem que haja um proceder por meio do qual possa ser oferecida a oportunidade de defesa de direitos aos indivíduos.

Sob este ângulo, haveria infringência ao princípio do devido processo legal, a produção de uma mensagem legislativa que impedisse o indivíduo de acionar o Poder Público, quando vitimado por ato que lhe tivesse acarretado danos morais e materiais; da mesma maneira, nova manifestação contrariaria este princípio, caso o ato da Administração Pública, em caráter regulamentar, somente permitisse o protocolamento de mensagens de defesa produzidas pelos indivíduos à face de ato do Estado, junto às repartições públicas subordinadas, no horário das 12h às 13h, num único dia da semana.

Sob a ótica formal, por seu turno, poder-se-ia sublinhar que o devido processo legal equivale a dizer que regras firmes e de todos conhecidas instruem as discussões – em processos –, que podem ser travadas entre indivíduos, e entre indivíduos e o Estado, quando se encontram em jogo restrições ou supressões às liberdades e à propriedade.

Neste ângulo, prestigia-se o princípio da não-surpresa, ou seja, de não alterar-se, casuística e inopinadamente, as regras que disciplinam os processos e os julgamentos; robustece-se, a seu turno, o princípio da segurança jurídica, que, sabe-se, anima seus destinatários, conferindo-lhes estabilidade nas relações.

Deste aspecto do princípio do devido processo legal, resultam improsperáveis as medidas da Administração Pública que, regulamentando procedimentos fiscalizatórios, imponham, ao Administrado fiscalizado, prazos exíguos e, em verdade, efetivamente impossíveis de serem atendidos, para a exibição de livros, documentos e comprovantes de recolhimentos ou do cumprimento de obrigações.[58]

Observamos que este princípio constitucional materializa a garantia, no sentido de defender o indivíduo da ação arbitrária do Estado, quer sob a ótica processual, quer sob a ótica substantiva, para tanto assegurando-lhe o direito ao contraditório e à ampla defesa. E, quando o confronto entre o Estado e o indivíduo tem lugar no âmbito administrativo – caso do processo administrativo-tributário –, trazem-se-lhe, em evidente enriquecimento, os vetores axiológicos irradiados a partir dos princípios da razoabilidade, proporcionalidade e da motivação, relativamente aos atos estatais atinentes ao confronto havido.

---

[58] "O poder regulamentar enfrenta duas ordens de limitações: uma geral e outra específica. De um lado, não pode exceder os limites da função executiva, o que significa dizer que não pode fazer as vezes da função legislativa formal, modificando ou ab-rogando normas primárias, leis formais. De outro, não pode ultrapassar os lindes da lei que regulamenta, dispondo '*ultra*' ou '*extra legem*'". Anna Cândida da Cunha Ferraz, *Conflito entre Poderes. O Poder Congressual de sustar atos normativos do Poder Executivo*, p. 74.

Capítulo II • O Processo Administrativo-Tributário | 47

A partir do concurso desta verdadeira constelação de princípios constitucionais, chega-se, com sobras de razão, a afirmar-se que o princípio do devido processo legal praticamente confunde-se com a noção do Estado de Direito.[59]

Assim, o princípio do devido processo legal é o feixe de valores e enunciados jurídicos que concedem a garantia de defesa, com regras previamente conhecidas, para que os indivíduos possam, juridicamente, rebelar-se contra as iniciativas do Estado que pretendam suprimir ou restringir as suas liberdades e o direito de propriedade, seja por meio do exercício das funções legiferantes, seja judicantes ou executantes.

10. Os princípios jurídicos infraconstitucionais

A partir dos princípios constitucionais já antes examinados, assim como tendo em consideração os enunciados constitutivos e prescritivos instalados no Texto Constitucional[60] que concedem as grandes diretrizes e determinações jurídico-comunicacionais que irão irradiar-se no campo magnético da juridicidade e atingir os seus destinatários, observa-se a intensa produção de mensagens de natureza legislativa propulsoras e propagadoras dos conteúdos lingüísticos a si endereçados, com isto instrumentalizando aludidas prescrições com propósitos inegavelmente operativos.

Pois bem, alguns dos feixes de mensagens que imbricam prescrições constitucionais possuem maior relevância e importância para os processos administrativos, razão pela qual merecem ser examinados com alguma atenção. São eles: o princípio da acessabilidade à informação, princípio da ampla Instrução, princípio da verdade material, princípio da revisibilidade, princípio da oficialidade, princípio do formalismo moderado e princípio da legalidade objetiva.

10.1. O princípio da acessabilidade à informação

O Processo Administrativo-tributário, para regularmente ser instalado, conta com a prática de diversos atos, quer por parte do Estado, quer por parte do Administrado, seja anteriores à sua própria instalação, seja próprios ao seu desenrolar ou, mesmo, atinentes ao seu encerramento.

Às vezes, decorre da constituição, através de *mensagem de ataque*, de um crédito tributário em razão do procedimento fiscalizatório ter surpreendido determinado contribuinte em situação de desconformidade com as prescrições jurídico-tributárias a ele relativas. Outras vezes, decorre de um lançamento por homologação,

---

[59] Celso Ribeiro Bastos e Ives Gandra da Silva Martins, *Comentários à Constituição*, v. 2, p. 261.

[60] Marcio Pestana, *O princípio da imunidade tributária*, p. 34-35.

cujas providências instrumentais ficaram a cargo do contribuinte; outras, ainda, resultaram de lançamentos equivocados, por parte do Fisco, amparando-se no cruzamento de dados que julga revelarem créditos tributários não satisfeitos.

O aspecto aqui em realce no tocante àqueles instantes que precedem a sua instalação é que se observam atos, diligências etc. que foram tomados em consideração e que devem ser do amplo conhecimento dos interessados, razão pela qual se lhes assegura o amplo acesso ao expediente administrativo em que se alojaram e materializaram-se os apontamentos, formulários, informações e dados correspondentes.

Relativamente ao processo administrativo-tributário em curso, o acesso à informação, pelo interessado, é induvidoso, encontrando forte amparo de *status* principial no princípio da publicidade, expressamente alojado no *caput* do art. 37, da Constituição Federal, que certeiramente determina à Administração Pública a sua obediência.[61]

Assim, no curso do processo administrativo-tributário, quer o princípio da acessabilidade à informação dizer que, respeitadas as formalidades minimamente necessárias para o bom trabalho processual e para resguardo das garantias constitucionais dos próprios indivíduos, tem o dever de franquear o amplo acesso à informação, não podendo criar embaraços ou dificuldades que possam restringir o direito de defesa do indivíduo.

Em arremate, agora sob a ótica temporal, observa-se que tal acesso persistirá ao longo de todo o processo administrativo-tributário e, mesmo, após a sua conclusão. Em outras palavras, o direito de acesso à informação é, poder-se-ia dizer, *atemporal*, ou seja, independente do fator *tempo*, estando sempre presente onde houver alguma pretensão do Estado diante de algum indivíduo, respeitado, naturalmente, o requisito que tal indivíduo deverá ter em relação à informação e às garantias constitucionais de sigilo, privacidade etc. constantes da Carta Constitucional.

Assim, ainda que encerrado o processo, o Administrado permanece titular do direito de acessar a informação sobre a qual tenha interesse, e que, eventualmente, encontre-se alojada no suporte físico sobre o qual teve lugar a controvérsia administrativo-tributária.

Pois bem, a par de conhecer tais informações em relação ao processo administrativo, quer no que se refere àqueles praticados anteriormente a sua instalação, quer àqueles materializados no seu desenvolvimento ou referentes ao processo já extinto, há o direito de o administrado acessar a Administração Pública para, nos seus escani-

---

[61] O princípio da publicidade, sublinhe-se, é ínsito ao Estado Democrático de Direito, o qual exige, de maneira induvidosa, absoluta transparência na prática de atos, pelo Poder Público, ressalvadas situações especialíssimas, que autorizam o resguardo do sigilo e discrição no tráfego da mensagem, igualmente em obséquio ao interesse público. A publicidade, portanto, na ordem constitucional brasileira, é a regra, enquanto o sigilo e a discrição na divulgação, a exceção. (Marcio Pestana, *A Concorrrência Pública na Parceria Público-Privada – PPP*.)

nhos, conhecer tudo o que se refira ao objeto do processo administrativo-tributário, potencial ou efetivamente já instalado ou, mesmo encerrado, tal compreendendo, além de relatos de natureza fatual e, portanto, probatória, o acesso a Instruções, Pareceres, Ordens de Serviços, ainda que contem com o qualificação de *internos*, pois é absolutamente inconcebível e inaceitável, no atual estágio político e jurídico brasileiro, imaginar-se que há, sendo discutida na ribalta administrativo-tributária, alguma matéria que não possa ser dada ao conhecimento de todos, resguardadas, naturalmente, as garantias constitucionais outorgadas a cada indivíduo pela ordem constitucional brasileira.

Lamentavelmente, contudo, observam-se ainda embaraços causados pela Administração Pública ao Administrado, que importam, por vezes, em clara infringência a este princípio da acessabilidade à informação.

Realmente, por vezes, a Administração Pública cria tantas e tamanhas dificuldades de acesso, inclusive *físico*, às repartições e órgãos envolvidos, que importam em vitanda restrição ao seu direito de defesa. Exemplifique-se, lembrando a tormentosa exigência relativamente freqüente para que o Administrado dirija-se ao órgão fazendário às madrugadas, para obter senhas, para, depois de longas e penosas horas, ouvir do servidor a impossibilidade de atendimento por não portar, naquele instante, este ou aquele documento formalmente exigível, mas de todo dispensável, se levada em consideração a função finalística de justiça que deve ser buscada e praticada pelos integrantes da Administração Pública.

Em outras situações, ainda, observa-se que a Administração Pública, diante de um caso concreto, por vezes afronta à própria ordem interna, fazendo *tabula rasa* de determinações que deveriam ser obedecidas, como as emanadas de Pareceres Normativos, resultantes de manifestação expressa e específica de órgão competente, e técnica e funcionalmente capacitados para opinar e prescrever comportamentos da Administração sobre a matéria em questão, como argutamente assinala Celso Antonio Bandeira de Mello.[62]

Noutras situações, ainda, observa-se que o administrado-contribuinte vê-se diante de mensagens de ataque, como *autos de infração*, verdadeiramente *herméticos*, ou seja, que invocam, como razão da autuação, praticamente todo o ordenamento jurídico-tributário, impedindo, dada a profusão de dados e a grandiosidade da relação de enunciados aparentemente afrontados, que o Administrado possa divisar, com nitidez, o núcleo do corpo de mensagens jurídicas que, efetivamente, tenham sido feridas e sobre as quais tenha que se pronunciar ao defender-se.

---

[62] *Curso de Direito Administrativo*, p. 458.

Ainda no tocante aos autos de infração, que poderão disparar o processo administrativo-tributário, observa-se, em boa parte, narrativa empobrecida ou deficiente dos motivos que ensejaram a cominação de determinado apenamento em desfavor do Administrado, o que importa, igualmente, em infringência ao princípio da acessabilidade da Informação.

Direito à informação, em suma, no âmbito do processo administrativo-tributário, é aquele que o Administrado possui de, querendo, conhecer todos os eventos, fatos jurídicos, atos, narrativas, objetos e circunstâncias que se refiram, direta ou indiretamente, à matéria controversa, objeto do processo administrativo-tributário.

Como se observa, o direito de acesso à informação, alçado à condição de princípio, deve permitir que o administrado possa obter todo o tipo de dado ou informação que se refira ao núcleo do objeto sobre o qual se instalará a controvérsia administrativa.

Sendo assim, o princípio do direito de acesso à informação, pelo Administrado, exige ser regado diuturnamente, e invocado com veemência quando contrariado, pois consiste em direito fundamental imprescindível para que o Administrado possa defender-se de ataques provenientes do Estado, no âmbito do processo administrativo-tributário.

10.2. O princípio da ampla instrução

O princípio da ampla instrução ganha concretude e operatividade através da conjugação de diversas mensagens de especial função prescritiva que assegurem a possibilidade de serem levados seriamente em conta relatos de natureza probatória, trazendo reflexos e interferência da discussão travada no âmbito de um processo administrativo.

Trabalhando reverencialmente em favor dos princípios constitucionais já antes examinados ou mencionados, observa-se que o princípio da ampla instrução nos domínios do processo administrativo-tributário atrai para si um corpo de enunciados jurídicos dotados de vocação prescritiva, voltados para assegurar a produção de mensagens probatórias, quer por parte da Administração Pública, quer por parte do Administrado.

Assegura-se aos protagonistas da controvérsia processual administrativo-tributária a garantia de que estes poderão produzir e trazer ao debate todas as mensagens que se refiram às provas que julgarem relevantes para influenciar a decisão que todos almejam obter por ocasião do término do respectivo processo administrativo.

Em outras palavras, a regra, no tocante à produção de mensagens de natureza probatória é a de que tudo o que não estiver expressamente proibido estará permitido às partes produzir. Assim, toda prova poderá ser produzida para elucidar os fatos jurídicos e sensibilizar o julgador para a tomada da decisão que se encontra prestes a ser emitida, respeitados as restrições e os impedimentos especificamente referidos no ordenamento ao manuseio da linguagem no âmbito processual, tanto referindo-se ao aspecto substancial (impossibilidade de produção de provas ilícitas, a rigor do art. 5, LVI, da Constituição Federal) quanto ao aspecto nitidamente processual (fator temporal na produção das provas) etc.

O princípio da ampla instrução assegura, ainda, que os personagens contrapostos, reciprocamente possam fiscalizar o manejo lingüístico de determinadas provas, como, exemplificativamente, a prova oral, em que ativamente podem ocorrer reindagações lingüísticas de controle, censura ou esclarecimento, ou, ainda, nas situações que apresentem maior complexidade técnica, caso daquelas envolvendo perícias.

Temporalmente, observa-se que tais mensagens são produzidas em momentos distintos, levando-se em consideração o aspecto subjetivo do seu produtor. Deveras, no tocante à Administração Pública, e nos casos em que a controvérsia resulta de algum ato propulsor proveniente da própria Administração, observa-se que preponderantemente a prova é produzida antes mesmo de instalar-se o processo administrativo, efetivamente instruindo a *mensagem de ataque* endereçada ao Administrado.

Na fase de fiscalização, cruzamento de dados etc., a Administração identifica o evento, reticula o fato jurídico, reunindo as mensagens lingüísticas probatórias que o reafirmam ou refutam, as quais, subseqüentemente, havendo resistências por parte do Administrado, representam o corpo comunicacional probante que instruirá o processo administrativo. Não se quer com isto dizer que a Administração Pública não produza provas no curso do processo. Absolutamente, quer-se apenas sublinhar que a Administração compõe o corpo probatório antes mesmo de o Administrado alojar-se na posição controversa nos domínios do processo administrativo-tributário.

O Administrado, ao seu turno, nas situações em que reage à iniciativa estatal, produz as provas que reputa fundamentais, nas fases que antecedem a sua apreciação, pelo decididor, mas, tudo isto, enquanto o processo administrativo-tributário tem o seu desenrolar.

Do cotejo destes momentos distintos de emissão de mensagens acerca das provas, os quais desfrutam, igualmente, do fator *tempo* igualmente distinto para tanto, aloja-se aspecto delicado à vista do princípio da isonomia processual das contrapartes. Realmente, como já pudemos assinalar nas nossas considerações acerca do princípio da ampla defesa, aquele que ativamente enseja a instalação da controvérsia administrativa, conta com espaçamento temporal invariavelmente mais favorável à produção das provas, podendo sopesar a importância e o valor das armas que convenientemente quer ver levadas ao processo, a forma da sua apresentação, as diligências necessárias para obter provas complementares etc.

Assim, é de todo imprescindível, especialmente diante de complexas questões tributárias, notadamente aquelas que gerem efeitos jurídicos ao longo de diversos exercícios, como é o da depreciação de bens ao longo de diversos anos ou dos saldos apresentados por determinadas contas contábeis, que a contraparte *passiva*, ou seja, o Administrado contra quem seja aparelhada determinada pretensão, possa desfrutar de tempo razoável, proporcional e suficientemente apropriado para, de maneira isonômica, identificar todos os dados, informações etc. que lhe sejam valiosas para comprovar o direito que lhe assista.[63]

Agora, é inegável, no atual estágio de amadurecimento e desenvolvimento do processo administrativo-tributário brasileiro, a participação ativa do julgador do processo administrativo em obséquio ao princípio da ampla instrução, notadamente como requisitador da sua produção, não como um ator passivo somente reagindo aos impulsos que lhe são endereçados.

Deveras, com relativa freqüência, observa-se que processos administrativos são deficientemente instruídos, maior parte das vezes por terem sido conduzidos pelo próprio Administrado desconhecedor das regras e potencialidades proporcionadas pelo jogo processual administrativo, ou, mesmo, por pessoas e profissionais não iniciados neste segmento.

Seja qual for o motivo, não pode o julgador, ao deparar-se sobre aspecto que julgue relevante para o deslinde da controvérsia, deixar de determinar o manuseio de mensagens relativas a provas que se encontrem em condições de satisfatoriamente substituir a deficiência do agir do Administrado.

O princípio da ampla instrução, portanto, como se pode concluir, tem como destinatários todos aqueles que interferem no processo administrativo-tributário, quer a Administração Pública-interessada, quer o Administrado, quer a Administração Pública-julgadora.

10.3. O princípio da *verdade material*

O princípio da *verdade material*[64] possui contornos bem específicos no processo administrativo, e, portanto, no processo administrativo-tributário. Significa que a Administração Pública, no desenrolar do processo administrativo, possui o dever de a ele carrear todos os dados, registros, informações etc. que possua ou que venha a deles tomar conhecimento, independentemente do que o Administrado tenha já realizado ou pretenda ainda realizar no tocante à produção de provas.[65]

---

[63] O razoável, por conformar-se à razão, ao equilibrado, ao moderado, ao harmônico, deve freqüentar tanto a elaboração legislativa, quanto a prática de atos administrativos, e, ainda, as decisões provenientes do Poder Judiciário. Marcio Pestana, in *Anistia Fiscal e os Princípios da Isonomia, Razoabilidade e Proporcionalidade*, p. 215.

[64] Ou da liberdade da prova, conforme Paulo Celso B. Bonilha, *Da prova no Processo Administrativo Tributário*, p. 62.

[65] Se sei, devo comunicar; se não sei, mas tenho a função, face ao contexto e códigos jurídicos, de sabê-lo, devo fazê-lo; se não sei, mas tenho a sensação, como ser, de que há alguma possibilidade de sabê-lo, mesmo que a tanto não esteja obrigado, devo fazê-lo. Este é o agir esperável do agente julgador do processo administrativo-tributário.

Quer-se dizer que a Administração Pública, que, sobejamente, está a serviço do interesse público e, portanto, coletivo, deve incessantemente buscar mensagens sobre o objeto que sejam relevantes à controvérsia, seja referindo-se ao evento, seja referindo-se ao fato jurídico, não se limitando a conformar-se com a *verdade formal*, isto é, aquela constante do suporte físico que se designa *processo administrativo-tributário*, ou *dos autos*, como, corriqueiramente, diz-se.

Sob os auspícios do princípio da *verdade material*, descabe cogitar-se, aqui, de oportunismos processuais de índole estratégica, de não juntar-se tal ou qual mensagem probatória, para sagrar-se vitorioso na controvérsia, procedimento sabidamente utilizado em litígios judiciais, ainda que, doutrinária e, mesmo, jurisprudencialmente, sejam endereçadas severas e procedentes censuras a tal vitando proceder.

No processo administrativo-tributário, repita-se, observa-se o dever de a Administração Pública buscar e fazer aflorar a totalidade de relatos de que saiba ou mesmo, antes suspeitando, mas dele tomando ciência, tal qual ocorrida e narrada, sejam relevantes a serem carreadas para instruir o debate que se encontra em evolução. Sendo, portanto, detectada, cabe à Administração convertê-la em *dado processual jurídico*.[66]

Com fundamento em tal princípio decorre que, algumas vezes, a desídia do Administrado ao defender-se, quando efetivamente poderia melhor tê-lo feito, é curada pela iniciativa da Administração que, diligenciando na procura da *verdade material*, pode produzir provas em favor do próprio administrado.

Cite-se, como exemplo, a situação em que um contribuinte recebe autuação por não ter realizado o pagamento de determinado tributo e, de acordo com a realidade circundante, já o tenha feito. Ao oferecer a sua impugnação, não localiza o comprovante de pagamento, e nem requer diligências no âmbito da própria administração fazendária no sentido de obter cópia do respectivo comprovante, deixando, em suma, de realizar a prova *formal* que consistentemente poderia afastar a pretensão estatal.

À vista tão-somente da argumentação trazida pelo Administrado, e independentemente da intervenção daquele imbuído da responsabilidade de terminar o litígio, impõe-se à Administração Pública o dever de vasculhar os escaninhos da Administração, para localizar a comprovação cabal da realização do respectivo recolhimento, a qual, uma vez identificada, deve ser levada ao processo administrativo-tributário, terminando a controvérsia, no caso, em favor do contribuinte.

---

[66] Absolutamente apropriadas ao âmbito administrativo as considerações endereçadas ao juízo judicial: Compenetrado da função histórica, social, política e jurídica de fazer Justiça, não há de – o juiz – satisfazer-se com a verdade meramente formal. Para que sua decisão nos autos efetivamente restaure a ordem vulnerada, recompondo o patrimônio jurídico violado, há de perseguir a reconstituição adequada dos fatos. José Renato Nalini, *O Juiz e a Ética no Processo*, p. 98-99.

Com o advento da informática, destaque-se, a expressão *vasculhar escaninhos* não mais significa a realização de longas e cansativas incursões em, às vezes, empoeirados arquivos para localizar-se determinado suporte físico. Tal diligência encontra-se inegavelmente simplificada, bastando um *querer* por parte da Administração em obter-se a *verdade material*.

Lamentavelmente, registre-se, tal princípio sofre reiteradas infringências por parte da Administração Pública, que se satisfaz com a *verdade formal* alojada no processo administrativo, às vezes, por excesso de expedientes que tornam impossível o esmero e o cuidado esperável da Administração na busca da *verdade substancial*, vezes por desconhecimento deste princípio caríssimo ao processo administrativo-tributário, por parte dos agentes, às vezes, também, por desídia do próprio servidor, dado observar-se que a concretização da *verdade material* depende, inegavelmente, do espírito do próprio agente público – ser humano dotado de características singulares, dentre as quais pode não se encontrar presente a marcante inquietação que alguns nutrem e incessantemente praticam em busca da *verdade material*.

Seja como for, o princípio da verdade material norteia o processo administrativo-tributário, representando um *ser* e um *querer* que devem encontrar-se presentes no agir daquele responsável por terminar um contencioso, tendo importância extremada no que se refere às provas, tema que ocupa a atenção central do presente trabalho.

10.4. O princípio da revisibilidade

Toda a decisão tomada no âmbito do processo administrativo-tributário, na instância inaugural, deve submeter-se a um juízo de revisibilidade pela autoridade superior para tanto competente.

Trata-se da juridicização de um proceder que acompanha o homem que se preocupa em bem conhecer o objeto. Aquele que, superficialmente, debruça-se sobre uma questão, formulando indagações ralas, inegavelmente chega a conclusões não menos superficiais. Já aquele que se detém sobre o objeto, com redobrada preocupação de conhecê-lo no pormenor, examinando-o nos detalhes, inquirindo dos seus aspectos de maior relevo, chega, invariavelmente, ao núcleo da sua essência, permitindo-lhe formular conclusões densas e aprofundadas. Que dirá, então, da possibilidade destas conclusões, já aprofundadas, serem revisitadas e reexaminadas, num juízo de revisibilidade, indagando-se dos motivos e dos fundamentos que as animaram, reexaminando-se os pormenores e os detalhamentos que foram tomados em consideração para as conclusões havidas? Evidentemente, esta revisão importará no adensamento da conclusão, conferindo-lhe inegável aprimoramento na sua própria consistência, configurando-se *verdadeiro imperativo de ordem pública*.[67]

---

[67] Sergio Ferraz e Adilson Abreu Dallari, *Processo Administrativo*, p. 169.

Ora, não há dúvida que as decisões tomadas em processos, quer administrativos, quer judiciais, aprimoram-se ao serem submetidas a um reexame, quer as confirmando, quer as modificando, parcial ou integralmente. A movimentação dialética entre os interessados contrapostos, assim como em relação àqueles que estão imbuídos da competência de terminar a controvérsia, relações dialéticas que se instalam quer no sentido horizontal, quer no vertical, inegavelmente enriquecem a compreensão do litígio tido à vista, contribuindo para que seja dada a *melhor solução* ao caso concreto.

Nos processos administrativo-tributários, o princípio da revisibilidade ganha importância destacada, por ser *inerente ao contraditório e à ampla defesa, ou seja, o direito à revisão do decidido singularmente, quer sejam atos administrativos, que atinjam o administrado, quer seja em processos sancionatórios e/ou disciplinares.*[68]

Por ser indissociável do princípio do devido processo legal, aqui referido como o emblema e o conteúdo aglutinador dos diversos princípios que formal e substancialmente asseguram o direito de defesa aos administrados, entendemos ser absolutamente afrontoso à própria ordem constitucional a exigência do recolhimento de importâncias equivalentes a 30% do montante sob discussão, caso o Administrado, à frente de julgamento singular que lhe seja desfavorável, queira ver a questão já decidida reapreciada em instância administrativa superior.

Por mais que se invoque que o Supremo Tribunal Federal anteriormente decidiu pela constitucionalidade de tal exigência,[69] não se vislumbrando ofensa ao *due process of law*, não obstante respeitemos tal decisório, continuamos discordando deste entendimento, que, felizmente, está sendo reexaminado pela nova composição desse mesmo Tribunal. O direito, por ser um objeto cultural-lingüístico, resulta da oposição e conflito de intensa carga axiológica, o que permite que o mesmo fato jurídico ganhe diversas interpretações, gerando, conseqüentemente, diversos efeitos e repercussões na sua realidade jurídica.

Sendo, como é, uma ordem concretizadora de valores de uma sociedade, através de mensagens que repercutem num ambiente comunicacional, o Direito inegavelmente está a serviço do controle social, sendo imprescindível, para tal finalidade que, à frente de controvérsias, como as que são levadas ao processo administrativo-tributário, determine que o Estado implemente a *melhor* decisão, promovendo, igualmente, a homogeneização de decisórios sobre casos idênticos, assim como sobre aqueles semelhantes e que admitam ser agrupados em categorias.

O Direito busca a uniformidade das decisões, sendo de fundamental importância a revisibilidade da decisão tomada, pois não só, como se disse, aprimora o decidido, como, também, em muito auxilia na uniformização das decisões, inclusive no âmbito administrativo.

---

[68] Lucia Valle Figueiredo, *Curso de Direito Administrativo*, p. 425.

[69] ADIN 1049-2/DF, Rel. Min. Sepúlveda Pertence; RE 210.246-6/GO, Rel. para acordão Min. Nelson Jobim – DJ de 17/03/00.

Se o Direito busca, como de fato deve incessantemente buscar, a justiça social, no ponto aqui sob destaque, nos domínios da Administração Pública, é de meridiana clareza que não poderia exigir o pagamento de vultoso valor, não importa sob qual justificativa, para reapreciar uma controvérsia que o Administrador insiste em ver dirimida em seu favor. Instalar um oneroso *pedágio* para obter-se a revisão de uma decisão administrativa é, em verdade, negar a revisão, com argumentos só na aparência jurídicos.

Interessa, sim, à coletividade e, portanto, consulta ao interesse público, a revisão desonerada da decisão tomada no âmbito administrativo-tributário, sem a exigência do recolhimento de montantes de expressão retumbante, como os equivalentes a 30% do valor controverso, francamente inibidores das iniciativas do Administrado e marcadamente reveladores de uma verdadeira opressão estatal em desfavor do Administrado, notadamente, no ponto, do mais desassistido, o qual, querendo defender-se, deverá buscar a não menos onerosa via do judiciário.

Exigir o recolhimento de tal montante, na prática, equivale a negar aplicação concreta ao princípio da revisibilidade,[70] afrontando-o, conseqüentemente, assim como a todos os princípios que mais de perto referem-se ao processo administrativo, caso dos princípios da ampla defesa, do contraditório e do devido processo legal.

Lamentavelmente, realiza-se no momento uma outra modalidade de mutilação, no tocante à diminuição das possibilidades de revisibilidade administrativa de decisões já tomadas nos seus domínios: o de diminuir-se as alçadas e as matérias sobre as quais caberiam recursos no prédio administrativo. Trata-se de iniciativa subalterna, proveniente de setores que não possuem a mínima noção de estado democrático de direito e dos valores cardeais da ordem constitucional brasileira.

10.5. O princípio da oficialidade

O princípio da oficialidade ou da impulsão significa que, uma vez instalado o processo administrativo – no caso, o processo administrativo-tributário –, compete à Administração Pública promover o seu andamento até que, ao final, seja emitida uma mensagem terminativa.

Mesmo diante da inércia do administrado, não pode a Administração Pública deixar à deriva a controvérsia instalada no processo administrativo, pugnando pelo seu regular desenvolvimento, sob pena de responsabilização funcional daquele servidor ou de conjunto de servidores responsáveis pela condução do processo.

---

[70] Por vezes, exige-se até um terceiro grau em que se realiza a revisão dos dois decisórios que lhe são anteriores. A controvérsia percorrerá basicamente dois estádios, quais sejam, o primeiro e o segundo graus, facultada a possibilidade de revisão por um órgão de terceiro grau em casos especiais. Eduardo Marcial Ferreira Jardim, *Manual de Direito Financeiro e Tributário*, p. 263.

O processo administrativo, "uma vez desencadeado pela Administração ou por instigação da parte, é encargo da própria Administração. Vale dizer, cabe a ela, e não a um terceiro, a impulsão de ofício, ou seja, o empenho na *condução e desdobramento da seqüência de atos* que o compõem até a produção do ato final, conclusivo. Disto decorre a irrelevância (quanto à continuidade do procedimento) de prazos preclusivos ou de caducidade para o administrado, porque a própria Administração tem de conduzir o procedimento até seu termo final.[71]

O processo administrativo-tributário, convém reafirmar, não cuida especificamente do interesse individual deste ou daquele administrado. Tem a preocupação de satisfazer o interesse público, ou seja, de toda a coletividade, curando de evitar a prática de injustiças e de arbitrariedades, donde possuir a Administração Pública o dever de, em cumprimento aos demais princípios dela exigíveis, tudo fazer para que a controvérsia instalada no processo administrativo-tributário seja assentada ao seu final, mediante a produção de uma decisão que faça prevalecer, no caso concreto, o que a ordem jurídica a respeito prescreve, ainda que em desagrado a alguns interessados.

Reconheça-se, contudo, que o aparelhamento estatal não se encontra capacitado para decidir as controvérsias discutidas nos domínios da Administração Pública segundo o tempo que poderia reputar-se razoavelmente adequado para o término do litígio. Processos administrativo-tributários, por vezes, demoram anos para serem apreciados na 1ª instância, e outros tantos em 2ª instância, observando-se situações em que a dirimência somente ocorre após ter sido escoada uma década da sua formalização.

Ora, ao falar-se em *princípio da oficialidade*, quer-se dizer que a Administração Pública não só deve impulsionar e finalizar o processo administrativo sob si instalado, como, também, deva concluí-lo dentro de um prazo razoavelmente suficiente e compatível à discussão que nele é tratada, pois não se estará consultando o interesse público e, muito menos, conferindo aplicabilidade concreta às garantias constitucionais asseguradas a todos, às situações em que imperar a inércia e o estado de verdadeiro entorpecimento procedimental que se têm observado no desenvolvimento de alguns dos processos administrativo-tributários.

A lerdeza ao apreciar-se o litígio e a lentidão exacerbada ao terminar-se a controvérsia implicam inegavelmente uma efetiva insegurança jurídica, que intranqüiliza o administrado e, evidentemente, toda a sociedade, desestimulando-a a buscar a justiça nos processos administrativo-tributários.

Quiçá, poder-se-ia obter a reversão deste estado de verdadeira *letargia processual administrativa* – permita-se a imagem – caso fosse produzida lei que fixasse um

---

[71] Celso Antonio Bandeira de Mello, *Curso de Direito Administrativo*, p. 459.

prazo razoável para a conclusão da disputa travada nas quadras administrativas, sob pena de considerar-se procedente, em favor do administrado, a controvérsia administrativa havida, e promovida a responsabilidade funcional dos servidores envolvidos no processo, por tal ter ocorrido.

Somente com a fixação de apenamento correspondente, como deste jaez, poder-se-ia obter operatividade efetiva aos processos administrativo-tributários, pois, em tal não ocorrendo, a Administração Pública brasileira, sempre escudada na *falta de recursos*, de instrumentos, de equipamentos, de pessoal etc., prosseguirá obstando a aplicabilidade concreta das determinações constitucionais.

Tal proposição, inegavelmente polêmica, possuiria a formidável aptidão de estimular a eficiência estatal, logrando fazer com que o princípio da eficiência, instalado no *caput* do art. 37 da Constituição Federal, ferisse a conduta de seus destinatários, gerando efeitos a todos os administrados, pois em nada adianta a concepção constituinte de prever-se no ordenamento jurídico brasileiro a possibilidade da instalação do contencioso administrativo, assegurado o devido processo legal e todos os demais princípios jurídicos já examinados, caso a decisão correspondente somente venha a ser tomada após decorrido prazo desarrazoado e desproporcional ao conteúdo e extensão do litígio, pois, como se sabe, além de o tempo ser o nosso aliado, a ponto do provérbio popular dizer, com todo acerto, que O *tempo e eu enfrentamos quaisquer outros dois*,[72] ele, tempo, mal utilizado, é elemento impressionantemente útil a serviço do injusto, do ilegal, do inconstitucional.

10.6. O princípio do formalismo moderado

No processo administrativo-tributário o princípio do formalismo moderado significa que a Administração Pública-julgadora, para encerrar a controvérsia levada ao processo, não pode exigir rigores formais encontráveis dos domínios dos processos judiciais, devendo, para atingir tal propósito, mitigar a forma dos meios e privilegiar os fins almejados.

Mensagens com redações lingüisticamente deficientes, mas, claro, desde que minimamente compreensíveis, são admissíveis no processo administrativo-tributário; *mensagens de tipo impróprio*, como recursos administrativos utilizados incorretamente pelo Administrador são igualmente aproveitáveis, dado interessar o conteúdo nele veiculado, e não a forma com que se apresentam ou revestem-se; a inércia do Administrado que, na ótica do processo judicial dispararia os efeitos da designada *preclusão*, é tolerada no processo administrativo, desde que, naturalmente, não prejudique a fluidez e o curso do processo administrativo-tributário a que corresponda.

---

[72] Baltasar Gracián, *A Arte da Prudência*, p. 45.

Em prol do Direito e, conseqüentemente, do que se entenda por justo, é necessário que cada vez seja colocado nos seus devidos e precisos termos o aspecto formal, qual seja, de enfaticamente servir de instrumental para que a substância aflore no processo. A advertência, cremos, é de todo procedente, pois, atualmente, instante em que a forma estética ganha cada vez mais uma empolgação, envolvendo diferentes texturas, formatação de letras, disposições de contrastes etc., vê-se que as objeções de natureza formal são constatáveis em diversos órgãos do Estado, inclusive, lamentavelmente, no âmbito do Poder Judiciário que, sabe-se, veda o protocolamento de petições que não conservem tantos centímetros entre a sua cúspide onde se grava o destinatário do pleito, e o primeiro parágrafo, por tratar-se de campo destinado a serem assinalados despachos etc.

Ora, trata-se de privilegiar a forma em manifesta e até ofensiva contrariedade à função finalística que um processo deve ter como objetivo, assim como a um dos traços relevantes do Direito na pós-modernidade.[73] Impedir que o Direito seja aplicado ao requerente, porque este, até por equívoco ou desconhecimento, não deu um determinado espaçamento em centímetros ao repositório físico no qual se assenta a sua pretensão não é prestar a jurisdição, não é conferir garantias e direitos constitucionais, enfim, em realidade é impedir a concretização, no plano da realidade social, do Direito, maiusculamente considerado.

Lamentavelmente, nos domínios do processo administrativo-tributário, por vezes a forma ganha tratamento exuberante, importando no encolhimento do aspecto substancial. Vetor formal que, inclusive, tenha ocorrido anteriormente à instalação da controvérsia levada ao processo administrativo. Quem já teve disputa num processo administrativo-tributário em que o administrado equivocou-se, por erro de digitação, ao indicar o código da receita correspondente na guia de recolhimento apropriada, bem sabe do que se quer aqui sublinhar.

Nestes casos, sob a justificativa de embaraços de natureza procedimentais mais apropriadamente examinados pelo Direito Financeiro, revelador de questões intra-estatais, portanto, coloca-se uma profusão de dificuldades em desfavor do Adminis-trado. Se o código indicado na guia de recolhimento encontrava-se incorreto, mas o recurso correspondente havia ingressado no Cofre Público, evidentemente não mais deveria ser considerada insatisfeita a obrigação tributária principal de recolher deter-minado tributo. Quando muito, impor-se-ia um apenamento brando, pecuniário, por conta do equívoco, tal qual previsto na lei à situação aplicável, ao mesmo tempo em

---

[73] "O direito pós-moderno privilegia o conteúdo e despreza a forma (ao contrário da lógica moderna), quando ela for dispensável, de modo que é crítico dos métodos de coerção e restrição de acesso a direitos fundado no império do rito, do procedimento, do acesso-condicionado-pela-burocracia, do direito que está em tese dado a todos, mas que só é acessível àqueles que sobreviverem às armadilhas e artimanhas do sistema organizado de rituais de acesso às decisões de interesse social; o direito pós-moderno rejeita a negação de direitos por critérios de forma, e, portanto, considera deletérias as regras arbitrárias da legalidade estrita". Eduardo C. B. Bittar, *O Direito na Pós-Modernidade*, p. 432.

que se reconheceria a extinção do débito tributário. Lamentavelmente, não é tão incomum observar-se que o processo administrativo-tributário, desprendendo-se da essência da sua natureza, perde-se verdadeiramente no aspecto formal, remetendo o Administrado a um labirinto processual francamente oneroso, não só para ele próprio, Administrado, como, sobretudo, para a própria Administração Pública, inegavelmente força motriz geradora de processos, dado nela aglutinar as controvérsias de natureza tributária.

Assim, em suma, o princípio do formalismo moderado enfatiza a busca da *verdade material* no curso do processo administrativo, abrindo-se mão de formalismos e rigores imprescindíveis noutras plagas, mas absolutamente dispensáveis no território do processo administrativo, que se vocaciona, fundamentalmente, para atingir o interesse público, para tanto aplicando, no caso concreto, a melhor e, conseqüentemente, a mais apropriada decisão jurídico-comunicacional cabível ao caso controverso.

10.7. O princípio da legalidade objetiva

O princípio da legalidade *exige que o processo administrativo seja instaurado com base e para preservação da lei.*[74] O *iter* procedimental, o modo como tem seu desenvolvimento e encerramento, a maneira com que as mensagens probatórias podem ser produzidas e apreciadas, enfim, todo o disciplinamento jurídico atinente ao processo administrativo-tributário encontra-se prescrito em lei, a qual é o único veículo que possui a aptidão de portar enunciados que repercutam na conduta dos seus destinatários.

A instalação, o desenvolvimento e a finalização do processo administrativo-tributário evidentemente encontram-se *a serviço da lei*, isto é, com a induvidosa finalidade de fazer com que os comandos prescritivos contidos na lei aplicável ao caso sob controvérsia sejam efetivamente concretizados, atingindo as contrapartes envolvidas, dado incidirem sobre o objeto controvertido.

Ainda que a controvérsia refira-se às mensagens jurídicas da espécie *atos administrativos*, por exemplo, quando se questiona a aplicação de determinada orientação contida em Pareceres Normativos, estar-se-á, em verdade, discutindo-se a lei que lhe concede suporte e fundamento, pois, nunca é por demais repetir, os atos administrativos têm, dentre outras funções, a de implementar operatividade às determinações legislativas.

Por outro lado, convém sublinhar que o princípio da legalidade objetiva propicia a certeza da aplicação, no caso concreto, dos preceptivos previamente estampados na ordem jurídica, o que o coloca em estreita ligação com o princípio da

---

[74] Hely Lopes Meirelles. *Direito Administrativo Brasileiro*, p. 646.

certeza jurídica,[75] enfatizando-se, no ponto, o aspecto de previsibilidade, *de tal modo que os destinatários dos comandos jurídicos hão de poder organizar suas condutas na conformidade dos teores normativos existentes.*[76]

O princípio da legalidade objetiva, em súmula estrita, que o processo administrativo-tributário deve nascer, prosperar e encerrar-se em estrita obediência à disciplina que lhe confere os preceptivos legais, não podendo ser objeto de subjetivismos ou de procedimentos que afrontem as prescrições legislativas aplicáveis.

11. Conclusões

1ª – O ponto central da investigação implementada instalou-se na controvérsia, ou seja, na situação em que haja confronto trazido aos domínios do processo administrativo-tributário, evidenciando uma posição antagônica que será, ao final, apreciada de uma maneira particular e interessada. Portanto, nos concernem às situações envolvendo o processo administrativo em que haja insurgência de parte a parte em relação a determinada obrigação ou direito de natureza tributária, quer freqüentando o núcleo da obrigação tributária, quer o seu entorno.

1.1. O processo administrativo-tributário resulta das ações lingüísticas, autônomas, mas sucessivo, lógico e juridicamente encadeadas, com o propósito de, ao final, obter-se, no âmbito da Administração Pública, uma decisão prescritora de comportamento, terminativa da controvérsia até então existente entre a própria Administração Pública e o Administrado, no que se refere à matéria tributária.

2ª – O processo administrativo-tributário adequadamente formado conta com a presença de, no mínimo, três agentes interagindo no eixo central do litígio: a Administração Pública-interessada, o Administrado e a Administração Pública-julgadora

2.1. A Administração Pública é integrada pelas pessoas jurídicas de Direito Público interno, assim como pelas pessoas jurídicas de Direito Privado submetidas ao conceito de Administração Pública indireta. O processo administrativo-tributário instala-se a partir de uma ação comunicacional de ataque proveniente da Administração Pública.

---

[75] "O valor constitucional da certeza do direito é um sobreprincípio, e como tal está acima de todos os outros. É um valor que está na essência do ordenamento jurídico brasileiro e sem ele as decisões judiciais e administrativas estariam sempre no âmbito do provável, sendo negado ao indivíduo a segurança e a certeza necessárias ao convívio social e à confiança no sistema jurídico positivo, tendo em vista que tudo seria provável, possível, e não certo, definido e seguro". Fabiana Lopes Pinto, *O Sigilo Bancário e a Lei Complementar n. 105/2001*, p. 168.

[76] Paulo de Barros Carvalho, *Curso de Direito Tributário*, p. 108.

2.2. Como receptor da comunicação, há os Administrados, ou seja, aqueles que tenham algum tipo de liame jurídico com a Administração Pública, quer se apresentando como *contribuintes, responsáveis, garantidores de obrigações tributárias de terceiros, responsável solidário* etc.

2.3. Tem-se a Administração Pública-julgadora, ou seja, o agente singular ou plural credenciado para, após examinar os fatos trazidos a exame, expedir, necessariamente sob a forma escrita, o decisório correspondente, certificando a compreensão que a *Administração-julgadora* possui sobre a controvérsia.

3ª – Numa ótica comunicacional, o processo administrativo-tributário evidencia um *esgrimir lingüístico*, compreendendo sucessivas movimentações que são empreendidas ao longo do seu curso, envolvendo, ao mesmo tempo, emissores e destinatários das mensagens intercambiadas num contexto apreensível tanto pelo remetente como pelo destinatário da mensagem, com a utilização de código comum aos protagonistas da comunicação, os quais estabelecem, entre si, uma conexão psicológica, que lhes permite instalar, desenvolver e finalizar a comunicação.

3.1. Este *esgrimir lingüístico* desenvolve-se sob o abrigo de um contexto comunicacional, em que cada um dos jogadores possui uma determinada finalidade a animar o seu agir. A Administração Pública, interessadamente exigindo o cumprimento de uma certa conduta; o Administrado, rebelando-se contra tal exigência; o julgador, buscando aplicar ao caso a solução juridicamente mais apropriada, quer por meio da adoção da *solução ótima*, quer da *solução satisfatória*.

3.2. Todos os participantes expressam-se através da linguagem, ora manejando-a especificamente para o processo administrativo, ora trazendo à ribalta processual narrativas já produzidas, caso de documentos, lançamentos contábeis etc., em grande parte – senão na unanimidade – de forma escrita, que julgam valiosas para o encaminhamento deste *esgrimir comunicacional*.

4ª – Enfatiza-se no processo administrativo, como de resto em qualquer processo, seja judicial, seja arbitral, a função pragmática da linguagem, observável numa conexão situacional, e que sublinha o aspecto repercussional intersubjetivo. Examinando-se o papel desempenhado por cada um destes protagonistas do processo administrativo-tributário, observam-se alguns aspectos que se destacam:

4.1. *Relação assimétrica*. A Administração Pública, tanto como interessada, quanto como julgadora, na sua atuação não conta com a presença dos elementos emocionais integrantes da personalidade dos seus servidores, vez que a pretensão buscada, assim como a decisão concedida, decorrem de previsões normativas irradiadas a partir de um contexto jurídico, e de ações e de fatos *desapaixonadamente* considerados; o administrado, diferentemente, ao agir, imiscui-se e por vezes enreda-se nos seus traços emotivos e elementos afetivos de natureza pessoal, como receios, dúvidas, angústias, ideologia, inseguranças etc., especialmente porque a decisão a ser proferida será o móvel que repercutirá na sua própria conduta, no seu nome, no seu patrimônio, na sua individualidade;

4.2. *Estabilidade e instabilidade.* Para a Administração Pública, o discurso é rotineiro, freqüentando, portanto, o exercício corriqueiro da função administrativa do agente responsável, quer ao defender a Administração Pública pugnando pelos direitos do Estado (a *Administração Pública-interessada*), quer expedindo a decisão terminativa do processo administrativo (a *Administração Pública-julgadora*), donde observar-se um agir estável e homogêneo; em relação ao Administrado, contudo, trata-se de uma experiência singular, pois o ordinário é permanecer ao largo dos domínios do processo administrativo, enquanto o extraordinário, bem ao reverso, é nele intervir e participar, o que evidentemente confere um grau de instabilidade ao respectivo discurso;

4.3. *Modalidade discursiva.* A Administração Pública predominantemente *fala* acerca do direito, não obstante ao explicitar as motivações do seu agir, tanto pretendido, como de natureza decisória, consigne os fatos que animam a sua ação, evidentemente, contudo, também a partir de um contexto e códigos jurídicos; o Administrado, a sua vez, fala preponderantemente sobre os fatos, não obstante, registre-se, não deixe de igualmente articular interpretações nos domínios dos direitos. Lá, portanto, a ênfase é a *linguagem do direito*; aqui, a *linguagem dos fatos*; e,

4.4. *Modulação.* Na Administração Pública a ação lingüística é pautada por fórmulas consagradas, dotadas de estruturas estandardizadas, sintaticamente constantes e uniformizadas, como as que conformam um *lançamento* ou um *auto de infração.* Da mesma forma, este *standard* é observável na decisão tomada, a qual segue, muitas vezes, fórmulas já sedimentadas por meio de sucessivas decisões acerca de situações consideradas semelhantes, senão idênticas; o discurso do Administrado, diferentemente, por ser reativo e partidário, ondula-se em função da ação lingüística da Administração, dos preceptivos normativos e da realidade fatual.

5ª – Para o exame das relações comunicacionais e para melhor identificar o seu objeto, distinguimos (a) o *plano de expressão*, habitado pelos significantes, (b) o *plano do conteúdo*, saturado pelos significados, conforme já esculpidos pela semiótica e pela semiologia, aos quais agregamos (c) o *plano da repercussão*, que é aquele no qual o destinatário da mensagem *responde* efetivamente à provocação comunicacionalmente recebida, resposta esta consubstanciada na adoção de um determinado comportamento, que, portanto, terá ligação íntima com a mensagem recebida.

5.1. O *plano de repercussão* configura a ponta terminal de um ciclo de relações estabelecidas entre unidades que ganham integração num percurso comunicacional, e que, mais das vezes, inaugura um novo ciclo de comunicação, gerando nova mensagem que, assim, sucessivamente, irá prosseguir seu curso indefinidamente. Enfatiza-se um *agir repercussional*, provocado.

5.2. O *plano da repercussão* é freqüentado pelo destinatário da mensagem, aquele mesmo que é focado pelo emissor da mensagem com vistas a dele obter algum comportamento específico. O receptor de dada mensagem não ficará inerte, ao receber uma comunicação. Terá um comportamento, não importa se omissivo ou comissivo. Se silencioso e aparentemente inerte, tal agir equivalerá a uma nova mensagem configurada no plano de expressão (através da *linguagem do silêncio*), que galgará o *plano do conteúdo* (agora, do outro receptor desta mensagem), que acarretará reações, no *plano da repercussão* e assim avante.

5.3. No processo administrativo-tributário, é absolutamente compreensível que todos os interessados estejam almejando obter uma decisão que lhes seja favorável. Assim, revela-se extremamente importante que todos ajam com vistas a obter uma decisão favorável, isto é, uma decisão proferida no *plano da repercussão*, pois decisão nada mais é do que uma conduta (espécie de comportamento) em resposta a estímulos provenientes de mensagens.

5.4. No *plano repercussional* que se refere ao processo administrativo-tributário, destaca-se o núcleo comportamental pragmaticamente relevante que poderá gerar desde a imposição de sanções ou graduar apenamentos, até cordatamente sinalizar a satisfação de expectativas. Trata-se de plano fértil a explorações zetéticas e constatações dogmáticas, dado o caráter exuberantemente pragmático e, portanto, não controlado aprioristicamente por prescrições vazadas em linguagem, não obstante possam ser previamente catalogadas as possibilidades de reação, disciplinando-as correspondentemente.

Capítulo II • O Processo Administrativo-Tributário | 65

6ª – Há um elemento imprescindível para integrar expressões, conteúdos e repercussões, sem o que permaneceriam como unidades dispersas: *o código comunicacional.* A comunicação somente se instala caso, dentre outros requisitos, haja um código presente. *Código,* no âmbito da semiótica, pode ser compreendido como a regra que associa séries de sinais regulados por leis combinatórias internas (*sistema sintático*), com as séries de conteúdos de uma possível comunicação (*sistema semântico*), ou com as séries de possíveis respostas comportamentais por parte do destinatário (*sistema pragmático*).

6.1. No prisma comunicacional (que eclipsa o sistema pragmático, recompondo-o e ampliando-o para compreender, inclusive, a repercussão efetiva e não meramente catalogada como possíveis respostas comportamentais), pode-se divisar o *código comunicacional* como o conjunto de unidades que promovam a integração entre *plano de expressão, plano do conteúdo* e *plano de repercussão,* encerrando um percurso comunicacional.

6.2. O código propicia o trânsito e a compreensão da mensagem, que transita por entre planos, estabelecendo ligação entre o codificador (emissor da mensagem) e o decodificador (receptor e destinatário da mensagem), imprescindíveis para estabelecer-se a inter-relação comunicacional.

6.3. As possibilidades combinatórias entre as diversas séries que integram os aludidos sistemas ou planos constituem um repertório de *possibilidades preconcebidas ou de representações pré-fabricadas,* os quais permitem o estabelecimento da comunicação, tendo grande valia no âmbito do Direito, pois remetem a situações e comportamentos previamente anteprevistos e disciplinados. Tais possibilidades, portanto, constituem o núcleo da teoria da comunicação.

6.4. Nos limites do trabalho, observou-se o *toque jurídico* a esta comunicação, diferenciando-a das demais modalidades comunicacionais. Ou seja, não obstante trate-se de um fenômeno comunicacional, que contenha as unidades que lhe são próprias, há uma *forração jurídica* no respectivo código, que estabelece maneiras apropriadas para organizar-se, validar-se, atribuir-se eficácia, atualizar-se, corrigir-se etc. em relação às mensagens que são trocadas nesta acústica específica, especialmente no que se refere ao processo administrativo-tributário.

7ª – As ações lingüísticas trazidas ao processo administrativo-tributário são articuladas de maneira sucessiva, lógica e com arcabouço jurídico, compondo um cenário em que são produzidas e introduzidas no âmbito comunicacional.

7.1. A sucessividade na relação comunicacional processual confere ordenação aos trabalhos processuais. Para tanto, as regras jurídicas (códigos) atinentes ao processo administrativo-tributário *artificializam* a relação comunicacional, admitindo e tolerando hiatos comunicacionais entremetidos no lapso compreendido entre a expedição, pelo emitente, e o recebimento da narrativa, pelo receptor, sob a nomenclatura de *prazos.*

7.2. Destaca-se o característico *lógico*, por que se estabelece um encadeamento da ação anterior com aquela que lhe é posterior, para, ao final, estabelecer-se uma conexão entre todos os resultados do agir comunicacional levados ao processo administrativo-tributário, instando o decisório final.

7.3. Sublinha-se a natureza *jurídica*, pois, evidentemente, ao falar-se de processo administrativo-tributário, estar-se-á falando da prática de ações lingüísticas controladas por códigos jurídicos.

8ª – Enfatiza-se, no processo administrativo-tributário, a busca de uma decisão no âmbito da Administração Pública que, proferida por agente para tanto credenciado, dirá o que o Estado entende sobre a matéria sob polêmica e prescreve sobre a controvérsia que lhe tenha sido trazido a exame.

8.1. A decisão possui vestes de *relatividade peculiar*, ou seja, de não possuir o caráter absoluto e de definitividade que a coisa julgada confere às decisões tomadas nos domínios do Poder Judiciário, não obstante possua, a nosso ver, definitividade, sim, no tocante às decisões contrárias à própria Administração.

8.2. Caso a decisão administrativa seja desfavorável ao administrado, abrem-se as portas do Judiciário para que nele, querendo, promova-se a rediscussão sobre a matéria anteriormente enfrentada no âmbito administrativo. Caso a decisão seja desfavorável à Administração Pública, a nosso ver esta não poderá bater às portas do Judiciário, salvo em situações especialíssimas previstas no contexto e nos códigos jurídicos.

8.3. A decisão ao final obtida no processo administrativo-tributário invariavelmente prescreverá uma conduta, que tanto atingirá a Administração Pública, como também o Administrado, ganhando a emblemática expressão de *ato administrativo*, produzido pela Administração Pública, enfatizando o modal *obrigatório.*

9ª – O processo administrativo e, conseqüentemente, o processo administrativo-tributário compõem redutos lingüísticos engenhosamente concebidos pelo homem através de mensagens jurídico-estruturantes, as quais fixam não só a competência de onde eles poderão ter lugar, mas, sobretudo, as regras atinentes aos requisitos dos interessados que deles queiram participar, a forma e a maneira com que os litígios lá são levados seriamente em conta, para o fim de sobre eles obter-se decisões especificas etc.

9.1. Algumas destas mensagens enfeixam cargas axiológicas de maior relevo, se comparadas com as demais, alçando-lhes a alcunha de *princípios*, tanto expressos na forma escrita, quanto implícitos no texto.

9.2. No plano constitucional, há princípios considerados universais no ambiente jurídico-comunicacional, assim como outros de abrangência menos extensa, mas mais intensamente relevantes, no ponto sob realce, para o processo administrativo. Realçam-se: (a) a *inafastabilidade do controle jurisdicional*, (b) o *contraditório*, (c) a *ampla defesa* e (d) o *devido processo legal*.

10ª – A Constituição Federal prescreve que a lei não excluirá da apreciação do Poder Judiciário lesão ou ameaça a direito. Trata-se do repositório expresso do princípio da inafastabilidade do controle da jurisdição ou da universalidade da jurisdição, que é informado por diversos enunciados e princípios alojados no próprio Texto Constitucional, voltados para, substancial e formalmente, conferir efeitos concretos a esta diretriz constitucional.

10.1. Tal princípio é portador de expressa e inequívoca advertência ao Poder legislativo, no sentido de coibir, por ameaça de desconformidade com a Constituição Federal, a produção de mensagens legislativas que excluam a apreciação do Poder Judiciário de lesão ou ameaça a direito. Assim, não poderão ser produzidos enunciados legislativos que obstruam o acesso ao Poder Judiciário a aquele que tenha sofrido lesão ou ameaça a um direito. Conseqüentemente, e por maior razão, dada a conformação do ordenamento jurídico brasileiro, não poderão ser produzidas mensagens chamadas *atos administrativos* que contenham igual vício.

10.2. O Poder Judiciário promove a revisibilidade das decisões tomadas no âmbito da Administração Pública, ou seja, revê, se provocado, com foros de definitividade, próprio da coisa julgada, as matérias que tenham sido objeto de discussão em processos administrativos, incluindo-se, é claro, os dos processos administrativo-tributários, se contrárias ao Administrado.

10.3. O Poder Judiciário não pode, contudo, em princípio, ingressar na revisão de determinadas matérias, como aquelas relativas a atos de Governo, *mérito administrativo*, situações que prevejam a necessidade do esgotamento da esfera administrativa e, finalmente, os chamados atos *interna corporis*, resguardada, naturalmente, por imposição constitucional, a defesa de lesão ou ameaça a direito, que afasta estas barreiras e franqueia o ingresso ao Poder Judiciário.

11ª – Assegura, a Constituição Federal, aos litigantes, em processo judicial ou administrativo, e aos acusados em geral, o contraditório e a ampla defesa, com os meios e recursos a ela inerentes.

11.1. *Litigante*, no ambiente desta obra, é aquele que possua uma pretensão em relação a outrem, exteriorizada em linguagem, especificamente relativa à matéria tributária, a qual enfrente resistência redutível à linguagem escrita por parte desta outra contraparte, levando-se aos domínios da Administração Pública, segundo regras previamente catalogadas no contexto jurídico e segundo códigos apropriados, as razões das discordâncias havidas, tudo com o propósito de obter-se uma mensagem jurídica decisória que, ao final, termine o confronto.

11.2. O princípio do contraditório, de expresso prestígio constitucional, forja-se com a finalidade de exigir-se a produção de enunciados jurídicos prescritivos, que assegurem a possibilidade dialética e homogeneizada de manifestação das pessoas entre si oponentes, no tocante àquilo que se encontra em discussão, ou seja, em situação de confronto envolvendo proposições que não podem conviver numa mesma realidade situacional.

11.3. O vetor irradiado a partir do princípio do contraditório enceta a sua incidência sobre proposições, que se referem a objetos, pessoas e eventos, sendo que as decisões proferidas elegem uma certa conseqüência jurídica ao caso, o que acarreta a exclusão das demais que, potencialmente, poderiam justificar a mensagem julgadora emitida, promovendo-se-lhes a respectiva exclusão.

11.4. A Administração Pública, no tocante a este princípio, utiliza duas vestimentas evidentemente inconfundíveis. Enquanto a Administração Pública-interessada, ao defender as suas proposições, vale-se de todos os meios que o Direito lhe confere, tal proceder evidentemente não pode ser esperado e muito menos aplaudido por ocasião da decisão de um processo administrativo-tributário veiculador de posições sob conflito. O *decididor* deverá ter posição de eqüidistância em relação aos litigantes, franqueando às partes contrapostas a possibilidade de manifestarem-se em favor de suas proposições e, conversamente, em desfavor da proposição que lhe seja oposta.

11.5. Regras formais devem ser abrandadas, notadamente aquelas atinentes e atribuíveis ao Administrado, para que a procedência da afirmação produzida seja reconhecida. Assim, deve-se privilegiar o aspecto substancial do conteúdo dos enunciados emitidos pelos interessados, em detrimento da forma, de maneira a assegurar-se a efetiva aplicação do direito no caso concreto.

Capítulo II • O Processo Administrativo-Tributário | 69

11.6. A Constituição federal assegura expressamente o direito da ampla defesa a todos aqueles que possuam posições controvertidas levadas ao processo administrativo-tributário. *Ampla defesa* é expressão lingüística que procura transmitir uma garantia de prestígio constitucional de que aquele que atua num processo administrativo tudo possa fazer para que o seu entendimento prevaleça à frente de outro que lhe é oposto, para o fim de obter uma decisão que lhe seja favorável, podendo referir-se à produção e exibição de mensagens de natureza probatória, como à formulação e apresentação de argumentos lógica ou retoricamente encadeados.

11.7. A produção e a exibição de comunicações atinentes às provas são essenciais para a comprovação do que se diz, e, especialmente, para a sensibilização de todos aqueles que a apreciarão, exatamente aqueles que detêm competência assegurada pelo contexto jurídico para terminar a controvérsia. Agora, sobre elas há um discurso, minimamente estruturado, com preocupação certeira voltada para o *plano da repercussão*, harmonizando-se com o contexto, tudo segundo um código apropriado.

11.8. Consultam, ora o fato jurídico, erigido a partir do evento, provado ou que pretenda ser provado; visitam, numa movimentação dialética, o contexto e os códigos jurídicos, especialmente no que se refere aos enunciados potencialmente aplicáveis ao caso; divisam e discorrem sobre as relações jurídicas entretecidas entre os elementos que integram o núcleo da controvérsia, pousadas nos objetos, nas pessoas, nos eventos e nos fatos.

11.9. *Ampla defesa* igualmente refere-se à garantia assegurada aos litigantes do processo administrativo-tributário, de poderem utilizar *os meios e os recursos inerentes*, segundo a dicção constitucional, sobretudo, no ponto sob realce, de natureza lingüística, na espécie escrita.

11.10. A garantia da ampla defesa é de aplicação penetrante no que se refere ao processo administrativo-tributário, porque há o confronto de duas pessoas absolutamente diferentes. De um lado, o Estado, por meio da Administração Pública, cuja função, dentre outras, é exatamente atuar no processo administrativo-tributário, contando para tal com servidores de excelente preparo e reconhecido conhecimento técnico. De outro, tem-se o Administrado, mais das vezes absolutamente despreparado em matéria tributária.

11.11. O direito de ampla defesa encontra algumas limitações. A primeira delas refere-se à utilização no âmbito do processo das chamadas *provas ilícitas*, obtidas de maneira ardilosa, artificial e, portanto, subalterna.

11.12.O direito à ampla defesa, ademais, deverá ser exercido no tempo que o contexto e os códigos jurídicos assim delimitem. A defesa há que ser realizada *nos tempos processuais* para tanto admissíveis, de maneira a instruir o convencimento do julgador, permitindo o exercício pleno do direito do interessado, sem interesses abrigados em subterfúgios, nem se curvando e nem encontrando, doutra parte, óbice intransponível nos rigores formais, turrões e verdadeiramente imprestáveis à Justiça e ao Direito.

11.13.A ampla defesa pressupõe não só a participação ativa das contrapartes interessadas (Administração Pública-interessada e Administrado), como do responsável pela decisão a ser proferida, que, também de maneira ativa, deve perseguir e exigir tudo aquilo que nos limites do contexto jurídico julgar necessário para a decisão do caso.

12ª – O Texto Constitucional de 1988 estabelece que ninguém será privado da liberdade ou de seus bens sem o devido processo legal. O foco central sobre o qual se direciona tal prescrição constitucional é a liberdade e o perdimento de bens.

12.1. Por *liberdade*, entende-se que o olhar constitucional quer se referir à defesa dos domínios jurídicos dos cidadãos perante a intervenção ou agressão por parte do Poder Público, assegurando-se, assim, o direito à identidade, direito à liberdade, direito à vida, direito à intimidade, direito à liberdade de imprensa, liberdade de culto etc. Por *bens*, percebe-se a espécie de coisa que admite ser referida e regulada por enunciados jurídicos, apresentando-se ora associados a coisas da realidade circundante, ora imaterialmente.

12.2. O núcleo do princípio do devido processo legal contém aspectos substanciais e formais: (i) a ênfase substancial volta-se para a fixação de limites para os poderes Legislativo, Judiciário e Executivo, coibindo qualquer iniciativa legislativa, judiciária ou executiva que pretenda sacrificar ou restringir os direitos de liberdade e de propriedade dos indivíduos, sem que haja um proceder através do qual possa ser oferecida a oportunidade de defesa de direitos aos indivíduos; (ii) a ênfase formal equivale a dizer que regras firmes e de todos conhecidas instruem as discussões – em processos – que podem ser travadas entre indivíduos, e entre indivíduos e o Estado, quando se encontram em jogo restrições ou supressões às liberdades e à propriedade. Prestigia-se, assim, o fator *não-surpresa*, ou seja, de não alterar-se, casuisticamente, as regras que disciplinam os processos e os julgamentos.

12.3. O princípio do devido processo legal é o feixe de valores e enunciados jurídicos que concedem a garantia de defesa, com regras previamente conhecidas, para que os indivíduos possam, juridicamente, não só instrumentalmente rebelar-se contra as iniciativas do Estado que pretendam suprimir ou restringir as suas liberdades e o direito de propriedade, seja através do exercício das funções legiferantes, seja judicantes ou executantes, como substancialmente contar com disposições que lhes assegure o exercício efetivo de tais direitos.

13ª – A partir de tais cardeais princípios constitucionais, e tendo em consideração os enunciados instalados no Texto Constitucional, há a produção de mensagens de natureza legislativa propulsoras e propagadoras de prescrições com inegável apelo operativo, que de perto interessam ao processo administrativo-tributário, portadores de reconhecida relevância e importância que as remetem ao plano principial, merecendo realce destacado o *princípio da acessabilidade à informação, princípio da ampla Instrução, princípio da verdade material, princípio da revisibilidade, princípio da oficialidade, princípio do formalismo moderado* e *o princípio da legalidade objetiva.*

14ª – O Processo Administrativo-tributário para regularmente ser instalado conta com a prática de diversos atos, quer por parte da Administração Pública, quer por parte do Administrado, seja anteriores a sua própria instalação, seja próprios ao seu desenrolar ou, mesmo, atinentes ao seu encerramento, que devem encontrar-se sempre em condições de acesso por parte do Administrado interessado, consubstanciando o *princípio da ampla informação* ou da *acessabilidade à informação.*

14.1. As informações colhidas e assentadas em momentos anteriores à formação do processo administrativo-tributário devem ser do amplo conhecimento dos interessados, razão pela qual se lhes assegura o amplo acesso ao expediente administrativo onde se alojaram e materializaram-se os apontamentos, formulários, informações e dados correspondentes.

14.2. Relativamente ao processo administrativo-tributário em curso, o acesso à informação, pelo interessado, é induvidoso, encontrando forte amparo de *status* de destaque no princípio da publicidade, expressamente alojado no *caput* do art. 37, da Constituição Federal, que certeiramente determina à Administração Pública a sua obediência, e que não poderá criar embaraços ou dificuldades que possam restringir o direito do interessado.

14.3. Assegura, ainda, mesmo encerrado o processo administrativo, o exercício de tal direito à informação, donde poder-se afirmar que este princípio é *atemporal,* ou seja, independente do fator *tempo,* estando sempre presente onde houver alguma pretensão do Estado diante de algum indivíduo, resguardado, naturalmente, o respeito que tal indivíduo deverá ter em relação à informação e às garantias constitucionais de sigilo, privacidade etc. constantes da Carta Constitucional.

14.4. O direito à informação, no âmbito do processo administrativo-tributário, é aquele que o Administrado possui de, querendo, conhecer todos os eventos, fatos jurídicos, atos, narrativas, objetos ou circunstâncias que se refiram, direta ou indiretamente, à matéria controversa, objeto do processo administrativo-tributário ou que com ele tenham conexão e pertinência.

15ª – O *princípio da ampla instrução* ganha concretude e operatividade através da conjugação de diversas mensagens de especial função prescritiva que assegurem a possibilidade de serem levados seriamente em conta relatos de natureza probatória, trazendo reflexos e interferência na discussão travada no âmbito de um processo administrativo-tributário.

15.1. A regra, no tocante à produção de mensagens de natureza probatória, é a de que tudo o que não estiver expressamente proibido estará permitido às partes produzir, como, por exemplo, a impossibilidade de produção de provas ilícitas, a limitação processual ao fator temporal na produção das provas etc.

15.2. É inegavelmente necessário, no atual estágio de amadurecimento e desenvolvimento do processo administrativo-tributário brasileiro, a participação ativa do julgador do processo em obséquio ao princípio da ampla instrução, notadamente como requisitador da sua produção, não como um ator passivo somente reagindo aos impulsos que lhe são endereçados.

15.3. O *princípio da ampla instrução*, portanto, tem como destinatários, quer na condição de beneficiários, quer na condição de espectadores interessados nas provas a serem produzidas pelos beneficiários, todos aqueles que interferem no processo administrativo-tributário, isto é, a Administração Pública-interessada, o Administrado e a Administração Pública-julgadora.

16ª – O princípio da *verdade material* significa que a Administração Pública, no desenrolar do processo administrativo-tributário, possui o dever de a ele carrear todos os dados, registros, informações etc. que possua ou que venha a deles tomar conhecimento, independentemente do que o Administrado tenha já realizado ou pretenda ainda realizar no tocante à produção de provas. Vai além da *verdade formal*, isto é, aquela constante do suporte físico que se designa *processo administrativo-tributário*, ou *dos autos*, como corriqueiramente diz-se.

Capítulo II • O Processo Administrativo-Tributário | 73

16.1. Vezes há em que a desídia do Administrado ao defender-se, quando efetivamente poderia melhor tê-lo feito, é curada pela iniciativa da Administração que, diligenciando na procura da *verdade material*, pode produzir ou obter provas em favor do próprio Administrado.

16.2. O princípio da *verdade material* norteia o processo administrativo-tributário, representando um *ser* e um *querer* que devem encontrar-se presentes no agir daquele responsável por terminar um contencioso administrativo, tendo importância extremada no que se refere às provas.

17ª – Toda a decisão tomada no âmbito do processo administrativo-tributário, na instância inaugural, deve submeter-se a um juízo de revisibilidade pela autoridade superior para tanto competente. Este proceder aprimora a decisão, pois a movimentação dialética entre os interessados contrapostos, assim como em relação àqueles que estão imbuídos da competência de terminar a controvérsia, relações dialéticas e problematizadoras que se instalam quer no sentido horizontal, quer no vertical, inegavelmente enriquecem a compreensão do litígio tido à vista, contribuindo para que seja dada a *melhor solução* ao caso concreto.

18ª – O *princípio da oficialidade* ou da *impulsão* significa que, uma vez instalado o processo administrativo, e, no caso, o processo administrativo-tributário, compete à Administração Pública promover o seu andamento até que, ao final, seja emitida uma mensagem terminativa.

18.1. Mesmo havendo inércia do Administrado, não pode a Administração Pública deixar à deriva a controvérsia instalada no processo administrativo, pugnando pelo seu regular desenvolvimento, sob pena de responsabilização funcional daquele servidor ou do conjunto de servidores responsáveis pela condução do processo.

18.2. O processo administrativo-tributário não cuida especificamente do interesse individual deste ou daquele administrado. Tem a finalidade de satisfazer o interesse público, ou seja, de toda a coletividade, curando de evitar a prática de injustiças e de arbitrariedades, donde possuir, a Administração Pública, o dever de, em cumprimento aos demais princípios dela exigíveis, tudo fazer para que a controvérsia instalada no processo administrativo-tributário seja concluída, mediante a produção de uma decisão que faça prevalecer, no caso concreto, o que a ordem jurídica a respeito prescreve.

18.3. Ao falar-se em *princípio da oficialidade* quer-se dizer que a Administração Pública não só deve impulsionar e finalizar o processo administrativo sob si instalado, como, também, deva concluí-lo dentro de um prazo razoavelmente suficiente e compatível à discussão que nele é tratada, pois não se estará consultando o interesse público e, muito menos, conferindo aplicabilidade concreta às garantias constitucionais asseguradas a todos, às situações em que imperar a inércia e a lerdeza nos processos administrativo-tributários.

19ª – No processo administrativo-tributário, o princípio do formalismo moderado significa que a Administração Pública-julgadora, para encerrar a controvérsia levada ao processo, não pode exigir rigores formais encontráveis dos domínios dos processos judiciais, devendo, para atingir tal propósito, mitigar a forma dos meios e privilegiar os fins almejados.

19.1. Mensagens com redações lingüisticamente deficientes, desde que minimamente compreensíveis, são admissíveis no processo administrativo-tributário; mensagens de *tipo impróprio*, como recursos administrativos utilizados incorretamente pelo Administrador são igualmente aproveitáveis, dado interessar o conteúdo nele veiculado, e não a forma com que se apresentam ou revestem-se; a inércia do Administrado que, na ótica do processo judicial, dispararia os efeitos da designada *preclusão*, é tolerada no processo administrativo, desde que, naturalmente, não prejudique a fluidez e o curso do processo administrativo-tributário a que corresponda.

19.2. O *princípio do formalismo moderado* enfatiza a busca da *verdade material* no curso do processo administrativo, abrindo-se mão de formalismos e rigores imprescindíveis noutras plagas, mas absolutamente dispensáveis no território do processo administrativo, que se vocaciona, fundamentalmente, para atingir o interesse público, para tanto aplicando, no caso concreto, a melhor e, conseqüentemente, a mais apropriada decisão jurídico-comunicacional cabível ao caso controverso.

20ª – O *princípio da legalidade objetiva* exige que o processo administrativo-tributário seja instaurado com base na lei para a sua própria preservação.

20.1. O modo como tem seu desenvolvimento e encerramento, a maneira com que as mensagens probatórias podem ser produzidas e apreciadas, enfim, todo o disciplinamento jurídico atinente ao processo administrativo-tributário encontra-se prescrito em lei, que é o veículo comunicacional que possui a aptidão de portar enunciados que repercutam na conduta dos seus destinatários, exercendo função codificadora em relação a um contexto jurídico.

20.2. A instalação, o desenvolvimento e a finalização do processo administrativo-tributário, evidentemente, encontram-se *a serviço da lei*, isto é, com a induvidosa finalidade de fazer com que os comandos prescritivos contidos na lei aplicável ao caso sob controvérsia sejam, efetivamente, concretizados, atingindo-se as contrapartes envolvidas, dado incidirem sobre o objeto controvertido.

20.3. Ainda que a controvérsia refira-se às mensagens jurídicas da espécie *atos administrativos*, estar-se-á, em verdade, discutindo-se a lei que lhe concede suporte e fundamento, pois, nunca é demais repetir, os atos administrativos têm, dentre outras funções, a de dar operatividade às determinações legislativas.

20.4. O *princípio da legalidade objetiva* propicia, em arremate, a certeza da aplicação, no caso concreto, dos preceptivos previamente estampados na ordem jurídica, o que o coloca em estreita ligação com o princípio da certeza jurídica, enfatizando-se, no ponto, o aspecto de previsibilidade que aquieta e tranqüiliza os destinatários das determinações de natureza jurídica.

Capítulo III

Os Eventos e os Fatos Jurídicos

1. Introdução

Até aqui realizamos uma exposição procurando enaltecer os elementos que integram o contexto jurídico brasileiro relevante para desenvolver-se a exposição especificamente voltada para a prova, ou seja, examinando os grandes contornos e característicos do Estado brasileiro, realçando-se, no particular, a Administração Pública, assim como, no pormenor, o processo administrativo, que tem curso dentro do aparelhamento estatal.

Chega-se à hora de examinarmos alguns fragmentos da realidade circundante, para identificar objetos e modificações de contexto que permeiam o que se convenciona chamar *eventos*, em relação ao quais se cria, intensifica-se e aprimora-se o meio lingüístico, agora no âmbito do Direito, com a elaboração do *fato jurídico*, constituindo-se, assim, uma realidade própria que convive com a realidade circundante, mas com ela não se confunde e nem se reduz.

2. Os eventos

Denominamos e *vento* a ocorrência de um certo e determinado acontecimento, que modifica uma realidade ontologicamente considerada, que tanto pode prescindir da interferência humana, como, ao revés, contar com a sua participação efetiva, invariavelmente envolvendo objetos e submetido a vetores temporais, espaciais e circunstanciais passíveis de identificação.

2.1. A ocorrência: a ação e a conduta

O evento tem a aptidão de modificar o contexto, tanto podendo, como já se adiantou, prescindir quanto imprescindivelmente contar com a presença do homem na sua materialização.

Os eventos ditos *naturais*, como a invasão das ondas do mar em terra, causando danos e alterações na realidade física dos terrenos da costa, implicando indiscutíveis repercussões de natureza jurídica, como modificações no direito de propriedade e a alteração na base de cálculo e mesmo na arrecadação de taxas de ocupação ou aforamento, representam ocorrências que prescindem da atuação ativa do homem, não obstante tragam-lhe repercussões reflexas. Nestas situações o homem é aquele que, em última instância, sofrerá as conseqüências advindas das modificações havidas, caso, evidentemente, lhe interesse, a ponto de sobre o evento natural ocorrido produzir-se narrativa competente e capacitada para ao homem trazer repercussões jurídicas. Isto é inegável; todavia, sublinhe-se, em casos como este exemplificativamente mencionado, não é o seu ativo protagonista ou o agente que empreendeu a modificação no contexto.

Para efeitos do presente, entretanto, curaremos dos eventos que contam com a participação do homem, quer de maneira ativa, quer de maneira reflexa, cuja ação, portanto, insere-se na categoria dos objetos culturais.

O agir humano, consigne-se, poderá ser *espontâneo* ou *compelido*; aquele que pode inclusive decorrer de necessidades naturais, como ingerir alimentos, tratar de ferimentos acidentais; este, determinado por motivações intra ou metapessoais, caso, respectiva e exemplificativamente, daquele ditado pela moral, de dar-se comida a necessitados, sem almejar-se qualquer retribuição, salvo a satisfação espiritual de propiciar ajuda a quem necessita, ou, ainda, a de natureza metapessoal, proveniente, portanto, de hostes situadas além da pessoa em questão, mas do ambiente normativo social de entorno, por exemplo, a prática da boa educação de levantar-se para cumprimentar os mais idosos, com isto, satisfazendo-se as regras da boa convivência instaladas e praticadas numa certa sociedade etc.

O *agir* do ser humano poderá, também, ser *direto* ou *indireto*, ou seja, levando-se em conta a ação em si mesma considerada. Dir-se-á como *agir direto* aquele que o próprio ser atua, quer omissiva, quer comissivamente, não se valendo de terceiros ou, mesmo, de institutos ou entidades. É o caso do homem que quebra um vidro, com o propósito de causar o dano; ou, mesmo, daquele que adquire remédios numa drogaria. Ele, homem, nestes exemplos, é o agente direto do agir. Atua, contudo, *indiretamente*, quando se serve de utensílios interpostos, especialmente, no ponto aqui sob destaque, os de natureza cultural, por ele criados, segundo regras ordenadoras para tanto credenciadas, como servir-se por meio do Estado das pessoas políticas ou das pessoas jurídicas, aos quais faz serem dotadas de personalidade jurídica, isto é, titulares de direitos e obrigações, segundo a ordem jurídica sobre a qual ora discorremos.

Nas questões tributárias, contudo – como de resto, em todo o ambiente jurídico, a *ação* ou *agir* sofre uma parcial mutilação no sentido extensional e intensional, ingressando na ribalta o conceito de conduta, *que é uma ação*

Capítulo III • Os Eventos e os Fatos Jurídicos | 79

contemplada a partir do ângulo da existência de um dever. Se não há dever, não pode haver conduta. A conduta é uma modalidade da ação.[77]

A conduta, que em seu ponto nuclear satura o aspecto material da regra matriz tributária, é identificada com extrema precisão por Paulo de Barros Carvalho que consignou ser o critério material ou objetivo da hipótese tributária *o comportamento de uma pessoa (de dar, fazer ou ser)*, enfim, *tomada a expressão na plenitude de sua força significativa, equivale a dizer, abrangendo não só as atividades refletidas (verbos de exprimem ação), como aquelas espontâneas (verbos de estado: ser, estar, permanecer etc.).*[78]

Deveras, no ambiente jurídico-tributário, ao examinar-se o aspecto material das diversas regras-matriz que possam ser confeccionadas para sistematizar a pluralidade de tributos que freqüentam o conjunto jurídico brasileiro, observa-se sempre presente a intervenção humana *sendo, agindo, empreendendo etc.*, enfim, sendo o protagonista de uma certa conduta previamente catalogada, como se depreende das expressões *circular mercadorias, industrializar produtos, prestar serviços, doar bens móveis, ser proprietário de imóvel* etc., presentes nas mensagens que saturam a porção antecedente das mensagens comunicacionais normativas gerais e abstratas, de natureza jurídico-tributária.

O evento, portanto, a que aqui nos referimos, tem como protagonista necessário o homem e a sua conduta, isto porque nos referimos a situações que se encontram previamente disciplinadas por enunciados instalados em veículos dotados da aptidão de imputar um dever àqueles atingidos pelas mensagens comunicacionais normativas.

2.2. Os objetos

Os eventos além de contarem com a ação do homem – ou *conduta*, quando houver prévio interesse jurídico – têm como elemento indissociável à sua materialização os *objetos*,[79] ou seja, tudo aquilo suscetível de ser identificado pelo homem como passível de receber uma mensagem que lhe faça algum sentido, estabelecendo, a partir deste relato, uma relação comunicacional.

Pois bem, o relato pode referir-se tanto aos objetos *culturais* (que contam com o *espaço* e o *tempo* encontráveis na experiência, axiológicos, dentre os quais se insere a ação e, conseqüentemente, a conduta do homem conforme pouco antes já examinado), *naturais* (que necessitam da existência espacial e temporal, despidos de valores, dotados de característica empírica), *ideais* (que prescindem do tempo e do

---

[77] Gregorio Robles, *O Direito como texto*, p. 16.

[78] *Teoria da norma tributária*, p. 76-77.

[79] "O objecto é uma espécie de mediador entre a acção e o homem. (...) o objecto serve efectivamente para alguma coisa, mas também serve para comunicar informações". Roland Barthes, *A Aventura Semiológica*, p. 173.

espaço, não encontráveis na experiência, pensados) ou *metafísicos* (aqueles que se encontram além da realidade física, não identificáveis na experiência).[80]

Os objetos que de perto nos interessam são, sobretudo, das categorias *cultural* e *natural*, posto que identificáveis na experiência, passíveis, portanto, de serem segregados no tempo e no espaço, tal qual se dá em relação à linguagem em si mesma considerada – como objeto cultural que é – ou em relação aos objetos que, na condição de referentes, ela, linguagem, introduza numa ordem artificialmente concebida pelo homem sob o rótulo do que convenciona designar *Direito*, especialmente, no ponto aqui sob realce, que se refere ao ambiente administrativo-tributário.

Não se menosprezam, entretanto, os *objetos ideais*, notadamente, os números, cuja utilização é farta nos domínios tributários, sendo por vezes palco de desajustes lingüísticos que remetem a perplexidades, notadamente quando apresentem distorções quantitativas em relação a determinadas situações.

Assim, se examinarmos os tributos brasileiros, invariavelmente notaremos que a sua incidência se dá preponderantemente em relação aos objetos culturais e naturais, instrumentalizando-se com objetos ideais, aos quais se associa uma conduta do homem, compondo assim o conjunto que se constitui no núcleo a partir do qual dá-se o fenômeno tributário.

2.3. O tempo e o espaço

Os acontecimentos a que nos referimos já ocorreram, isto é, pertencem ao que se convenciona chamar *passado*, vez que já concretizados. Sendo assim, não freqüentam o habitáculo das hipóteses, cujo característico essencial é a possibilidade de ocorrência ou não ocorrência no plano do mundo social ou mesmo da linguagem. *Aconteceu*, à evidência, significa dizer algo já ocorrido.

O nascimento de uma criança no último outono, a colisão havida entre dois veículos no dia 10 de janeiro último, ou o efetivo desmoronamento de uma edificação hoje pela manhã constituem-se exemplos de acontecimentos, passíveis de terem identificados o instante da sua ocorrência, para tanto adotando-se expressões lingüísticas colhidas de um repertório convencional e previamente aceito pela sociedade, instituído com o propósito de registrar o *escoamento* do tempo, articulando-se através de signos como *ano-calendário, mês, dia, hora, minuto, segundo* etc.

A ocorrência, a par de temporalmente ser passível de ser identificada e particularizada, invariavelmente, realiza-se em algum lugar, em algum espaço, daí

---

[80] A partir de Edmund Husserl, *Meditações Cartesianas. Introdução à Fenomenologia*, p. 71-85 e Carlos Cóssio, *La Teoria Egológica del Derecho y el Concepto Jurídico de Libertad*, p. 56-70.

Capítulo III • Os Eventos e os Fatos Jurídicos | 81

dizer-se que os eventos estão sujeitos à interferência, quer de vetores temporais, quer igualmente espaciais.

O nascimento da criança a que há pouco nos referimos quando mencionamos a presença do fator temporal ocorreu em algum lugar, como uma determinada maternidade, um hospital etc. Igualmente, há um local onde os veículos colidiram, ou, mesmo, onde a edificação desmoronou. Há, enfim, um local para onde, potencialmente, poderá o Direito voltar-se, recortando-o de maneira interessada.

2.4. As circunstâncias

Além dos objetos, do homem e da conduta que merecem referências específicas, há um entorno que envolve o *evento-central*, que se designa *circunstância*, a qual diz respeito à realidade situacional que possui relação de *interferência* em relação aos objetos, à conduta do homem e às relações entre eles estabelecidas. As condições circunstanciais são igualmente eventos (*eventos-circunstanciais*), sobre as quais se admite a produção de mensagens que as relatem, dotadas de vocação de contorno, isto é, para servir de coadjuvante em relação a um determinado *evento-central*.

Assim, exemplificativamente, o *evento-central* consubstanciado na perda de um bem, tem, ao seu derredor, uma atmosfera circunstancial relevante para a adequada compreensão de tal ocorrência, podendo ser, *v.g.*, conseqüência de um evento da natureza ou da deliberada intenção de um agente acarretar tal perda.

As circunstâncias, à evidência, compõem o cenário onde o *evento-central* ocorreu e teve lugar, interferindo de alguma maneira na própria composição do evento sobre o qual se aloja a atenção do interessado.[81]

2.5. A síntese do evento

Assim, sob tais fundamentos, ao nos referirmos a um *evento*, estaremos divisando (a) um acontecimento (b) do qual o homem participa, (c) encerrado no tempo e no espaço, (d) portador da aptidão de modificar um determinado contexto e (e) convivente com um ambiente circunstancial. Tudo passível de um relato lingüístico, como adiante examinaremos.

3. O fato jurídico

O evento somente ingressa nos domínios dos objetos culturais, caso sobre ele haja um relato lingüístico.

---

[81] Cf. Cap. IV-5.

Alguém que utiliza um veículo automotor que não é seu e acarreta uma colisão com danos, enquanto permanecer na realidade social, tal remanescerá na condição de evento, de um mero acontecimento. Caso, entretanto, esta utilização seja *lida* através de determinada linguagem, nasce aí o fato social. Assim, sem a narrativa sobre o evento, não há fato, só evento.

Contudo, caso a *leitura* deste evento seja realizada pelo Direito, isto é por um ordenamento previamente instalado, que preveja a possibilidade de que esta leitura possa efetivamente ocorrer e que traga repercussões concretas no seu domínio, neste preciso instante nasce o *fato jurídico*, retratador, neste ambiente, do evento surpreendido, ao qual serão, a partir daí, atribuídas determinadas conseqüências, como a responsabilização pelos danos causados ao veículo e a terceiros por acidentes havidos com aquele veículo etc.

O mesmo se dá com o pensamento do homem, que é um evento, enquanto meramente pensado, circunscrevendo-se, enquanto contentar-se em permanecer nesta condição, em seu âmbito restrito (dos eventos). Mas, caso ganhe uma referência lingüística, passará a freqüentar as quadras dos fatos, que constituem as suas próprias realidades, como a realidade econômica, sociológica, jurídica e tantas outras concebidas pelo homem. E, se é observável pela realidade jurídica, tal *olhar* trará repercussões específicas, pois este fato jurídico poderá ser seriamente levado em conta, à vista das repercussões que poderá acarretar.

O fato jurídico, portanto, é o relato acerca de um determinado evento, realizado através da linguagem que a realidade jurídica repute ser aquela credenciada para tal. Interessante destacar-se, contudo, que, não obstante refira-se ao evento, este poderá ou não ter efetivamente ocorrido na realidade circundante; isto porque, para haver fato jurídico, não é necessário que tenha havido o evento a que o fato se refere no que se convenciona chamar o *mundo social*, aspecto este de grande importância no campo das provas.

O relato integra o mundo da vida *lingüisticamente estruturado e que forma, por assim dizer pelas costas dos participantes, o contexto das conversações e a fonte dos conteúdos comunicativos*, sendo distinto em relação da *suposição formal de um mundo objetivo e de um mundo social, suposição que os interlocutores e os atos fazem ao se referir lingüisticamente a – ou de modo geral ao estabelecer relações práticas com – alguma coisa no próprio mundo.*[82]

A linguagem, à evidência, serve de moldura para recepcionar tudo aquilo sobre o qual se decida falar, *seja a objeto possíveis a respeito dos quais enunciamos fatos numa atitude objetivadora, seja a relações interpessoais e normas possíveis para as quais reivindicamos força obrigatória numa atitude performativa.*[83]

---

[82] Jurgen Habermas, *Verdade e Justificação*, p. 93.
[83] Op. cit., p. 93.

Capítulo III • Os Eventos e os Fatos Jurídicos | 83

O evento, portanto, na sua compleição metalingüística (mundo objetivo ou mundo social), não é condição necessária para que haja o fato jurídico, o qual poderá satisfazer-se, *materializando-se*, exclusivamente nos domínios das funções lingüísti-co-comunicacionais.

3.1. Os fatos jurídicos *ontológico-comunicacionais*

Já vimos que os eventos precedem os fatos, sendo assim, inclusive, os fatos ditos jurídicos. Portanto, quando se referem a eventos, os fatos jurídicos necessariamente são deles lógica e cronologicamente conseqüentes: um após o outro. Assim, ocorrido o evento, poder-se-á ou não ter-se o fato: se houver a narrativa sobre o evento ocorrido, ter-se-á o fato.

Entretanto, situações há em que o fato prescinde do evento *realisticamente* considerado. Em outras palavras, ele não mais se movimenta no sentido de ir à realidade colher o evento, para sobre ele referir-se. A narrativa deliberadamente cria uma realidade própria, poder-se-ia dizer *ontológico-comunicacional*, que pode até ter contato mínimo com o real (com *o mundo objetivo* ou *mundo social*, por meio do toque lingüístico referencial), mas que possui alta dose de inventividade e artificialismo na sua própria concepção e compleição, por vezes nem mesmo ganhando pertinência lógica e, no ponto aqui sob exame, jurídica, entre o enunciado fatual e aquilo que seria a realidade circundante. Queremos aqui nos referir às presunções e às ficções, que adiante examinaremos.

3.1.1. As presunções

Presumir que alguém tenha auferido renda, por ícones que poderiam até supor – mas não garantir – que tal efetivamente tenha ocorrido, é transitar por presunções, que podem ou não coincidir com a realidade. É por isto que Alfredo Augusto Becker já esclarecera: *presunção é o resultado do processo lógico mediante o qual do fato conhecido cuja existência é certa infere-se o fato desconhecido cuja existência é provável.*[84]

Pode ser complementarmente visualizado com tinturas comunicacionais como um arranjo exclusivamente lingüístico, que compõe uma mensagem de sentido completo, que tenciona repercutir num ambiente comunicacional, pretendendo cooptar o seu destinatário e os demais *cientificários* desta mensagem a compartilhar do entendimento proveniente do seu emissor, de que algo, sobre o qual há incertezas sobre a sua própria efetivação e ocorrência, possui possibilidades de ter existido e efetivamente ocorrido, segundo critérios racionais.

---

[84] Alfredo Augusto Becker, *Teoria geral do Direito Tributário*, p. 462.

Convém esclarecer, dada a valia em matéria de provas no processo administrativo-tributário, que segundo uma visão clássica, mas de tudo apropriada para a presente exposição, as presunções classificam-se em presunções *simples* ou *comuns* e presunções *legais*, ou de direito. Estas, por sua vez, subdividem-se em *absolutas, condicionais* e *mistas*. As *absolutas* (*juris et jure*) não admitem prova em contrário; as *condicionais* (*juris tantum*), admitem prova em contrário; as mistas, somente admitem ser refutadas através de certos meios de prova, referidos e previstos na própria lei.[85]

As presunções legais, ou seja, veiculadas por enunciados prescritivos instalados em veículos legislativos e até constitucional são generosamente utilizadas no segmento tributário, em razão de algumas justificativas, podemos sumariar.

Em primeiro lugar, e não pela ordem de relevância, servem para facilitar os esforços arrecadatórios por parte da Administração Pública, pois admite-se como realizado algo que até pode não ter ocorrido no *mundo*, bastando aqui invocar o testemunho da bizantina criação constitucional do *fato gerador presumido*, a rigor do art. 150, § 7, da Carta Constitucional. Na prática, não obstante traga implemento arrecadatório, nota-se que, por vezes, propicia arrecadação além do efetivamente devido, pois, sabe-se, à farta, que em várias situações o Administrado prefere conformar-se com a exigência descabida e injusta que lhe é imposta, ao invés de contra tal insurgir-se, à vista do custo que incorrerá para contra a exigibilidade rebelar-se.

Em segundo lugar, as presunções trabalham em favor da padronização – da *categorização*, se preferirmos – que a ordem jurídica operativa mais e mais procura implementar nos dias de hoje. Com a complexidade da vida contemporânea, a Administração Pública procura criar *standards*, agrupando situações que, se examinadas no pormenor, poderiam até revelar desigualdades que impediriam tal agrupamento. Contudo, interessa-lhe, inclusive em obséquio ao princípio da eficiência alojado no art. 37, da Constituição Federal, empreender padronizações, às quais as presunções e ficções têm inegável utilidade.

Em terceiro lugar, sabe-se que a Administração Pública, por mais gigantesca e bem aparelhada que seja, não consegue exercer uma fiscalização intensa e extensamente competente sobre o Administrado e suas atividades. Com a presunção, instiga-se, de certa maneira, o Administrado, a que este *apareça*, formando um contraditório comunicacional com a Administração Pública, notadamente caso haja desconformidade entre a presunção e a realidade ontologicamente considerada. Com isto, é evidente que a presunção proporciona ampliação nos poderes fiscalizatórios por parte da Administração Pública.

---

[85] Gabriel José Rodrigues de Rezende Filho, *Curso de Direito Processual Civil*, vol. II, p. 307-310.

Capítulo III • Os Eventos e os Fatos Jurídicos | 85

a) As presunções absolutas

Pois bem, quando são da espécie designada *absoluta*, que não admitem enfrentamento lingüístico de natureza probatória, freqüentam o domínio dos motivos que levaram o legislador a optar pela presunção, o qual resolve aplicar determinada disciplina jurídica utilizável para outra *realidade conhecida*, assim como na adequação e pertinência que possuem em relação à realidade jurídica da qual participarão. Alojam-se no *Direito substantivo*, na linguagem de Alfredo Augusto Becker, que, sabe-se, deverá guardar conformação com a ordem jurídica à qual pertence.[86]

É o que se passa com a fixação da alíquota eleita pelo legislador para, incidindo sobre uma determinada base de cálculo, obter-se o tributo a ser recolhido. A quantificação lingüística da riqueza que permitirá arrecadar-se o tributo é inegavelmente fruto de discussões travadas no âmbito do Poder Legislativo o qual, através da votação dos seus integrantes, dá a *calibragem lingüística tributária* que a sociedade julgou mais apropriada, fixando um determinado patamar para alíquotas, como o que hoje ocorre com a do Imposto sobre a Renda, e que presumivelmente serão adequadas e apropriadas à realidade *impactada*. Contudo, se esta fixação for exagerada, a ponto de *brigar* com a ordem jurídica, importando, inclusive, em ofensa aos seus princípios, caso do princípio do não-confisco, *v.g.*, revelar-se-á um aspecto que transcende ao processo administrativo-tributário, podendo, entretanto, ser levado ao poder judiciário, mas não admitindo-se a instalação de litígio na administração Pública para examiná-lo.

b) As presunções relativas

Já com relação às presunções ditas *relativas*, diferentemente, resguardando-se o direito de produção e aceitação de mensagens probatórias em sentido contrário, infere-se que, dada a existência de um fato, a que se refere a um determinado evento, pressupõem-se a existência de um segundo fato, referido a um outro evento que pode ou não ter ocorrido, atribuindo-se-lhe (a este segundo fato, presumido) determinada conseqüência jurídica.

É o que se passa com o arbitramento decorrente da exteriorização de sinais de riqueza, conforme previsto no art. 6., da Lei nº 8.021/90,[87] ou, mesmo, diante da falta de eleição, pelo contribuinte ou responsável, de domicílio tributário, considerando-se como tal, quanto às pessoas naturais, a sua residência habitual, ou sendo esta incerta ou desconhecida, o centro habitual de sua atividade, a rigor do art. 127, I, do Código Tributário Nacional.

Assim, na presunção relativa, diferentemente do que se passa na presunção absoluta, admite-se a refutação do relato, franqueando-se a possibilidade de serem

---

[86] *Teoria Geral do Direito Tributário*, p. 465.
[87] Art. 846, do Regulamento do Imposto sobre a Renda(RIR).

apresentadas mensagens comunicacionais de natureza probatória, isto, com o propósito de competentemente enfrentá-la e afastá-la (a *realidade* presumida, a *realidade* até então incerta, não obstante até provável).

c) As presunções mistas

Finalmente, no tocante às presunções mistas, observa-se que o ordenamento jurídico limita de alguma maneira o conteúdo da mensagem probatória passível de ser utilizada para afastar-se a mensagem comunicacional presuntiva.

Como exemplo: presume-se, a rigor do art. 888, do RIR,[88] como fato impeditivo para a celebração de determinados ajustes, a existência de registro de crédito não quitado do setor público federal, há mais de 30 dias, abrindo-se, contudo, a possibilidade de tal presunção ser afastada, caso o devedor prove que (i) ajuizada a ação, com o objetivo de discutir a natureza da obrigação ou o seu valor, tenha oferecido garantia idônea e suficiente ao juízo, ou (ii) esteja suspensa a exigibilidade do crédito objeto do registro, conforme assegura o art. 888, § 1, I e II, do Regulamento do Imposto sobre a Renda (RIR).

As presunções mistas, como se observa, têm, no aspecto central sob exame, absoluta identidade com as presunções relativas: o de admitir a produção de mensagens de natureza probatória em sentido contrário à mensagem presuntiva. Diferem, tão-somente, no conteúdo da mensagem de refutação, que poderá ser utilizada para afastar-se a presunção até então prevalecente, mas concordam com o que, a nosso ver, revela maior interesse e, mesmo, importância, qual seja, o de admitir enfrentamento lingüístico através de mensagens de natureza probatória.

3.1.2. As ficções

Ao lado das presunções, prosseguindo, catalogam-se as ficções, que igualmente merecem a nossa atenção. Na ficção, as prescrições legislativas estabelecem como ocorrido um evento narrado (fato), que muito provavelmente não ocorreu no *mundo objetivo*, o que já lhe confere evidente distinção em relação à presunção.

A presunção toma como termo referencial de partida a *verdade* de um fato ou de um evento, para, a partir dele, inferir-se outro fato ou evento desconhecido. A ficção, diferentemente, nasce de uma falsidade, sob a ótica semântica. Assim, estabelece a ficção, por meio da lei, como *verdadeiro* um fato ou evento que é *provavelmente falso*. Na presunção, a lei estabelece como verdadeiro um fato ou evento que é *provavelmente verdadeiro*.[89]

---

[88] (RIR) Regulamento do Imposto sobre a Renda (arts. 6º e 7º, da Medida Provisória 1.770-46, de 1999).

[89] "A *ficção jurídica* é a instrumentalização (criação legal) de uma situação inverídica (falsa) de forma a impor uma certeza jurídica, consagrando uma realidade ainda que não guarde consonância com a natureza das coisas, ou mesmo que altere títulos e categorias do direito, como se dá com o preceito legal que equipara à exportação a remessa de bens à Zona Franca de Manaus, para efeito de não-incidência tributária, modificando o conceito natural de exportação (saída para o estrangeiro)." José Eduardo Soares de Melo, *ICMS: teoria e prática*, p. 131.

Capítulo III • Os Eventos e os Fatos Jurídicos | 87

Exemplifique-se.

> (...) legislador em lugar de tomar como hipótese de incidência do imposto de consumo o consumo *real* da mercadoria, estabelece que o fato dela sair da fábrica ou ser exposta à venda já realiza a hipótese de incidência; em síntese: cria a *ficção do consumo.*[90]

Para nós, não há distinção relevante entre a ficção e a presunção no que se refere a um maior ou menor grau de incerteza da ocorrência do evento. Ou seja, quando o evento é examinado sob o prisma da maior ou menor possibilidade de sua efetiva ocorrência, não nos parece prestável realizar-se a distinção, pois retratam, a nosso ver, meras expectativas probabilísticas de ocorrência.[91]

O mesmo já não dizemos com relação ao tipo de ficção que, sob hipótese alguma, poderá ocorrer na realidade dos eventos. Sob esta ótica, a ficção que designamos como *ficção em sentido estrito* ganha a consistência que nos parece mais apropriada, ou seja, de representar algo que deliberadamente não é *real*, algo que jamais será um evento, algo tão-somente concebido na realidade cultural comunicacional, que admite promover – e assiduamente o faz – distância da realidade ontologicamente considerada. É por isto que Heleno Tôrres assinala que a ficção é o *produto exclusivo da linguagem, uma realidade constituída exclusivamente por linguagem competente e sem correspondência necessária com a realidade social.*[92] Permanece no âmbito da realidade da comunicação jurídica, tendo auto-referibilidade.

E por que se presta tal distinção? Na ficção com alguma possibilidade de ocorrência do evento, abre-se a possibilidade do oferecimento de mensagens comunicacionais preocupadas com as provas, como o que se passa no enfrentamento das presunções das espécies relativas e mistas. Se existe alguma possibilidade de o evento ter ocorrido, quando ele, na realidade, não ocorreu, o administrado poderá tentar provar a sua não ocorrência, afastando a repercussão jurídica conseqüente. Abre-se, em matéria de provas, a possibilidade de questionamento no tocante à ficção, tanto em relação àquela com maior grau de possibilidade de realização na realidade, como em relação àquelas com diminutas probabilidades de ocorrência.

Diferentemente se passa em relação à ficção em sentido estrito. Neste caso, não há qualquer possibilidade da produção de mensagens probatórias, pois, sabe-se, desde que se tomou ciência da mensagem relatadora da ficção, que ela, ficção, não pertence à realidade circundante, mas à realidade fatual-comunicacional, permanecendo nos seus arcabouços. Não há retratação da – ou referência à – *realidade*, mas a

---

[90] Alfredo Augusto Becker, *Teoria Geral do Direito Tributário*, p. 477.

[91] Do cotejo entre presunção legal e ficções, Sacha Calmon Navarro Coelho entende que há pouca a distingui-los. "Liga-se ao ato de legislar. A presunção legal de que o maior de 18 anos é *sui juris* ou inteiramente responsável por seus atos é uma presunção absoluta do legislador (*juris et de jure*), embora subjetivamente nem sempre seja. Absoluta é a ficção. A presunção absoluta pode ser desfeita. O pródigo pode ser interditado." *Teoria Geral do Tributo, da interpretação e da exoneração tributária*, p. 166.

[92] *Direito Tributário e Direito Privado*, p. 401-402.

articulação lingüística de um domínio criado pelo homem, empreendendo-se um tráfego comunicacional. E, mais: mesmo no plano lingüístico, inadmite-se a refutação, consubstanciado-se, à evidência, afirmativa não refutável sob o prisma probatório.

Assim, não poderá ser *provada*, não obstante possa, contudo, ser discutida, não perante a Administração Pública-julgadora, mas em face do Poder Judiciário, onde poderão apontar-se vícios estruturantes que, eventualmente, prejudiquem a própria ficção, por colidência com os valores do Direito, como a afronta a princípios etc.

3.1.3. As presunções e as ficções: o processo administrativo-tributário

A partir da exposição recém-realizada poderemos vislumbrar a presunção e a ficção em sentido lato como o corte arbitrário lingüístico empreendido nos domínios do Direito, para atribuir-se ao produto obtido uma mensagem capaz de propiciar uma determinada repercussão jurídica, que não obstante refira-se a eventos, possa ou não retratar eventos *realisticamente* considerados.

O evento, como já vimos, na presunção, tem uma maior dose de probabilidade de ter ocorrido na realidade circundante; reversamente, na ficção em sentido lato, o evento a que se refere tem uma maior probabilidade de não ter ocorrido. Questão de nomenclatura de categorias distintas, assentadas em fatores probabilísticos.[93]

Agora, tanto a presunção como a ficção materializam-se nos domínios dos fatos jurídicos, e não dos eventos. Quer-se com isto dizer que, como os fatos jurídicos presuntivos ou fictícios tanto podem coincidir ou não com o *mundo da vida*, permitem ser vislumbrados como fatos jurídicos ontologicamente considerados, ou seja, que constroem a sua própria realidade, haja ou não adequada referência ou até pertinência estrita com a realidade circundante.[94]

Se, então, não se referem, à justa, à realidade dos eventos, os quais são, em linguagem, presumível ou ficticiamente considerados, o mesmo não se dá com as mensagens probatórias que venham a ser produzidas para afastar-se a presunção ou a ficção jurídica, esta, em sentido lato; pois aquelas em sentido estrito, conforme já assinalado, não comportam a produção de provas.

Para atingir tal propósito, o interessado deverá descer com vigor ao plano dos eventos, para indagar e identificar a procedência da presunção ou da ficção lançada. Uma vez constatada a inocorrência do evento a que se refere a presunção e, sobretudo, identificadas as provas lingüísticas de tal inocorrência, então nasce a

---

[93] Enfatizando-se o aspecto semântico, observe-se, no tocante às probabilidades, que a possibilidade de existência do evento que ocupa o referente do fato, entrelaça-se com graus de crença, de maneira que da possibilidade *impossível* remete-se à *certeza*, da *improvável*, à *opinião*, da *duvidosa*, à *dúvida*, da *provável*, à *opinião*, da *necessária*, à *certeza*, conforme consigna, no atinente às provas indiciárias, Maria Rita Ferragut, *in Presunções no Direito Tributário*, p. 52.

[94] Cf. Cap. IV-4.

possibilidade de promover-se discussão no âmbito do processo administrativo-tributário.

Mas seriam todas as mensagens portadoras de presunções e todas aquelas veiculadoras de ficções que poderiam ser refutadas? Consolidando o nosso posicionamento, entendemos que as presunções absolutas, assim como as ficções em sentido estrito não podem ser objeto de provas, admitindo-se tão-somente no âmbito judicial – e não nos domínios da Administração Pública – questionar-se a procedência e a juridicidade da sua concepção e compleição. Poder-se-ia dizer que, naquele palco, admite-se indagar e examinar-se os motivos invocados pelo legislador para a sua formulação, assim como a sua adequação à ordem jurídica reinante, para ver se atenderiam aos princípios e às grandes diretrizes do Direito.

No tocante às demais presunções (relativas ou mistas) e às ficções em sentido lato, cremos ser induvidosa a possibilidade que se abre ao interessado de refutar as afirmativas lançadas. A mensagem comunicacional envolvendo a prova, independentemente da questão atinente ao ônus de quem a produz e a dos meios para tanto credenciados, pode referir-se tanto aos eventos *realisticamente* considerados, como em relação aos fatos jurídicos que a retratam, transeuntes do domínio intracomunicacional.

Pode-se bem provar se o evento, presumido como ocorrido, na *realidade*, não o foi, com o que se prova, à evidência, a consistência do evento e a inconsistência do fato. É o que se passa quando a presunção legal determina que, verificada a omissão de receita, o montante omitido seja computado para a determinação da base de cálculo do imposto devido e do adicional, se for o caso, no período de apuração correspondente, conforme prevê o art. 528, do RIR[95] e o Administrado prova que aquela que seria a *omissão de receita verificada*, em verdade, decorrera de um equívoco bancário de creditamento indevido em conta-corrente.

Da mesma maneira, pode-se provar que o fato jurídico retratador do evento padece de vício insanável, contaminando a sua intenção de acarretar repercussões jurídicas. É o que se passa com a *mensagem de ataque* designada *lançamento tributário*, que em suas entranhas possua vício irremovível como o de não consignar expressamente o lapso temporal (*fato gerador*) a que se refira o crédito tributário objeto da exigência. Neste exemplo, a deficiência da própria composição do fato jurídico proporciona a sua invalidade, dado afrontar os requisitos minimamente dele exigidos pelos códigos jurídicos correspondentes.

---

[95] Regulamento do Imposto sobre a Renda (art. 24, da Lei 9.249/95).

3.1.4. A Administração Pública: as presunções e as ficções

A Administração Pública, uma vez instalado o processo administrativo-tributário, não mais pode satisfazer-se e adotar a posição adocicada de obsequiosa e passiva obediência em relação à presunção sobre a qual se instala o litígio nos seus domínios.

A presunção até lá teve a sua inegável valia e utilidade, quer estimulando a arrecadação, quer melhor instrumentalizando a fiscalização. Contudo, quando contestada através da materialização do processo administrativo-tributário, exige que a Administração Pública procure identificar e conhecer o evento antes presumido ou ficticiamente assentado exclusivamente em linguagem, agora que necessariamente exige ser constatado.

Tal decorre do princípio da *verdade material* que permeia as atividades da Administração Pública, o qual veda o comportamento sorumbático e contemplativo do agente público, o qual não pode limitar-se a esperar a exibição da prova que afaste a presunção havida. Antes, impõem-se-lhe o dever de diligência, inquietamente procurando divisar a consistência do relato, para só então aquietar-se. *Verdade material*, à evidência, é mais um aspecto psicológico e comunicacional dos agentes da Administração Pública, do que a obtenção, em si mesmo, de produtos que permitam ingressar no campo das *verdades absolutas*, a nosso ver, inexistentes.

Se o Estado existe para regrar e propiciar segurança, conforto, utilidade, enfim, bem-estar aos indivíduos, seria afrontoso imaginar-se que a Administração Pública satisfazer-se-ia com presunções, especialmente nas situações em que são refutadas

Presumindo-se que isto ocorreu, quando o desfavorecido da presunção havida insurge-se contra tal comunicação presuntiva, evidentemente importa modificar o olhar da Administração Pública, substituindo-se a gestão burocrática tributante (no sentido de arrecadar, cobrar e fiscalizar o tributo), pelo comportamento de assumir-se o dever de diligência, com o propósito de identificar-se a efetiva consistência da narrativa, não aquela presumida ou ficticiamente (em sentido lato) elaborada.

3.1.5. O fato jurídico deliberada ou involuntariamente *artificial*

Há, no Direito, conforme já se examinou, relatos que ganham a designação de *fatos jurídicos*, que têm como referentes os objetos, a conduta do homem e as suas circunstâncias, tocando, assim, a realidade empiricamente considerada, tanto posta como também pressuposta. Observa-se, portanto, no seu manejar, a efetiva referibilidade à experiência, em maior ou menor grau.

Exemplifique-se:

> Ora, a *habilitação, a adesão, a ativação, a disponibilidade, a assinatura e a utilização de serviços suplementares e facilidades adicionais que otimizem ou agilizem o processo de comunicação* absolutamente não tipificam serviços de comunicação tributáveis por meio de ICMS.[96]

Observa-se, aqui, um manejo lingüístico acerca de fatos jurídicos que se referem à realidade empiricamente considerada (*habilitação, adesão, ativação* etc.), passível de verificação no mundo circundante. E, evidentemente, até com certa facilidade, pode-se adiantar.

Ocorre, contudo, que o Direito admite a criação de fatos jurídicos que não possuam retratabilidade efetiva com a realidade objetiva, criando a sua própria *realidade*, ou seja, à parte daquela ontologicamente considerada. Não que estimule tal produção; é que as suas regras, por vezes, admitem que relatos até inverossímeis ganhem foros de verossimilhança.

Se uma mensagem comunicacional com repercussões jurídicas é produzida sem qualquer liame com a realidade posta (uma mentira deliberada, por exemplo), mas não sofre o enfrentamento competente para justificar-se e fazer evidenciar a sua inconsistência, ou, mesmo, no ambiente em que tal narrativa é formulada vetores jurídicos estranhos ao conteúdo do seu próprio relato nele interferem,[97] esta narrativa, a que se convenciona rotular *fato jurídico*, passa a ter os predicados de adequação e consistência, independentemente de corresponder à realidade efetivamente considerada.

O mesmo ocorre com os erros que são cometidos nos domínios dos processos administrativos e judiciários, e que, não sendo percebidos ou, mesmo, competente-mente enfrentados com o propósito de serem reparados e corrigidos, passam tam-bém a contar com a reputação de serem adequados e consistentes.

Evidentemente não se trata de um privilégio do Direito o desprestígio *à verdade por correspondência.* A história é recheada de relatos que não correspondem à realidade, sendo reiteradamente observadas narrativas às vezes com reverberações históricas que chegam até, de certa maneira, a ofender o destinatário da mensagem *sabedor* da realidade narrada, mas que são, ao longo dos tempos, repetidos e homenageados com relatos cuja referência considera-se *verdadeira.*[98]

---

[96] Roque Antonio Carrazza, *ICMS,* p. 162.

[97] Exemplificativamente, os decorrentes da *preclusão, prescrição* ou *decadência* nos processos administrativos e judiciários.

[98] A mentira organizada tende sempre a destruir aquilo que ela decidiu negar, embora somente os governos totalitários tenham adotado conscientemente a mentira como o primeiro passo para o assassinato. Quando Trotsky escutou que nunca desempenhara papel algum na Revolução Russa, deve ter tomado consciência de que sua sentença de morte fora assinada. Hanna Arendt, *Entre o passado e o futuro,* p. 312.

Nestas espécies de fatos jurídicos levados aos processos administrativo-tributários a importância habitualmente concedida às provas não tem assento, em razão de fatores exógenos à mensagem *artificialmente* formulada, como a que provém da deficiência ou impropriedade do agir dos interlocutores (no enfrentamento incompetente ou da mentira), ora por artifícios adotados pelo próprio sistema jurídico (prescrição, decadência, preclusão etc).[99]

3.1.6. O fato jurídico: a ênfase comunicacional

O fato jurídico por se tratar de uma mensagem que repercute em matéria comunicacional une, no mínimo, dois participantes: o emissor e o receptor da mensagem.

Entre eles estabelece-se um *jogo comunicacional*, que acarreta um inexorável distanciamento entre o que se diz (por parte do emissor) e o que se entende (por parte do receptor), o qual, reagindo ao até então dito, produz novo corpo de mensagens (agora na condição de emissor) a serem compreendidas pelo receptor (até há pouco um emissor) e assim avante.

E ocorre que este trânsito comunicacional encontra desvios,[100] que vão desde os resultantes da interferência de vetores circunstanciais, até os de natureza contextual, desestabilizando a precisão do conteúdo do relato, criando, assim, uma nova realidade, a *realidade comunicacional.*

Esta realidade não depende da intenção dos protagonistas do processo comunicacional. É, portanto, pode-se dizer, involuntária. É ínsita ao próprio tráfego comunicacional, que tem a característica de gerar, dentre outras repercussões, ruídos e entropias no seu desenrolar.

Veja-se, para exemplificar, a produção de um contrato de razoável complexidade. O observador privilegiado que pudesse presenciar todas as ações, todos os objetos e todas as circunstancias que precederam e envolveram os interessados desde o inicio à arrumação lingüística correspondente, notaria que o instrumento ao final produzido não retrata a *realidade* que efetivamente precedeu a sua instrução e nem mesmo, à justa, a efetiva *vontade das partes.* Basta recordar-se as sucessivas vezes que um contrato é reexaminado para esclarecer-se pontos até então incontroversos, mas que ganham aspectos controvertidos em razão de as narrativas produzidas erigirem uma realidade lingüística própria.

No ambiente processual, aliás, tais constatações são bastante freqüentes. Reiteradamente os participantes do litígio *atiram no que viram e colhem o que não viram*, expressão constantemente ali observada. Ou seja, efetuam uma narrativa num

---

[99] Cf. Cap. IV-7 e IV-8.

[100] No sentido ferroviário do termo, segundo expressão de Umberto Eco, *Tratado Geral de Semiótica*, p. 94.

Capítulo III • Os Eventos e os Fatos Jurídicos | 93

certo sentido, que inaugura a relação processual, a qual ganha uma oposição dotada da aptidão de deslocar o eixo comunicacional originário, mas que, ao final, terá uma *terceira* leitura do julgador, que poderá vislumbrar facetas nem mesmo detectadas pelos opositores, que sobre si admitirá a produção de nova camada de linguagem artificializando tal realidade comunicacional, na forma de recursos etc.

Assim, se examinarmos ao final de um intenso tráfego comunicacional lançado no segmento jurídico os diversos relatos produzidos, concluiremos, com serenidade, que o transitar comunicacional erige uma realidade própria e desprendida daquela pretendida pelos protagonistas do processo, não se confundindo com aquela ontologicamente encontrável na experiência, nem com aquela deliberada e artificialmente concebida (pela mentira, por exemplo), mas, sim, resultante do próprio *esgrimir comunicacional*, como poderemos ver a seguir, ao adentrarmos nas quadras das provas.

4. Conclusões

1ª – *Evento* é a ocorrência de um certo e determinado acontecimento que modifica uma realidade ontologicamente considerada, que tanto pode prescindir da interferência humana, como, diferentemente, contar com a sua participação efetiva, invariavelmente envolvendo objetos e submetido a vetores temporais, espaciais e circunstanciais identificáveis, passíveis de um relato lingüístico.

2ª – Para efeitos de prova no processo administrativo-tributário, interessaram-nos os eventos que contam com a participação do homem, quer de maneira ativa, quer de maneira reflexa, cuja ação ou agir, portanto, insere-se na categoria dos objetos culturais.

2.1. O agir humano poderá ser *espontâneo* ou *compelido*; aquele, que pode inclusive decorrer de necessidades naturais; este, determinado por motivações intra ou metapessoais. Poderá ser divisado sob o característico de ser *direto* ou *indireto*, ou seja, levando-se em conta a ação em si mesma considerada. Dir-se-á *agir direto* aquele que o próprio ser atua, quer omissiva, quer comissivamente, não se valendo de terceiros ou, mesmo, de institutos ou entidades. Atua, contudo, *indiretamente*, quando se serve de utensílios interpostos, especialmente, no ponto aqui sob destaque, os de natureza cultural, por ele criados, segundo regras ordenadoras para tanto credenciadas, caso das pessoas jurídicas.

2.2. Nas questões tributárias, assim como em todo o ambiente jurídico, a *ação* ou *agir* sofre uma parcial mutilação, ingressando na ribalta o conceito de *conduta*, que é uma ação desenhada a partir de um dever. Assim, só havendo dever, haverá conduta. A conduta que, em seu ponto nuclear tributário satura o aspecto material da regra matriz tributária, refere-se a um comportamento de uma pessoa.

3ª – Os eventos além de contarem com a ação do homem – ou *conduta*, quando houver prévio interesse jurídico – tem como elemento indissociável à sua materialização os *objetos*, ou seja, tudo aquilo suscetível de ser identificado pelo homem como passível de receber uma mensagem que lhe faça algum sentido, estabelecendo, a partir deste relato, uma relação comunicacional.

3.1. O relato pode referir-se tanto aos objetos *culturais* (que contam com o *espaço* e o *tempo* encontráveis na experiência, axiológicos, dentre os quais se insere a ação e, conseqüentemente, a conduta do homem), *naturais* (que necessitam da existência espacial e temporal, despidos de valores, dotados de característica empírica), *ideais* (que prescindem do tempo e do espaço, não encontráveis na experiência, *pensados*) ou *metafísicos* (aqueles que se encontram além da realidade física, não identificáveis na experiência).

3.2. Os objetos mais relevantes para as provas num ambiente processual tributário pertencem inegavelmente às categorias *cultural* e *natural*, posto que identificáveis na experiência, passíveis, portanto, de serem segregados no tempo e no espaço, tal qual se dá em relação à linguagem em si mesma considerada – como objeto cultural que é – ou em relação aos objetos que, na condição de referentes, ela, linguagem, introduza-os numa ordem artificialmente concebida pelo homem sob o rótulo do que se convenciona designar *ordem jurídica*, especialmente, no ponto aqui realçado, que se refere ao ambiente administrativo-tributário. Interessam-nos, contudo, igualmente, os *objetos ideais*, dentre os quais destacam-se, especialmente, os *números*, cuja utilização é farta nos domínios tributários, integrando a composição lingüística peculiar deste segmento.

4ª – Os *acontecimentos* já ocorreram, isto é, pertencem ao que se convenciona chamar *passado*, vez que já concretizados. Sendo assim, não freqüentam o habitáculo das hipóteses, cujo característico essencial é a possibilidade de ocorrência ou não ocorrência no plano do mundo social ou mesmo da linguagem. *Aconteceu*, à evidência, significa dizer algo já ocorrido.

5ª – A *ocorrência*, a par de temporalmente ser passível de ser identificada e particularizada, invariavelmente realiza-se em algum lugar, em algum espaço, daí dizer-se que os eventos estão sujeitos à interferência, quer de vetores temporais, quer igualmente espaciais.

6ª – Há um entorno que envolve o *evento-central*, que se designa *circunstância*, a qual diz respeito à realidade situacional que possui relação de *interferência* em relação aos objetos, à conduta do homem e às relações entre eles estabelecidas.

6.1. As condições circunstanciais são igualmente eventos (*eventos-circunstanciais*), sobre as quais se admite a produção de mensagens que as relatem, dotadas de vocação de contorno, isto é, para servir de coadjuvante em relação a um determinado *evento-central*.

Capítulo III • Os Eventos e os Fatos Jurídicos | 95

6.2. As circunstâncias compõem o cenário onde o *evento-central* ocorreu e teve lugar, interferindo, de alguma maneira, na própria composição do evento sobre o qual se aloja a atenção do interessado.

7ª – O evento somente ingressa nos domínios dos objetos culturais caso sobre ele haja um relato lingüístico. Assim, sem a narrativa sobre o evento, não há fato, só evento. Caso a *leitura* deste evento seja realizada pelo domínio jurídico, ou seja, por um ordenamento previamente instalado (contexto), que preveja a possibilidade de que esta leitura possa efetivamente ocorrer e que traga repercussões concretas no seu domínio (códigos), neste preciso instante, nasce o *fato jurídico*, retratador, neste ambiente, do evento surpreendido, ao qual serão a partir daí atribuídas determinadas conseqüências. O fato jurídico, portanto, é o relato acerca de um determinado evento, realizado através da linguagem que a realidade jurídica repute ser aquela credenciada para tal.

7.1. O fato jurídico, não obstante refira-se ao evento, independe do ocorrido na realidade circundante, isto porque, para haver fato jurídico, não é necessário que tenha havido o evento a que o fato se refira no que se convenciona chamar o *mundo objetivo* ou *mundo social*, aspecto este de grande importância no campo das provas. O Direito admite a criação de fatos jurídicos que não possuam retratabilidade efetiva com a *realidade objetiva*, criando a sua própria *realidade*, ou seja, à parte daquela ontologicamente considerada. O evento, na sua compleição metalingüística (*mundo objetivo* ou *mundo social*), não é condição necessária para que haja o fato jurídico, o qual poderá satisfazer-se, *materializando-se*, exclusivamente nos domínios das funções linguístico-comunicacionais.

7.2. Se uma mensagem comunicacional com repercussões jurídicas é produzida sem qualquer liame com a realidade posta (uma mentira deliberada, *v.g.*), mas não sofre o enfrentamento competente para justificar-se e fazer evidenciar a sua inconsistência, ou, mesmo, no ambiente em que tal narrativa é formulada vetores jurídicos estranhos ao conteúdo do seu próprio relato nele interferem, esta narrativa a que se convenciona rotular *fato jurídico*, passa a ter os predicados de adequação e consistência, independentemente de corresponder à realidade efetivamente considerada.

7.3. O mesmo ocorre com os erros que são cometidos nos domínios dos processos administrativo e judiciários, e que, não sendo percebidos ou, mesmo, competentemente enfrentados com o propósito de serem reparados e corrigidos, passam também a contar com a reputação de serem adequados e consistentes.

8ª – Há situações em que o fato prescinde do evento *realisticamente* considerado, ou seja, não mais se movimenta no sentido de ir à realidade colher o evento, para sobre ele referir-se. A narrativa deliberadamente cria uma realidade própria ou *ontológico-comunicacional*, que pode até ter contato mínimo com o real (com *o mundo objetivo* ou *mundo social*, através do toque lingüístico referencial), mas possui alta dose de inventividade e artificialismo na sua própria concepção e compleição, por vezes nem mesmo ganhando pertinência lógica e jurídica, entre o enunciado fatual e aquilo que seria a realidade circundante. É o caso das *presunções*, das *ficções*, dos erros, das mentiras.

9ª – *Presunção* é o processo lógico através do qual, de um fato ou evento conhecido, cuja existência é certa, infere-se o fato ou evento desconhecido, de existência provável. Trata-se de um realidade situacional passível de contar com um arranjo lingüístico, que compõe uma mensagem de sentido completo, que tenciona repercutir num ambiente comunicacional, pretendendo cooptar o seu destinatário e os demais *cientificários* desta mensagem a compartilhar do entendimento proveniente do seu emissor, de que algo sobre o qual há incertezas sobre a sua própria efetivação e ocorrência possui possibilidades de ter existido e efetivamente ter ocorrido, segundo critérios racionais. Na presunção, portanto, considera-se como *verdadeiro* um fato que é *provavelmente verdadeiro*.

9.1. Segundo uma visão clássica, classificam-se as presunções em *presunções simples* ou comuns, ou de homens e presunções *legais* ou de direito. Estas subdividem-se em *absolutas, condicionais* e *mistas*. As *absolutas* (*juris et jure*) não admitem prova em contrário; as *condicionais ou relativas* (*juris tantum*) admitem prova em contrário; as *mistas* não admitem enfrentamento probatório, salvo através de certos meios de prova, referidos e previstos na própria lei.

9.2. As presunções de natureza *absoluta*, que não admitem enfrentamento probatório, freqüentam o domínio dos motivos que levaram o legislador a optar pela presunção, o qual resolve aplicar determinada disciplina jurídica utilizável para outra *realidade conhecida*, assim como na adequação e pertinência que possuem em relação à realidade jurídica da qual participarão. Não comportam discussão no âmbito do processo administrativo-tributário.

9.3. Nas presunções *relativas*, que admitem a produção e aceitação de mensagens probatórias em sentido contrário, infere-se que, dada a existência de um fato, que se refere a um determinado evento, pressupõe-se a existência de um segundo fato, referido a um outro evento que pode ou não ter ocorrido, atribuindo-se-lhe (a este segundo fato, presumido) determinada conseqüência jurídica.

Capítulo III • Os Eventos e os Fatos Jurídicos | 97

9.4. Nas presunções mistas, observa-se que o contexto jurídico e respectivos códigos limitam de alguma maneira o conteúdo da mensagem probatória passível de ser utilizada para afastar-se a mensagem comunicacional presuntiva. Admite-se, portanto, a refutação da mensagem *provocativa*, através de mensagens probatórias, contudo, respeitados determinados termos e condições.

10ª – Na ficção, as prescrições legislativas estabelecem como ocorrido um evento narrado (fato), que muito provavelmente não ocorreu no *mundo circundante*, o que já lhe confere evidente distinção em relação à presunção. A ficção nasce de uma falsidade, sob o prisma semântico, estabelecendo-se como *verdadeiro* um fato que é *provavelmente* (*ou com toda a certeza*) *falso*.

10.1. Observa-se inexistir distinção relevante entre a ficção e a presunção especificamente no que se refere a um maior ou menor grau de incerteza da ocorrência do evento. Ou seja, quando o evento é examinado sob o prisma da maior ou menor possibilidade de ter ocorrido, não nos parece prestável realizar-se a distinção, pois retratam, a nosso ver, meras expectativas probabilísticas de ocorrência.

10.2. O mesmo não podemos dizer em relação ao tipo de ficção que, sob hipótese alguma, poderá ocorrer na realidade dos eventos. Sob esta ótica, esta *ficção em sentido estrito*, ganha a consistência que nos parece mais apropriada ao domínio fictício, ou seja, de representar algo que deliberadamente não é *real*, algo que jamais será um evento, algo tão-somente concebido na realidade cultural comunicacional, que admite promover – e assiduamente o faz – distância da *realidade da vida* em relação aos seus domínios. Permanece no âmbito da comunicação jurídica, tendo auto-referibilidade.

11ª – A presunção e a ficção em sentido lato resultam de um corte arbitrário lingüístico empreendido nos domínios do Direito, para atribuir-se ao produto obtido uma mensagem capaz de propiciar uma determinada repercussão jurídica que, não obstante refira-se a eventos, possam ou não retratar eventos *realisticamente* considerados.

11.1. Tanto a presunção como a ficção materializam-se nos domínios dos fatos jurídicos, e não dos eventos. Como os fatos jurídicos presuntivos ou fictícios tanto podem coincidir ou não com o *mundo da vida*, permitem ser vislumbrados como fatos jurídicos ontologicamente considerados, ou seja, que constroem a sua própria realidade, haja ou não adequada referência ou até pertinência estrita com a realidade circundante.

11.2. Se não se referem à justa, à realidade dos eventos, os quais são, em linguagem, presumível ou ficticiamente considerados, o mesmo não se dá com as mensagens probatórias que venham a ser produzidas para afastar-se a presunção ou a ficção jurídica, esta, em sentido lato, pois aquelas em sentido estrito, conforme já assinalado, não comportam a produção de provas.

11.3. Para atingir objetivos probatórios, o interessado pode descer ao plano dos eventos, para indagar e identificar a procedência da presunção ou da ficção lançadas, estabelecendo, assim, o liame entre a mensagem e o evento considerado. Uma vez constatada a ocorrência ou inocorrência do evento a que se refere a presunção e, sobretudo, identificadas as provas lingüísticas de tal, então nasce a possibilidade de promover-se discussão no âmbito do processo administrativo-tributário.

11.4. Pode-se, querendo, permanecer-se no âmbito do fato jurídico, desprezando-se, deliberadamente, o plano dos eventos, especialmente nas situações em que o próprio relato que se consubstancia em fato jurídico possua desarranjos lingüísticos que impeçam a sua compreensão ou adequação ao contexto jurídico.

12ª – A Administração Pública, uma vez instalado o processo administrativo-tributário, não mais pode satisfazer-se e adotar a posição de passiva obediência em relação à presunção ou ficção em sentido amplo sobre a qual se instala o litígio nos seus domínios, pois, quando enfrentada num processo administrativo-tributário, exige-se que a Administração Pública procure identificar e conhecer o evento antes presumido ou ficticiamente assentado exclusivamente em linguagem, agora, num plano substancial e efetivo.

12.1. Tal decorre do princípio da *verdade material* que permeia as atividades da Administração Pública, o qual veda o comportamento contemplativo do agente público, o qual não pode limitar-se a esperar a exibição de mensagens probatórias que afastem a presunção havida, impondo-se-lhe o dever de diligência, inquietamente procurando divisar a consistência do relato, para só então aquietar-se. *Verdade material* é mais um aspecto psicológico e comunicacional dos agentes da Administração Pública do que a obtenção, em si mesmo, de produtos que permitam ingressar no campo das *verdades absolutas*.

13ª – O fato jurídico sendo uma mensagem que repercute em matéria comunicacional une, no mínimo, dois participantes: o emissor e o receptor da mensagem. Entre eles estabelece-se um *jogo comunicacional*, que acarreta um inexorável distanciamento entre o que se diz (por parte do emissor) e o que se entende (por parte do receptor), o qual, reagindo ao até então dito, produz novo corpo de mensagens (agora na condição de emissor) a serem compreendidas pelo receptor (até há pouco um emissor) e assim sucessivamente.

13.1. O trânsito comunicacional encontra desvios que vão desde os resultantes da interferência de vetores circunstanciais até os de natureza contextual e codificada, desestabilizando a precisão do conteúdo do relato, criando, assim, uma nova realidade, a *realidade comunicacional*. Esta realidade não depende da intenção dos protagonistas do processo comunicacional. É, portanto, pode-se dizer, involuntária. É ínsita ao próprio trafego comunicacional.

13.2. No ambiente processual observa-se, com alguma freqüência, narrativas num certo sentido, que inauguram a relação processual, as quais ganham uma oposição dotada da aptidão de deslocar o eixo comunicacional originário, mas que ao final terá uma *terceira* leitura do julgador, que poderá vislumbrar facetas nem mesmo detectadas pelos oponentes, que sobre si mesmo admitirá a produção de nova camada de linguagem mais artificializando tal realidade comunicacional.

13.3. O transitar comunicacional erige uma realidade própria e desprendida daquela pretendida pelos protagonistas do processo, não se confundindo com aquela ontologicamente encontrável na experiência nem com aquela deliberada e artificialmente concebida (pela mentira, *v.g.*), mas, sim, resultante do próprio *esgrimir comunicacional*, que também é valioso nas quadras das provas.

Capítulo IV

A Prova no Processo Administrativo-Tributário

1.   O contexto jurídico-comunicacional

Estamos absolutamente convencidos de que a prova, assim como todas as ações que gravitam em seu entorno e que estão merecendo as nossas preocupações, só são passíveis de gerar efeitos jurídicos porque assim o designado *ordenamento jurídico* prevê tal possibilidade. Ou seja, segundo uma visão já classicamente consagrada, somente através da jurisdicização da prova e das atividades que atuam em seu prestígio é que ganha credenciais imprescindíveis para freqüentar o ambiente jurídico.

Assim, para o Direito – e, conseqüentemente, para o processo administrativo-tributário sob exame – interessarão as porções do agir probatório, do convencimento, da exteriorização e da prova ao final obtida, que sejam admitidas pelo que se rotulou *ordenamento jurídico.*

Pois bem, vemos este *ordenamento* como um fragmento de um contexto de natureza jurídico-comunicacional, fragmento este organizado e dotado de uma ordenação relativa, em razão de um código.

Para nós, o contexto comunicacional jurídico constitui-se do conjunto de fatores previamente catalogados através de códigos, por uma determinada coletividade, dotados da aptidão de vincular os seus destinatários, que se sujeitam a conviver sob este cardápio de regras e disciplinas de vocação ordenadora nesta determinada realidade social, contexto este que, a sua vez, hospeda-se noutro plexo contextual de maior abrangência integrado por toda a carga axiológica, histórica, filosófica, teológica, biológica etc. que, atuando coletivamente, conformam o homem e procuram dar algum sentido a sua própria existência.

Assim, o contexto jurídico-comunicacional constitui-se num arcabouço de linguagem onde repousam os valores, os princípios, os enunciados e as práticas que, de certa maneira, direta ou reflexamente interfiram nas relações comunicacionais intersubjetivas.

Forma-se, à evidência, uma trama contextual, forrada por diversos insumos assentados lingüisticamente, na mais absoluta desarmonia e desordem, convivendo simultaneamente enunciados e mensagens comunicacionais manifestamente antagônicas; outras, efetivamente excludentes; outras, sem sentido, se não ordenadas; outras ainda que repercutem; outras que não mais repercutem; comunicações de destinação específica, ao lado de mensagens genéricas; enfim, uma verdadeira Torre de Babel em matéria comunicacional.

O Contexto jurídico-comunicacional poderia ser visto, numa metáfora, como um *depósito de linguagem*, ou seja, repositório de enunciados, expressões e mensagens produzidos por uma determinada coletividade ao longo da sua própria existência e que, enquanto desarrumadamente ali alojados, não fazem sentido efetivo, não sendo aptos a gerar repercussões, ao menos num plano satisfatório.

Possui este contexto a grande valia de servir de estofo fundamental no qual se ergue a edificação jurídico-comunicacional, voltada para repercutir nas relações intersubjetivas.[101] Constitui-se, à evidência, na matéria-prima essencial e imprescindível para deflagrar-se o trânsito comunicacional com preocupações jurídicas, compondo um corpo de fatores úteis e relevantes, que se sobressaem e distinguem-se em relação a um outro corpo de fatores inúteis e irrelevantes.

O contexto, à evidência, equivale ao revestimento acústico, em que poderão ser trocadas mensagens comunicacionais, admitindo-se sublinhar os seguintes característicos:

a) o contexto jurídico resulta de uma construção lingüística de vocação abstrata e hipotética. Sendo assim, refere-se a situações que podem ou não ocorrer;

b) o contexto jurídico tem uma pista comunicacional própria que, a partir de um determinado código, admite a elaboração de mensagens endereçadas a todos aqueles que reúnam os atributos necessários para serem considerados seus destinatários, compondo, assim, um auditório universal;

c) o contexto constitui-se de diversas mensagens desarrumadamente postas, mas passíveis de serem articuladas através de um código, que promove homogeinização, sobretudo aos seus aspectos material e formal, ganhando designações artificialmente concebidas pelo homem para o fim de interferir nas relações comunicacionais intersubjetivas, sob rótulos como *Constituição, leis complementares, leis ordinárias, súmulas* etc.; e,

d) havendo dúvidas sobre aspectos atinentes ao contexto jurídico ou, também, em relação ao respectivo código comunicacional, torna-se necessário promover-se o exame dos arranjos lingüísticos que lhe dão conformação e efetivamente os instrumentalizam, para tanto empreendendo-se um agir interpretativo.

---

[101] O contexto em que ocorre a comunicação também revela-se fator importante para a definição dos sistemas interativos. Clarice Von Oertzen de Araújo, *in Fato e Evento Tributário – uma análise semiótica*, p. 343.

2. O código jurídico-comunicacional

Diante desta diversidade de elementos que compõem o contexto jurídico, é imprescindível que haja uma codificação que confira *inteligência* a esta desordem de mensagens, ordenando-as, conferindo-lhe aptidões de, adequadamente, ter condições de repercutir num ambiente comunicacional, para tanto segregando-se aquelas que não mais devem ter capacidade de percussão, estabelecer mecanismos que possam ser utilizados para promover-se modificações no conteúdo e na forma das mensagens novas a serem produzidas, fixar critérios e instrumentos pelos quais possam ser expelidas do repositório comunicacional as mensagens desconformes com as diretrizes que têm a missão de homogeneizar a qualidade e quantidade das mensagens comunicacionais, enfim, estabelecer um liame entre o contexto jurídico-comunicacional e as mensagens que são produzidas pelo homem. Referimo-nos ao *código jurídico-comunicacional.*

Este código, antes de ter colorações jurídicas, é lingüístico, integrado por vetores, sobretudo, no ponto, expressos em linguagem, de diferentes origens e que nele, código, encontram hospedagem, dele, código, impulsionam a ordenação da escrita, dele retornando e retroalimentando-se, numa movimentação incessante entre *código-mensagem-código.*

Há, conseqüentemente, diversos contextos lingüísticos como que *guarnecendo* o código, a mensagem e o ambiente comunicacional onde serão trocadas mensagens.

O primeiro deles provém do contexto social ingênuo que, segundo a evolução histórica constante, constrói uma realidade comunicacional exuberante, não obstante lingüisticamente instável, a qual permite surpreender constantes inovações nos códigos da comunicação, com reflexos diretos na emissão e recepção de mensagens comunicacionais.[102]

O segundo, proveniente de realidades sociais e culturais que já sofreram um processo de *homogeinização lingüística*, ao menos relativa, compondo, assim, uma codificação que permite grau mais elevado de especificidade da linguagem e que potencialmente poderão ser apropriadas para serem levadas em consideração no exame e no enfrentamento das *situações de fato*, como as que se irradiam da *realidade contábil*, *matemática*, *sociológica*, *do comércio* etc.

Em terceiro, há os revestimentos lingüísticos provenientes do *mundo jurídico*, que instala uma realidade própria, integrada por enunciados voltados para disciplinar as relações intersubjetivas, alojados em mensagens legislativas, em decisórios, na doutrina, nos usos e costumes etc.

---

[102] Mutações sintáticas são constantemente observadas, *v.g.*, com a introdução de novas palavras no vernáculo. Igualmente semânticas e pragmáticas na maneira diferente com que sentidos são despreendidos das comunicações, em virtude de modificações nos usos e costumes sociais. Basta aqui invocar-se a expressão *estou passado*, que em passado relativamente recente significava *estar sem graça*, hoje equivalendo a *estar enfurecido*.

Há, como se observa, uma constelação de focos geradores de insumos e pressão que passarão a integrar o código comunicacional a ser utilizado no ambiente do processo administrativo-tributário e que devem ser levados em consideração pelo emissor da *mensagem de defesa.*

Pois bem, o código,[103] portanto, dentre outras aptidões, pinça do contexto jurídico-comunicacional os insumos lingüísticos que estão aptos a serem tomados em consideração para interferir sobre uma mensagem comunicacional de natureza jurídica. É o que se procura, segundo uma linguagem clássica, rotular de *incidência.* Enunciados instalados no contexto jurídico-comunicacional *incidem* sobre uma certa realidade. Esta *incidência*, portanto, equivale a dizer que há um código que, debruçando-se sobre o fantástico contexto jurídico-comunicacional, tem a aptidão de dizer que certos fragmentos de linguagem ali instalados têm utilidade, eficácia, prestabilidade, enfim, condições necessárias e suficientes para serem aplicados a situações concretas, com credenciais suficientes para repercutir neste ambiente comunicacional.[104]

Sem o código, o contexto jurídico-comunicacional não fere, com competência e efetividade, segundo características repercussionais, o palco concreto onde são trocadas as mensagens. É um instrumento de conformação, daí poder-se observar que guarda similitude com a concepção normativista amplamente difundida no Brasil a partir do posicionamento de Hans Kelsen.[105] A norma jurídica equivale a um código que estrutura e ordena a aplicação, em casos concretos, de disposições alojadas no contexto jurídico. Esta associação, aliás, já foi detectada por Luis Alberto Warat. [106]

Graficamente, assim poderemos assentar a exposição até agora realizada nesta questão particular:

Contexto >>>>> Contexto >>>>> Código >>>>> Mensagem
(sentido lato)　(jurídico)

---

[103] *Código*, que é a regra que associa séries de sinais regulados por leis combinatórias internas, com as séries de conteúdos de uma possível comunicação, ou com as séries de possíveis respostas comportamentais por parte do destinatário, propiciando o trânsito e a compreensão da mensagem, entre o codificador e o decodificador. Cf. Umberto Eco, *Tratado Geral da Semiótica*, p. 29.

[104] Com a introdução dos códigos em relação às fontes (contexto jurídico), constrói-se um sistema de probabilidades sobreposto à eqüiprobabilidade do sistema inicial, permitindo dominá-lo comunicacionalmente. Umberto Eco, *A estrutura ausente*, p. 16.

[105] Hans Kelsen teve seu pensamento estruturado, desenvolvido e, mesmo, revisado, numa ótica normativista, merecendo ser sobretudo examinados *Teoria Pura do Direito*, *Teorial Geral das Normas* e *Teoria Geral do Direito e do Estado.*

[106] Luis Alberto Warat, *O Direito e a sua Linguagem*, p. 23.

Interessante enaltecer que as probabilidades de arranjos em linguagem são infinitas nos domínios do Contexto em sentido lato, limitando-se ao atingir-se o habitáculo das Mensagens. Ou seja, enquanto se está no ambiente desordenado no Contexto comunicacional em sentido amplo, há uma pluralidade infinita de combinações entre unidades lingüísticas lá alojadas, as quais vão ganhando diminuição de possibilidades de arranjo quando se aproximam do domínio das mensagens (e que prosseguirá sofrendo diminuição de possibilidades quando se adentrar no âmbito da decisão a ser tomada no âmbito administrativo).

Pois bem, os códigos,[107] disciplinam a forma de obtenção das provas (agir probatório), a maneira pela qual devem ser apreciadas e tomadas em consideração (orientando o processo de obtenção do convencimento), assim como disciplinando a forma pela qual podem ser materializadas (suporte físico). Prosseguindo, acosta-lhes vetores temporais (prazos) e espaciais (onde poderão aflorar), assim como autoriza a interferências doutros sujeitos que, em relação à prova, terão alguma relevância (peritos, assistentes técnicos) etc.

Finalmente, mas não menos relevantemente, os códigos conformam a maneira pela qual o julgador não só obterá o seu convencimento – agora, jurídico, portanto, que não se confunde com o convencimento do julgador como homem estritamente considerado –, como também o lapida no tocante à sua exteriorização, não só no que se refere a sua própria veiculação, como sobretudo por atribuir à mensagem comunicacional repercussões específicas, também previamente desenhadas por meio da arquitetura jurídica.

Este código, convém sublinhar, possui regras de aplicação genérica e abstrata, tendo a nítida vocação de controlar e por vezes entorpecer a própria sociedade. Assim, falar-se em *situação de direito*, equivale a referir-se a uma menção proveniente de uma orientação codificada com o propósito de promover-se o controle da realidade social, sob a designação do que seja *direito*, e que é integrado por intensa multiplicidade de enunciados que estabelecem mensagens comunicacionais passíveis de hierarquização (sentido vertical) e harmonização (sentido horizontal), com o propósito de dizer-se o que a coletividade exige e espera de cada um dos indivíduos que a integram.

3. A Prova

A prova, em sentido amplo, para nós, é uma expressão comunicacional, que tem a finalidade de auxiliar a compreensão de uma determinada mensagem acerca de algum objeto, evento, fato ou circunstância.[108]

---

[107] Evidentemente no ponto que interessa à presente averiguação, qual seja, atinente ao fenômeno comunicacional probatório.

[108] No tocante às provas, enfatizamos o aspecto comunicativo-repercussional. Vide catalogação de 56 diferentes sentidos *in Teoria Morfológica, Sintática e Semântica da Prova e sua Pragmática no Processo Administrativo Tributário Federal*, Fabiana Del Padre Tome, p. 86-87.

Enquanto estabelece um elo comunicacional com aquilo que seu conteúdo refere, não é prova: é tão-somente uma expressão acerca de algo. Quando, contudo, associa-se a outra mensagem, ganha o *status* de prova.

O registro de um observador acerca da quantidade de chuva num certo dia, numa certa localidade, é uma narrativa acerca de um evento da natureza ali ocorrido. Contudo, quando uma determinada mensagem sobre esse mesmo evento é produzida, por exemplo, numa simples conversa social, e instala-se uma discordância acerca da consistência da mensagem comunicacional no tocante ao índice pluviométrico observado, aquele registro, antes uma narrativa descritora acerca de uma realidade, passa a servir de comunicação com ênfase probatória em relação à aludida comunicação, evidentemente neste sistema de referência que visualizamos.

Possui, a evidência, um caráter *reforçativo*, no âmbito comunicacional. Em outras palavras, como a mensagem comunicativa em si mesma, por vezes, não consegue obter a adesão ou aceitação por parte do destinatário da comunicação, que desde logo apresenta ou pode potencialmente apresentar alguma dúvida ou oposição acerca da sua consistência, socorre-se, então, de outra expressão, que a auxilia no propósito de obter-se uma reação específica e favorável do destinatário da comunicação.

A prova, portanto, possui nítido caráter de *dependência lingüística* no âmbito do fenômeno comunicacional, necessitando invariavelmente de (a) uma metamensagem – linguagem de sobrenível – que a ela se refira, para que nesta condição seja visualizada, até mesmo percebida efetivamente e (b) de uma *mensagem-central* que esteja sofrendo uma refutação.

A prova estabelece, quer nas relações ditas sociais, quer especificamente no domínio que mais de perto nos interessa – do Direito, particularmente no tocante ao processo administrativo-tributário – uma conexão comunicacional com a *mensagem-central*, servindo-lhe de vetor lingüístico auxiliar para a demonstração da sua consistência.

Aflora, portanto, sempre onde houver dúvida – presente ou potencial – não importa se em caráter de *imprescindibilidade* ou *conveniência*, acerca de alguma mensagem comunicacional. *Imprescindível*, quando a ordem jurídica exija a sua presença, como condição, portanto, necessária, para obter-se o reconhecimento da consistência de uma mensagem comunicacional jurídica; *conveniente*, quando se apresenta interessante a sua presença à vista da resistência formulada – ou potencial, por provável – a ser apresentada na acústica comunicacional.

Sob os fundamentos já lançados, enquanto não é prova (mensagem comunicacional probatória) é uma mera expressão comunicacional. Mas, comuta-se a sua natureza, quando se estabelece a inter-relação com a *mensagem central*.

No âmbito do processo administrativo-tributário, a prova é o resultado obtido pelos interessados no litígio de natureza tributária, de acordo com códigos previamente estabelecidos, que integrarão mensagem comunicacional especialmente produzida com a finalidade de obter a aceitação do julgador.

4. A crise do código *verdade-falso*. O código *consistente-inconsistente*

A sociedade contemporânea, especialmente em função da importância que obteve o fenômeno comunicacional, vive momento de crises sucessivas, por trazer valores e concepções contemporâneas que estabelecem confrontos com fórmulas consagradas, definições alojadas em remansos, crenças milenares etc.

Para assim constatar, basta observarem-se as mutações recentes e intensamente ocorridas em relação à prática religiosa no mundo ocidental, potencializada através dos meios de comunicação, os quais colocaram em xeque as correntes religiosas tradicionais. O mesmo se diga em relação à noção de *território*, tão relevante não só para o homem compreender a sua própria realidade, como, sobretudo, para as hostes do Direito.

Vive-se, portanto, um momento de crise, isto é inegável. Agora, há uma crise que mais de perto nos diz respeito: a crise do *código verdade-falso*. Classicamente utilizado em todos os quadrantes que contam com a interferência do homem, o código *verdade-falso* sempre foi tomado com obsequioso respeito e reverência, merecendo, sobretudo a partir dos gregos minuciosa atenção, inclusive na criação sistematizada e formuladora de maneiras de raciocinar, com o propósito de manusear este código de maneira adequada e eficaz.

Ocorre que a comunicação de massa, sobretudo no século XX, notadamente na sua segunda metade, proporcionou choques intensos entre a visão clássica e sedimentada acerca *das coisas*, e a visão contemporânea e marcadamente utilitarista em relação a estas *mesmas coisas*. Colocam-se em crise o que seja *real* daquilo que não seja *real*, do que seja *verdade*, daquilo que não seja *verdade*.

No campo das provas vive-se o mesmo cenário de crise, pois observa-se cada vez mais o distanciamento dos códigos *verdade-falso* na sua aplicabilidade. Vive-se a *crise da metafísica, a ascensão de critérios operatórios*, o prevalecimento de *critérios tecnológicos que não permitem julgar o verdadeiro e o justo*; a *crise dos grandes sistemas teóricos* e, sobretudo no ponto sob relevo, a *crise dos discursos de verdade* e o *triunfo de uma pragmática dos jogos de linguagem*.[109]

As mensagens e enunciados comunicacionais criam um mundo da linguagem, em que não mais imperam os códigos *verdade-falso*, mas, sim, o da *consistência-inconsistência*, ou seja, o da comunicação possuir aptidões suficientes para resistir a um

---

[109] Armand e Michèle Mattelart, *História das Teorias da Comunicação*, p. 176.

embate discursivo reconhecidamente hostil e deliberadamente refutatório, prevalecendo junto a um determinado auditório, não só em razão do próprio conteúdo de consistência da mensagem, como também em razão de recursos contextuais ou circunstanciais exógenos à própria mensagem comunicacional.

Assim, vemos a *consistência* como a aptidão que determinado enunciado possui para despertar no destinatário da mensagem o *convencimento* que lhe permita ingressar na fase de elaboração do seu *juízo de aceitação*.[110] A *consistência* não se atém a este ou àquele valor codificado. Por ser um portal, pode referir-se, por conseqüência, aos códigos verdadeiro-falso, válido-inválido, pontual-impontual, capaz-incapaz, pertinente-impertinente, proibido-permitido, obrigatório-facultativo etc.[111]

Assim como o Direito Positivo, os enunciados relativos aos fatos criam um fragmento – muitas vezes de mera aparência – de realidade social, produzidos artificialmente, e que só existem até uma segunda ordem, que pode promover alterações – senão verdadeiramente suprimir – alguns ou todos os seus elementos.[112]

Esta crise que sublinhamos, e que ora é alçada ao plano de advertência do umbral probatório, justifica-se: como estamos perseguindo explicações segundo uma visão comunicacional contemporânea, é imprescindível que nos despojemos de fórmulas consagradas e, mesmo, preconceituosas de como encarar o que consideremos *a nossa realidade*. Se insistirmos em carregar conosco a visão tradicional da *verdade por representação*, como *revelação, como conformidade a uma regra*, como *coerência* ou como *utilidade*,[113] ergueremos uma barreira que se revelará intransponível para bem compreendermos as provas na realidade jurídico-comunicacional.

5. A circunstância

A circunstância diz respeito a objetos e às ações do homem (não somente às *condutas*, que são catalogadas *a priori* por normas codificadas irradiadas a partir do contexto jurídico), consubstanciando-se em eventos e fatos sobre os quais se admite relato apropriado, identificador da atmosfera particular onde tiveram lugar, sendo mais das vezes extremamente relevantes para o discurso sobre a prova e acerca das repercussões jurídicas que lhe serão atribuídas.

Constituem-se em *realidade circunstancial* relevante para o Direito os estados ou acontecimentos narrados, com ou sem circunstantes, que de alguma maneira tenham nexo de pertinência e relevância com o evento objeto do fato jurídico central

---

[110] Cf. Cap. IV-8.

[111] Códigos saturados no seu aspecto semântico, por valores, bipolares e implicacionais.

[112] Jurgen Habermas, *Direito e Democracia: entre facticidade e realidade*, p. 60.

[113] Nicola Abbagnano, *Dicionário de Filosofia*, p. 994.

(*mensagem-central*), encontrando-se ou não narrados no *fato-central*, mas que admitam, sobre ela, circunstância, produzir-se alguma mensagem comunicacional.

A circunstância, portanto, a que aqui nos referimos, é uma *situação de fato*, encerrada no tempo e no espaço ocorridos, que admite também ser relatada por meio de linguagem apropriada para introduzi-la no ambiente jurídico, e que tenha alguma relevância para o *fato-central.*

O evento da empresa não ter pago um tributo por não ter recursos suficientes é um exemplo apropriado da importância que a circunstância traz para a realidade jurídica. Pode até não se encontrar expressamente descrita no núcleo narrativo que materializa o fato jurídico particular (*fato-central*), mas inegavelmente tal circunstância afeta de alguma maneira a conduta descrita, com reflexos nas repercussões jurídicas. No caso, à vista desta circunstância, não se pode imputar sanções em graduação máxima aos dirigentes desta empresa, como aquela aplicável a sonegadores contumazes, reiterada e dolosamente interessados em desatender as exigências de natureza tributária com propósitos predominantemente especulativos.

É claro que se quiserem buscar a demarcação objetiva dos limites das circunstâncias, tal empreendimento revelará novas e intermináveis perplexidades, as quais são sempre fascinantes, pois lançam inquietações intermináveis no homem, as quais inegavelmente servem de móvel para estimulá-lo a novas indagações e justificações, num processo interminável. Pois bem, referimo-nos, aqui, a circunstâncias jurídicas, posto que passíveis de trazer repercussões previamente estabelecidas neste especial ambiente. Sublinhemos, de forma sumária, alguns aspectos que chamam a nossa atenção:

a) a circunstância é um evento ocorrido e, portanto, concretamente situado no tempo e no espaço, passível de ser surpreendido por meio da linguagem, assim como em relação a fatos passados e identificáveis num certo ambiente. Assim, sob este prisma, as circunstâncias são sempre concretas, e não hipotéticas;

b) a circunstância refere-se tão-somente àqueles interessados no evento que com ela se relacionam. Conta, portanto, com auditórios particulares;

c) a circunstância com apelos jurídicos somente é assim configurada, caso o contexto previamente a preveja e dê-lhe importância para repercutir nas suas quadras, pois, se assim não o for, será uma circunstância *ajurídica*;

d) a circunstância tanto repousa em enunciados lingüísticos quanto em eventos ocorridos, referindo-se, à evidência, tanto a uma situação posta, como a uma situação artificialmente proposta. Assim, a circunstância convive com o evento, da mesma forma que com um fato; e,

e) caso ocorra dúvidas em relação às circunstâncias, tem-se a necessidade de *provar-se* o evento ou fato circunstancial, para tanto deflagrando-se o *agir probatório*, que adiante será examinado com maior detalhe.[114]

---

[114] Cf. Cap. IV-9.

6. *Situação de fato* e *situação de direito*

A realidade comunicacional jurídica é composta por enunciados lingüísticos que ora se referem aos fatos, aos eventos, aos objetos, ao homem e às suas circunstâncias, num assentamento inequivocamente *a posteriori*; ora à realidade deôntica, do *dever-ser*, este servindo de ambiente contextual fixador de *standards* tanto hipotéticos quanto comportamentalmente ocorridos, bem como *a priori*, ou *à posteriori*, portanto.

Ocorre que a segregação do que seja mensagem comunicacional endereçada à realidade fática, daquela voltada para a realidade deôntica é tormentosa. Onde começa e termina o domínio de um destes objetos que a mensagem narra, e onde começa e termina o domínio do outro é tema de constantes perplexidades.

Não só pela dificuldade de tracejar, no plano teorético, com segurança, os domínios de um e de outro, como também para identificá-los no campo prático, como aquele que se revela para o fim de poder-se ou não dispor de certos recursos aparelhados na esfera do processo judiciário, pois, sabe-se, há recursos, *v.g.*, o recurso de revista na Alemanha, que inadmite o reexame das questões ditas de fato, vez que tão-somente cabível quando uma norma jurídica não foi aplicada ou não foi corretamente aplicada,[115] ou, ainda, no Brasil, *v.g.* no que se refere ao recurso especial, restrição inclusive objeto de Súmula do Superior Tribunal de Justiça.[116]

Ao enfrentar tal perplexidade, Karl Larenz nos esclarece que só *os factos, isto é, os estados e acontecimentos fácticos são susceptíveis e carecem de prova; a apreciação jurídica dos factos não é objecto de prova a aduzir por uma das partes, mas tão-só de ponderação e decisão judiciais.*[117] Assim, a apreciação dos fatos, *prova-se*; já a apreciação jurídica, pode-se afirmar, *interpreta-se*. Mas, ainda assim, remanescem dúvidas, pois há situações fáticas que somente são esclarecidas e, mesmo, adequadamente relatadas por expressões lingüísticas cunhadas nos domínios do Direito.

Assim, estabelece-se um embaraço de tal ordem entre as mensagens comunicacionais ditas *de fato* e as mensagens ditas *de direito*, que o aplicador destes veículos comunicacionais no domínio do Direito vê-se em dificuldades, lançando, para o enfrentamento de tais embaraços, num plano superior comunicacional, uma nova camada de expressão lingüística sobre aquelas já instaladas: a da linguagem que tem por objeto a segregação – e, portanto, potencialmente sujeita a *novas* discussões – entre mensagens acerca dos *fatos* e *do direito*, criando, sobre o conflito até então instalado, novo embate, desta feita neste novo plano de mensagem comunicacional.

---

[115] Karl Larenz, *Metodologia da Ciência do Direito*, p. 436.

[116] Súmula 7: *A pretensão de simples reexame de prova não enseja recurso especial.*

[117] *Metodologia da Ciência do Direito*, p. 433.

Se o Direito é visto e aqui considerado um fenômeno comunicacional, admite ser divisado em diferentes planos de linguagem, todos a serviço da atividade comunicacional. Assim, concebe-se um gomo freqüentado por mensagens de caráter hipotético, que independem da sua efetiva ocorrência, e, outro, de natureza fática, ou seja, voltado para certeiramente relatar uma certa ocorrência, num certo tempo e num certo espaço, ainda que lançado sob a forma presumida acerca da sua ocorrência, mas com possibilidades de serem enfrentadas.

Assim, numa primeira aproximação, haverá *situação de fato*[118] quando o desajuste alojar-se na mensagem individual e concreta, relatadora de uma ocorrência identificável no tempo e no espaço. No tocante às *situações de fato*, parece-nos, contudo, apropriado acostar ao relato comunicacional individual e concreto o elemento circunstancial que, a nosso ver, igualmente se hospeda na expressão *situação de fato*, por vezes revelando-se de extrema relevância para a exata compreensão de uma determinada *mensagem-central* e, mesmo, uma *mensagem probatória*.

Afigura-se-nos, portanto, *situação de fato* o relato descrito na mensagem comunicacional que promova a individualização de determinado evento ocorrido num certo tempo e num certo espaço (*fato jurídico-central*), assim como as circunstâncias que freqüentaram o seu entorno (*fato jurídico-circunstancial*), igualmente ocorridas naquele mesmo tempo e naquele mesmo espaço, os quais admitem a produção de mensagens probatórias (*fato jurídico-probatório*), especialmente no domínio sobre o qual discorremos, ou seja, no âmbito do processo administrativo-tributário.

A partir dos fundamentos já lançados, vemos que o duto comunicacional sobre o qual a circunstância aloja-se e adquire potencial destaque permite graficamente assim ser representado:

Contexto >> Contexto >> Código >> Mensagem >> fato-central
(sentido lato)   (jurídico)   fato-circunstancial

---

[118] Optamos pela expressão *situação de fato* ou *situação de direito*, por vislumbrar a possibilidade de a prova ser utilizada mesmo onde não haja erro (evitando, assim, a utilização das expressões *erro de fato, erro de direito*, como corriqueiramente referidas), e por vê-las concretamente presentes, e não hipoteticamente dispostas, num ambiente, portanto, situacional.

Tal como antes consignado, observa-se que o duto comunicacional vai estreitando-se no sentido percorrido a partir do Contexto (em sentido lato) para a expressão lingüística dos fatos, diminuindo-se as possibilidades do manejo lingüístico, evidentemente, sob as condições de ser seriamente considerado e credenciado a potencialmente trazer repercussões no ambiente jurídico-comunicacional.

À sua vez, divisa-se como s*ituação de direito* aquela situação que já relatada em linguagem competente segundo um sistema específico ao qual pertence[119] – jurídico – para admitir a produção de uma nova camada de linguagem com o propósito de reexaminá-la, não importa se com a finalidade de enfrentá-la ou simplesmente compreendê-la (enunciado-interpretativo), praticamente não toca na realidade ontologicamente considerada, imprescindivelmente enveredando-se no arcabouço jurídico do que designamos contexto ou código jurídico, pleno de enunciados constitutivos ou prescritivos, que, dentre outras tantas finalidades, possuem a aptidão de estabelecer *as regras do jogo comunicacional probatório*, que disciplina a prova e as condutas que a reverenciam.

Por *jogo*, aqui não se está falando sob o sentido lúdico,[120] mas como um corpo de regras articuladas com sentido específico para propiciar-se a obtenção de um determinado resultado, repercutindo nas relações comunicacionais intersubjetivas.

7. *O jogo comunicacional probatório*

As mensagens instaladas no contexto jurídico estabelecem as regras do jogo probatório nos domínios do processo administrativo-tributário. Mas, há, também, vetores exógenos não claramente referidos nas aludidas prescrições, que orbitam em torno do homem e da sua conduta, como a língua, a estrutura e o funcionamento da mente, os motivos que estimulam o agir, enfim, fatores que, se formos verificar, com detença, manuseando todo o corpo de enunciados jurídicos, não lograremos identificar, à justa, neste ou naquele dispositivo. Há, portanto, uma profusão de componentes diversos que interferem deste domínio a que nos referimos, revelando facetas substancialmente mais complexas do que aquelas que são singelamente desprendidas das prescrições jurídicas.

---

[119] Sistema "'como um conjunto de objetos com as relações entre os objetos e entre os atributos', em que os *objetos* são os componentes ou partes do sistema, os *atributos* são as propriedades dos objetos e as *relações* dão 'coesão ao sistema todo'", "qualquer objeto é basicamente especificado pelos seus atributos. Assim, enquanto os 'objetos' podem ser indivíduos humanos, os atributos pelos quais eles são identificados são comportamentos comunicativos (em contraste, digamos, com os atributos intrapsíquicos). Os objetos dos sistemas interacionais são mais bem descritos não como indivíduos mas como pessoas-comunicando-com-outras-pessoas". Hall A. D., e Fagen, R. E., *apud* Paul Watzlavick, Janet Helmick Beavin e Don D. Jackson, *Pragmática da comunicação humana*, p. 109.

[120] Não obstante possam entender, diferentemente, que o jogo, no direito, reveste-se de caráter lúdico: *o caráter sagrado e sério de uma ação de maneira alguma impede que nela se encontrem qualidades lúdicas*. Johan Huizinga, *Homo Ludens*, p. 87.

Pois bem, sem pretender examinar cada uma das mensagens alojadas no Direito Positivo brasileiro – pois tal exigiria a verificação de todos os dispositivos instalados no contexto jurídico brasileiro, tarefa que escapa aos propósitos das presentes investigações – e sem pretender também examinar cada um destes fatores exógenos à ordem processual-administrativa jurídica, e que trazem reflexos inegáveis ao tema sob estudo, parece-nos relevante consignar aqueles que mais bem auxiliam a compreensão da realidade processual administrativo-tributária, cujo conjunto designaremos *jogo comunicacional probatório.*

O primeiro aspecto é que os enunciados envolvendo as provas são discutidos predominantemente na camada de linguagem dos fatos jurídicos, não excursionando pelos domínios da interpretação jurídica (*agir interpretativo*), que não se confunde com o *agir probatório*. Pode-se até tomar de *empréstimo* conteúdos insculpidos em mensagens comunicacionais jurídicas de caráter genérico e hipotético, esclarecedoras ou relatadoras de situações fáticas passíveis de efetiva ocorrência, mas o relevante é permanecer no plano da linguagem do fato jurídico, quer em si mesmo considerado, quer em relação à realidade ontológica que pretende relatar.

O segundo aspecto, que é intimamente ligado ao primeiro, é que os utentes das mensagens freqüentadoras do ambiente processual administrativo desenvolvem raciocínio, articulam seus pensamentos e seu agir a partir e sempre em função da linguagem. Quer como receptores, quer como emissores. Ou seja, constantemente a partir do raciocínio clássico *silogístico*, ainda que eclipsado sob a forma entimemática, aqui temperado para a realidade *comunicacional*, vê-se que a partir da comunicação recebida ou, mesmo, que venha a confeccionar ao produzir mensagens neste ambiente voltadas a obter repercussões jurídicas, realiza-se o rico manejo da linguagem através das expressões de maior abrangência e extensão (*premissa maior*), de maior preocupação com a realidade fatual (*premissa menor*), buscando-se conclusões sucessivas (a *conclusão*), num efetivo e sucessivo processo de inclusão e exclusão de *enunciados lingüísticos*. A linguagem e a realidade, portanto, *interpenetram-se de uma maneira indissolúvel para nós. Cada experiência está lingüisticamente impregnada, de modo que é impossível um acesso à realidade não filtrado pela linguagem.*[121]

Em terceiro, observa-se que os oponentes da relação comunicacional processual encontram-se em posição de *hostilidade técnica*, ou seja, cada um defendendo – até de maneira às vezes passional, mas predominantemente técnica – o seu entender sobre determinado fato. Entre a Administração Pública-interessada e o Administrado não se observa cooperação comunicacional com o propósito de obter-se o consenso. A posição é de radicalização, com a presença de discursos parti-

---

[121] Jurgen Habermas, *Verdade e Justificação: ensaios filosóficos*, p. 38-39.

dários, com vistas à decisão a ser obtida. Logo, discutem-se os fatos com finalidade *interessada*.

Em quarto, constata-se como regra do debate administrativo-tributário no campo probatório a utilização da linguagem compreensível, segundo um código próprio. Produzem-se mensagens de maneira a permitir a sua compreensão, comunicacionalmente falando (não importa se bem ou mal-intencionadas), que à sua vez serão levadas em consideração igualmente de maneira séria e comprometida[122] num certo contexto comunicacional, no caso, o do processo administrativo.

Em quinto, e em estreita harmonia com o anterior, observa-se que as regras do jogo admitem a verdade de que há mentiras nos enunciados com propósitos probatórios,[123] e que estas mentiras serão levadas a sério pelos co-partícipes do processo administrativo, a ponto tal que, se contadas com razoável adequação sintática aparentarem ter alguma consistência semântica e não forem enfrentadas de maneira competente, poderão ser reconhecidas como procedentes e ganhando durabilidade, até sendo consideradas saturadas do valor *verdade*, não obstante a crise deste valor.[124]

Em sexto, as regras partem do pressuposto de que aquele que diz algo encontra-se preparado a provar o que diz, não obstante o ônus de dizê-lo seja repartido de maneira assimétrica. As *regras do jogo* permitem que aquele que afirme, prove-o, ainda que afirmações aparentemente irresponsáveis sejam produzidas por interessados tão-somente em procrastinar o andamento do litígio administrativo, com propósitos subalternos, os quais, muito provavelmente, neste caso, não conseguem, se a tanto instados, provar o que dizem.

Em sétimo, tem-se como efetivo pressuposto necessário que os interessados são pessoas expertas e qualificadas no que fazem e no que dizem, ou seja, que dominam minimamente as técnicas de ataque, defesa e de julgamento na esfera do processo administrativo-tributário, assim como o manejo técnico-lingüístico nestas três fases processuais administrativas, e que por isto sabem examinar e conhecer as particularidades que cercam o enunciado fático sob oposição, daí afigurar-se imprescindível para a discussão administrativa desta matéria, que se cerca de inegável tecnicidade, por vezes intensamente refinada, a chamada *atuação técnica* – ou *defesa técnica* – conduzida por especialista para tanto credenciado.[125]

---

[122] Em harmonia com Tércio Sampaio Ferraz Jr., *Direito, retórica e comunicação*, p. 36.

[123] Mentira, aqui considerada como função "sígnica", ou seja, a possibilidade de significar (e portanto de comunicar) algo a que não corresponde nenhum estado real de fatos). Umberto Ecco, *Tratado Geral de Semiótica*, p. 49.

[124] Cf. Cap. IV-4.

[125] "Aquele que possui as qualificações necessárias para usar os meios de comprovação empregados e indicados pelo orador, e eventualmente outros, que o orador não usa nem indica, mas que poderia usar ou indicar, para pôr a sua ação lingüística como verdadeira." Tércio Sampaio Ferraz Jr., *Direito, Retórica e Comunicação*, p. 37.

Em oitavo, relevante sublinhar-se que as regras do processo administrativo-tributário devem franquear a possibilidade de adoção, pelo interessado, da técnica de investigação que se lhe pareça mais apropriada para debater o enunciado sobre os fatos, observando-se, no ponto, dois grandes troncos que poderão lhes ser úteis: a técnica demonstrativa e a técnica argumentativa.[126]

Finalmente, mas não menos relevante, sublinhe-se, em efetiva reprise aos comentários antes expendidos em relação ao contexto e aos códigos jurídicos[127] que, seja a cargo da Administração ou do Administrado, o ordenamento jurídico disciplina todas as condutas que orbitam em torno do que se convém designar *prova*. O jogo probatório, que também leva em conta sobremaneira as irradiações proveniente do contexto jurídico, admite toda e qualquer conduta por parte do interessado na mensagem probatória, salvo aquelas que o próprio contexto jurídico, devidamente codificado, assinalar como vedadas de serem aproveitadas.

Em suma, parece-nos que os aspectos agora sumariamente mencionados representam as *pedras de toque* do processo administrativo-tributário no tocante ao capítulo das provas, evidenciando parte substancial da complexidade das relações intra e metaprocessualmente tecidas, e demonstrando o elevado grau de dificuldade que o interessado enfrenta ao pretender dissecar o processo administrativo-tributário em relação às provas.

8. A finalidade: a decisão

A mensagem comunicacional a que se denomina *fato jurídico*, a qual necessariamente é expressa em linguagem, será considerada *potencialmente consistente* quando puder ser objeto de prova. E, uma vez aceita como *provada*, independentemente de efetivamente sê-lo, ou seja, bastando assim ser reconhecida pelo destinatário da mensagem, adquirirá o predicado da *consistência*.[128]

A partir da *consistência*, atinge-se o domínio do *convencimento*, o qual vislumbramos como a atividade mental empreendida pelo destinatário da mensagem – sobretudo, no caso, do julgador –, fruto de uma *opinião*, de uma *crença* ou, especialmente, no caso, de um *saber*,[129] erigida com o manifesto propósito de freqüentar a porção antecedente de um conjunto decisório, cujo conseqüente é saturado pela *aceitação*.

---

[126] Cf. Cap. VI-5.1.

[127] Cf. Cap. IV-1 e IV-2.

[128] Cf. Cap. IV-4.

[129] Opinião, entendido como a atividade decorrente de um conhecimento que não é nem subjetiva nem objetivamente suficiente, considerado, assim, um juízo provisório; crença, que equivale a um assentir a partir de um fundamento insuficiente objetivamente mas suficiente subjetivamente, referindo-se a objetos de que não só nada sabemos, mas sobre os quais não podemos opinar também, e mais, nem sequer aduzir probabilidade; saber, como o assentimento a partir de um fundamento de conhecimento suficiente tanto objetiva quanto subjetivamente, quer empírico, quer racional, ou seja, com fundamento na experiência ou na razão. Imanuel Kant, *Manual dos cursos de Lógica Geral*, p. 135-143.

Do *convencimento*, portanto, desloca-se para a *aceitação*, que se consubstancia na atividade que, relativamente àquele credenciado a terminar o conflito administrativo-tributário, a partir da mensagem tida à mão, e uma vez *convencido*, expede relato em linguagem competente, num contexto comunicacional específico processual, certificando a consistência do relato examinado, proferindo decisão específica, para tanto considerando a mensagem probatória produzida como *ótima, satisfatória*[130] ou *insatisfatória*.

A aceitação num padrão *ótimo* equivale a dizer que a narrativa produzida acerca de um fato foi cotejada com todas as outras possibilidades e há dentre elas uma considerada, pelo julgador, a preferível e a mais adequada. Na aceitação *ótima*, muito provavelmente a mensagem comunicacional obterá o consenso por parte de todos aqueles que intervêm no litígio, vez que inexistem outras possibilidades que possam enfrentá-la com seriedade.

Uma discussão numa execução fiscal examina a ocorrência de um fato: erro no preenchimento de uma declaração a cargo do contribuinte (DCTF). Ora, aqui os eventos e o fato correspondente remetem à aceitação *ótima*, pois das narrativas exaurem-se todas as possibilidades, adotando-se aquela adequada para o caso.

A aceitação num padrão satisfatório, diferentemente, significa que a mensagem sobre o fato apresenta requisitos mínimos de aceitabilidade, os quais, dado encontrarem-se presentes, permitem ao julgador decidir a controvérsia. Nesta, não se examinam todas as possibilidades, satisfazendo-se com o preenchimento das condições suficientemente atendidas, donde potencializar-se a possibilidade de não se obter o consenso unânime a seu respeito.

Exemplifique-se, a partir de um processo no qual se discuta a aplicação de alíquota zero do IPI, em relação a sacos plásticos destinados a embalar alimentos. A prova de se tratar de saco plástico para tal finalidade variará em função das condições dele esperáveis. Se mínimas, ter-se-á a aceitação satisfatória do enunciado, caso a embalagem em questão, devidamente provada em linguagem, guarneça alimentos de qualquer espécie ou sob qualquer condição, como aqueles que se apresentam *in natura*, como batata, quiabo, rabanete. Neste caso, o julgador dá-se por satisfeito, pois as condições mínimas foram preenchidas, para permitir-se a decisão, deixando de considerar outros fatores, tais como o preenchimento de padrões técnicos fixados por normalizações apropriadas ser produzido especialmente para alimentos congelados etc.

A aceitação satisfatória, sublinhe-se, é igual e predominantemente encontrável nos processos administrativo-tributários em que a intervenção defensiva do Administrado seja deficiente, isto é, realizada aquém das possibilidades que a

---

[130] Tércio Sampaio Ferraz Jr., *Direito, Retórica e Comunicação*, p. 95.

Capítulo IV • A Prova no Processo Administrativo-Tributário | 117

realidade fática e os recursos técnico-lingüísticos encontrem-se disponíveis ao Administrado. Só que, aqui, a aceitação satisfatória não favorece a parte *deficiente*,[131] mas, antes, ao reverso, aquela que eficientemente pronunciou-se sobre a prova. O julgador, neste caso, vislumbrando encontrarem-se preenchidos os requisitos mínimos para a aceitação dos fatos até então narrados e provados pelo seu oponente, dá-se por satisfeito, decidindo.

Relevante por outro lado também consignar que os enunciados cujo conteúdo contenha uma mentira podem até obter uma decisão segundo o padrão satisfatório, a qual os reconhecerá como dotados de conteúdo semântico adequado como retratador de uma *certa realidade*, especialmente se a técnica utilizada pelo interessado for a argumentativa e o ponto sob prova seja compatível com esta técnica.

Não que a retórica ou a técnica argumentativa sempre torne *verdade* o que é *falso*. É que a situação que envolve a produção de enunciados especificamente produzidos para obter o convencimento acerca de uma determinada realidade, não meramente *demonstrada* ou *constatada*, remete o receptor e o autor das mensagens a um *esgrimir lingüístico* que, dependendo da complexidade e, mesmo, da competência destes esgrimistas, poderá, às últimas, efetivamente convencer aquele que mais de perto interessa no contexto comunicacional – o julgador, do processo administrativo-tributário – de que tal fato efetivamente *ocorreu*, quando, efetivamente, tal não se deu.

O processo administrativo-tributário, portanto, como toda e qualquer comunicação humana, deve necessariamente conviver com a mentira, semanticamente considerada, ou seja, no tocante ao *referente*, assim como no que se refere às *circunstâncias* ou no que pertine ao *contexto*, os quais conseqüentemente impactarão a *significação* extraída pelo destinatário da mensagem.

Aliás, reconheça-se que a mentira é um fator que comprova a ampla liberdade que o ser humano desfruta nos domínios da linguagem,[132] liberdade esta que sofre sensível redução na realidade ontológica circundante, em que há uma tendência de dizer-se que *isto é isto* e não que *isto é aquilo*.

Finalmente, a *aceitação insatisfatória* é aquela em que o destinatário convence-se de que a mensagem comunicacional, não obstante examinada e aceita como mensagem em si mesma considerada – daí a sua *aceitação* –, não reúne as condições mínimas imprescindíveis para provar aquilo que seu autor ou interessado pretende ver provado. Poder-se-ia dizer que na aceitação insatisfatória o interessado não

---

[131] Não se conhece estatística que catalogue se as mensagens probatórias deficientes são mais encontráveis naquelas produzidas pela Administração Pública ou pelo Administrado. Tem-se a impressão, contudo, que nos grandes centros urbanos e nos processos em que intervém a Administração Pública federal, tal *deficiência* mais diga respeito aos enunciados produzidos pelos Administrados.

[132] A capacidade de mentirmos – mas não necessariamente a de dizermos a verdade – é dos poucos dados óbvios e demonstráveis que confirmam a liberdade humana. Hannah Arendt, *Entre o Passado e o Futuro*, p. 310.

consegue atingir e saturar os requisitos mínimos que considerariam a mensagem probatória como satisfatória.

Em resumo e à evidência, pode-se concluir que, no processo administrativo-tributário, portanto, aqueles que dele participam na condição de partes interessadas estarão agindo sempre a serviço da finalidade de obter, ao final das suas intervenções, segundo estratégias e técnicas que lhes pareçam mais apropriadas, uma mensagem expressando a aceitação, jurídica, das provas levadas à consideração, quer pelo viés *ótimo*, quer pelo viés *satisfatório*.

9. O agir probatório

Poderíamos supor, numa nota aproximativa, que a ação probatória não deveria encontrar limitações de qualquer espécie, dado ter a finalidade de comprovar algo importante e relevante para o término de uma controvérsia instalada entre o Estado e o Administrado. Mera impressão.

O homem, para nós, *ao natural*, faz aquilo que deseja, da maneira como deseja, segundo os seus interesses e conveniências. No campo das provas, o seu agir tende a seguir esta orientação; isto é, o de tentar obter de todas as maneiras as comprovações que o auxiliem a convencer-se, de início, acerca da consistência de uma determinada proposição, para, ao depois, auxiliá-lo no convencimento de outrem, da maneira que lhe interesse.

Se, portanto, nos fixarmos em relação ao agir probatório sob esta ótica, poderemos afirmar que o homem não encontra limitações para atingir o seu objetivo, salvo, naturalmente, aquelas ontologicamente consideradas.

Mas o homem não vive desta maneira, ao menos nas sociedades ditas civilizadas. Integra-se numa ordem social estruturada, que conta com uma ordenação jurídica a qual, por intermédio dos meios para tanto credenciados, prescreve-lhe invariavelmente três condutas deonticamente reconhecíveis: obrigação, permissão e proibição.

Pois bem, a ordem jurídica, no aspecto sob realce, de maneira predominante, permite a prática de qualquer agir probatório. Esta, portanto, é a regra. As limitações, ou se preferirmos, as proibições que estabelece, são relacionadas taxativamente nos próprios códigos jurídicos, ora com enunciados de prestígio constitucional, ora com prescrições instaladas no plano infra-constitucional.

Assim instruídos, podemos desde logo identificar o *agir probatório* como a ação interessada adotada por qualquer um que possua o propósito de conhecer um objeto de maneira particular, assim como o que lhe envolve de maneira especial, diferença-da, portanto, em relação ao contexto que freqüenta, segundo um determinado objetivo que o anima. Ou seja, sobressai-se a seleção, que integra o processo da *ostensão*.[133] No caso, realiza-se a seleção do objeto alvejado sobre o qual o agente se deterá.

Pois bem, a finalidade deste agir pode compreender desde a apreciação dos dados corriqueiros da nossa realidade natural ou social, como verificar se a água está ou não gelada para ser ingerida, a roupa está ou não bem passada etc. – ênfase empírica – como, noutro extremo, para compreender determinadas funções matemáticas, por meio de demonstração – ênfase racional.

No que se refere particularmente ao objeto sob a nossa constante atenção, todo aquele que age nos domínios do Direito o faz com o fim de obter um resultado específico, ou, se preferirmos, uma determinada repercussão jurídica.

No âmbito comunicacional do Direito, o agir probatório consiste na ação do interessado que procura confirmar arranjos ou surpreender desarranjos lingüísticos num *fato jurídico-central*, quer em si mesmo considerado, quer no que se refira a um evento e, conseqüentemente, a um objeto, a uma conduta do homem e às circunstâncias que os envolvem.

Observa-se, de pronto, a distinção entre *agir probatório* e a *prova*. Aquele, diz respeito à ação do agente, num contexto comunicacional, enquanto esta (a prova), o repositório lingüístico que comprova – ou pretende *provar* – a consistência do *fato jurídico-central*, ou, noutros torneios, o produto obtido por meio do agir probatório.

O agir probatório, portanto, agora já nas hostes do processo administrativo-tributário, consiste na ação que o interessado no litígio realiza no plano dos enunciados narradores de alguma ocorrência segregada no tempo e no espaço, ou mesmo artificialmente concebidas mas que admitam ser enfrentadas – caso das presunções relativas ou mistas, e das ficções em sentido amplo – para o fim de obter-se um determinado resultado (a prova), que, sob o prisma pragmático da comunicação, estimule e permita o convencimento do julgador acerca da sua consistência, com o que poderá dele obter seu convencimento, imprescindível para que, ao final, produza-se uma solução *ótima* ou *satisfatória*,[134] terminando o processo administrativo-tributário.

O agir probatório, à evidência, tanto é realizado pela Administração Pública-interessada, como pelo Administrado, não obstante também se realize, inegavelmente em menor intensidade, reconheça-se, por parte da Administração Pública-julgadora.

---

[133] O processo de ostensão tem lugar quando um dado objeto ou evento, produzido pela natureza ou resultado da ação humana (intencionalmente ou não intencionalmente), e existente como fato num mundo de fatos, é "selecionado" por alguém e "mostrado" como a expressão da classe de objetos da qual é membro. Umberto Eco, *Tratado Geral da Semiótica*, p. 198.

[134] Não se menciona, aqui, a *aceitação insatisfatória* a que se refere o Cap. IV – 8, pois não nos parece fazer sentido minimamente lógico ou razoável o agir probatório voltado para a obtenção de uma prova que nada prove.

O agir probatório a cargo da Administração Pública-interessada, sublinhe-se, predominantemente realiza-se antes de instalado o processo administrativo-tributário, por meio da constatação da ocorrência de um evento que, narrado em linguagem competente, passa a ser considerado o ensejador da incidência tributária, ou, mesmo, de um evento que, segundo o arranjo lingüístico do Direito, o vê como um ilícito tributário, passível de sofrer um determinado apenamento.

Já a ação probatória do Administrado *predominantemente* realiza-se por ocasião da percepção da *mensagem de ataque* que lhe prescreve uma determinada conduta, à qual o Administrado resolve opor resistência. Predomínio, mas não exclusividade, quer-se enfatizar, pois, sabe-se, o Administrado, especialmente as pessoas jurídicas, já se organizam desde a sua própria constituição, para dispor de comprovantes lingüísticos idôneos acerca dos atos e das contingências que dela participem, as quais são inegavelmente submetidas a teste quando efetivamente instala-se o confronto no âmbito do processo administrativo.

Finalmente, observa-se que a Administração Pública-julgadora tem o seu agir probatório exclusivamente no âmbito do processo administrativo já formado, pois ela não tem a função de *agir em tese*, somente animando-se a este respeito quando formado o processo e instalado o contraditório de natureza administrativo-tributária.

Observa-se, em suma, no ambiente processual administrativo-tributário, segundo o critério da preponderância e segundo a ótica das *situações de fato*, o agir de alguns com o propósito de surpreender a ocorrência de uma determinada situação que, segundo o contexto e o código jurídico pertinente, acarrete uma determinada conseqüência de natureza tributária (o agir da Administração Pública-interessada). Outros, com o propósito de escusar-se ao cumprimento da pretensão a si endereçada (o agir do Administrado). Outros, finalmente, agindo com a finalidade de obter o seu convencimento, que lhes permitirá expedir as suas conclusões (o agir da Administração Pública-julgadora).

Há invariavelmente presente um motivo, portanto, para o agir, que, também no Direito, consubstancia a finalidade almejada. Tal não seria diferente em relação ao agir probatório, o qual resulta de um estímulo – a partir de um motivo – que, necessariamente, volta-se para a necessidade ou conveniência de obter-se linguagem certificatória acerca de alguma *realidade*.

No plano comunicacional jurídico observa-se que este agir interage com duas situações distintas: uma, posta ao interessado, que nela ingressa como receptor da comunicação, e outra, em que o próprio interessado é o seu emissor, intrometendo-se, entre ambas, um instante de reflexão, permeado de inquietações e perturbações de toda ordem.

9.1. A recepção da mensagem comunicacional: a compreensão situacional do Administrado

Na relação comunicacional já iniciada (por meio da linguagem de ataque), vê-se uma constelação de signos que o receptor das mensagens, ao recebê-los, procura inteirar-se e compreendê-los. Neste instante o destinatário da mensagem lingüística envereda no exame de ocorrências, de eventos, de objetos, de condutas, de regras, enfim, de toda a realidade material e abstrata que o cerca, e que ele procurará compreender, após dela cientificar-se.

Para tanto, o receptor da comunicação enfrentará com seu proceder duas etapas distintas com evidentes repercussões pragmáticas: uma, imediata, de compreensão acerca do objeto, da qual extrai enunciados, com função descritiva, ainda que mentalmente considerados (*estou convencido que choveu*, que tanto descreve o sentimento dele, indivíduo, como a ocorrência do evento da natureza); outra, mediata, de elaboração de nova camada de linguagem, sobre aquela inicialmente extraída, de início, ainda que desarranjada, mas, ao depois, se a ele conveniente, devidamente estruturada e articulada, para o fim de ganhar exteriorização (para demonstrar a alguém que efetivamente choveu, pois a minha afirmação por si só talvez não seja suficiente, penso: *eis a notícia do jornal que relata aquele evento*), e assim sucessivamente.

Tem-se início, ainda que somente no âmbito do agente deste *solitário* agir interessado, um processo que na semiótica, no tocante ao *interpretante* (*que é aquilo que assegura a validade do signo mesmo na ausência do intérprete*), pode ser rotulado de *semiose ilimitada*, ou seja, *em que é necessário nomear ao primeiro significante por meio de um outro significante, que a seu turno conta com outro significante que pode ser interpretado por outro significante, e assim sucessivamente.*[135]

E, com ênfase comunicacional, pode ser divisado como um processo pragmático nitidamente de compreensão e sucessividade envolvendo os códigos comunicacionais, o qual tem como termo final uma tomada de decisão: expedir-se ou não uma comunicação específica a respeito, deixando a interioridade do pensar e ganhando os domínios comunicacionais, no caso, no ambiente jurídico.

Até que tal ocorra – a tomada de decisão que dispara uma comunicação jurídica específica – produzem-se, portanto, camadas de linguagem *pensada*, que se avolumam na exata intensidade em que os relatos referem-se a situações de maior complexidade, as quais demandam, conseqüentemente, maior refinamento no relato, especialmente no tocante às provas.

---

[135] Umberto Ecco, *Tratado Geral da Semiótica*, p. 58.

A Prova no Processo Administrativo-Tributário • Marcio Pestana

Tendo contato com a mensagem comunicacional a si endereçada, formula diversas indagações, que vão sendo respondidas. Este objeto é relevante? É a ele que a mensagem refere-se? Ocorreram eventos? Interessam ao Direito? Seriam suficientes para trazer alguma repercussão efetiva jurídica? Há dúvidas se efetivamente trariam esta ou aquela repercussão? Enfim, sucessivas indagações poderiam ser formuladas, praticamente ao infinito, pois, como já se disse, a partir de uma mensagem podem ser produzidas novas mensagens comunicacionais, que, para serem explicadas, necessitam de outras tantas, ao infinito. O mesmo se passa no tocante à formulação de indagações a partir de perplexidades, as quais igualmente podem alçar o infinito.

9.2. Uma tomada de posição situacional

O agir probatório, numa segunda fase, surpreende o convencimento do agente acerca do resultado até então obtido, envolvendo as proposições comunicacionais relativas a determinados objetos, eventos, circunstâncias e fatos jurídicos.

Nesta altura abre-se a possibilidade de o agente concluir se a narrativa apresenta-se de maneira consistente ou inconsistente, ou seja, se a admite ou a refuta, permitindo-se, ainda mentalmente, ingressar no plano que lhe permita elaborar o juízo de *aceitação* ou *inaceitação*. [136]

Aqui, enquanto o agente permanece no seu *isolacionismo*, ou seja, não retroalimentando as relações comunicacionais, freqüenta um ambiente em que solitariamente pode pensar acerca da *verdade verdadeira* da sua posição situacional comunicativa. [137]

Em outras palavras, como ainda não necessita convencer o *interlocutor interessado* (contraparte ou o julgador), mas, de fato, precisa, antes, convencer-se acerca do resultado obtido do cotejo das mensagens recebidas com o resultado obtido da investigação até então empreendida, ingressa numa avaliação o mais fiel possível acerca da sua situação, cogitando e indagando, integradamente, acerca das suas possibilidades.

Ainda que não tenha um pensar absolutamente isento – pois, ao que nos conste, inexiste agir humano, ainda que mental, despido de valores e, portanto, de preferências – já segrega o que se considera *situação de fato* daquilo que seja *situação de direito*, não obstante, reiteremos, até os mais doutos enfrentem, com certa constância, dificuldades para divisar um ou outro domínio. [138]

---

[136] Cf. Cap. IV-8.

[137] A eventual relação que estabeleça com profissional experto para auxiliá-lo a obter a conclusão adequada não exclui este isolacionismo comunicacional, pois aqui a comunicação que nos interessa é aquela travada no âmbito do processo administrativo-tributário.

[138] Para nós, as *situações de fato* são mais bem visualizadas pelo *vivente* da realidade, do que pelo especialista, não obstante possam ser mais bem e mais precisamente por este lidadas, sistematizadas e, mesmo, relatadas.

Capítulo IV • A Prova no Processo Administrativo-Tributário | 123

Para tanto, manuseia todos os recursos que possua à mão, aí compreendendo-se toda espécie de conhecimento – seja técnico, científico, intuitivo –, empregando para esta finalidade as técnicas, as noções, as idéias, os sentidos, a experiência histórica, os reflexos, enfim, tudo de que o homem dispõe para efetivamente conhecer qualquer objeto e, sobretudo, as repercussões que o próprio homem lhe atribua nos domínios do Direito.

Nesta altura, portanto, conclui que há *consistência* na realidade situacional exposta pela mensagem da qual é receptor (a *mensagem de ataque*) ou, reversamente, *inconsistência*.[139] Para justificar-se, identifica narrativas que reuníam condições *corroborativas*, isto é, que auxiliem a comprovar, a si próprio, que o seu convencimento é procedente.

Cerca-se daquilo que o auxilia nesta finalidade, juntando todos os suportes físicos que consegue identificar. Por tratar-se de prova nas quadras tributárias, é muito provável que se cercará de documentos que tragam em si mesmos relatos dotados da aptidão de gerar repercussões jurídicas, como escrituras de propriedade, documentos contábeis, documentos de identidade, guias de recolhimento, recibos, declarações etc.

Municia-se, portanto, de suportes físicos que permitam construir novas mensagens comunicacionais, não só a partir da sua própria existencialidade, como sobretudo em face do seu conteúdo propenso a irradiar a emissão de comunicações específicas.

Pode entretanto ocorrer, numa situação extrema, que não obtenha comprovantes para auxiliar e, notadamente, instruir com caráter probatório, o seu convencimento, o que o colocará num dilema: enfrentar ou não a *mensagem de ataque* a si endereçada, mesmo não dispondo de instrumental que lhe permita provar o que dirá, em oposição.

Seja neste ou naquele sentido, o relevante, no ponto, é observar que o agente encontra-se nesta altura suficientemente convencido, preparando-se para retornar ao ambiente comunicacional, agora para agir *externamente*, dispondo ou não de comprovações que suportem a mensagem a ser proximamente produzida.

9.3. A emissão de mensagens comunicacionais

No sistema de produção da mensagem comunicacional, o interessado abandona as vestes de mero *receptor*, e passa a personificar o agente interessado em produzir uma determinada mensagem que lhe convenha, para tanto manuseando os instrumentais lingüísticos disponíveis.

---

[139] Cf. Cap. IV-4.

Neste sistema, especificamente no que se refere ao ambiente administrativo-tributário, há expressões codificadas semanticamente alojadas na realidade lingüística jurídica (*receita, faturamento, imposto*), outras tantas provenientes dos domínios lingüísticos sociais (*dois automóveis, o menino, a madeira*), assim como expressões codificadas provenientes dos domínios de segmentos e ciências específicas, como a matemática, a geometria, a economia etc. Todos elas invariavelmente assentadas na forma escrita ou que possam, em determinada altura, ser alojadas desta forma.

Assim, o emissor da mensagem dentre os diversos códigos que poderá utilizar para expressar-se, escolhe aqueles que, a seu ver, tenham relação de maior pertinência com o que pretende dizer. Articula vocábulos, compondo uma linguagem que lhe permita *ordenar o caos das múltiplas sensações em coisas identificáveis*.[140] Recolhe palavras preponderante da sua língua,[141] tanto provenientes da realidade jurídica, quanto doutras plagas, mas que façam sentido jurídico, pois, como já foi sublinhado, trata-se de um *agir jurídico interessado*.

Assim, já tendo investigado aquilo sobre o qual se encontra prestes a relatar, segrega os códigos que mais precisamente a seu ver serão úteis à narrativa comunicacional que pretende elaborar, tendo em vista a consistência e, notadamente, a decisão que, a partir deles, poderá obter por parte do julgador do processo administrativo em questão.

A propósito, não basta escolher códigos somente para si adequados ao relato. Necessita, sim, escolher aqueles reconhecíveis pela acústica comunicacional em questão – contexto e código jurídico – e que sejam sobretudo reconhecíveis pelos receptores da sua mensagem comunicacional, da maneira que se aproxime ao máximo de como o emissor da mensagem os perceba.[142]

A escolha, à evidência, resulta de intensa sucessão de incertezas,[143] que propiciam decisões momentâneas, em *degraus* que, a sua vez, instruem a formulação de novas indagações até que ao final desta *escada* este agente potencial emissor da mensagem dê-se por satisfeito,[144] e produza os enunciados codificados que lhe pareçam apropriados para o relato comunicacional.

---

[140] Jurgen Habermas, *Técnica e Ciência como Ideologia*, p. 25.

[141] Senão *exclusivamente*, pois, no processo administrativo-tributário, no Brasil, deve-se utilizar o vernáculo ou, se houver relatos em outras linguagens, a tradução, para o vernáculo, realizada por pessoa credenciada a fazê-lo.

[142] Os argumentos só valem quando confrontados com *standards* de racionalidade dependentes de um contexto que funciona como pano de fundo. Jürgen Habermas, *Direito e Democracia: entre facticidade e validade*, vol. I, p. 57.

[143] Tenho uma situação que permita ser expressa em linguagem? Em linguagem codificada comprensível, segundo padrões juridicamente préestabelecidos? Com código cuja consistência não aponte situações que o direto o rejeitará? Esta certa situação admitirá uma prova? De que tipo? Quais são as circunstâncias relevantes? Será uma situação atinente aos fatos ou ao direito, gerando novas perplexidades? etc.

[144] Ou até vencido pela exaustão que, sabemos, aflige o agente produtor de mensagens jurídicas, pois à certa altura o texto *briga* com o seu autor; há, ainda, situações em que o autor é mesmo vitimado pelo escoar do tempo, que não mais lhe permite, por imposição das regras comunicacionais processuais, o oferecimento da prova tal qual pretendida.

Agora, esclareça-se que igualmente poderá o agente concluir simplesmente que não há maneira apropriada a falar, não obstante saiba que, segundo seu convencimento, até baseado em crenças, a razão lhe assista. Mais: pode ser surpreendido em situação em que a *mensagem de ataque* a si destinada apresente-se com a mais inteira procedência, mas a sua disposição à vista do provável prevalecimento da mensagem que lhe fora endereçada é de enfrentá-la, mesmo não tendo o que adequadamente invocar, inclusive da realidade circundante ou contextual, em seu favor, neste caso passando a utilizar artifícios envolvendo o arranjo lingüístico dos códigos.

Como a produção de mensagens comunicacionais independe da realidade referida – aspecto inerente aos códigos – abre-se a possibilidade de produzir-se enunciados que descrevam situações que nem mesmo coincidam com a realidade ontologicamente considerada, erigindo-se uma realidade comunicacional em si mesma, que terá a leitura pragmática de todos os seus receptores, segundo a acústica comunicacional jurídica

Quer-se assim sublinhar que as mensagens comunicacionais constroem uma realidade processual à parte desta *realidade* que nos cerca. Todavia, é da sua natureza a graduação da sua referebilidade, isto é, de poder referir-se à justa ou à laça a esta *realidade*. Seja como for, o processo administrativo-tributário criará o seu próprio mundo, como fenômeno comunicacional que é, gerando repercussões semânticas e pragmáticas próprias. Somente com a decisão é que se aproximará da realidade ontologicamente considerada, ao prescrever condutas que poderão ser efetivamente implementadas – ou ao menos exigíveis – na realidade comportamental do homem.

Não se está aqui a referir-se à *verdade formal*, aquela *constante dos autos*, como costumeiramente a ela se referem. Quer-se destacar que aqui tem-se à mão a *verdade das mensagens comunicacionais* – ou o *sistema de códigos* – transcendente à *verdade material*, códigos estes que na trama que entretecem criam a sua própria realidade, a partir das narrativas, probatórias ou não, constantes do processo administrativo, através de camadas de linguagem que sobre os relatos instalam-se, a eles referindo-se, assim como aos objetos, eventos, condutas e circunstâncias, gerando leituras diversas e reações igualmente distintas por parte dos receptores e emissores das mensagens comunicacionais.

9.3.1. O esgrimir lingüístico nos códigos e nos subcódigos

A produção da mensagem comunicacional no âmbito do processo administrativo-tributário, fundamentalmente, se dá através da utilização de linguagem escrita, preponderantemente estampada nas funções descritiva ou persuasiva.

Diz-se *preponderante*, pois, sabe-se, não há função de linguagem genuinamente pura. Todas, invariavelmente, têm um quê de persuasivas, pois pretendem obter a adesão favorável do interlocutor. Quiçá a função descritiva possa ser considerada o grau mais tenro da função persuasiva pois, ainda que relate uma evidência, tem o firme propósito de convencer alguém acerca da consistência do seu próprio relato.

No âmbito do processo administrativo-tributário a ênfase descritiva é mais das vezes utilizada para procurar-se a sensibilização de outrem no tocante a certas evidências, certas proposições que, apreciadas por pessoas sérias e conhecedoras do mesmo código comunicacional, igualmente compartilhem de tal entender.

Assim, ao exteriorizar o convencimento acerca de um evento (*fato jurídico-central*), de que "A" emprestou a "B" a importância de R$ 10,00, a linguagem empregada limitar-se-á a descrever esta relação, relatando os atributos essenciais de "A" e de "B", como nome, endereço, profissão, estado civil etc., assim como o núcleo central da narrativa, isto é, o objeto e o instante em que ocorre a transferência de uma certa riqueza de "A" para "B", com a obrigação do seu retorno, acrescido de alguma retribuição. Para tanto, invoca-se, em complementação a esta narrativa produzida, outra mensagem comunicacional codificada alojada num suporte físico denominado "Contrato de Mútuo" (*fato jurídico-probatório*) que, à sua vez, descreve, noutros torneios, a própria ocorrência ora reiterada. Ou seja, conta-se com mais do que uma mensagem com vocação comunicacional, ambas produzidas com ênfase predominantemente descritivas, para narrar o ponto central do discurso, permitindo que qualquer protagonista de uma relação comunicacional jurídica processual administrativa as compreenda efetivamente.

Diferentemente ocorre quando a situação comunicacional exige que o juízo de convencimento do autor da mensagem a ser produzida tenha à frente uma situação de elevado grau de complexidade, que requeira manuseio mais sofisticado da linguagem, para o fim de obter, por parte de outrem, um juízo de convencimento que reconheça certos aspectos que possam ser considerados suficientes para levar a um juízo de convencimento satisfatório.

Aqui os agentes da comunicação encontram-se em posição de franca oposição, não só por ocuparem posições já consagradas de opositores, mas sobretudo por encontrarem-se à frente de situações geradoras de perplexidades, as quais sabidamente fomentam o discenso e a radicalização do discurso. Não há cooperação, mas um *discurso-contra*.[145]

Nesta situação, a exteriorização do juízo de convencimento utilizará francamente a linguagem na sua função persuasiva, isto é, com o propósito partidário de obter

---

[145] Tercio Sampaio Ferraz Jr., *Direito, Retórica e Comunicação*, p. 40.

um determinado convencimento do destinatário da mensagem acerca de aspecto relevante e suficiente para obter-se uma repercussão jurídica que lhe seja favorável.

Imagine-se que sobre este mesmo *Contrato de Mútuo* pouco antes referido diga-se, através da *mensagem de ataque*, que em verdade trata-se de um negócio indireto camuflando uma doação.[146] Evidentemente, a linguagem empregada para afastar tal acusação será altamente persuasiva, pois, sabe-se, instalar-se-ão pontos de disputas complexos, exigindo sofisticado *esgrimir codificado*, como o que se refere ao agir das partes, ao *animus* de cada um, às circunstâncias, ao que costumeiramente se espera de ajustes desta natureza no tocante à sua exigibilidade etc.

10. As pistas comunicacionais processuais probatórias

O processo administrativo-tributário só se instala e tem andamento em razão do agir humano. Sem a atuação do homem inexiste processo administrativo-tributário. Mas esta conduta deve realizar-se de maneira ordenada, ou seja, de acordo com certas convenções, ou, se preferirmos, de acordo com certas regras.

Tais regras disciplinam a conduta do homem nos domínios de um processo administrativo na espécie tributária, fixando os dutos ou pistas através dos quais se instalará este fenômeno comunicacional jurídico.

A par dos característicos atinentes ao processo administrativo, já antes examinados,[147] realcemos, neste instante, alguns outros que se nos pareçam relevantes para a compreensão do ambiente comunicacional processual administrativo-tributário e do próprio tráfego de mensagens nele empreendido, especificamente no que se refere às provas, a saber: (i) a forma da comunicação; (ii) a comunicação da *comunicação*; (iii) o tempo da comunicação; (iv) o espaço e a comunicação; (v) o ônus da comunicação probatória; (vi) a dinâmica do encargo probatório; (vii) a mensagem probatória proibida; e, (viii) os meios de prova.

10.1. A forma da comunicação

As mensagens para serem utilizadas adequadamente no processo administrativo-tributário devem ter uma linguagem compatível com as regras atinentes aos códigos disciplinadores do processo e da matéria sobre discussão.

Segundo uma visão sumaria, o primeiro aspecto codificado que deve ser atendido é que as mensagens sejam representadas através de signos, arbitrariamente definidos, e articulados segundo as regras da linguagem adotada.[148]

---

[146] "A característica essencial do negócio indireto está na utilização de um negócio típico para realizar um *fim* distinto do que corresponde à sua *causa-função* objetiva: daí a referência dos autores ao seu caráter "indireto" ou oblíquo, anômalo ou inusual." Alberto Xavier, *Tipicidade da tributação, simulação e norma antielisiva*, p. 59.

[147] Cf. Cap. II-2.

[148] *Arbitrário*, por não possuir qualquer laço natural com o referente.

A língua utilizada deve ser uniformemente curada, razão pela qual escritos noutros idiomas devem ser devidamente codificados, traduzidos para o vernáculo. Mais, a par de forjar-se, por vezes, de vocábulos provenientes do trato cotidiano, o linguajar deve ser igualmente técnico, transitando por signos arbitrariamente produzidos para retratar realidades artificialmente concebidas, que somente têm sentido com determinadas repercussões nos domínios destes ambientes sistêmicos ao qual pertençam.

Semanticamente, devem referir-se a algum evento ou circunstância que sejam relevantes à controvérsia, quer ao seu núcleo, quer ao seu entorno. Isto tudo para que, sob a ótica pragmática, possam estimular a adoção de um determinado comportamento almejado por aquele utilizador da mensagem.

A mensagem comunicacional probatória, sob o aspecto do seu referente, tanto pode referir-se ao núcleo sobre o qual se instala a controvérsia (o recebimento ou não de uma determinada remuneração, por parte de uma pessoa física), como, também, referir-se ao seu entorno ou às circunstâncias (a que justifica a razão pela qual se deu o recebimento daquela remuneração); como, ainda, poderá relatar um evento periférico de consistência ainda um tanto incerta, mas que, tendo a mensagem como ícone, permite inferir-se outro evento ou circunstância (dizer-se que tal recebimento importa na distribuição de lucros de uma pessoa jurídica); ou, ainda, ter assento num fato momentânea e convencionalmente considerado *provado*, mas que ainda necessita ser *efetivamente provado*.[149]

Como se observa, o conteúdo da mensagem probatória, portanto, tanto pode referir-se ao fato em si estritamente considerado – fato a ser provado – como também em relação a um fato somente acessível através de um outro fato, este, provado, e aquele a ser provado, caso das presunções e das ficções em sentido lato.

É inegável que, no ambiente processual administrativo-tributário, tais mensagens avantajadamente digam respeito a situações empíricas, e em muito menor expressão, reversamente, a situações intralingüísticas. Isto porque a ênfase da disputa processual instala-se em aspectos que se depreendem da conduta do ser, ocorrida num certo espaço e tempo da experiência.

O importante é sublinhar que a mensagem comunicacional probatória tem por objeto algum evento, fato ou conduta que se mostre pertinente e relevante para o término do processo administrativo-tributário.

Tanto a expressão comunicacional a ser produzida, como aquela que servirá de prova a alicerçar a sua expressão, exterioriza-se da maneira que o Direito prescreve como sendo para elas admissível.

---

[149] É o caso da petição de princípio, a qual é entendida como a admissão de uma proposição como fundamento de prova, como se fosse uma proposição imediatamente certa, embora ela ainda necessite de prova. Cometemos um círculo na prova (Cirkel im Beweisen) ao pôr como fundamento da sua própria prova a proposição que deve ser provada. Immanuel Kant, *Manual dos Cursos de Lógica Geral*, p. 269.

Capítulo IV • A Prova no Processo Administrativo-Tributário | 129

A comunicação no processo administrativo-tributário, pode-se dizer, é invariavelmente assentada na forma escrita.[150] Ainda que uma testemunha deponha acerca da intenção do agente de postergar o recolhimento do tributo em razão de motivo de boa fé e cercado de ampla plausibilidade, tal expressão lingüística será inexoravelmente reduzida à forma escrita. O mesmo pode-se dizer de uma perícia, que não obstante possa ter levado nos trabalhos preparatórios a discussões orais, cálculos e reflexões mentais, a certa hora são materializadas na forma escrita.[151]

O Direito Positivo processual administrativo-tributário brasileiro exige que as intervenções dêem-se por meio do vernáculo, por meio agrupamentos de vocábulos que permitam estruturar enunciados que obedeçam a regras mínimas de concordância sintática, com referências semanticamente apropriadas, que permitam obter um grau, no mínimo, razoável de compreensão.

Os principais protagonistas do processo administrativo-tributário consignam o conteúdo daquilo que tem a finalidade de obter uma aceitação,[152] através de registros escritos, freqüentando usualmente a porção antecedente das suas mensagens,[153] ganhando rotulações codificadas: as provenientes da Administração Pública, *auto de infração, lançamento* etc.; a dos Administrados, *impugnação, defesa* etc.; a da Administração Pública-julgadora, *decisão.*

Os coadjuvantes do processo administrativo-tributário, como os expertos, os peritos, os assistentes técnicos, os contadores etc., do mesmo modo registram na forma escrita mensagens acerca do objeto sob discussão, com a rotulação emblemática de *Laudos, Pareceres, Balanços, Demonstrações de Resultados* etc.

Mesmo as manifestações orais, usualmente extraíveis a partir de depoimentos pessoais e de comunicações obtidas a partir de mensagens produzidas por pessoas sob a categoria *testemunhas*, num certo ambiente para tanto propício (perante o julgador ou, mesmo, perante escrevente de Cartório de Títulos e Documentos etc.) não tão corriqueiras no âmbito do processo administrativo-tributário, passam a ser escritas, ou, como se diz segundo a fraseologia processual, *reduzidas a termo.*

O mesmo ocorrendo no tocante a retratações por outros meios extraídas, como as obtidas a partir de registros fotográficos, imagens eletrônicas etc., pois sobre estas

---

[150] A ponto de afirmar-se que o "direito é *linguagem* no sentido de que sua forma de expressão consubstancial é a linguagem verbalizada suscetível de ser escrita." Gregorio Robles, *O Direito como texto*, p. 2.

[151] A propósito, já se disse que a escrita, dentre outras virtudes, é dificilmente corrompida. É mais fácil procurar nos registros de batismo se Pedro é filho de Paulo do que provar este fato com um longo inquérito. Charles Secondat, Barão de la bréde e de Montesquieu, *O Espírito das Leis*, p. 597.

[152] Chamamos de *principais protagonistas* aqueles diretamente interessados na solução da controvérsia administrativa, não obstante reconheçamos que todo aquele que intervenha num processo administrativo-tributário deseje obter a aceitação da sua comunicação, seja a parte interessada, seja terceiros, como o perito, a testemunha etc.

[153] Queremos com isto sublinhar que na porção antecedente da mensagem instala-se a narrativa acerca das *situações de fato*, logo, potencialmente sujeita à confirmação ou refutação ensejadora de mensagens probatórias, reservando-se à porção conseqüente a narrativa sobre as *situações de direito*.

formas de mensagens narrativas produz-se linguagem específica, a elas se referindo de maneira escrita.

Além da forma escrita, repita-se que a mensagem deverá estar em consonância com os preceitos e códigos fixados pelo ordenamento jurídico correspondente, pois, se assim não o for, poderá não ser levado a sério no âmbito do processo administrativo em questão.

Assim, sob esta ótica formal, e especificamente referindo-se ao processo administrativo-tributário, visualizamos a comunicação probatória como a mensagem alojada num repositório comunicacional escrito ou passível de redução à forma escrita, obtida a partir de um agir probatório – interessado, conseqüentemente – a respeito do qual se produz uma camada de linguagem especialmente elaborada pelo interessado no litígio, que procura sensibilizar o julgador da controvérsia para algum aspecto relevante na sua dirimência, o qual poderá vir ou não acompanhado de outras camadas de comunicação apropriadas ao caso, as chamadas *mensagens probatórias*.

10.2. A comunicação *da comunicação*

Qualquer mensagem para ser considerada fenômeno comunicacional imprescindivelmente deverá contar com o seu destinatário. Sem tocá-lo ou atingi-lo não se estabelece uma comunicação, limitando-se a mensagem a ser considerada uma mera cogitação ou especulação individual, cujo conteúdo é somente conhecido pelo seu próprio autor.[154]

Na relação processual administrativo-tributária dá-se o mesmo, claro, nas situações em que é regularmente formada, aproximando-se os interessados neste palco onde serão desenvolvidas as disputas lingüísticas. Há, na relação comunicacional instalada, emissores e receptores de mensagens, que interagem segundo o disciplinamento que a ordem jurídica estabelece.

No processo administrativo em questão, integra-se uma relação comunicacional mais das vezes assimétrica, tendo, no mínimo, de um lado, um emissor da comunicação e, doutro, dois receptores. Assim, quando a Administração Pública-interessada pronuncia-se, há dois receptores interessados na sua mensagem: o Administrado e a Administração Pública-julgadora. Quando o Administrado emite a sua mensagem, tem-se como receptores a Administração Pública, quer na condição de interessada, quer na condição de julgadora. Finalmente, quando a Administração Pública-julgadora pronuncia-se, há dois ouvintes interessados na mensagem: o Administrado e a Administração Pública-interessada.

---

[154] Não há emissor sem receptor – exceto, é claro, quando o emissor é um doente mental ou um bêbado. Roman Jakobson, *Linguística e Comunicação*, p. 22.

Pois bem, as regras jurídicas atinentes ao processo administrativo-tributário estabelecem as maneiras pela quais a comunicação atribui repercussões jurídicas, ou seja, é recepcionada adequadamente nos domínios do processo administrativo, emprestando-lhe conseqüências *a priori* já fixadas.

As formalidades vão desde a indicação de onde deverá ser protocolada a mensagem, até a maneira pela qual, formalmente, dá-se a ciência do destinatário acerca da mensagem correspondente, como as que ocorrem através de intimações pessoais, notificações, publicações na imprensa etc.

Caso haja desobediência a estas balizas, o processo administrativo restará comprometido, gerando instabilidade jurídica em relação aos trabalhos até então empreendidos, e até, segundo o caso, obstando o seu próprio prosseguimento.

10.3. O tempo da comunicação

As limitações de natureza temporal dizem respeito à adequação ou inadequação da comunicação no que se refere ao momento da sua veiculação.

Esclareça-se, por oportuno, que a comunicação a que nos referimos é a mensagem especificamente produzida para ser integrada a um processo administrativo-tributário. Não nos referimos, portanto, aqui, às mensagens comunicacionais já até então produzidas, ainda que tenham pontos convergenciais com esta *nova* mensagem processual, ocupando o posicionamento da mensagem-central.

O manejo do fator temporal no processo administrativo tem a aptidão de conferir artificialmente mecanismos de homogeinização comunicacional, de maneira a permitir que, de forma organizada, realize-se o embate processual comunicacional em *tempos distintos.*

Neste domínio processual cria-se um artifício que acarreta a suspensão deliberada do tráfego comunicacional. Deveras, se a mensagem comunicacional, como já se disse, tem como termo *aparentemente* final o seu recebimento pelo destinatário da comunicação,[155] no processo administrativo exige-se do autor da comunicação obediência a um certo limite temporal para que a formulação seja apresentada perante a Administração Pública-julgadora. A mensagem ofertada, portanto, desprende-se do seu emissor, empreendendo um trânsito artificialmente controlado até ser efetivamente conhecida pelos destinatários da comunicação (através de publicação noticiando a sua apresentação, intimação etc.).

Pois bem, conjugando-se o agir humano e a fixação de termos, atribuem-se repercussões jurídicas. Sendo assim, aquele agir comunicacional produzido no tempo

---

[155] *Aparentemente*, pois, após recebida, a comunicação prossegue *comunicando*, vez que o destinatário da mensagem não consegue agir sem tomá-la em consideração.

considerado adequado pelo ordenamento jurídico importa na repercussão que lhe é conseqüente, como a de que a comunicação do Administrado, enfrentando determinada pretensão do fisco, acostada no processo no tempo que a lei lhe faculta, importa no reconhecimento do seu direito de divergir da pretensão da Administração Pública-interessada, formando-se um processo administrativo etc.

Igualmente, se, ao reverso, o Administrador não a produzir no tempo apropriado, emprestar-se-á a repercussão de que, na esfera administrativa, não mais poderá impugnar o conteúdo da pretensão da Administração. Ou, ainda, deixando de comunicar-se, o interessado *precluirá* do seu direito de fazê-lo e assim avante.

O tempo, portanto, no processo administrativo é um vetor que estimula o regramento para o fim de modular-se o tráfego da mensagem comunicacional, a qual não gerará repercussões válidas e eficazes nos domínios jurídicos, caso o seu autor não o leve a sério, respeitando obsequiosamente os termos fixados segundo o contexto e o código jurídico correspondente.

10.4. O espaço e a comunicação

A mensagem comunicacional acerca de algum objeto, evento, circunstância ou fato jurídico trafega por um espaço para atingir o seu destinatário. Tal canal comunicacional é a distância existente entre o emissor e o receptor da mensagem, que é vencida através de determinados meios veiculadores de códigos, que são captados pelos sentidos e posteriormente decodificados por parte dos destinatários das mensagens comunicacionais.

O espaço no ambiente processual administrativo, além de consagrar um destes canais comunicacionais – o meio escrito – adiciona artifícios espaciais para que a comunicação realize-se de maneira controlada, segundo um repertório de possibilidades previamente estabelecido, permitindo atingir-se o objetivo almejado, isto é, a obtenção de uma decisão terminando uma controvérsia instalada entre partes que se opõem.

Tais artifícios vão desde fixar o ambiente físico onde funcionalmente são exercidos os trabalhos processuais administrativos, contendo pormenores como a localização do protocolo, a da sala onde funcionará o órgão julgador etc. até minudentemente ao determinar que toda mensagem comunicacional seja alojada num determinado recipiente físico, com função de repositório e ordenação comunicacional, que recebe a designação genérica de *processo*, o qual ganha numeração cronológica, revestimento (capa), dizeres específicos etc.

Aos canais comunicacionais atribuem-se repercussões jurídicas, que poderão importar tanto na adequada recepção da mensagem comunicacional expedida, como até na sua própria rejeição. Assim, a comunicação para repercutir efetiva e eficazmen-

Capítulo IV • A Prova no Processo Administrativo-Tributário | 133

te nos domínios jurídicos, dentre outros requisitos, deverá ser formulada onde o ordenamento estipular o ambiente adequado para recepcioná-la.

O aspecto espacial diante do gigantismo estatal, que torna altamente complexo o aparelhamento da Administração Pública, apresenta, por vezes, perplexidades que exigem – por parte dos Administrados – redobradas cautelas, para que não sofram adversidades em relação às suas pretensões por desatendimento involuntário das regras fixadas nos códigos aplicáveis.

Disciplinas básicas prescrevem, *v.g.*, que determinada modalidade de comunicação, designada *impugnação*, deva ser protocolada junto a um determinado setor da Administração Pública, o qual está habilitado a fornecer ao interessado a prova da sua ocorrência. Igualmente estabelecem que o interessado em realizar uma sustentação oral, ou seja, produzir nova camada de linguagem, além daquelas já anteriormente produzidas, para fazê-lo deverá realizá-la num certo ambiente física e funcionalmente aparelhado para permitir tal acontecimento etc.

10.5. O ônus na comunicação probatória

Todo aquele que diz algo deveria encontrar-se em condições de comprová-lo. *Quem fala tem de poder justificar sua fala. Só o preenchimento dos deveres discursivos, especialmente a observação dos deveres de defesa e de esclarecimento, garante suficientemente afirmações confiáveis, nas quais existe indubitavelmente um interesse geral.*[156] Esta é a orientação que deveria prevalecer no campo das provas. Contudo, no ambiente processual administrativo-tributário brasileiro, a orientação é um pouco diferente.

Há uma assimetria na atribuição dos encargos probatórios aos co-partícipes dos trabalhos processuais. Não só em decorrência dos preceptivos fixados nos códigos jurídicos aplicáveis, que já promovem distinção entre os participantes do embate processual administrativo, mas, mesmo, em decorrência dos fatores axiológicos que forjam o contexto jurídico, especialmente em razão do fundamento do agir da Administração Pública, a qual, como já anteriormente se examinou, exerce funções a serviço do interesse coletivo, por vezes implicando restrições detrimentosas ao individual.[157]

Sendo assim, a distribuição do ônus, verdadeiro princípio jurídico,[158] é evidentemente desigual, dado que os pressupostos axiológicos e normativos da conduta de cada protagonista do processo administrativo são igualmente desiguais.

---

[156] Theodor Viehweg, *Tópica e Jurisprudência*, p. 107.
[157] Cf. Cap. I.
[158] Maria Clara V. A. Maudonnet, *Comentários sobre o Novo Código do Consumidor*, p. 83.

A par desta assimetria, no Brasil, lamentavelmente, não é incorreto registrar-se, no campo das provas, dois aspectos bastante distintos que repercutem inegavelmente no campo processual probatório.

O primeiro, não encontrável neste ou naquele enunciado legislativo, é a de que a Administração Pública-interessada lamentavelmente lança afirmativas independentemente da sua capacidade ou possibilidade de prová-las, inclusive da gravidade de afirmar que o Administrado não atendeu a determinada exigência de natureza tributária, quando inexistem condições mínimas a apontar para tal evento, ofendendo, de chofre, a diversos princípios assentados na própria ordem constitucional.[159]

Trata-se de um agir que poderia ser considerado até irresponsável, dado inexistir responsabilização efetiva da Administração Pública e dos agentes que, sob os auspícios de *conduta zelosa* e *no cumprimento do dever*, trazem onerações de natureza material e aflições às vezes moral aos Administrados.

O segundo é o de que o Administrado, sempre que identificado pelo *olhar* da Administração Pública-interessada, é considerado, aprioristicamente, um descumpridor das prescrições de natureza tributária. Pode-se, com toda a razão, afirmar-se que se trata de uma observação sociológica e histórica da realidade brasileira. E, de fato o é, concordamos. Contudo, tal deformada apreciação apriorística é levada aos domínios dos processos administrativo-tributários, fazendo com que, no ponto sob realce, predominantemente toda a carga probatória aloje-se nos ombros do Administrado.

Tais aspectos peculiares da nossa realidade brasileira inegavelmente afetam a efetividade da aplicação, no plano concreto, das mensagens jurídicas produzidas para disciplinar o ambiente processual administrativo-tributário, os quais, associados à própria conduta dos agentes da Administração Pública-interessada e do Administrado, contribuem para que o ônus probatório encontre-se disposto artificialmente no tocante a tal encargo, sendo assim mais das vezes inaplicável nestes domínios a máxima comunicacional de que *quem diz deve encontrar-se em condições de provar o que disse.*

a)   A Administração Pública-interessada

A Administração Pública-interessada ao agir na fase que precede a instalação do processo Administrativo-tributário tem a incumbência de recolher na realidade circundante determinados indícios ou ícones com aptidão comunicacional que façam algum sentido jurídico, e que permitam a produção de um juízo de convencimento no tocante à adequação ou, sobretudo, à inadequação da conduta sob observação em relação a certos *standards* previamente estabelecidos na ordem jurídica aplicável.

---

[159] Como os dos princípios da moralidade e da eficiência, estampados no art. 37, da Constituição Federal.

Este recolher identifica *condutas confessadas* em corpo de linguagem especificamente concebido para delatar situações de inadequações,[160] *condutas inconfessadas* mas que a atmosfera sinaliza a potencial presença de desconformidade, como o que reiteradamente se depara nas ditas sonegações tributárias, *condutas surpreendidas*, quando flagrantemente identificada a desconformidade da conduta, *condutas ainda desconhecidas*, como as que são extraídas de relações internacionais, e moduladas pelos *preços de transferência*.[161] etc.

O ônus probatório atribuído à Administração Pública-interessada nesta fase pré-processual é laço, inegavelmente, mas deve necessariamente encontrar-se presente. Em outras palavras, não obstante os atos da Administração Pública gozem da presunção de veracidade,[162] é preciso haver uma mínima evidência ou até mesmo mero indício que potencialmente sinalize uma conduta desconforme com o contexto jurídico para que a Administração possa atuar, lançando tributos, impondo sanções, criando restrições etc.[163]

Mas, instalado o debate processual, e oferecida oposição por parte do Administrado com comprovações consistentes, alarga-se a envergadura do encargo probante, impondo-se à Administração o ônus de efetivamente provar o que de início dissera. Nesta altura, entretanto, a margem de manobras começa a limitar-se, não obstante apresentem-se, ainda, possibilidades que possam socorrê-la, como as que se entreabrem a partir de diligências que possam ser determinadas pela Administração Pública-julgadora, ou mesmo através de trabalhos periciais, depoimentos pessoais e testemunhais.

Em suma, o ônus da prova para a Administração Pública-interessada é de graduação mínima no discurso comunicacional de ataque, ainda que se encorpe posteriormente, caso a oposição oferecida apresente-se acompanhada de mensagens probatórias apropriadas e competentes.

b) o Administrado

No processo administrativo-tributário pode-se afirmar que o ônus probatório predominantemente é atribuído ao Administrado. A ele se endereça o encargo de

---

[160] Caso das *Declarações* que mais e mais estão sendo exigidas dos administrados, como DCTF, Decon etc.

[161] Toda a temática dos preços de transferência está centrada na imparcialidade dos ajustes negociais entre partes vinculadas; na comprovação de que tais ajustes não serviram para promover transferência indireta de lucros e que os preços acordados não foram objeto de manipulação com esse propósito. Em uma frase: na produção de provas que demonstrem a inocorrência de favorecimento nos preços ou juros fixados, com fins fiscais. Paulo Ayres Barreto, *Imposto sobre a Renda e Preços de Transferência*, p. 133.

[162] A presunção de veracidade diz respeito aos fatos; em decorrência desse atributo, presumem-se verdadeiros os fatos alegados pela Administração. Cf. Maria Sylvia Zanella di Pietro, *Direito Administrativo*, p. 191.

[163] Infelizmente, registre-se, há lançamentos tributários e autos de infração que são lavrados em total desacordo com esta orientação, para o fim de evitar a ocorrência de prescrição ou decadência, procedimento que deveria ensejar o reparo ao Administrado, inclusive, às vezes, de natureza moral.

dirigir aos trabalhos processuais todas as mensagens que de certa maneira o auxiliem a comprovar o que lhe pareça apropriado sublinhar para obter o resultado que lhe interessa.

Para robustecer o discurso especialmente produzido para o processo, socorre-se doutras camadas de linguagem comunicacional, como a que se extrai de balanços contábeis, de recibos, de comprovantes de pagamento, de depoimentos pessoais etc.

Igualmente, com freqüência requer ao seu oponente, através de pretensão endereçada à Administração Pública-julgadora, informes e dados que, eventualmente, encontrem-se nos domínios da Administração Pública-interessada, a qual tem a obrigação de franqueá-los.

Em suma, poder-se-ia dizer que o ônus probatório atribui-se com bastante predomínio ao Administrado que, para produzir o discurso defensivo, evidentemente com o propósito de lograr êxito na sua pretensão, vê-se na contingência de identificar e de levar ao processo tudo o que o auxilie na comprovação do seu discurso.

c) A Administração Pública-julgadora

Numa visão teorética, admite-se dizer que a Administração Pública-julgadora tem participação relevante nos encargos atinentes ao ônus da prova, seja para identificar dentro da sua própria estrutura dados que auxiliem o debate processual, seja para determinar a produção de provas por terceiros, caso das diligências e perícias, cuja realização pode determinar.

Na prática, contudo, a situação é algo diferente. Em razão de diversos fatores inclusive metaprocessuais, observa-se atuação probante bastante tímida da Administração Pública-julgadora, a qual preponderantemente limita a sua atuação a examinar as mensagens comunicacionais acostadas aos autos do processo administrativo-tributário em questão.

d) Visão dinâmica do encargo probatório

À vista das considerações já lançadas, divisam-se cinco etapas distintas no processo administrativo-tributário, no que se refere à distribuição do encargo atinente às provas, as quais compõem de certa maneira o *diálogo comunicacional processual* travado neste específico domínio.

Uma primeira, a cargo da Administração Pública-interessada, de ralíssima expressão, consistente em tão-somente surpreender algum indício de que o Administrado (a) agiu de acordo com o contexto e o código jurídico ou (b) esteja agindo em desconformidade com os preceptivos aplicáveis – não obstante na prática observe-se que, por vezes, até mesmo inexiste este encargo probante – como igualmente ao reverso, quando a Administração tem à mão volumoso conjunto de enunciados probatórios, como aqueles obtidos em flagrante de fraude tributária. Observa-se, portanto, inequívoca flexibilidade no tocante à intensidade e extensidade do encargo probatório.

Uma segunda, que é atribuída ao Administrado, o qual, não obstante desobrigado, pode, querendo, interessar-se em identificar corpos de mensagens comunicacionais que possam reforçar seus argumentos e auxiliar a sua mensagem comunicacional defensiva. Ao agir, produz tanto imediatamente as provas de que dispõe, como poderá requerer a possibilidade de posteriormente produzi-las, direta ou através do concurso de terceiros.

Uma terceira, por parte da Administração Pública-interessada, que em reação à mensagem comunicacional de defesa, aí incluída a probatória, por parte do Administrado, ou conforma-se, dando-se por satisfeita com a qualidade e a quantidade das mensagens já produzidas, ou diferentemente as enfrenta, buscando novas mensagens comunicacionais *reforçativas*, inclusive mediante requisição de diligências complementares, perícias etc.

Uma quarta, marcadamente de caráter complementar em relação às anteriores, que é realizada predominantemente por terceiros, sob o beneplácito da Administração Pública-julgadora, como a que é realizada por peritos, especialistas, municiadores das chamadas *provas emprestadas* etc., e que respondem a impulsos provenientes dos co-partícipes do processo administrativo-tributário, quer atendendo a quesitos por estes formulados, quer através do atendimento a requerimentos especificamente formulados.

Finalmente, uma quinta, que provém unicamente da Administração Pública-julgadora que, considerando insatisfatórias as mensagens probatórias até então trazidas ao respectivo processo-administrativo, determina a produção de diligências ou provas complementares, de maneira a lhe conceder fundamentos suficientes para poder adequadamente ingressar no plano decisório do conflito ali instalado.

É interessante observar que cada uma destas fases impulsiona aquelas que lhes são subseqüentes, praticamente perimetrando e conformando o próprio encargo probatório, quer no tocante à extensão, quer em relação a sua intensidade. Trata-se de fenômeno *interacional*,[164] próprio das relações comunicacionais, às quais se incluem as relações comunicacionais jurídicas.

10.6. A mensagem probatória proibida

Nas relações comunicacionais jurídicas que se travam no âmbito do processo administrativo-tributário, podem ser trazidas ao processo todas as mensagens comunicacionais existentes ou ainda a serem produzidas, com o fim de auxiliar a pretensão daquele interessado no seu concurso no sentido de obter uma decisão que lhe seja favorável.

---

[164] Paul Watzlavick, Janet Helmick Beavin e Don D. Jackson, *Pragmática da comunicação humana*, p. 32.

138 | A Prova no Processo Administrativo-Tributário • Marcio Pestana

Esta, portanto, é a regra predominante. Registram-se, entretanto, algumas restrições no tocante ao agir probatório, que retiram as condições de prestabilidade jurídica do objeto obtido. Vão desde disposições alojadas no plano constitucional,[165] como também determinações instaladas em mensagens infraconstitucionais.[166]

No âmbito do processo administrativo-tributário, e em decorrência da natureza especial da matéria objeto de discussão, tais restrições são predominantemente endereçadas à Administração Pública-interessada, materializando-se um limite efetivo imposto ao Estado.

Evidentemente aqui não nos referimos às mensagens artificialmente forjadas, com propósitos probatórios subalternos, cuja proibição de utilização aplica-se indistintamente a qualquer um dos co-participantes do processo administrativo-tributário. Referimo-nos, no ponto, àquelas mensagens encontráveis na realidade, ou em condições de serem produzidas de maneira adequada no tocante ao seu conteúdo, ou seja, relatando situações efetivamente ocorridas.

O Administrado, tendo em vista que a discussão travada oscila em torno de sua própria conduta, a qual tem em seu entorno uma específica circunstância, freqüenta um ambiente, pode-se dizer, de amplo conhecimento por parte do próprio Administrado, o qual dispõe, querendo, de toda uma série de relatos – especialmente assentados na forma escrita – que podem auxiliá-lo a comprovar o que diz no processo administrativo-tributário em que é interessado e toma parte. Sendo assim, não se revela freqüente neste domínio as situações em que o Administrado tenha que se socorrer de um agir probatório ou de mensagens probatórias que sejam vedadas pela ordem jurídica, para contar com o repositório denominado *prova*.

Já com relação à Administração Pública-interessada tais restrições têm utilidade e cabimento absolutamente inequívocos. O aperfeiçoamento da máquina arrecadadora fiscal estatal é inegável, propiciando um repositório de informações e dados sobre os Administrados de intensidade e extensividade inquestionáveis. Mas, além disso, há situações em que o Poder Público, no exercício de funções fiscalizatórias, obtém dados relativos ao objeto-fiscalizado que, entretanto, podem servir de motivo para um outro agir fiscalizante ou apenador inadequados.

Dados obtidos junto a instituições bancárias, *v.g.*, no exercício de fiscalização voltada para conferir a adequada arrecadação da CPMF[167] por parte da respectiva instituição, assentados em relatos escritos (extratos bancários), podem representar

---

[165] Art. 5 - LVI - são inadmissíveis, no processo, as provas obtidas por meios ilícitos. Art. 5 - XII - é inviolável o sigilo da correspondência e das comunicações telegráficas, de dados e das comunicações telefônicas, salvo, no último caso, por ordem judicial, nas hipóteses e na forma que a lei estabelecer para fins de investigação criminal ou instrução processual penal.

[166] *São inadmissíveis no processo administrativo as provas obtidas por meios ilícitos* (art. 30, da Lei 9.784/99), ou, ainda, a disciplina aplicável às mensagens probatórias extraídas de interceptações telefônicas (Lei 9.296/96) etc.

[167] Contribuição Provisória sobre Movimentação ou Transmissão de Valores e de Créditos e Direitos de Natureza Financeira – CPMF, a rigor da Lei nº 9.539, de 12 de dezembro de 1997.

informações de natureza pessoal atinentes a correntistas também Administrados, que poderão servir de provas suficientes para averiguar-se a sua correção no tocante às obrigações referentes ao Imposto sobre a Renda. Mas, se tal coleta e utilização de dados não forem cercadas dos ritos autorizados pelos preceptivos aplicáveis, considerar-se-á imprestável a sua utilização nos processos administrativo-tributários.

Trata-se, como se vê, de um artifício que o Direito introduz nas relações comunicacionais instaladas no seu domínio, controlando os efeitos irradiados pelas mensagens trazidas ao processo administrativo. Em outras palavras, o Direito estabelece as regras com que os códigos são utilizados no seu sistema, dispensando tratamentos específicos às repercussões que o objeto obtido por cada agir probatório possa adquirir neste sistema.

Deveras, pode-se, em determinadas situações, dizer-se que a *prova efetivamente prova*, em matéria comunicacional, só que o objeto da prova não é levado a sério segundo o fenômeno comunicacional-jurídico, de sorte que não é considerada mensagem jurídica *reforçativa*, ou seja, apta a aproveitar e auxiliar aquele que a introduz na relação comunicacional processual administrativo-tributária. Mais: se trazida ao processo de maneira imprópria, pode até comprometer todo o desenvolvimento e término do próprio processo administrativo, a rigor da teoria dos *frutos da árvore venenosa*.

Tal artificialismo leva a situações que geram aparentes perplexidades, se o sistema de referência alojar-se estritamente no âmbito comunicacional em sentido amplo:[168] admite, a regra do jogo processual, a produção de mensagens que relatam situações inexistentes (logo, mentiras) que são levadas a sério ao dar-se a decisão do conflito, podendo até ser admitidas e efetivamente prevalecer como consistentes – *verdadeiras* – vistas sob a ótica semântica da realidade circundante; já o relato comunicacional que efetivamente comprova a consistência de uma determinada situação no *mundo da vida*, em virtude de uma certa infringência instrumental no seu colhimento e manuseio não é levado em consideração, ou melhor, é levado em consideração tão-somente como uma mensagem, mas substancialmente tal esta é considerada desprovida da aptidão de gerar repercussões práticas à decisão administrativa prestes a ser tomada.

Nenhuma espécie, entretanto, tal cotejo nos causa. São situações catalogadas e com repercussões previamente controladas, segundo uma acústica jurídica que permeia as trocas de mensagens comunicacionais naquele domínio, assim permanecendo enquanto aceitas pela sociedade.

---

[168] A abordagem nas questões em que predomina o elemento valorativo permite ao cientista escolher o prisma que, em seu particular entender, melhor explica e descreve o objeto sob exame. Marcio Pestana. *Inconstitucionalidade e Prescrição na Restituição do Tributo*, p. 232.

No ponto sob realce, o sistema jurídico estabelece o confronto de dois valores, isto é, o de admitir-se a ampla possibilidade de comprovação do que venha a ser uma mensagem consistente *versus* a possibilidade de comprovação restrita do que seja uma mensagem consistente, ou melhor, desde que mediante a adoção de um determinado procedimento não vedado. E, entre ambos, opta pelo segundo, opção que é aceita pela sociedade, que assim se conforma e reiteradamente encontra fundamentos para justificar tal preferência.

10.7. Os meios de prova

As mensagens probatórias são conduzidas através de veículos que aproximam os interessados na respectiva relação comunicacional.

Tais condutos são constituídos de códigos conhecidos dos utentes desta mensagem, dotados, portanto, de sentido, e que procuram obter por parte do destinatário um determinado comportamento previamente catalogado no contexto comunicacional.

Assim, no ambiente processual administrativo-tributário as mensagens levadas ao confronto entre Administração Pública-interessada e o Administrado, quando referentes às *situações de fato*, são acompanhadas, se possível e de acordo com a conveniência do interessado, de outras proposições de natureza *reforçativa*, as quais recebem a denominação genérica e abrangente de *provas*.

Há, como se observa, no mínimo, dois corpos distintos de mensagem comunicacional: uma, de maior espectro e abrangência, que se refere largamente à situação colocada à mão, tanto podendo transitar pelo ambiente interpretativo (*situações de direito*), quanto no domínio probatório (*situação de fato*). Outra, diferentemente, mais específica, que se volta para comprovar a referência empreendida neste de menor abrangência (sobre a *situação de fato*), *provando* o seu conteúdo.

Por tratar-se, no caso, de discussões travadas em relação à matéria tributária, observa-se que as condutas voltadas à exibição e apreciação das mensagens probatórias dá-se num ambiente de certa maneira *silencioso* – poder-se-ia dizer – em que há muitas palavras escritas e poucas palavras ditas. Tal ocorre sobretudo porque a imagem gráfica da palavra nos impressiona, quer pela solidez que a sua forma nos sugere, quer pela duração com que permanece gerando efeitos comunicacionais, inegavelmente superior ao da acústica, conferindo-se estabilidade ao curso comunicacional.[169]

Não se excluem, entretanto e à evidência, outras formas de assentamento, como a oral (depoimentos pessoais e testemunhais), a ocular (inspeção) etc. O que se

---

[169] Cf. Ferdinand de Saussure, *Curso de linguística geral*, p. 35.

quer enfatizar é que o meio por excelência utilizado no âmbito do processo administrativo-tributário é o escrito, a chamada *prova documental.*

Mais: o escrito a que nos referimos predominantemente assenta-se em marcas impressas sobre papel, não importa o processo se físico ou químico, suporte este que recepciona signos e códigos, específica e arbitrariamente relacionados ao seu objeto, segundo a acústica contextual que os envolve, marcas estas sobre as quais o homem produz atividades complementares de maneira a *ganharem vida* e sentido, através da leitura ótica, leitura sonora etc.

Assim, através do binômio *conteúdo-forma* compõe-se o corpo de linguagem que proporciona a comunicação jurídica no âmbito do processo administrativo-tributário.

Examinemos uma situação hipotética com o propósito de evidenciar a abundância de camadas de mensagens comunicacionais probatórias, que podem relevantemente interferir num processo administrativo de natureza tributária, quer enfatizando o aspecto formal (forma), quer o substancial (conteúdo).

Imagine-se que uma Empresa adquira uma máquina na Itália. Esta aquisição é cercada por diversos escritos, que vão desde o destaque, por parte do vendedor, das qualidades e versatilidades do produto (prospectos), até o ajuste específico que disciplina a aquisição juridicamente considerada, envolvendo questões como objeto, preço, prazo de entrega etc. (contrato).

Como a Empresa adquiriu a máquina para utilizá-la na sua planta situada no Brasil, realiza a sua importação, tanto física como juridicamente considerada. Fisicamente, contrata empresa marítima que cuidará do transporte, sendo produzidos outros escritos (conhecimentos de frete e de transporte etc.); juridicamente, são expedidos outros tantos (guias de importação etc).

No ponto em que chegaria ao território brasileiro, há uma surpresa: a máquina extraviou-se. Assim, outros corpos de mensagens específicas são produzidos, que vão desde relatos do próprio extravio (termo de ocorrência), até a formulação de pretensões com propósitos indenizatórios (aviso de sinistro etc.).

Nisto, instala-se um contencioso administrativo-tributário, a partir do agir da Administração Pública-interessada, que afirma que a Empresa agira em desconformidade com a ordem jurídica aplicável, apenando-a por não ter recolhido o imposto de importação correspondente (auto de infração).

A Empresa pretende defender-se, para tanto relatando toda a aquisição frustrada ocorrida, procurando evadir-se do apenamento que lhe fora endereçado.

O exemplo revela que esta empresa Administrada, para furtar-se ao cumprimento da obrigação que lhe estaria sendo imposta pela Administração Pública, manuseará diversas mensagens que trarão repercussões no ambiente processual. Desde aquelas já anteriormente produzidas (prospectos, contrato, conhecimentos de frete e de transporte, guias de importação, termo de ocorrência, aviso de sinistro etc.), como também através de mensagens que especialmente delas se ocuparão, ordenando, de maneira racional e de acordo com os códigos aplicáveis à realidade processual administrativo-tributária, os eventos e os fatos isoladamente ocorridos, integrando-os num todo que receberá uma rotulação codificada (Impugnação etc.)

Mas o Administrado, no caso, vai além. Entende prudente contar com uma perícia, que relate o ocorrido, segundo uma linguagem competente, proveniente de um terceiro estranho à relação processual, razão pela qual requer a realização de perícia no curso dos trabalhos processuais. O experto, no momento oportuno, examina os fatos e as circunstâncias, relatando, em novo corpo de linguagem, as suas impressões e considerações a respeito (laudo pericial), as quais certamente também contemplarão parte, ao menos, das considerações e afirmativas lançadas pelo Administrado no corpo da Impugnação.

Meios de prova, à evidência desta sumária exposição, compreendem, a nosso ver, todas as mensagens que possam de alguma maneira comprovar o que se diz a respeito de parte ou da inteireza de algum evento ou circunstância, as quais podem ser linguisticamente dispostas ao talante do expositor, assim como por parte dos seus destinatários, naturalmente desde que de acordo com as regras que instruem o manuseio dos códigos correspondentes, sob pena de não ser levadas a sério ou, sobretudo, não gerar repercussões concretas na esfera jurídica.

Se o ponto sob controvérsia é a aquisição da máquina, o aspecto pertinencial probatório incidirá sobre as mensagens comunicativas especialmente retratadoras deste evento (prospectos e contrato de compra e venda, *v.g.*); caso a oposição diga respeito ao extravio, deverá ser utilizada não só a mensagem que relata, em linguagem competente, o evento em si mesmo considerado (termo de ocorrência, aviso de sinistro), como, igualmente, aquela que se ocupa em descrever o que fora extraviado (aqueles mesmos prospectos e contrato de compra e venda). E, por aí avante.

Como se observa, realiza-se um intenso manuseio de diversos tipos de mensagens comunicacionais, segundo critérios de pertinência e relevância, as quais recebem, sobre si, uma nova camada linguística, especialmente produzida para conduzi-las ao ambiente processual administrativo, expressando-se através de linguagem descritiva ou eminentemente persuasiva.

Esta escolha acerca de quais mensagens probatórias são pertinentes e relevantes revela-se usualmente tormentosa. Isto porque, recorde-se, está-se transitando num ambiente em que se busca uma decisão por parte da Administração Pública-julgadora, a qual não é aquele personagem que está cogitando da utilização da mensagem. E pode ocorrer que para este – interessado – o fato seja evidente, dispensando qualquer mensagem auxiliar; já para aquele – o *decididor* – poderá revelar-se de pouca clareza, vago etc.

É fundamental, portanto, que o utente da mensagem tenha sensibilidade e domínio satisfatório dos códigos do *jogo*, especialmente no tocante aos aspectos semânticos, para aumentar a possibilidade de que a mensagem utilizada seja efetivamente compreendida da maneira a mais próxima da intenção que instruíra a sua emissão.

11. Conclusões

1ª – A prova, assim como todas as ações que gravitam em seu entorno, só são passíveis de gerar efeitos jurídicos porque o designado *ordenamento ou contexto jurídico* prevê tal possibilidade, segundo respectivos códigos.

1.1. O contexto comunicacional jurídico constitui-se do conjunto de fatores previamente catalogados por uma determinada coletividade, dotados da aptidão de vincular os seus destinatários, segundo códigos apropriados, que se sujeitam a conviver sob este cardápio de regras e disciplinas de vocação ordenadora nesta determinada realidade social, contexto este que, a sua vez, hospeda-se noutro plexo contextual de maior abrangência integrado por toda a carga axiológica, histórica, filosófica, teológica, biológica etc. que, atuando coletivamente, conformam o homem, procurando dar algum sentido à sua própria existência.

1.2. O contexto jurídico é um *depósito de linguagem* integrado por diversos fatores e insumos assentados lingüisticamente na mais absoluta desarmonia, convivendo, simultaneamente, enunciados e mensagens comunicacionais que são manifestamente antagônicas, outras, efetivamente entre si excludentes, outras, sem sentido, comunicações de destinação específica, ao lado de mensagens genéricas etc.

1.3. Trata-se de um repositório de enunciados, expressões e mensagens produzidas por uma determinada coletividade, ao longo da sua própria existência e que, enquanto desarrumadamente ali alojadas, não fazem um sentido efetivo, não sendo aptos a gerar repercussões, ao menos num plano satisfatório.

1.4. O contexto jurídico serve de base no qual se ergue a edificação jurídico-comunicacional, voltada para repercutir nas relações intersubjetivas. Constitui-se, à evidência, na matéria prima essencial e imprescindível para deflagrar-se o trânsito comunicacional com preocupações jurídicas, compondo um corpo de elementos úteis e relevantes, que se sobressaem e distinguem-se dos demais.

2ª – Diante da diversidade de elementos que compõem o contexto jurídico é imprescindível que haja uma codificação que confira *inteligência* a esta desordem de enunciados e mensagens, ordenando-as, conferindo-lhe aptidões de adequadamente ter condições de repercutir num ambiente comunicacional. Referimo-nos ao *código jurídico-comunicacional.*

2.1. O *código jurídico-comunicacional*, antes de ter colorações jurídicas, é lingüístico, integrado por vetores, sobretudo, no ponto, expressos em linguagem de diferentes origens e que nele, código, encontram hospedagem, dele impulsionam a ordenação da escrita, dele retornando e retro-alimentando-se, numa movimentação incessante entre *código-mensagem-código.*

2.2. Há diversos contextos lingüísticos como que *guarnecendo* o código, a mensagem e o ambiente comunicacional onde serão trocadas mensagens, merecendo destaque aqueles que mais de perto influenciam nas questões de natureza probatória:

a) o primeiro deles provém do contexto social ingênuo que, segundo a evolução histórica, constrói uma realidade comunicacional exuberante, não obstante lingüisticamente instável, a qual permite surpreender constantes inovações nos códigos da comunicação, com reflexos diretos na emissão e recepção de mensagens comunicacionais;

b) o segundo, proveniente de segmentos sociais e culturais que já sofreram um processo de *homogeinização lingüística*, ao menos relativa, compondo, assim, uma codificação já mais sofisticada que permite grau mais elevado de especificidade da linguagem e que potencialmente poderão ser apropriadas para serem levadas em consideração no exame e no enfrentamento das *situações de fato*, como as que se entrelaçam com a *realidade contábil, matemática, sociológica, do comércio* etc.;

c) em terceiro, há os revestimentos lingüísticos provenientes do *mundo jurídico*, que instala uma realidade própria, integrada por enunciados voltados para disciplinar as relações intersubjetivas, alojados em mensagens legislativas, em decisórios, na doutrina, nos usos e costumes etc.

2.3. O *código jurídico-comunicacional* extrai do contexto jurídico-comunicacional os insumos lingüísticos que estarão aptos a serem tomados em consideração para interferirem sobre uma mensagem comunicacional de natureza jurídica. Assim, enunciados instalados no contexto jurídico-comunicacional *incidem* sobre uma certa realidade, para tanto imprescindivelmente contando com um código que, debruçando-se sobre o fantástico contexto jurídico-comunicacional, tem a aptidão de dizer que certos fragmentos de linguagem ali instalados possuem utilidade, eficácia, prestabilidade, enfim, condições necessárias e suficientes para serem aplicados a situações concretas, com credenciais suficientes para repercutir, neste ambiente comunicacional.

2.4. Os *códigos jurídico-comunicacionais*, no que de perto nos interessa, disciplinam a forma de obtenção das provas, a maneira pela qual devem ser apreciadas e tomadas em consideração, assim como disciplinando a forma pela qual podem ser materializadas. Prosseguindo, acosta-lhes vetores temporais e espaciais, assim como autoriza a interferência doutros sujeitos, além dos protagonistas essenciais ao embate processual administrativo-tributário que, em relação à prova, terão alguma relevância.

2.5. Os *códigos jurídico-comunicacionais* conformam a maneira pela qual o julgador não só obterá o seu convencimento jurídico, como também o lapida no tocante à sua exteriorização, não só no que se refere a sua própria veiculação, como sobretudo por atribuir à mensagem comunicacional repercussões específicas, também previamente desenhadas através da arquitetura jurídica.

2.6. O *código jurídico-comunicacional* possui regras de aplicação genérica e abstrata, tendo a nítida vocação de controlar e por vezes entorpecer a própria sociedade. Assim, falar-se em *situação de direito* equivale a referir-se a uma menção proveniente de uma orientação codificada com o propósito de promover-se o controle da realidade social, sob a designação do que seja *Direito*, e que é integrado por intensa multiplicidade de enunciados que estabelecem mensagens comunicacionais com o propósito de dizer-se o que a coletividade exige e espera de cada um dos indivíduos que a integram.

3ª – A prova, em sentido amplo, é uma expressão comunicacional que tem a finalidade de auxiliar a compreensão de uma determinada mensagem acerca de algum objeto, evento, fato ou circunstância. Enquanto estabelece um elo comunicacional com aquilo a que seu conteúdo refere-se, não é prova: é tão-somente uma expressão acerca de algo. Quando, contudo, associa-se a outra mensagem, ganha o *status* de *prova*.

3.1. A prova possui um caráter *reforçativo*, no âmbito comunicacional. Como a mensagem comunicativa em si mesma por vezes não consegue obter a adesão ou aceitação por parte do destinatário da comunicação, que desde logo apresenta ou pode potencialmente apresentar alguma dúvida ou oposição acerca da sua consistência, socorre-se, então, de outra expressão, que a auxilia no propósito de obter-se uma reação específica e favorável do destinatário da comunicação.

3.2. A prova, como conseqüência, possui nítido caráter de *interdependência de linguagem* no âmbito do fenômeno comunicacional, necessitando invariavelmente de (a) uma mensagem de sobrenível, que a ela se refira, para que nesta condição seja visualizada, até mesmo percebida efetivamente e (b) de uma *mensagem-central* que esteja sofrendo uma refutação. A prova estabelece, à evidência, quer nas relações ditas sociais, quer especificamente no domínio do Direito, particularmente no tocante ao processo administrativo-tributário, uma conexão comunicacional com a *mensagem-central*, servindo-lhe de vetor lingüístico auxiliar para a demonstração da sua consistência.

3.3. Poderá encontrar-se presente onde houver dúvida – presente ou potencial – não importa se em caráter de *imprescindibilidade* ou *conveniência*, acerca de alguma mensagem comunicacional. *Imprescindível*, quando a ordem jurídica exija a sua presença, como condição, portanto, necessária, para obter-se o reconhecimento da consistência de uma mensagem comunicacional jurídica; *conveniente*, quando se apresenta interessante a sua presença à vista da resistência formulada – ou potencial, por provável – a ser apresentada na acústica comunicacional.

4ª – Vive-se, na atualidade, a crise do *código verdade-falso*, o qual sempre foi tomado com obsequioso respeito e reverência, merecendo minuciosa atenção, inclusive na criação sistematizada e formuladora de maneiras de raciocinar, com o propósito de manuseá-lo adequada e eficazmente. No campo das provas vive-se o mesmo cenário de crise, pois se observa cada vez mais o distanciamento dos códigos *verdade-falso* na sua aplicabilidade.

4.1. As mensagens e enunciados comunicacionais criam um mundo da linguagem, em que não mais imperam os códigos *verdade-falso*, mas, sim, o da *consistência-inconsistência*, ou seja, o da comunicação possuir aptidões suficientes para resistir a um embate discursivo reconhecidamente hostil e deliberadamente refutatório, prevalecendo junto a um determinado auditório, não só em razão do próprio conteúdo de consistência da mensagem, como também em razão de recursos contextuais ou circunstanciais exógenos à própria mensagem comunicacional.

4.2. A *consistência* é a aptidão que determinado enunciado possui para despertar no destinatário da mensagem o *convencimento* que lhe permita ingressar na fase de elaboração do seu *juízo de aceitação* ou *inaceitação*.

Capítulo IV • A Prova no Processo Administrativo-Tributário | 147

A *consistência* não se atém a este ou àquele valor codificado. Pode referir-se aos *códigos verdadeiro-falso, válido-inválido, pontual-impontual, capaz-incapaz, pertinente-impertinente, proibido-permitido, obrigatório-facultativo* etc.

5ª – A circunstância diz respeito a objetos e às ações do homem (não às *condutas*, que são catalogadas *a priori* por normas codificadas irradiadas a partir do contexto jurídico) consubstanciando-se em eventos e fatos sobre os quais se admite relato apropriado, identificador da atmosfera particular onde tiveram lugar, sendo mais das vezes extremamente relevantes para o discurso sobre a prova e acerca das repercussões jurídicas que lhe serão atribuídas.

5.1.   Constituem *realidade circunstancial* relevante para o Direito os estados ou acontecimentos narrados, com ou sem circunstantes, que de alguma maneira tenham nexo de pertinência e relevância com o evento objeto do fato jurídico central, encontrando-se ou não narrado no *fato-central*, mas que admita, sobre ela, circunstância, produzir-se alguma mensagem comunicacional. A circunstância é uma *situação de fato*, encerrada no tempo e no espaço ocorridos, que admite, portanto, ser relatada através de linguagem apropriada para introduzi-la no domínio jurídico, e que tenha alguma relevância para o *fato-central*.

5.2.   Observam-se, no que se refere às circunstâncias, os seguintes característicos que se destacam por mostrarem-se relevantes aos domínios probatórios:

a)   a circunstância é um evento ocorrido e, portanto, concretamente situado no tempo e no espaço, passível de ser surpreendida através da linguagem, assim como em relação a fatos passados e identificáveis num certo ambiente. Sob tal ângulo, as circunstâncias são sempre concretas, e não hipotéticas;

b)   a circunstância refere-se tão-somente àqueles interessados no evento que com ela se relacionam. Conta, portanto, com auditórios particulares, haja vista que para os demais integrantes do auditório universal, que não estão preocupados com esta ou aquela situação específica, a circunstância não se distingue do evento central a que é relacionada, integrando, para estes, o conjunto esfumaçado da realidade dos eventos e dos fatos;

c)   a circunstância com repercussões jurídicas somente é assim configurada, caso o contexto e os códigos jurídicos a, previamente, preveja e dê-lhe importância para repercutir nas suas quadras;

d) a circunstância tanto repousa em enunciados lingüísticos, quanto em eventos ocorridos, referindo-se, à evidência, tanto a uma situação posta, como a uma situação artificialmente proposta. Assim, a circunstância tanto convive com o evento, como igualmente com um fato; e,

(e) caso ocorra dúvidas em relação às circunstâncias, tem-se a necessidade de *provar-se* o *evento* ou *fato circunstancial*, tal qual se realiza em relação ao *fato-central*, para tanto deflagrando-se o *agir probatório*.

6ª – Há um embaraço de tal ordem entre as mensagens comunicacionais ditas *de fato* e as mensagens consideradas *de direito*, que o aplicador destes veículos comunicacionais no domínio do Direito vê-se em dificuldades, lançando, para o enfrentamento de tais embaraços, num plano superior comunicacional, uma nova camada de expressão lingüística sobre aquelas já instaladas: a da linguagem que tem por objeto a distinção – e, portanto, potencialmente sujeita a *novas* discussões – entre mensagens acerca dos *fatos* e *do direito*, criando sobre o conflito até então instalado, novo embate, desta feita neste novo plano de mensagem comunicacional.

6.1. Se o Direito é visto e aqui considerado um fenômeno comunicacional, admite ser divisado em diferentes planos de linguagem, todos a serviço da atividade comunicacional. Assim, concebe-se uma porção freqüentada por mensagens de caráter hipotético, que independem da sua efetiva ocorrência, e, outro, de natureza fática, ou seja, voltado para certeiramente relatar uma certa ocorrência, num certo tempo e num certo espaço, ainda que lançado sob a forma presumida acerca da sua ocorrência, mas com possibilidades de serem enfrentadas.

6.2. *Situação de fato* é o relato descrito na mensagem comunicacional que promova a individualização de determinado evento ocorrido num certo tempo e num certo espaço (*fato jurídico-central*), assim como as circunstâncias que freqüentaram o seu entorno (*fato jurídico-circunstancial*), igualmente ocorridas naquele mesmo tempo e naquele mesmo espaço, os quais admitem a produção de mensagens probatórias (*fato jurídico-probatório*).

6.3. *Situação de direito* é o relato em linguagem competente, segundo os ingredientes próprios do sistema específico ao qual pertence que, ao admitir a produção de uma nova camada de linguagem com o propósito de reexaminá-la, não importa se com a finalidade de enfrentá-la ou simplesmente compreendê-la, praticamente não se toca na realidade circundante, imprescindivelmente enveredando-se no arcabouço jurídico do que designamos

Capítulo IV • A Prova no Processo Administrativo-Tributário | 149

contexto ou *códigos jurídicos*, pleno de enunciados constitutivos ou prescritivos, que, dentre outras tantas finalidades, possuem a aptidão de estabelecer *as regras do jogo comunicacional probatório*.

6.4. As mensagens instaladas no contexto e sobretudo nos códigos jurídicos estabelecem as regras do *jogo probatório* nos domínios do processo administrativo-tributário, merecendo realçar-se os seguintes fatores relevantes para o *jogo comunicacional probatório*:

a) os enunciados envolvendo as provas são discutidos predominantemente na camada de linguagem dos fatos jurídicos, não excursionando pelos domínios da interpretação jurídica (*agir interpretativo*, diferente, portanto, do *agir probatório*);

b) os utentes das mensagens freqüentadoras do ambiente processual administrativo desenvolvem raciocínio, articulam seus pensamentos e seu agir a partir e sempre em função da linguagem. Quer como receptores, quer como emissores. A linguagem e a realidade, portanto, interpenetram-se de uma maneira indissolúvel;

c) os oponentes da relação comunicacional processual encontram-se em posição de *hostilidade técnica*, ou seja, cada um defendendo, até de maneira às vezes passional, mas predominantemente técnica, o seu entender sobre determinado evento ou fato. Entre a Administração Pública-interessada e o Administrado não se observa cooperação comunicacional com o propósito de obter-se o consenso. A posição é de radicalização, com a presença de discursos partidários, com vistas à decisão a ser obtida. Logo, discutem-se os fatos com finalidade *interessada*;

d) há como regra do debate administrativo-tributário no campo probatório a utilização da linguagem compreensível, segundo um código próprio. Produzem-se mensagens de maneira a permitir a sua compreensão em matéria comunicacional (não importa se bem ou mal-intencionados) que, à sua vez, serão levados em consideração igualmente de maneira séria e comprometida num certo contexto comunicacional, no caso, o do processo administrativo;

e) observa-se que as *regras do jogo* admitem a *verdade* de que há *mentiras* nos enunciados com propósitos probatórios, e que estas *mentiras* serão levadas a sério pelos co-partícipes do processo administrativo, a ponto tal que, se contadas com razoável adequação sintática, aparentarem ter alguma consistência semântica, e não forem enfrentadas de maneira competente, poderão ser reconhecidas como *consistentes* e ganhando durabilidade;

150 | A Prova no Processo Administrativo-Tributário • Marcio Pestana

f) os códigos partem do pressuposto de que aquele que diz algo encontra-se preparado para provar o que disse, não obstante o ônus de dizê-lo seja repartido de maneira assimétrica. As regras do jogo permitem que aquele que afirme tenha condições de prová-lo;

g) em princípio, os interessados são pessoas expertas e qualificadas no que fazem e no que dizem, ou seja, dominam minimamente as técnicas de ataque, defesa e de julgamento na esfera do processo administrativo-tributário, assim como o manejo técnico-lingüístico nas fases processuais administrativas, e por isto sabem examinar e conhecer as particularidades que cercam o enunciado fático sob oposição; daí afigurar-se imprescindível para a discussão administrativa desta matéria, que se cerca de inegável tecnicidade, por vezes intensamente refinada, a chamada *atuação técnica* ou *defesa técnica* conduzida por especialista para tanto habilitado;

h) as regras do processo administrativo-tributário devem franquear a possibilidade de adoção, pelo interessado, de técnica de investigação que se lhe pareça mais apropriada para debater o enunciado sobre os fatos, observando-se, no ponto, dois grandes troncos que poderão lhes ser úteis: a técnica demonstrativa e a técnica argumentativa, que ganham sofisticação através da *técnica comunicacional*; e,

i) seja a cargo da Administração ou do Administrado, o contexto e os códigos jurídicos disciplinam todas as condutas que orbitam em torno do que se convém designar *prova*. O *jogo probatório*, que também leva em conta sobremaneira as irradiações proveniente do contexto jurídico, admite toda e qualquer conduta por parte do interessado na mensagem probatória, salvo aquelas que o próprio contexto jurídico devidamente codificado assinale como vedadas de serem realizadas.

7ª – A mensagem comunicacional que se denomina *fato jurídico*, a qual necessariamente é expressa em linguagem, será considerada *potencialmente consistente* quando puder ser objeto de prova. E, uma vez aceita como *provada* ou independentemente de tê-lo sido feito, sendo assim reconhecida pelo destinatário da mensagem, adquirirá o predicado da *consistência*.

7.1. A partir da *consistência*, atinge-se o domínio do *convencimento*, o qual vislumbramos como a atividade mental empreendida pelo destinatário da mensagem, fruto de uma *opinião*, de uma *crença* ou de um *saber*, erigida com o manifesto propósito de freqüentar a porção antecedente de um conjunto decisório, cujo conseqüente é saturado pela *aceitação*.

Capítulo IV • A Prova no Processo Administrativo-Tributário | 151

7.2. A *aceitação* é a atividade que, relativamente sobretudo àquele credenciado a terminar o conflito administrativo-tributário, a partir da mensagem tida à mão, e uma vez *convencido*, expede relato em linguagem competente, num contexto comunicacional específico processual, certificando a *consistência* ou *inconsistência* do relato examinado, proferindo decisão específica, para tanto considerando a mensagem probatória produzida como *ótima*, *satisfatória* ou *insatisfatória*:

a) a aceitação num padrão *ótimo* equivale a dizer que a narrativa produzida acerca de um evento ou fato foi cotejada com todas as outras possibilidades e há dentre elas uma considerada, pelo julgador, a preferível e a mais adequada, justamente aquela à mão. Na aceitação *ótima*, muito provavelmente a mensagem comunicacional obterá o consenso por parte de todos aqueles que intervêm no litígio, vez que inexistem outras possibilidades que possam enfrentá-la com seriedade;

b) A aceitação *satisfatória* significa que a mensagem sobre o evento ou fato apresenta requisitos mínimos de aceitabilidade, os quais, dado encontrarem-se presentes, permitem ao julgador decidir a controvérsia. Nesta, não se examinam todas as possibilidades, satisfazendo-se com o preenchimento das condições suficientemente atendidas, donde potencializar-se a possibilidade de não se obter o consenso unânime a seu respeito;

c) a *aceitação insatisfatória* é aquela em que o destinatário convence-se de que a mensagem comunicacional, não obstante examinada e aceita como mensagem em si mesma considerada – daí a sua *aceitação* – não reúne as condições mínimas imprescindíveis para provar aquilo que seu autor ou interessado pretende ver provado. Na aceitação insatisfatória, o interessado não consegue satisfazer os requisitos mínimos que considerariam a mensagem probatória como satisfatória.

8ª – O *agir probatório* é a ação interessada adotada por qualquer um que possua o propósito de conhecer um objeto de maneira particular, assim como o que o envolve de maneira especial, diferençada, portanto, em relação ao contexto que freqüenta, segundo um determinado objetivo que o anima.

8.1. No âmbito comunicacional do Direito, o agir probatório consiste na ação do interessado que procura confirmar arranjos ou surpreender desarranjos lingüísticos num *fato jurídico-central*, quer em si mesmo considerado, quer no que se refira a um evento e, conseqüentemente, a um objeto, a uma conduta do homem e às circunstâncias que os envolvem.

8.2. Há nítida distinção entre o *agir probatório* e a *prova*. Aquele diz respeito à ação do agente num contexto comunicacional, enquanto esta (a *prova*) ao, repositório lingüístico que comprova – ou pretende *provar* – a consistência do *fato jurídico-central*, ou, se preferirmos, o produto obtido por parte da adoção do agir probatório.

8.3. O *agir probatório*, nas hostes do processo administrativo-tributário, consiste na ação que o interessado no litígio realiza no plano dos enunciados narradores de alguma ocorrência segregada no tempo e no espaço, ou mesmo artificialmente concebida mas que admita ser enfrentada (caso das presunções relativas ou mistas, e das ficções em sentido amplo), para o fim de obter-se um determinado resultado (a *prova*), que, sob o prisma repercussional da comunicação, estimule e permita o convencimento do julgador acerca da sua consistência, com o que poderá dele obter seu convencimento, imprescindível para que, ao final, obtenha-se uma *solução ótima* ou *satisfatória*, terminando o processo administrativo-tributário.

8.4. O *agir probatório* tanto é realizado pela Administração Pública-interessada, como pelo Administrado, não obstante também se realize, inegavelmente em menor intensidade, por parte da Administração Pública-julgadora.

8.5. No que diz respeito à intencionalidade, o agir de alguns tem o propósito de surpreender a ocorrência de uma determinada situação que, segundo o contexto e o código jurídico pertinente, acarrete uma determinada conseqüência de natureza tributária (o agir da Administração Pública-interessada); outros, com o propósito de escusar-se ao cumprimento da pretensão a si endereçada (o agir do Administrado); outros, finalmente, atuando com a finalidade de obter o seu convencimento, que lhes permitirá expedir as suas conclusões com inegáveis efeitos repercussionais (o agir da Administração Pública-julgadora).

8.6. O receptor da *mensagem de ataque*, ao recebê-la, defronta-se com uma constelação de signos. Para compreendê-la, envereda no exame de ocorrências, de eventos, de objetos, de condutas, de códigos enfim, de toda a realidade material e abstrata que o cerca, e que ele procurará compreender, após dela cientificar-se.

8.7. O receptor da comunicação, de imediato, procurará obter a compreensão acerca do objeto, da qual extrai enunciados, com função descritiva, ainda que mentalmente considerados; a seguir, se desejar, promoverá a elaboração de nova camada de linguagem, sobre aquela inicialmente

Capítulo IV • A Prova no Processo Administrativo-Tributário | 153

extraída, de início, ainda um tanto desarranjada, mas, ao depois, se a ele conveniente, devidamente estruturada e articulada, para o fim de ganhar exteriorização num ambiente comunicacional.

8.8. Há, como se observa, um procedimento envolvendo compreensão e sucessividade, o qual tem como termo final uma tomada de decisão: expedir-se ou não uma comunicação específica a respeito, deixando a interioridade do pensar e ganhando os domínios comunicacionais, no caso, no ambiente jurídico. Até que ocorra a tomada de decisão que dispara uma comunicação jurídica específica, produzem-se, portanto, camadas de linguagem *pensadas*, que se avolumam na exata intensidade com que os relatos referem-se a situações de maior complexidade, as quais demandam, conseqüentemente, maior refinamento no relato, especialmente no tocante às provas.

8.9. O *agir probatório*, numa segunda fase, surpreende o convencimento do agente acerca do resultado até então obtido, envolvendo as proposições comunicacionais relativas a determinados objetos, eventos, circunstâncias e fatos jurídicos. Abre-se a possibilidade de o agente concluir se a narrativa apresenta-se de maneira *consistente* ou *inconsistente*, ou seja, se reúne condições que remetam à sua aceitação ou refutação, permitindo-se, ainda mentalmente, ingressar no plano que lhe permita elaborar o juízo de *aceitação* ou *inaceitação*.

8.10. Como ainda não necessita convencer o *interlocutor interessado* (contraparte ou o julgador), mas, antes, precisa convencer-se acerca do resultado obtido do cotejo das mensagens recebidas com o resultado obtido da investigação até então empreendida, ingressa numa avaliação acerca da sua situação, cogitando e indagando, integradamente, acerca das suas possibilidades.

8.11. Nesta altura, concluirá que há *consistência* na mensagem da qual é receptor (a *mensagem de ataque*) ou, reversamente, *inconsistência*. Para justificar-se, identifica narrativas que reúnam condições *corroborativas*, ou seja, que auxiliem a comprovar, a si próprio, que o seu convencimento é procedente.

9ª – No sistema de produção da mensagem comunicacional o interessado abandona as vestes de mero *receptor*, e passa a personificar o agente interessado em produzir uma determinada mensagem que lhe convenha, para tanto manuseando os instrumentais lingüísticos disponíveis.

9.1. O emissor da mensagem, dentre os diversos códigos que poderá utilizar para expressar-se, escolhe aqueles que, a seu ver, tenham relação de maior pertinência com o que pretende dizer. Articula vocábulos, compondo uma linguagem que lhe permita *ordenar o caos das múltiplas sensações em coisas identificáveis.* Recolhe palavras preponderantemente da sua língua, tanto provenientes da realidade jurídica, quanto doutras plagas, mas que façam sentido jurídico, pois trata-se de um *agir jurídico interessado.* Escolhe códigos reconhecíveis pela acústica comunicacional em questão (contexto e código jurídico), e que sejam sobretudo reconhecíveis pelos receptores da sua mensagem comunicacional, da maneira que se aproxime ao máximo de como o emissor da mensagem os perceba.

9.2. A produção de mensagens comunicacionais independe da realidade referida (aspecto inerente aos códigos), abrindo-se a possibilidade de produzir-se enunciados que descrevam situações que nem mesmo coincidem com a realidade ontologicamente considerada, erigindo-se uma realidade comunicacional em si mesma, que terá a leitura pragmática de todos os seus receptores, segundo a acústica comunicacional jurídica.

9.3. Enfatiza-se, no ponto, a *verdade das mensagens comunicacionais* (ou o *sistema de códigos*), transcendente à *verdade material* e à *formal,* códigos estes que na trama que entretecem criam a sua própria realidade, a partir das narrativas, probatórias ou não, constantes do processo administrativo, através de camadas de linguagem que sobre os relatos instalam-se, a eles referindo-se, assim como aos objetos, eventos, condutas e circunstâncias, gerando leituras diversas e reações igualmente distintas por parte dos receptores e emissores das mensagens comunicacionais.

9.4. A produção da mensagem comunicacional no âmbito do processo administrativo-tributário, fundamentalmente se dá através da utilização de linguagem escrita, preponderantemente estampada nas funções descritiva ou persuasiva, advertindo-se inexistir função de linguagem genuinamente pura. Todas, invariavelmente, têm um toque de persuasivas, pois pretendem obter a adesão favorável do interlocutor. A função descritiva pode ser considerada o grau mais tenro da função persuasiva, pois, ainda que relate uma evidência, tem o firme propósito de convencer alguém acerca da consistência do seu próprio relato.

9.5. No âmbito do processo administrativo-tributário, a ênfase descritiva é mais das vezes utilizada para procurar-se obter a sensibilização de outrem no tocante a certas evidências, certas proposições que, apreciadas por pessoas sérias e conhecedoras do mesmo código comunicacional, igualmente compartilhem de tal entender.

Capítulo IV • A Prova no Processo Administrativo-Tributário | 155

9.6. Diferentemente se dá em relação à situação comunicacional envolvendo alto grau de complexidade e abstração, que requeira manuseio mais sofisticado da linguagem, para o fim de obter-se, por parte de outrem, um juízo de convencimento que reconheça certos aspectos que possam ser considerados suficientes para levar a um juízo de aceitação ao menos satisfatório. Nesta situação a exteriorização do juízo de convencimento utilizará francamente a linguagem na sua função persuasiva, isto é, com o propósito partidário de obter um determinado convencimento do destinatário da mensagem acerca de aspecto relevante e suficiente para obter-se uma repercussão jurídica que lhe seja favorável.

10ª –O processo administrativo-tributário só se instala e tem andamento em razão do agir humano. Sem a atuação do homem inexiste processo administrativo-tributário. Mas esta conduta deve realizar-se de maneira ordenada, ou seja, de acordo com certas convenções ou, se preferirmos, de acordo com certas regras ou códigos que encontram apoio no contexto jurídico.

10.1. As mensagens para serem utilizadas adequadamente no processo administrativo-tributário com vistas aos enunciados probatórios, no tocante à confecção, utilização e efetiva repercussão, devem ter uma linguagem compatível com as regras atinentes aos códigos disciplinadores do processo e da matéria sob discussão:

a) as mensagens devem ser representadas através de signos, arbitrariamente definidos, e articulados segundo as regras da linguagem adotada, devendo ser uniformemente curada, razão pela qual escritos noutros idiomas devem ser devidamente traduzidos para o vernáculo;

a par de forjar-se de vocábulos provenientes do trato cotidiano, o linguajar deve ser igualmente técnico, transitando por signos arbitrariamente produzidos para retratar realidades artificialmente concebidas, que somente têm sentido propiciando determinadas repercussões nos domínios destes ambientes sistêmicos aos quais pertençam;

c) semanticamente, devem referir-se a algum evento, fato ou circunstância que sejam relevantes à controvérsia, quer ao seu núcleo, quer ao seu entorno. Isto tudo para que, sob a ótica repercussional, possam estimular a adoção de um determinado comportamento almejado por aquele utilizador da mensagem;

d) a mensagem comunicacional probatória, sob o aspecto do seu referente, tanto pode referir-se ao núcleo sobre o qual se instala a controvérsia, como, também, referir-se ao seu entorno ou às circunstâncias; como, ainda, poderá relatar um evento periférico de consistência ainda um tanto incerta, mas que, tendo a mensagem como ícone, permite inferir-se outro evento ou circunstância;

e) tanto a expressão comunicacional a ser produzida, como aquela que servirá de prova a alicerçar a sua expressão, exterioriza-se da maneira que o Direito prescreve como sendo para elas admissível;

f) a comunicação, no processo administrativo-tributário, pode-se dizer, é invariavelmente assentada na forma escrita. Os principais protagonistas do processo administrativo-tributário consignam o conteúdo daquilo que tem a finalidade de obter uma aceitação, através de registros escritos, freqüentando usualmente a porção antecedente das suas mensagens, com rotulações ou denominações codificadas; e,

g) os coadjuvantes do processo administrativo-tributário, como os expertos, os peritos, os assistentes técnicos, os contadores etc., do mesmo modo registram na forma escrita mensagens acerca do objeto sob discussão, com rotulações ou denominações também particularizadas.

11ª –Sob a ótica formal, e especificamente referindo-se ao processo administrativo-tributário, visualizamos a *comunicação probatória* como a mensagem alojada num repositório escrito ou passível de redução à forma escrita, obtida a partir de um *agir probatório*, a respeito do qual se produz uma camada de linguagem especialmente elaborada pelo interessado no litígio, que procura sensibilizar o julgador da controvérsia, para algum aspecto relevante à dirimência do conflito, envolvendo uma situação de fato, o qual poderá vir ou não acompanhado de outras camadas de comunicação apropriadas ao caso, as chamadas *mensagens probatórias*.

11.1. Qualquer mensagem, para ser considerada fenômeno comunicacional, imprescindivelmente deverá contar com o seu destinatário. Sem tocá-lo ou atingi-lo não se estabelece uma comunicação, limitando-se a mensagem a ser considerada uma mera cogitação ou especulação individual, cujo conteúdo é somente conhecido pelo seu próprio autor.

11.2. Na relação processual administrativo-tributária há uma relação comunicacional instalada envolvendo emissores e receptores de mensagens, que interagem segundo o disciplinamento que o código jurídico assegura.

11.3. Estabelece-se uma relação comunicacional assimétrica, tendo, no mínimo, de um lado, um emissor da comunicação e, doutro, dois receptores. Assim, quando a Administração Pública-interessada pronuncia-se, há dois receptores interessados na sua mensagem: o Administrado e a Administração Pública-julgadora. Quando o Administrado emite a sua mensagem, tem-se como receptores a Administração Pública, quer na condição de interessada, ou na condição de julgadora. Finalmente, quando a Administração Pública-julgadora pronuncia-se, há dois ouvintes interessados na mensagem: o Administrado e a Administração Pública-interessada.

11.4. As formalidades previamente codificadas e catalogadas compreendem desde a indicação de onde deverá ser protocolada a mensagem, até a maneira pela qual, formalmente, dá-se a ciência do destinatário acerca da mensagem correspondente.

11.5. Ocorrendo infringências aos códigos, o processo administrativo restará comprometido, gerando instabilidade jurídica em relação aos trabalhos até então empreendidos, e até, segundo o caso, obstando o seu próprio prosseguimento.

12ª –O manejo do fator temporal, no processo administrativo, tem a aptidão de conferir, artificialmente, mecanismos de homogeinização comunicacional, de maneira a permitir que, de forma organizada, realize-se o embate processual em *tempos distintos*, para tanto criando-se, inclusive, artifícios que acarretam a suspensão deliberada do tráfego comunicacional.

12.1. No processo administrativo exige-se, do autor da comunicação, obediência a um certo limite temporal para que a formulação seja apresentada perante a Administração Pública-julgadora, a qual se desprende do seu emissor, empreendendo um trânsito artificialmente controlado até que seja efetivamente conhecida pelos destinatários da comunicação.

12.2. O agir comunicacional produzido no tempo considerado adequado pelo contexto e respectivos códigos importa na repercussão que lhe é conseqüente; ao reverso, caso não o seja, atribuir-se-á igualmente uma repercussão, não obstante, no ponto, de prejudicialidade.

12.3. O tempo, portanto, no processo administrativo é um vetor que estimula o regramento para o fim de modular-se o tráfego da mensagem comunicacional, a qual não gerará repercussões válidas e eficazes nos domínios jurídicos, caso o seu autor não o leve a sério, respeitando obsequiosamente os termos fixados segundo o contexto e o código jurídico correspondente.

13ª – A mensagem comunicacional acerca de algum objeto, evento, circunstância ou fato jurídico trafega por um espaço para atingir o seu destinatário. Tal canal comunicacional é a distância existente entre o emissor e o receptor da mensagem, que é vencida através de determinados meios veiculadores de códigos, que são captados pelos sentidos e posteriormente decodificados por parte dos destinatários das mensagens comunicacionais.

13.1. O espaço no ambiente processual administrativo, além de consagrar um destes canais comunicacionais – o meio escrito – adiciona artifícios espaciais para que a comunicação realize-se de maneira controlada, segundo um repertório de possibilidades previamente estabelecido, permitindo atingir-se o objetivo almejado, isto é, a obtenção de uma decisão terminando uma controvérsia instalada entre partes que se opõem.

13.2. Os artifícios vão desde fixar-se o ambiente físico onde funcionalmente são exercidos os trabalhos processuais administrativos, até minudentemente determinar que toda mensagem comunicacional seja alojada num determinado recipiente físico, com função de repositório e ordenação comunicacional, que recebe a designação genérica de *processo*.

13.3. Aos canais comunicacionais emprestam-se repercussões jurídicas, que poderão importar tanto na adequada recepção da mensagem comunicacional expedida, como até na sua própria rejeição. Assim, a comunicação para repercutir efetiva e eficazmente nos domínios jurídicos, dentre outros requisitos, deverá ser formulada onde o ordenamento estipular como o ambiente adequado para recepcioná-la.

14ª –Há uma assimetria na atribuição dos encargos probatórios aos co-partícipes dos trabalhos processuais. Não só em decorrência dos preceptivos fixados na ordem jurídica aplicável, que já promovem distinção entre os participantes do embate processual administrativo, mas, mesmo, em decorrência dos fatores axiológicos que forjam e influenciam o próprio contexto jurídico.

14.1. No Brasil não é incorreto registrar-se, no campo das provas, dois aspectos bastante distintos que repercutem inegavelmente no campo processual probatório:

a) a Administração Pública-interessada lamentavelmente lança afirmativas independentemente da sua capacidade ou possibilidade de prová-las, inclusive da gravidade de afirmar que o Administrado não atendeu a determinada exigência de natureza tributária, quando inexistem condições mínimas a apontar para tal evento, ofendendo, de chofre, a diversos princípios assentados na própria ordem constitucional;

b) o Administrado, sempre que identificado pelo *olhar* da Administração Pública-interessada, é considerado, aprioristicamente, um descumpridor das prescrições de natureza tributária. Tal deformada apreciação *a priori* é levada aos domínios dos processos administrativo-tributários, fazendo com que, no ponto sob realce, predominantemente toda a carga probatória aloje-se nos ombros do Administrado.

14.2. A Administração Pública-interessada ao agir na fase que precede a instalação do processo administrativo-tributário tem a incumbência de recolher, na realidade circundante, determinados indícios ou ícones com aptidão comunicacional que façam algum sentido jurídico, e que permitam a produção de um juízo de convencimento no tocante à adequação ou à inadequação da conduta sob observação em relação a certos *standards* previamente estabelecidos na ordem jurídica aplicável.

14.3. Este recolher identifica *condutas confessadas* em corpo de linguagem especificamente concebido para delatar situações de inadequações, *condutas inconfessadas*, mas em que a atmosfera sinaliza a potencial presença de desconformidade, como com o que reiteradamente depara-se nas *sonegações*, *condutas surpreendidas*, quando flagrantemente identificada a desconformidade da conduta, *condutas ainda desconhecidas*, como as que são extraídas de relações internacionais, e moduladas pelos *preços de transferência* etc.

14.4. O ônus probatório atribuído à Administração Pública-interessada nesta fase pré-processual é laço, inegavelmente, mas deve necessariamente encontrar-se presente. Não obstante os atos da Administração Pública gozem da presunção de veracidade, é preciso haver uma mínima evidência ou até mesmo mero indício que, potencialmente, sinalize uma conduta conforme ou desconforme com o contexto jurídico para que a Administração possa atuar, lançando tributos, impondo sanções, criando restrições etc.

14.5. Instalado o debate processual, e oferecida oposição por parte do Administrado com comprovações consistentes, alarga-se a envergadura do encargo probante, impondo-se à Administração o ônus de efetivamente provar o que de início dissera.

14.6. No processo administrativo-tributário pode-se afirmar que o ônus probatório predominantemente é atribuído ao Administrado. A ele se endereça o encargo de dirigir aos trabalhos processuais todas as mensagens que de certa maneira o auxiliem a comprovar o que lhe pareça apropriado sublinhar para obter o resultado que lhe interessa.

14.7. Numa visão teorética, admite-se dizer que a Administração Publica-julgadora tem participação relevante nos encargos atinentes ao ônus da prova, seja para identificar, dentro da sua própria estrutura, dados que auxiliem o debate processual, seja para determinar a produção de provas por terceiros. Na prática, contudo, a situação é algo diferente. Em razão de diversos fatores, inclusive metaprocessuais, observa-se atuação probante bastante tímida da Administração Pública-julgadora, a qual, pre-

A Prova no Processo Administrativo-Tributário • Marcio Pestana

ponderantemente, centraliza a sua atuação no exame das mensagens comunicacionais acostadas aos autos do respectivo processo administrativo-tributário.

14.8. Há cinco etapas distintas no processo administrativo-tributário, no que se refere à distribuição do encargo atinente às provas, as quais compõem, de certa maneira, o *diálogo comunicacional processual* travado neste específico domínio:

a) a cargo da Administração Pública-interessada, de ralíssima expressão, consistente em tão-somente surpreender algum indício de que o Administrado (i) agiu de acordo com o contexto e o código jurídico ou (ii) esteja agindo em desconformidade com os preceptivos aplicáveis – não obstante na prática observe-se que, por vezes, até mesmo inexiste este encargo probante – como, igualmente, ao reverso, quando a Administração tem à mão volumoso conjunto de enunciados probatórios, como aqueles obtidos em flagrante de fraude tributária. Observa-se, portanto, inequívoca flexibilidade no tocante à intensidade e extensidade do encargo probatório;

b) atribuída ao Administrado, o qual, não obstante desobrigado, pode, querendo, interessar-se em identificar corpos de mensagens comunicacionais que possam reforçar seus argumentos e auxiliar a sua mensagem comunicacional defensiva. Ao agir, produz tanto imediatamente as *provas* de que dispõe, como poderá requerer a possibilidade de posteriormente produzi-las, direta ou através do concurso de terceiros;

c) por parte da Administração Pública-interessada que, em reação à mensagem comunicacional de defesa, aí incluída a probatória, emitida por parte do Administrado, ou conforma-se, dando-se por satisfeita com a qualidade e a quantidade das mensagens já produzidas, ou diferentemente as enfrenta, buscando novas mensagens comunicacionais *reforçativas*, inclusive mediante requisição de diligências complementares, perícias etc.;

d) realizada predominantemente por terceiros, sob o beneplácito da Administração Pública-julgadora, como a que é realizada por peritos, especialistas, municiadores das chamadas *provas emprestadas* etc., e que respondem a impulsos provenientes dos co-partícipes do processo administrativo-tributário, quer atendendo a quesitos por estes formulados, quer por meio do atendimento a requerimentos especificamente formulados;

e) proveniente unicamente da Administração Pública-julgadora que, julgando insatisfatórias as mensagens probatórias até então trazidas ao respectivo processo-administrativo, determina a produção de diligências ou provas complementares, de maneira a lhe conceder informes suficientes para poder adequadamente ingressar no plano decisório do conflito ali instalado.

14.9. Cada uma destas fases impulsiona aquelas que lhes são subseqüentes, praticamente perimetrando e conformando o próprio encargo probatório, quer no tocante à extensão, quer em relação à sua intensidade. Trata-se de fenômeno *interacional*, próprio das relações comunicacionais, nas quais se incluem as relações comunicacionais jurídicas.

15ª –Nas relações comunicacionais jurídicas que se travam no âmbito do processo administrativo-tributário podem ser trazidas ao processo todas as mensagens comunicacionais existentes ou ainda a serem produzidas, para o fim de auxiliar a pretensão daquele interessado no seu concurso no sentido de obter uma decisão que lhe seja favorável.

15.1. Há, entretanto, restrições no tocante ao agir probatório, que retiram as condições de prestabilidade jurídica do objeto obtido. Vão desde disposições alojadas no plano constitucional, como também determinações instaladas em veículos infraconstitucionais. No âmbito do processo administrativo-tributário, e em decorrência da natureza especial da matéria objeto de discussão, tais restrições são predominantemente endereçadas à Administração Pública-interessada, materializando-se um limite efetivo imposto ao Estado.

15.2. O Administrado, tendo em vista que a discussão travada oscila em torno de sua própria conduta, a qual tem em seu entorno uma específica circunstância, freqüenta um ambiente de seu amplo conhecimento, o qual dispõe, querendo, de toda uma série de relatos – especialmente assentados na forma escrita – que podem auxiliá-lo a comprovar o que diz no processo administrativo-tributário em que é interessado e toma parte. Sendo assim, não se revela freqüente neste domínio as situações em que o Administrado tenha que se socorrer de um *agir probatório* ou de mensagens probatórias que sejam vedadas pela ordem jurídica.

15.3. Com relação à Administração Pública-interessada, tais restrições têm utilidade e cabimento absolutamente inequívocos. O aperfeiçoamento da máquina arrecadadora fiscal estatal é inegável, propiciando um repositório de informações e dados sobre os Administrados de intensidade e extensividade inquestionáveis. Além disso, há situações em que o Poder Público, no exercício de funções fiscalizatórias, obtém dados relativos ao objeto-fiscalizado que, entretanto, podem servir de móvel para um outro agir fiscalizante ou apenador inadequados.

162 | A Prova no Processo Administrativo-Tributário • Marcio Pestana

15.4. Em determinadas situações, observa-se que a *prova efetivamente prova*, em matéria comunicacional, só que o objeto da prova não é levado a sério segundo o fenômeno comunicacional-jurídico, de sorte que não é considerada mensagem jurídica *reforçativa*, ou seja, apta a aproveitar e auxiliar aquele que a introduz na relação comunicacional processual administrativo-tributária. Mais: se trazida ao processo de maneira imprópria, pode até comprometer todo o desenvolvimento e término do próprio processo, a rigor da teoria dos *frutos da árvore venenosa*.

15.5. O artificialismo imposto pelos códigos probatórios leva a situações que geram aparentes perplexidades, se o sistema de referência alojar-se estritamente no âmbito comunicacional em sentido amplo: admite, a regra do *jogo processual*, a produção de mensagens que relatam situações inexistentes (logo, *mentiras*), que são levadas a sério ao dar-se a decisão do conflito, podendo até ser admitidas e efetivamente prevalecer como consistentes – *verdadeiras* – vistas sob a ótica semântica da realidade circundante; já o relato comunicacional que efetivamente comprova a consistência de uma determinada situação no *mundo da vida*, em virtude de uma certa infringência instrumental no seu colhimento e manuseio, não é levado em consideração, ou melhor, é levado em consideração tãosomente como uma mensagem, mas substancialmente tal mensagem é considerada desprovida da aptidão de gerar repercussões práticas à decisão administrativa prestes a ser tomada.

16ª –*Meios de prova* compreendem todas as mensagens que possam, de alguma maneira, comprovar o que se diz a respeito de parte ou da inteireza de algum evento, fato ou circunstância, as quais podem ser lingüísticamente dispostas ao talante do expositor, assim como por parte dos seus destinatários, naturalmente desde que de acordo com as regras que instruem o manuseio dos códigos correspondentes, sob pena de não ser levadas a sério ou, sobretudo, não gerar repercussões concretas na esfera jurídica.

16.1. Por tratar-se de discussões travadas em relação à matéria tributária, observa-se que as condutas voltadas à exibição e apreciação das mensagens probatórias dá-se num ambiente de certa maneira *silencioso*, em que há muitas palavras escritas e poucas palavras ditas. Tal ocorre sobretudo porque a imagem gráfica da palavra nos impressiona, quer pela solidez que a sua forma nos sugere, quer pela duração com que permanece gerando efeitos comunicacionais, inegavelmente superior ao da acústica, conferindo-se estabilidade ao curso comunicacional.

16.2. Não se excluem, entretanto e à evidência, outras formas de assentamento, como a oral (depoimentos pessoais e testemunhais), a ocular (inspeção) etc. O que se quer enfatizar é que o meio por excelência utilizado no âmbito do processo administrativo-tributário é o escrito, a chamada *prova documental*.

Capítulo V

A Mensagem de Ataque

1. Introdução

Ao examinarmos os processos administrativo-tributários – especificamente preocupados com as provas – divisaremos, com bastante nitidez, dois corpos de mensagens comunicacionais dotados de estruturas específicas e de autorias e finalidades diversas, e que merecem a nossa reflexão por consubstanciarem as intervenções lingüísticas que dão início e pleno desenvolvimento ao que se convenciona designar *processo administrativo-tributário*, segundo um código comunicacional previamente estabelecido num contexto jurídico e social, mediante a prática de condutas ora permitidas, ora obrigadas e ora proibidas, previamente catalogadas, segundo um repertório de possibilidades aceitas também a tempo prévio.

Evidentemente, com isto estamos nos referindo ao processo administrativo-tributário adequadamente formado, ou seja, aquele em que o Administrado efetiva e intencionalmente compareça ao processo, assim como, naturalmente, a própria Administração, ambos na presença do julgador, todos em condições de adequada e regularmente atuar.

Também aqui não destacamos de maneira apartada – sem, contudo, qualquer menosprezo – a movimentação retroalimentadora comunicacional, dialética na sua essência, na qual todos os protagonistas ora defendem-se, ora atacam-se, em reação a mensagens recebidas no curso do processo, uns aos outros, como resultado do confronto travado no âmbito do processo, mediando a decisão ao final almejada, pois entendemos que tais intervenções importam em desdobramentos lingüísticos das discussões centrais contidas nas categorias de mensagens que examinaremos a breve trecho.

Referimo-nos, portanto, às intervenções comunicacionais *essenciais-estruturantes*, ou seja, àquelas que estabelecem efetivamente o eixo das pretensões lingüísticas de cada interessado, e que são instaladas no âmbito do processo administrativo.

Pois bem, a estes dois corpos de mensagens comunicacionais atribuiremos, segundo um pacto semântico que procura em expressões captar a finalidade perseguida por cada uma destas modalidades de agir, as designações de (a) *mensagens de ataque*, e (b) *mensagens de defesa*.

A Administração Pública-interessada é a emissora da *mensagem de ataque*, para o fim de exigir do Administrado a adoção de uma certa conduta; o Administrado, por sua vez, utiliza-se da *mensagem de defesa*, para o fim de resistir à pretensão contida na *mensagem de ataque*; tudo com o propósito de obter-se uma mensagem terminativa, emitida pela Administração Pública-julgadora, com a finalidade de terminar o processo administrativo-tributário.

Evidentemente, para efeitos do desenvolvimento desta investigação, o exame que adiante empreenderemos sobre cada um destes conjuntos comunicacionais limita-se à verificação dos aspectos que se apresentam relevantes para o campo das provas, ou seja, acerca dos aspectos contidos na narrativa que possam reforçar ou refutar a *mensagem-central* no que se refira aos eventos, aos fatos, à conduta e às suas circunstâncias.

A advertência justifica-se, pois a influência da hermenêutica e das teorias introdutórias à ciência jurídica naquele que atua na realidade jurídica é sobremaneira vigorosa, embaçando o olhar que temos até a obrigação de descongestionar e refinar para compreender a nossa realidade circundante, plena de eventos e não de *coisas jurídicas*.

2. A mensagem de ataque

A Administração Pública, através dos meios de que dispõe, nota um certo agir do Administrado que, de duas, uma (i) ou coaduna-se com as hipóteses previstas no contexto e códigos jurídicos, às quais, deixando de ser hipóteses e convertendo-se em ocorrências efetivas, são-lhe acostadas determinadas obrigações, ou (ii) não se coaduna ou aparenta não se coadunar com as prescrições irradiadas do ordenamento jurídico e especialmente aplicáveis ao caso.

Para chegar a tal constatação, serve-se de declarações prestadas pelo próprio Administrado, do cruzamento de dados e informações que possui, de denúncias formuladas por terceiros, de fiscalizações empreendidas junto aos livros e documentos do Administrado etc. Assim, utilizando-se dos meios que o Direito credencia como veículos e formas lícitas de obtenção de dados e informações, forma o seu juízo de aceitação acerca dos fatos.

Nesta altura, perquire da tipologia tributária, ou seja, procura identificar, segundo o contexto jurídico e de acordo com a linguagem apropriadamente utilizada para tal finalidade, a previsão constante do cardápio que reúna condições de potencialmente ser aplicada ao caso concreto, previsão esta que se revele adequada para recepcionar o agir sob atenção, invariavelmente o interessado concluindo defrontar-se com uma das seguintes situações que poderão ensejar a cominação de determinadas repercussões jurídicas específicas: (a) obrigação tributária; ou (b) infração tributária.

Se a situação amoldar-se ao que se convenciona designar *obrigação tributária*, exigirá o pagamento do tributo ou o cumprimento da obrigação dita *acessória*, conforme previstas no Código Tributário Nacional; se se tratar de *infração tributária*,[170] procurará não só satisfazer-se em relação ao cumprimento daquela obrigação desatendida, como também apenar o Administrado, numa visão aqui evidentemente simplificada, mas que permite, ainda que com traços de singeleza, prosseguir segregando os passos que as *mensagens de ataque* admitem ser confeccionadas pela Administração Pública-interessada.

2.1. A mensagem de ataque: o antecedente

Após a Administração Pública-interessada divisar ou mesmo supor os fatos, examinar a ocorrência dos eventos, as condutas e as circunstâncias, este ente interessado os traz a cotejo com os fundamentos apropriados alojados na ordem jurídica, realizando uma espécie de embate lingüístico, no qual a linguagem é manuseada segundo um *silogismo comunicacional*, em que se satura a *premissa maior* com as mensagens jurídicas desprendidas do contexto jurídico na parte relevante ao caso concreto, segundo códigos específicos, *a premissa menor* com os relatos realizados acerca dos eventos, fatos, condutas ou as circunstâncias, permitindo-lhe, da subsunção havida entre conjuntos de mensagens, extrair a *conclusão* atinente à realidade situacional enfrentada, estimulando-o a produzir a mensagem já previamente catalogada no repertório jurídico.

Tal *mensagem*[171] poderá ganhar designações variadas, *como lançamento, auto de infração, auto de apreensão* etc. O nome com que se veste ou com o qual se apresenta não nos preocupa. O aspecto que nos parece conveniente ressaltar, independentemente da nomenclatura que lhe empreste, é a de que expedirá uma mensagem que (a) na sua porção antecedente alojará a descrição dos eventos, fatos ou circunstâncias, relatando uma conduta autorizada pelo ordenamento jurídico ou uma infração catalogada pelo contexto jurídico, enquanto (b) na porção conseqüente, prescreverá a exigência a ser endereçada ao destinatário da mensagem.

---

[170] A infração não é um dano cometido por um indivíduo contra outro; é uma ofensa ou lesão de um indivíduo à ordem, ao Estado, à lei, à sociedade, à soberania, ao soberano. A infração é uma das grandes invenções do pensamento medieval. Michel Foucault. *A verdade e as formas jurídicas*, p. 66.

[171] Que a doutrina e a jurisprudência rotulam ser, aqui, um *ato administrativo*.

Sobressai-se, aqui, o exame tão-somente da porção antecedente, pois ali haverá contato com realidades situacionais que poderão ser relevantemente tratadas no âmbito das mensagens probatórias. Tal não se passa na porção conseqüente que, distanciando-se dos domínios da prova (*situações de fato*), aloja-se no plano jurídico, propício para as interpretações jurídicas (*situações de direito*). No antecedente, predominam os fatos; no conseqüente, predomina o Direito, poder-se-ia afirmar.

Pois bem, a narrativa comunicacional alojada na porção antecedente, sublinhe-se, pode referir-se a ações consideradas tanto lícitas quanto ilícitas.

Relativamente às lícitas, a mensagem conterá um relato de uma conduta ou de um estado conforme ao contexto e aos códigos jurídicos aplicáveis; reversamente, no tocante à ilícita, a linguagem descritiva empregada consignará um agir ou estado em desacordo com a ordem jurídica.

Na referência às ações lícitas não será relevante consignar os motivos do agente ou as circunstâncias em que as ações tiveram lugar; já no que se refere às consideradas ilícitas, o relato deve procurar surpreender os motivos que instruíram as ações, visitando-se, igualmente, as circunstâncias da ocorrência, que poderão, conforme o caso, disparar outras modalidades de mensagens jurídicas, especificamente, quer-se aqui sublinhar, as de natureza penal.

Tanto em um, quanto noutro cenário, a Administração Pública descreverá fatos, eventos ou condutas, relatadas em linguagem, quer efetivamente ocorridas na realidade ontologicamente considerada, quer não, como o que se passa com ficções, presunções e, mesmo, mentiras.

Esta narrativa, como se percebe, já estabelece o *ambiente fatual* do debate lingüístico, lançando luz sobre um determinado recinto a partir do qual prescreverá uma determinada exigência. A iniciativa do ataque, portanto, estabelece ato relevante para o jogo das relações tributárias, pleno de vocábulos e arranjos lingüísticos.

3.   O ataque contra a conduta lícita

Interessante observar-se de pronto que a ordem jurídica determina em diversas situações ao próprio Administrado a formulação de mensagens auto-implicacionais, ou seja, que acarretem repercussões práticas invariavelmente onerosas em desfavor do próprio Administrado.

Expressões cuidadosa e exaustivamente examinadas pela doutrina, *como auto-lançamento ou lançamento por homologação*, não obstante possuam sentidos diferentes,[172] nada mais representam, no que é nuclear, do que a elaboração, por

---

[172] *Autolançamento*, segundo Estevão Horvath, é aquele conjunto de operações mentais ou intelectuais levadas a cabo pelo sujeito passivo, enquanto *lançamento por homologação* é um ato expresso ou tácito *praticado pela Administração, que consubstancia o controle de regularidade da atividade do particular, exercida para dar cumprimento a um dever legal. Lançamento Tributário e "Autolançamento"*, p. 166.

parte do Administrado, de uma determinada comunicação, cuja repercussão muito provavelmente o onerará, sob a ótica patrimonial, fixando-lhe obrigações gravosas, segundo imposição provenientes de prescrições jurídicas correspondentes e que implementam uma efetiva *terceirização da gestão tributária.*

São *mensagens confessionais*, ou melhor, *confissões não tão espontâneas*, vez que colhidas coativamente pela Administração Pública,[173] a qual é municiada inclusive da competência para apenar os Administrados recalcitrantes. A Declaração Cadastral (Deca), a Declaração de Ajuste do Imposto sobre a Renda, entre outros, representam exemplos evidentes de *mensagens confessionais* compulsoriamente produzidas pelo Administrado e que, não elaboradas a tempo e na forma disciplinadas, ensejam a aplicação de sanções específicas.

Igualmente *confessionais* são aquelas mensagens elaboradas pelo interessado, não sob o peso ameaçador do Estado, mas para beneficiar-se de algum favor tributário, como o de uma isenção em que, ao particular, por vezes, é atribuída *a responsabilidade pela formalização do fato jurídico isento.*[174]

Situações outras há, entretanto, em que as mensagens provêm integralmente por parte da Administração Pública, não contando, assim, com a participação ativa do Administrado na sua formulação. É o que se passa, *v.g.*, com o IPTU,[175] cuja elaboração na grande maioria dos municípios do Brasil fica a cargo da Administração Pública.

Seja qual for a intensidade da participação dos co-partícipes na composição destas mensagens, tais comunicações, entretanto, tocam em aspectos sensíveis e imprescindíveis para fazer com que tal mensagem tenha sentido completo, satisfazendo, assim, as exigências que dela são exigíveis pela ordem jurídica a que estão submetidas.

Não nos referimos, entretanto, às exigências atinentes às *situações de direito*, que enveredam num plano estranho à realidade probatória, não obstante, reitere-se, as disciplinem. Referimo-nos, portanto, aos aspectos que dizem respeito às *situações de fato*, notadamente porque são passíveis de admitir a produção de camadas de linguagem probatória, e que freqüentam, como já se sublinhou, a porção antecedente da mensagem comunicacional do ataque.

---

[173] "Ao contrário da validade convencional dos usos e costumes, o direito normatizado não se apóia sobre a facticidade de formas de vida consuetudinárias e tradicionais, e sim sobre a *facticidade artificial* da ameaça de sanções definidas conforme o direito e que podem ser impostas pelo tribunal." Jurgen Habermas, *Direito e democracia: entre facticidade e validade*, vol. I, p. 50.

[174] Pedro Henrique Accorsi Lunardelli, *Isenções tributárias*, p. 140.

[175] Imposto sobre a Propriedade Predial e Territorial Urbana (IPTU).

Graficamente, assim divisamos os aspectos mais relevantes da *mensagem de ataque*:

Aspecto	Elemento
Pessoal	O receptor
	A predicação do receptor
Conduta	O agir
	O objeto do agir
Quantitativo	A quantificação
Espacial	O espaço
Temporal	O tempo

Tabela 1 – Mensagem de ataque: conduta lícita

3.1. O aspecto pessoal

O Direito volta-se para certeiramente interferir nas comunicações intersubjetivas, repercutindo nas condutas, refreando-as, permitindo-as ou, mesmo, obrigando-as. Sendo assim, conta com um protagonista central: o homem, que se envolve de uma maneira muito particular no mundo. Assim, a *mensagem de ataque* voltada para, a partir de condutas lícitas, disparar repercussões nas suas hostes evidentemente levará em conta o ocupante do assento pessoal.

3.1.1. O receptor da mensagem de ataque

Toda mensagem comunicacional em seu sentido completo conta com um emissor e com um receptor. No que se refere às mensagens de natureza tributária, o cenário não é diferente. Aqui, a mensagem trafega tanto numa quanto noutra direção, mas invariavelmente contando com um emissor e um receptor. Há situações em que a *mensagem de ataque* provém da Administração Pública e é direcionada para o Administrado; noutras, caso das *mensagens confessionais*, o Administrado a endereça à Administração Pública.

Os protagonistas das mensagens comunicacionais possuem um nome, designação ou signo que procura distingui-lo dos demais e que tem a função pragmática de permitir que a mensagem a ele e dele – e não a um outro – seja efetivamente destinada ou remetida.

Sendo uma pessoa natural, que o Direito brasileiro costuma chamar *pessoa física*, concede-lhe a possibilidade de utilizar-se de um vocábulo ou expressão vocacionado para exercer a função de nome individual (ou prenome), e outra para o nome da família (patronímico, apelido, sobrenome ou cognome).[176]

---

[176] José Roberto Neves Amorim, *Direito ao nome da pessoa física*, p. 9.

Capítulo V • A Mensagem de Ataque | 169

Quando se trata de uma pessoa deliberadamente *artificial*,[177] que recebe a designação *pessoa jurídica*, sofistica a eleição do seu nome – ou denominação – interferindo efetivamente de alguma maneira na sua composição, desde ao obrigar a inserção de expressões que denotam toda uma roupagem jurídica peculiarmente imposta (*União Federal, Município, sociedade anônima, limitada, comandita simples, empresa pública, autarquia* etc.), como inclusive impedindo a adoção, especialmente no âmbito das pessoas jurídicas de Direito Privado, de denominações já utilizadas, através do sistema disciplinador e restritivo da criação, registro e utilização de marcas e sinais distintivos.[178]

A complexidade da sociedade contemporânea, todavia, não se satisfaz em distinguir a pessoa somente com um nome (*pessoa física*) ou com uma denominação (*pessoa jurídica*). Exige que todas as pessoas que queiram participar da sociedade submetendo-se às regras jurídicas detenham outros signos que as identifiquem e, sobretudo, sirvam para distingui-las das demais num contexto comunicacional.

Criam-se outras linguagens codificadas, preponderantemente expressando-se na forma alfanumérica, em que as pessoas são referidas – ou *gravadas* – segundo uma linguagem digital que, de acordo com regras previamente estabelecidas, permitem que determinada pessoa, possuidora de um certo nome ou denominação, tenha um específico número que não poderá ser utilizado por outrem.[179] Estabelece-se um conduto comunicacional codificado entre *nomes-denominações* e este outro corpo de linguagem codificada.

Se examinarmos a documentação[180] de uma pessoa física de idade avançada, que participe ou tenha participado ativamente das atividades esperáveis de um cidadão considerado atuante na sociedade brasileira, seremos engolfados por uma verdadeira profusão de mensagens codificadas, com diversos números assentados segundo critérios previamente estabelecidos. Sem qualquer menosprezo ao corpo de linguagem codificada de menor relevância para esta exposição,[181] há um conjunto de

---

[177] Ou seja, concebida pelo homem não em sentido biológico.

[178] Para descrever-se, necessário se faz denominar-se previamente. Denominar e descrever não se encontram num mesmo nível: a denominação é uma preparação para a descrição. A denominação não é ainda um lance no jogo de linguagem; tão pouco quanto a colocação de uma peça de xadrez é um lance no jogo de xadrez. Pode-se dizer: com a denominação de uma coisa não se fez nada ainda. Ludwig Wittgenstein, *Investigações filosóficas*, p. 42.

[179] Evidentemente não estamos nos referindo aqui às possibilidades de fraudes e simulações que possam afrontar o propósito essencial destes códigos.

[180] *Documentação* vista como um conjunto de mensagens produzidas para relatar uma determinada realidade situacional, que poderá ser utilizado de acordo com códigos sociais e, sobretudo, jurídicos, que lhe emprestam repercussões concretas. O passaporte, *v.g.*, que é um corpo ordenado de signos que serve de foco ejetor de mensagens comunicacionais, credencia, segundo determinadas regras, que uma pessoa física possa transitar entre países, além de, naturalmente, servir de veículo identificador daquela determinada pessoa em relação aos outros indivíduos.

[181] Carteira de Motorista, Título de Eleitor, Certificado de Reservista etc., no que se refere às relações públicas – com o Estado – ou Cartões de Crédito, Contas Bancárias, Clubes etc. nas relações privadas.

expressões codificadas de inequívoca importância no segmento tributário que *grava* as pessoas participantes da aludida mensagem comunicacional, tanto expressos na forma alfabética quanto na numérica.[182]

O participante, portanto, da mensagem comunicacional sob exame é individualizado através de um signo *nominal* e de outros signos alfanuméricos que a ordem jurídica determina como necessários e suficientes para que essa pessoa possa adequadamente freqüentar o ambiente ocupado por indivíduos aptos a serem titulares de direitos e de obrigações, uns em relações aos outros.

O agente produtor da mensagem comunicacional deverá identificar o destinatário conjugando para tanto não só o *signo nominal*, como os *signos alfanuméricos* cunhados segundo códigos próprios para identificar a pessoa no contexto jurídico em que a mensagem é expedida e, ainda, a natureza daquela determinada atividade que é objeto da respectiva mensagem. Para tal finalidade deverá o emissor da mensagem embrenhar-se na realidade dos códigos ontologicamente considerados, colhendo os dados que ela lhe oferece, para construí-la de maneira adequada e em condições de eficazmente repercutir em matéria jurídica.

Tal coleta, sublinhe-se, ocorrerá predominantemente nos recantos que o contexto jurídico reconheça como credenciados e idôneos para serem considerados aptos a trafegar pelos domínios jurídicos, e desde que determinadas formalidades tenham sido atendidas. Assim, para dizer-se que uma pessoa possui um signo nominal em condições de repercutir no ambiente jurídico, deverá ter obedecido a solenidades atinentes às regras registrárias, tanto no que pertine ao Registro Civil das Pessoas Naturais, quanto ao Registro das Pessoas Jurídicas, quer no âmbito dos assentos relativos a sociedades simples (Registro Civil das Pessoas Jurídicas), quanto a sociedades empresariais (Juntas Comerciais) etc. No que se refere às pessoas jurídicas de Direito Público interno, devem, inclusive, ter assento em lei especialmente disciplinadora da sua compleição e das suas atribuições etc.

a) O emissor: a Administração Pública-interessada

O emissor, no caso, da *mensagem de ataque*, é a Administração Pública-interessada, ou, se preferirmos, o agente credenciado para produzi-la de acordo com os preceptivos jurídicos aplicáveis. Mesmo que seja uma máquina a instrumentalizadora da emissão da mensagem – aliás uma tendência inafastável na realidade administrativa tributária – haverá sempre de existir uma pessoa *personificando* o emissor, pois a máquina somente agirá segundo critérios às últimas fixados pelo ser humano, elemento essencial à movimentação dinâmica de uma pessoa jurídica.

---

[182] Caso das Cédulas de Identidade, Cartão de Inscrição de Contribuintes (CIC), Passaporte, Contrato Social, Estatuto Social, Cadastro Nacional das Pessoas Jurídicas (CNPJ), Inscrição Estadual, Inscrição Municipal etc.

Este emissor será aquela pessoa credenciada e habilitada pelo contexto e código jurídico a figurar no pólo emissor da comunicação, o qual deverá seguir o proceder aplicável, especialmente à vista do conteúdo que necessariamente deverá constar da respectiva mensagem.

O agente, no caso, ao exercer a função que lhe é previamente atribuída, o faz em nome da pessoa jurídica com a qual tem vinculo, ou seja, aquela que se assentará no pólo emissor da mensagem comunicacional em apreço, tanto podendo ser uma pessoa jurídica de Direito Público (aqui incluídas, naturalmente, as designadas pessoas políticas de Direito Constitucional interno) como as de Direito Privado que possuam competência para tal.[183]

A *mensagem de ataque* trará repercussões na realidade, estimulando uma resposta por parte do Administrado-receptor, quer concordando com todos os elementos que compõem a mensagem, quer discordando de alguns ou até de todos os seus elementos. Haverá, portanto, uma reação, que tanto poderá ser de aceitação em relação à mensagem recebida, ou, de discordância, neste último caso configurando situação potencialmente estimuladora da formação de um processo administrativo-tributário.

Evidentemente esta mensagem que aqui chamamos *de ataque* é uma espécie de reação que o emissor tem em relação a diversas mensagens anteriormente recebidas, sob variadas formas, que vão – ainda na esteira do exemplo clássico de *mensagem de ataque*, caso do IPTU – desde as mensagens de natureza normativa que se desprendem das leis aplicáveis e que impõem determinadas condutas aos integrantes da Administração Pública, até as anteriormente colhidas segundo relatos provenientes de proprietários de imóveis situados em áreas urbanas de determinado Município, como escrituras de propriedade imobiliária, ou, ainda, de relatos produzidos pela própria Administração, como Habite-se, Alvará de Construção etc.

b) O emissor: o Administrado

O sistema jurídico-tributário cada vez mais se utiliza de mensagens emitidas pelos Administrados, ou seja, atribui a obrigação ao Administrado de produzir mensagens com teor formal preestabelecidos, aos quais são acostadas denúncias sobre a ocorrência de eventos também previamente catalogados e ensejadores da sua emissão, a que vimos chamando de *mensagens confessionais.*

É o que se passa com as comunicações que têm como resultado a homologação por parte da Administração Pública, no que se designa comumente *lançamento por*

---

[183] Paulo de Barros Carvalho admite a pessoa física também como credenciada a figurar como sujeito ativo de obrigação tributária. *Curso de Direito Tributário*, p. 212.

homologação.[184] Estabelece-se através de enunciados instalados em veículos legislativos a obrigação de determinadas pessoas endereçarem à Administração Pública-interessada noticias e dados sobre as ocorrências que, uma vez relatadas, fazem nascer a chamada *obrigação tributária.*

Esta mensagem noticiosa (que se apresenta sob a designação de *declaração* etc.) é de emissão obrigatória. Ou seja, ocorrido o evento previamente catalogado no contexto e no código jurídico apropriado, torna-se obrigatória a sua emissão, segundo uma certa forma previamente estabelecida, contendo determinado conteúdo igualmente antecipadamente previsto, sob pena de ser aplicada sanção correspondente.

No diálogo que aqui se trava, precedendo o potencial embate processual administrativo, há, assim como em relação a qualquer mensagem, uma resposta por parte da Administração Pública-interessada. Poderá ela tanto expressar-se de maneira comissiva, quanto omissiva. Comissivamente, endereçara ao Administrado uma resposta, na forma de comunicação escrita, na qual consignará encontrar-se de acordo ou em desacordo com o teor da mensagem originária. Poderá, também, nada expressamente dizer, tal implicando igualmente uma resposta, agora de natureza omissiva, pois, aqui de todo apropriado invocar-se o axioma da comunicação de que *ninguém pode deixar de se comunicar.*[185]

Esta mensagem é rotulada no ambiente jurídico-tributário de *homologação* de lançamento, conforme assentado no art. 150, do Código Tributário Nacional (CTN). Representa a reação, por parte da Administração Pública, segundo alternativas previamente catalogadas pela ordem jurídica, repercussão esta que, se apresentando sob a forma implícita ou explícita, materializa a mensagem comunicacional de ataque.

c) Os fatores de desestabilização

Há fatores que poderão estabilizar ou desestabilizar a relação comunicacional entre o emissor e o receptor. Consideram-se fatores estabilizadores aqueles que, adequadamente, encontrem-se presentes na comunicação em apreço. Em outras palavras, os dados atinentes às pessoas encontram-se adequadamente narrados, segundo uma linguagem na função descritiva escorreita, consoante as regras ditadas especialmente para o *jogo tributário* etc.

---

[184] Art. 150, do Código Tributário Nacional: "O lançamento por homologação, que ocorre quanto aos tributos cuja legislação atribua ao sujeito passivo o dever de antecipar o pagamento sem prévio exame da autoridade administrativa, opera-se pelo ato em que a referida autoridade, tomando conhecimento da atividade assim exercida pelo obrigado, expressamente a homologa. (...) § 4º Se a lei não fixar prazo a homologação, será ele de cinco anos, a contar da ocorrência do fato gerador; expirado esse prazo sem que a Fazenda Pública se tenha pronunciado, considera-se homologado o lançamento e definitivamente extinto o crédito, salvo se comprovada a ocorrência de dolo, fraude ou simulação."

[185] Paul Watzlavick, Janet Helmick Beavin e Don D. Jackson, *Pragmática da comunicação humana*, p. 47.

Capítulo V • A Mensagem de Ataque | 173

Interessam-nos, contudo, os fatores desestabilizantes em matéria comunicacional, que tragam repercussões marcadas por prejudicialidade no tráfego das mensagens, estimulando a que um dos seus protagonistas – notadamente o Administrado – ingresse nos domínios das mensagens de natureza probatória: a pessoa considerada no texto da comunicação não é aquela a que o signo nominal se refere; a pessoa não é aquela a que o signo alfanumérico se refere; a pessoa é efetivamente aquela a que o signo nominal se refere, mas não é aquela a que o signo alfanumérico se refere; a pessoa não é a pessoa almejada para figurar como receptora da mensagem; a pessoa nada diz a respeito dos eventos e fatos que estarão, a seguir, sendo-lhes endereçados etc.

Quando o vetor de desestabilização encontrar-se presente, e for surpreendido, permitirá que sobre ele se produzam mensagens comunicacionais específicas, de caráter probatório, que estão sendo aqui examinadas, não nos interessando, ao menos nos limites da presente investigação, as desestabilizações que se refiram às designadas *situações de direito*, que serão resolvidas no âmbito do sistema jurídico, a par, portanto, do domínio das provas.

3.1.2. A predicação do receptor

Tanto o Administrado, quanto a Administração Pública-interessada são personagens que cumprem um papel especificamente confeccionado no contexto e no código jurídico a que pertencem. Assim como no âmbito da sociologia examina-se o papel social do cidadão, no domínio do Direito são alvos de preocupação deôntica, certeiramente voltada para os representantes de papéis previamente catalogados, outorgando-lhes determinados atributos.[186]

Conferir atributos, explique-se, equivale a acostar a uma categoria de pessoas deveres e direitos que possuam condições de serem particularmente exigidos, cuja consistência e instrumentalização encontrem-se previstas previamente na própria ordem jurídica, para tanto apondo-lhes adesivos lingüísticos.

A *mensagem de ataque* produzida pela Administração Pública-interessada ao referir-se ao seu destinatário, ou, mesmo aquela *mensagem confessional* proveniente do Administrado-emissor, consignam o qualificativo do emissor e do destinatário, de acordo com um repertório de possibilidades já catalogado pela ordem jurídica. Assinala-se, de maneira expressa, um dos *porquês* de eles ali figurarem, capturando-os para integrar o plano da pertinencialidade com o sistema.

---

[186] A identificação de uma complexão de expectativas por meio de papéis pode desprezar características pessoais e individuais. Papéis são feixes de expectativas limitados em seu volume por sua exeqüibilidade, mas não vinculados a uma determinada pessoa, podendo ser assumidos por diferentes atores, possivelmente alternando-se. Niklas Luhmann, *Sociologia do Direito I*, p. 101.

Tanto o emissor como o destinatário da mensagem comunicacional de ataque ou *confessional* ali se inserem por contar com um qualificativo previamente reconhecível na realidade jurídica, e contarem com um nexo de pertinencialidade para ali figurar, segundo os quadrantes contextuais jurídicos, os quais também prescrevem as obrigações, encargos e responsabilidades de cada um.

Alguém é convidado para uma festa por contar com certos atributos: ou por ser amigo, ou por ser personalidade notória, ou por ser profissional que sobre si haja interesse particular por parte do *promotor da festa* etc. Da mesma maneira, há um atributo que justifique a contratação de um músico para integrar uma determinada Orquestra Sinfônica ou de um jogador para integrar um time de futebol. Há na implicitude do convite o atributo que credencia o convidado a receber tal mensagem.

No caso que de perto nos interessa, referimo-nos à qualificação artificialmente estabelecida pela ordem jurídica, que divisa a Administração Pública-interessada como o *sujeito ativo da relação tributária*, e o Administrado como um *sujeito passivo da relação tributária*, na categoria de um *contribuinte*, um *responsável*, um *substituto*, um *devedor solidário*, qualificativos estes que se encontram descritos pormenorizadamente nos corpos de veículos comunicacionais que admitem ordenação da realidade jurídica, rotulados com expressões lingüísticas como o Código Tributário Nacional (CTN) o Regulamento do Imposto sobre a Renda (RIR) etc.

A cada um destes signos expressionais a realidade jurídica atribui não só atributos que os qualificam, mas imputa-lhes conseqüências, notadamente de caráter patrimonial. Nesta altura poderiam os mais apressados afirmar: estamos nos domínios das *situações de direito*, logo, irrelevantes para a investigação aqui em curso. A afirmativa nos parece parcialmente apropriada, pois remanesce um gomo de possibilidades fatuais que nos interessam.

Deveras, o manuseio destes signos efetivamente realiza-se na realidade deôntica, o que pode sugerir tratar-se de situações exclusivamente *de direito*. Ocorre, entretanto, que poderemos ter à mão corpos de linguagem comunicacional que sinalizem *situações de fato* que não se compaginem com os enunciados formulados. Podem-se produzir relatos atestando que o receptor da mensagem é possuidor de um imóvel mas, de fato, não o é; que é proprietário de um automóvel, quando também, em realidade, não o é; que é adquirente de uma fruta, quando não o é; que é inscrito numa certa repartição fazendária, quando não o é, e assim avante.

À evidência, o enunciado qualificativo constante da mensagem comunicacional apresenta pontos de contato – por referência, mas não por representação ou retratação – com a *realidade da vida*, quer elaborada com recursos lingüísticos provenientes da linguagem social, mas reconhecíveis no contexto jurídico (usuário, pai etc.), quer cunhada com sentido específico nas hostes da realidade deôntica (*substituto tributário*, *contribuinte*, *comodatário* etc.). Igualmente, estabelece pontos de referência com a realidade proposta, sob a forma de arranjos lingüísticos conhecidos como *presunção relativa* ou *mista*, ou *ficção em sentido lato*, que admitem ter seu conteúdo contraditado através do manuseio de relatos lingüísticos de natureza probatória.

Por vezes esta referência não é feita às escâncaras, isto é, nomeadamente identificada. É que situações há em que a mensagem tão-somente assinala o dispositivo constante em lei que identifica o qualificativo do destinatário. Predomina, aliás, neste relato, uma espécie de hipercodificação,[187] que exige do interessado cuidadoso trabalho de construção, para permitir-lhe divisar a mensagem em sua inteireza, para fazer-lhe sentido, evidentemente um sentido completo num ambiente jurídico.

Assim, não só por atender às regras previamente estabelecidas que determinam quais seriam os elementos que necessariamente deveriam figurar numa mensagem comunicacional nos quadrantes da matéria tributária, a mensagem para ser comunicacionalmente compreensível deve necessariamente indicar a qualificação do receptor, explicando-lhe – e a todos os espectadores – o *porquê* de ele ali figurar.

3.2. A conduta

O sistema do que se convenciona chamar *Direito Tributário* é integrado por um conjunto de regras codificadas que procuram certeiramente identificar uma conduta, a qual não possui a característica da polaridade, ínsita aos valores,[188] pois a conduta não conta com o oposto *não-conduta*.[189]

Compreende um agir do agente previamente regulado, assim como o objeto a que esta ação disciplinada refere-se, e, a partir desta relação, com desdobros de natureza patrimonial, extrair uma parcela de riqueza que de alguma maneira tenha nexo e pertinência com a relação estabelecida entre o agir e o respectivo objeto. O binômio *agir-objeto* representa aspecto sobre o qual muitas das vezes instala-se o contraditório administrativo.

Sendo assim, julgamos apropriado examinar e sublinhar apartadamente os elementos que integram a idéia de conduta, ou seja, o *agir*, assim como o *objeto* a que ele se refere, pois observamos que a distinção empreendida facilita a operatividade da identificação de aspectos que possam ser discutidos nos domínios das provas, através do *esgrimir lingüístico probatório*.

---

[187] Cf. Umberto Eco, *Tratado Geral de Semiótica*, p. 121-122.

[188] Johannes Hessen, *Filosofia dos Valores*, p. 99.

[189] Paul Watzlavick, Janet Helmick Beavin e Don D. Jackson, *Pragmática da comunicação humana*, p. 44.

3.2.1. O agir

O agir tem como protagonista central o agente, aquele mesmo antes já examinado sob a rotulação de *receptor*, quer pessoa física, quer pessoa jurídica. Evidentemente nos referimos às atuações que sejam disciplinadas pelo Direito de maneira interessada.

Tanto pode ser estática, quanto dinâmica. Consideram-se estáticas as situações em que o *agente é* e, assim sendo, o é em relação a *algo*, cuja associação é suficiente para, no ponto sob realce nesta investigação, permitir a realização da denominada *incidência tributária*, a qual promove o disparo de mensagens especificamente confeccionadas para tanto, desde que, naturalmente, trate-se de hipótese previamente reticulada no ordenamento jurídico como passível de tal incidência.

É o que se passa em relação à condição de o agente ser da categoria *proprietário* (de um imóvel rural ou urbano, aqui, não importa qual a espécie), que representa um estado situacional estático envolvendo um agente. Refrisamos que não nos interessa, aqui, o bem (o objeto), que adiante será examinado, mas, sim, destacar o *ser*, que evidencia uma realidade situacional do indivíduo, pois não estamos, nesta investigação, pretendendo surpreender o arcabouço teórico da regra-matriz de um tributo, que acosta a uma conduta um complemento,[190] mas, sim, enfatizar aspectos que possam ser segregados, segundo juízo de probabilidades para suscitar disputas envolvendo mensagens de natureza probatória.

O agir sob a ótica dinâmica, por seu turno, diz respeito às movimentações empreendidas pelos agentes, os quais, de alguma maneira, modificam a realidade circundante. São exemplos destas alterações a atuação do agente representadas por signos que a gramática denomina *verbos, como circular, prestar, industrializar, adquirir, alienar* etc., ou, mesmo, permanecer *comissivamente inerte*, caso, exemplificativamente, do não exercício de opção de compra no ambiente das Bolsas de Valores.[191]

Onde houver a presença do homem ou, mesmo, da sua criação artificial a que se designa *pessoa jurídica* ou *pessoa física*, titular de determinados direitos e sujeita a determinadas obrigações, haverá uma ação, quer estática, quer dinâmica.

Transplantando-se tal orientação para a realidade comunicacional, observa-se que o agente integra, em caráter essencial, uma outra realidade também integrada pela

---

[190] Conforme magistralmente composto por Paulo de Barros Carvalho, *Curso de Direito Tributário*, p. 181.

[191] O negócio com opções pode ou não ser realizado, dependendo, exclusivamente, da vontade do adquirente. Se o detentor da opção, por uma razão qualquer, entender não exercê-la, perderá o montante pago previamente a título de "prêmio" a favor do ofertante. De outro lado, se achar conveniente o exercício da opção, pagará o preço combinado, além de o "prêmio" anteriormente entregue. Roberto Quiroga Mosquera, *Tributação no Mercado Financeiro e de Capitais*, p. 184.

conduta: o *agir comunicacional*[192] que, no Direito, ganha contornos de um *agir comunicacional-estratégico*.[193] Permanecendo estático, ou atuando dinamicamente, expedem-se mensagens no circuito comunicacional sob diversas formas e meios codificados do conhecimento dos participantes deste circuito, como através da linguagem do silêncio, da mímica, dos gestos, dos sons e, claro, da escrita, dentre outras tantas.

Este agir comunicacional, consoante destacado ao longo deste ensaio, pode ou não ter como referente a realidade ontologicamente considerada. Se a tiver, diz-se que procurará intercalar-se entre a coisa e o indivíduo; se não a tiver, caso daquelas mensagens que são semanticamente consideradas mentiras, ficções ou presunções evidenciarão a presença de *uma função sígnica*,[194] em que o referente *existe* (tanto que a ele é referido), mas em termos meramente comunicacionais, repercutindo de maneira efetiva (ficções ou presunções) ou podendo até repercutir de maneira potencial (mentiras) como *existente* na realidade jurídica.

Entreabrem-se, à evidência, algumas possibilidades de desajustes que podem gerar perplexidades, passíveis de suscitar reações diversas. Diz-se que a conduta foi de *industrializar*, quando *prestar serviços* quadra ser adequada à situação; a mensagem assinala que há uma *doação*, quando se entende que há, sim, situação envolvendo um *empréstimo* em condições vantajosas; diz-se que houve um *ganho financeiro*, quando nem mesmo sabe, o emissor desta mensagem, se ganho efetivamente houve etc.

Surpreendendo-se os eventos e os fatos, produzem-se, portanto, mensagens específicas de ataque – resultantes ou não de *mensagens confessionais* prévias – que trafegarão pelo circuito comunicacional jurídico, as quais poderão ser competentemente enfrentadas, quer, para tanto, enveredando-se nos domínios predominantemente jurídicos (para as *situações de direito*) quer nos domínios predominantemente dos fatos e eventos (para as *situações de fato*).

3.2.2. O objeto do agir

O agir do homem invariavelmente envolve um objeto, ou seja, qualquer coisa sobre a qual possa se referir em linguagem. No âmbito da *mensagem de ataque*, ocupa o habitáculo do referente que seja, segundo códigos jurídico-comunicacionais, considerado de alguma valia ou relevância para o Direito.

---

[192] As pessoas estão obrigadas a agir comunicacionalmente. Quando os pais querem educar os seus filhos, quando as gerações que vivem hoje querem se apropriar do saber transmitido pelas gerações passadas, quando os indivíduos e os grupos querem cooperar entre si, isto é, viver pacificamente com o mínimo de emprego de força, são obrigados a agir comunicativamente. Jurgen Habermas, *Passado como futuro*, p. 105.

[193] A estratégia revela-se na coordenação de planos de ação em que a mensagem é francamente utilizada de maneira orientada para conseqüências. Cf. Jurgen Habermas, "Racionalidade do Entendimento Mútuo", in *Verdade e Justificação: ensaios filosóficos*, p. 118.

[194] Função signica significa possibilidade de significar (e portanto de comunicar) algo a que não corresponde nenhum estado real de fatos. Umberto Eco, *Tratado Geral de Semiótica*, p. 49.

Como o Direito não possui a possibilidade de, *a priori*, catalogar, taxativamente, todas as espécies de objetos, utiliza-se, corriqueiramente, do manuseio lingüístico de categorias, ou seja, da aglutinação lingüística de diversas representações numa só expressão. Assim, ao invés de taxativamente discorrer-se sobre os objetos passíveis de relato, um a um, socorre-se da expressão categorial, como o que ocorre com *mercadorias*, *produtos acabados*, *matéria-prima* etc.

Assim, ocorrendo o agir, identifica-se o seu objeto, segundo uma linguagem que o diferencia das demais possibilidades, para ao depois subsumi-lo às categorias expressionais assentadas em códigos jurídicos, para então compor-se, sempre em linguagem, o núcleo material que é surpreendido pela *mensagem de ataque*.

Na *mensagem de ataque* endereçada a condutas lícitas, previamente cataloga-das no contexto e no código jurídico aplicável, os objetos referidos são da espécie *natural* ou *cultural*, encontráveis na realidade da vida e passíveis de identificação num certo espaço e num certo tempo, no caso, invariavelmente pretérito.

3.3. A quantificação

A *mensagem de ataque* para contar com um sentido completo sob a ótica comunicacional tributária necessita reportar expressamente um determinado montante, que o destinatário da mensagem ficará responsável em satisfazer.

Nas mensagens, o conteúdo quantitativo constrói a sua própria realidade, tanto contando com dados e informes provenientes do contexto e códigos jurídicos apropriados quanto também apoderando-se de dados extraídos da realidade circundante, expressas em comunicações lingüísticas, mensagens estas que tanto poderão adequadamente retratar quanto não retratar não só os contornos jurídicos aplicáveis à situação à mão, como sobretudo – ênfase no aspecto probatório – em relação às narrativas endereçadas a eventos ocorridos na realidade empiricamente considerada.

Quando não possui dados da *realidade da vida* como referente, a mensagem segue seu curso natural no tráfego comunicacional, submetendo-se a impulsos, desvios ou obstáculos postos segundo as regras do jogo da comunicação jurídica, as quais, como estamos vendo ao longo desta obra, admitem conferir procedência e prosperabilidade para atingir-se determinada finalidade, mesmo que não se refiram adequadamente às narrativas elaboradas para referir-se à realidade circundante, exatamente por não necessitar imprescindivelmente da realidade ontologicamente considerada para repercutir no ambiente jurídico-processual.

Nas porções da mensagem em que, francamente, o emissor da comunicação procura elementos lingüísticos freqüentadores da realidade empírica, elegendo um referente que admita ser examinado, *in loco*, segundo técnicas aceitas pelos

Capítulo V • A Mensagem de Ataque | 179

interessados, o relato pode apresentar desconformidades, inclusive com o próprio referente, evidenciando desajustes na designada *situação de fato*, admitindo a produção de mensagens de natureza probatória, que possam auxiliar a comprovação do conteúdo da *mensagem-central* sob o aspecto particular sinalizador da quantificação prestes a ser revelada.

Em suma, no que de perto nos interessa, trata-se da fixação, numa só mensagem, do importe que deverá ser saldado, cumprindo-se, assim, a finalidade vocacionada pelas prescrições de índole tributária em sentido estrito, qual seja, de trazer repercussões efetivas no âmbito patrimonial, de maneira que uma parte da riqueza detida por um, em nome próprio ou de terceiro, seja transferida para outro, conferindo-se operatividade, dentre outros comandos axiológicos que intervêm no direito o da supremacia do interesse coletivo sobre o interesse individual.[195]

Pois bem, observando-se na mensagem sintomas que indiquem desarranjos entre os enunciados e os dados colhidos na realidade circundante, no ponto, certeiramente voltados para indicar uma quantidade da riqueza sobre a qual poderá extrair-se um determinado montante, ou que sinalizem indevido manuseio dos signos segundo regras, convenções, axiomas e teoremas ínsitos aos sistemas a que pertençam, abre-se a possibilidade de produção de mensagens de natureza probatória.

Isto porque consideramos igualmente *situações de fato* – e não *situações de direito* – não só os desajustes atinentes às referências endereçadas à realidade circundante, como também os desarranjos lingüísticos observáveis no ambiente dos sistemas que são utilizados como instrumentos e meios para o atingimento das finalidades almejadas pelo Direito, caso especialmente da matemática, da geometria e da economia, que resistem a toda e qualquer tentativa jurídica de alterar-lhes os elementos que lhe são essenciais e cardeais.[196]

Prosseguindo, observa-se que instrumentalmente a mensagem comunicacional socorre-se dos seguintes signos representativos de códigos, especial e especificamente reconhecíveis no contexto jurídico, para obter-se efetivo sentido quantitativo na comunicação e possuir condições de repercutir no ambiente jurídico-tributário certeiramente no tocante à quantificação da obrigação: *base de cálculo, alíquota* e *cifra*.

---

[195] Em que prevalece o valor interesse público, em detrimento do valor interesse individual. Na medida em que existem valores a serem conjugados (dentro da idéia de Estado Democrático de Direito), e como eles não são absolutos, o limite do prestígio a ser dado a um corresponde à negação do outro. Marco Aurelio Greco, *Contribuições* (uma figura "sui generis"), p. 107.

[196] As prescrições jurídicas encontram obstáculos que a impedem de afirmar, como foros de procedência e em condições de serem levadas a sério, que 2 + 2 = 5, ou que 10 m x 20 m encerram uma área de 300 m^2, ou que *cem reais* é representado pela expressão R$ 412,00. Caso assim o faça, estar-se-á admitindo a produção de mensagens probatórias voltadas para evidenciar o desarranjo lingüístico empregado.

a) A base de cálculo

Designa-se *base de cálculo* a expressão lingüística que tem a função de relatar, segundo certas convenções, um aspecto específico do objeto da mensagem que tenha serventia para, a partir dele, erigir-se uma certa representação em pecúnia que configurará a obrigação tributária a cargo do devedor.

Dotada de prestígio constitucional,[197] enaltece a função semântica da mensagem comunicacional, reportando-se a algo da realidade circundante aquilatado segundo convenções doutras ciências, as quais são reconhecidas, pelo código jurídico, como adequadas para atingir-se a finalidade pretendida ao utilizar-se da respectiva expressão. Serve-se, portanto, de *coisas* ideais (números), regidos por regras instaladas ou provenientes de sistemas específicos e peculiares (geometria, aritmética, economia *v.g.*).

Assim, a partir de determinadas convenções, axiomas e teoremas aceitos pelos protagonistas das trocas de mensagens comunicacionais no ambiente jurídico aqui ainda *pré-processual*, há signos que, agrupados, constituem expressões que possuem a aptidão de evidenciar – adequadamente referentes ou não à realidade do *mundo da vida* – a dimensão de um terreno ou de uma edificação, consignam a quantidade de recursos sobre o qual há um relato noticiando uma venda, um aluguel, um ganho etc.[198]

b) A alíquota

Diz-se *alíquota* ao signo convencionalmente utilizado para identificar uma porção destacada de um todo a que se chama *principal* – ou, no linguajar tributário, *base de cálculo* – e que propicia a identificação da *porcentagem*, ou seja, o resultado obtido quando se calculam tantos por cento ou uns tantos centésimos de uma grandeza qualquer.

A alíquota representa a carga que usualmente é extraída da riqueza sob o foco tributante, tendo timbre calibratório, segundo graduação fixada nos domínios legislativos. Na matemática tem o limite máximo de 100, sem o que seria um sem-sentido dizer-se que o *percentual* é superior a cem, salvo nos relatos de quantificações que exageradamente transbordam tal limite. No contexto jurídico, contudo, partindo-se do zero, ao qual se designa a expressão *alíquota zero* – que

---

[197] Observa-se que o Texto Constitucional a ela faz sucessivas referências, como nos arts. 145 § 2º, 150 § 1º, 150 § 6º, 154, I, e 155 § 2º, XI e XII, "i".

[198] A aceitação destas convenções, axiomas (expressão matemática que não admite prova) e teoremas (expressão matemática que admite prova), mais das vezes não é claramente percebida pelo destinatário da mensagem comunicacional (Administrado, quer-se enfatizar), pois ao receber-se, *v.g.*, o carnê do IPTU de um imóvel, não se indaga ou questiona-se da procedência ou improcedência de que os algarismos são sinais gráficos por meio dos quais se representam todos os números, de que para ler-se um número inteiro qualquer, é necessário dividi-lo em classes de três algarismos da direita para a esquerda, de que um decâmetro equivale a dez metros, de que há ângulos retos, agudos e obtusos etc.

Capítulo V • A Mensagem de Ataque | 181

tantas perplexidades já causaram ao serem cotejadas com situações de isenção – encontra um limite máximo não numeral, mas jurídico, através do *não confisco tributário*, de difícil graduação, sabe-se.[199]

c) A cifra

Há eventos catalogados previamente pelo Direito que, uma vez ocorridos, fazem nascer a obrigação de pagar-se determinada cifra[200] ao sujeito ativo da relação tributária, em montante igual e previamente estipulado.

Assim, ocorrido o evento, *deve-ser* o pagamento de uma determinada cifra. É o que está corriqueiramente ocorrendo com as taxas em que, prestado o serviço público, há condições de materializar-se a obrigação de pagar o tributo correspondente representado em determinado montante. Não se trata, evidentemente, de dizer-se que não há taxas que levem em consideração o aspecto quantitativo, pois, sabe-se, há, sim, tal tomada de consideração, como a que quantifica o volume de lixo consumido para obter-se uma base de cálculo para sobre ela apurar-se o montante devido pelo administrado.

O que aqui se procura sublinhar é que efetivamente há situações envolvendo taxas que têm a estrutura de cobrança desta espécie de tributo sob a forma *tarifária*.

Não se trata, contudo, de um privilégio da taxa. Há, também, situações envolvendo impostos que igualmente elegem tal forma de estruturação de cobrança tributária. É o caso, *v.g.*, do ISS[201] incidente sobre os serviços prestados por advogados e, que, ao invés de referir-se ao montante da prestação empreendida, toma em consideração o aspecto quantitativo envolvendo estes profissionais. Assim, o advogado deve recolher ao Município de São Paulo um determinado montante fixo em pagamento deste tributo, consoante o Regulamento do ISS.[202]

3.4. O aspecto espacial

Os eventos catalogados pelo repertório de possibilidades passíveis de ocorrência, segundo a regra-matriz de cada tributo, são invariavelmente identificados num certo ambiente espacial e expressos em linguagem.

Sendo assim, a *mensagem de ataque* necessariamente deve consignar onde ocorreu o evento que ensejará determinada repercussão tributária, para tanto assinalando, em linguagem evidentemente sublinhando a *função referencial*, aquele deter-

---

[199] Cf. Estevão Horvath, *O princípio do não-confisco no direito tributário*.

[200] Ou *valor*, vocábulo que preferimos não utilizar nestas paragens, conservando-o preponderantemente para as referências axiológicas, e não, portanto, quantitativas.

[201] Imposto sobre serviços de qualquer natureza exceto os serviços integrantes do ICMS – Imposto sobre operações relativas à circulação de mercadorias e sobre prestações de serviços de transporte interestadual e intermunicipal e de comunicação.

[202] Decreto 44.540/04.

minado espaço arbitrariamente recortado da realidade espacial conhecida do emissor da mensagem, segundo um critério de relevância e pertinência juridicamente indicados como credenciados para suficientemente distinguir o espaço reticulado em relação à realidade abrangente e que a envolve.

A referência pode variar de objeto, ora tendo amplo espectro em sentido extensional (evento ocorrido no território brasileiro, *v.g.*) ora de menor expressão extensional e maior repercussão intencional (evento ocorrido nos limites de um armazém alfandegário, *e.g.*). A comunicação terá referência, portanto, a um *espaço recortado* que deve ser passível de ser esquadrinhado nos domínios de uma realidade ontológica.

Se a *mensagem de ataque* não contiver assinalado de maneira expressa o local onde se deu o evento, de sorte a que o destinatário da mensagem compreenda tratar-se de uma certa localização passível de referência em linguagem convencionalmente aceita pela sociedade, quer por fluência social, quer por disciplinamento jurídico, a comunicação encontrará obstáculo que impedirá o seu prosseguimento, pelo menos no que se refere às condições de prosperabilidade ordinária esperáveis das mensagens a que ora nos referimos.

Uma vez emitida, contudo, poderão ocorrer desajustes entre o que se compreende como sendo local em que o evento efetivamente tenha ocorrido, e o local que a mensagem tenha feito constar como sendo aquele em que o evento tivera lugar, abrindo-se a possibilidade de, em tal ocorrendo, serem produzidas mensagens de natureza probatória, comprovativas daquela expressão integrante e então destacada da mensagem comunicacional de ataque.

3.5. O aspecto temporal

Consideramos no ambiente tributário o *tempo* como o registro específico realizado pela linguagem, produzido segundo critérios aceitos pelos contextos e códigos atinentes aos sistemas social e jurídico, e que assinala um determinado átimo que se intromete entre a idéia de passado e de futuro, tomando-se aquele preciso instante como marco de referência para o olhar prospectivo e retrospectivo com vistas a fixar-se determinada repercussão de natureza tributária.

No Brasil, tem-se como pano de fundo o Calendário Gregoriano,[203] os termos temporais juridicamente organizados e especificados (*dia útil, horário comercial, feriados, fuso horário, horário de verão* etc.), os termos disciplinados em tratados e convenções de repercussão global e que são reconhecidos pelo Brasil (como a que fixa a hora do Meridiano de Greenwich, que passa pela antiga sede do Observatório Real

---

[203] Calendário preconizado pelo Papa Gregório XIII, em 1582.

Capítulo V • A Mensagem de Ataque | 183

de Greenwich, adotada no Brasil),[204] vetores estes que, integradamente articulados em linguagem apropriada, permitem obter-se relativo consenso por aqueles que têm contato com a respectiva mensagem comunicacional produzida, portando o propósito de segregar, do cardápio registrário do *passar dos tempos*, um determinado instante que passa a ganhar um relevo especial em relação aos *demais instantes* que em seu todo permitem erigir a noção integral do tempo.[205]

Especificamente no que de perto mais aqui nos interessa, a mensagem comunicacional de ataque possui três registros de natureza temporal que merecem destaques: (a) o registro de um determinado átimo em que é produzida, (b) o do lapso a que a mensagem se refere e (c) o instante em que a própria mensagem é recebida pelo seu receptor.

O primeiro registro (o instante da produção da mensagem) é determinado pelo agir do emissor da mensagem, isto é, justamente por aquele que a tenha produzido, quer omissiva, quer comissivamente, no que se convenciona chamar *lançamento*, não importa qual seja a sua espécie. O segundo registro (o momento da ocorrência) biparte-se em duas faces: uma, que pertence mais de perto ao receptor da mensagem, justamente aquele protagonista ou de certa maneira interessado na ocorrência em si mesma considerada, o qual possui melhores condições de sobre este instante pronunciar-se; outra, que se inclina mais para o emissor que faz pousar na mensagem comunicacional de ataque o registro de um determinado instante que, a seu ver, corresponde àquele preciso instante em que teve lugar a ocorrência sobre a qual se produz o relato. Finalmente, o terceiro registro, que tanto é relevante para o emissor quanto para o destinatário, pois a mensagem comunicacional somente terá sentido completo nos domínios jurídicos, repercutindo – função que lhe é essencial – caso atinja o receptor da mensagem.

Cada um destes registros, à evidência e consoante já se afirmou, é relevante para a composição expressional lingüística que possa apresentar desajustes notadamente de natureza semântica, podendo suscitar e servir de epicentro ao *esgrimir probatório* que se encontra prestes a ser travado entre Administração Pública-interessada e o Administrado.

4. O ataque contra a conduta ilícita

As *mensagens de ataque* em relação à conduta ilícita, isto é, desconforme às prescrições jurídicas de natureza tributária, provêm preponderantemente por parte

---

[204] Lei nº 2.784, de 18/06/1913 – Art. 1º *Para as relações contractuaes internacionaes e commerciaes, o meridiano de Greenwich será considerado fundamental em todo o território da Republica dos Estados Unidos do Brazil.*

[205] O direito sempre se preocupou com o tempo: pensá-lo significa ocupar-se da fugacidade das condutas, da efemeridade dos fatos e da inexorabilidade da linguagem que os cristaliza, por meio de provas jurídicas que propiciam o conhecimento e a manipulação dos acontecimentos relevantes para o direito. Eurico Marcos Diniz de Santi, *Decadência e Prescrição no Direito Tributário*, p. 38.

da Administração Pública-interessada, que surpreende a conduta do Administrado e a relata da forma e da maneira previamente catalogadas pelos códigos aplicáveis, segundo um contexto jurídico.

Neste palco nos interessam sobretudo as mensagens que efetivamente surpreendam o Administrado – não se tratando de mera expressão retórica –, isto é, flagrá-lo numa situação que seja considerada pelo contexto jurídico ofensiva aos preceitos dele exigíveis, e que, por algum motivo, não tenham sido satisfeitos pelo Administrado em questão, mensagens estas que, uma vez enfrentadas, possuem a condição de potencialmente vir a integrar um processo administrativo-tributário.

Sim, pois, nas mensagens da Administração que reagem às confissões *espontâneas* dos Administrados – *mensagens confessionais* –, há o apaziguamento da potencial hostilidade em que o confessado cordatamente tem o propósito de, agora, atender às prescrições outrora desatendidas e suportar as conseqüências de tal agir, não se animando a freqüentar um processo administrativo-tributário de natureza hostil.

A Administração Pública-interessada, portanto, na modalidade comunicacional que mais de perto nos interessa – geradora potencial de hostilidades – procura identificar situações em que o Administrado encontra-se em desconformidade com as condutas preconizadas pelo contexto jurídico, para tanto servindo-se de dados que se encontram na própria Administração, fruto de declarações e outros tipos de informes portadores de signos indicativos de que o Administrado não cumpriu a obrigação que lhe competia (como não pagar tributo, não ter realizado uma Declaração etc.) como, também, através de diligências que empreende na realidade circundante com o propósito de cientificar-se da efetiva ocorrência de determinados eventos (fiscalizações junto ao Administrado etc.).

Nesta situação, por diversas vezes, observa-se que o Administrado leva em conta, para assim agir, a presença de fatores que transcendem ao núcleo da relação obrigacional tributária, e que possam eventualmente auxiliá-lo na concretização da possibilidade de não ser flagrado na situação de desconformidade, não importa o motivo que anime o seu agir.

Assim, deposita expectativas dotadas de maior ou menor grau de probabilidades no tocante a sua efetivação, em fatos jurídicos ou eventos supervenientes, como anistias, prescrições, decadências (fatos jurídicos), de erros do sistema, perda de dados nos domínios da própria Administração (eventos), enfim de algum dos fatores externos à compostura da relação obrigacional-tributária dotados de aptidões suficientes para impedir que a Administração Pública-interessada identifique a sua conduta, componha a obrigação correspondente e, sobretudo, enderece-lhe certeira sanção, tal qual previamente catalogada no contexto jurídico. Aqui o Administrado *joga com os fatores probabilísticos*, para escusar-se de cumprir uma certa obrigação de natureza tributária.

Há, não obstante, reconheça-se, situações em que o Administrado simplesmente não possui a menor expectativa e, mesmo, conhecimento de que o seu agir acarretará situação passível de lhe ser imposta uma sanção de natureza tributária e, às vezes, até de natureza penal-tributária. Aqui, a Administração Pública-interessada, ao expedir a *mensagem de ataque*, literalmente *surpreende* o Administrado.

Seja como for, este tipo de comunicação de ataque possui uma porção antecedente e outra conseqüente, como já se sublinhou. Na antecedente relata, através de linguagem predominantemente na sua função descritiva, a ocorrência de um evento, mediante o exame e o manejo lingüístico das *situações de fato*. No conseqüente, prescreve a sanção correspondente, a qual invariavelmente resultará num dar ou num fazer, além de, naturalmente, procurar obter a satisfação daquela obrigação outrora desatendida.

Pois bem, prosseguindo, interessa-nos agora examinar cada um dos elementos que integram a porção antecedente da *mensagem de ataque* em relação à conduta ilícita que, por transitar pelo domínio das *situações de fato*, e, sendo assim, expressos em linguagem, admitirá, à frente, se oposta a competente resistência necessária para a formação do processo administrativo, o confronto probatório, com a possibilidade de elaboração e manejo de mensagens probatórias.

Graficamente assim são representados:

Aspecto	Elemento
Pessoal	O devedor
	A predicação do devedor
Conduta	O agir
	O objeto
	O motivo
	A circunstância
Espacial	O espaço
Temporal	O tempo

Tabela 2 – Mensagem de ataque: conduta ilícita

4.1. O aspecto pessoal

Os enunciados jurídicos de natureza tributária invariavelmente contam com destinatários identificados ou passíveis de identificação, que são, por sua vez, portadores de atributos específicos que lhe são conferidos no contexto jurídico, segundo categorias aprioristicamente catalogadas.

4.1.1. O devedor

A *mensagem de ataque* que flagra uma conduta ilícita tem como seu destinatário aquele responsável em suportar as repercussões advindas do agir desconforme às prescrições jurídicas aplicáveis à específica realidade situacional.

Invariavelmente é uma pessoa física ou pessoa jurídica dotada de traços e característicos que lhes conferem singularidade em relação aos demais circundantes, para tanto adotando-se nomes e nomenclaturas específicas, até combinações alfanuméricas com o propósito de particularizá-los em relação à plêiade de pares conviventes, aplicando-se a este devedor as mesmas considerações precedentemente remetidas ao agente destinatário da *mensagem de ataque* correspondente a um agir lícito.[206]

Aqui, contudo, diferentemente daquele duto comunicacional, abrem-se algumas possibilidades distintas no tocante ao aspecto do receptor já ser ou não um *conhecido*, ou tratar-se de um novo personagem que agora é alvejado pela comunicação.

Em outras palavras, há, agora, a possibilidade deste destinatário ter sido o agente que tenha recebido anteriormente uma *mensagem de ataque* em relação a um agir lícito (*lançamento*) e que, diante de seu comportamento recalcitrante, recebe nova comunicação, agora dotada de conteúdo apenador.

Poderá, noutro prisma, ser um personagem que ingressa somente neste instante no estádio em que se promovem as exigências de natureza tributária, ocupando tal assento em razão dos predicados jurídicos que possui, conforme será logo adiante examinado, podendo assim ser compelido a instalar-se na relação obrigacional em virtude do agir inadimplente de outrem.

Poderá, finalmente, aqui ingressar por saturar as condições exigíveis para uma categoria atingida por mensagens de amplo espectro, que não permitam promover-se identificação conseqüentemente individualizadora, alojadas em leis que prescrevam determinadas condutas que, no caso, tenham sido descumpridas, como, *v.g.*, a de uma pessoa que promova o contrabando de determinados produtos.

Seja como for, no ponto sob realce, a referência da mensagem no tocante ao seu destinatário poderá ou não se encontrar lingüisticamente apropriada. Em outras palavras, há a possibilidade de a mensagem ser endereçada, *v.g.*, a destinatário que nem mesmo tenha qualquer relação fática ou jurídica com a pretensão de natureza fiscal por parte da Administração Pública-interessada, ou cuja codificação alfanumérica não lhe pertença, donde abrir-se a possibilidade de serem produzidas mensagens de índole probatória, com o propósito de evidenciar a respectiva impropriedade, lançando foros de improsperabilidade à mensagem alvejada.

---

[206] Cf. Cap. V-3.

Capítulo V • A Mensagem de Ataque | 187

O devedor, em necessário arremate, ganha tal símbolo identificador (*devedor*), por ser aquele que possui a obrigação – ou o *dever* – de empreender algum agir que repercutirá no ambiente jurídico-comunicacional, quer pagando um determinado valor, quer agindo de uma determinada forma, quer se resignando com a perda imposta etc., submetendo-se, enfim, a uma mensagem de natureza apenadora dotada de características próprias para causar conseqüências no plano repercussional e não necessariamente coincidindo com aquele que satura o aspecto pessoal no tocante à *mensagem de ataque* endereçada à conduta lícita.

4.1.2. A predicação do devedor

O receptor da *mensagem de ataque* tem assento em um pólo comunicacional em razão de ter um determinado atributo que o faz enquadrar-se numa determinada categoria previamente catalogada pelas prescrições jurídicas aplicáveis. Em outras palavras, passa a integrar esta relação comunicacional porque os códigos de natureza legislativa que ordenam o fragmento relevante do contexto jurídico determinam que aqueles que saturarem determinadas condições previstas nos preceptivos apropriados estarão sujeitos a uma série de repercussões, fruto da coatividade ínsita a este sistema.

Agora, nesta modalidade de mensagem – que assinala a ocorrência de um agir desconforme ao contexto jurídico –, o receptor da comunicação ali figura ou por ter sido exatamente a pessoa que estivera compelida a satisfazer uma determinada obrigação e não o fizera, à vista de uma mensagem comunicacional especificamente a ela endereçada (*ato administrativo*) ou difusamente a ela aplicável (*lei*) ou, diversamente, por ser chamada para ali figurar pelo comportamento inadimplente de outrem que não satisfizera uma determinada obrigação, ganhando, de acordo com a categoria na qual se instalará, uma específica rotulação lingüística. Assim, tem-se o *contribuinte, o responsável tributário, o devedor solidário* etc.

A mensagem, contudo, poderá conter a fixação de atributos de maneira incorreta, gerando perplexidades que costumeiramente remetem aos chamados *erros de fato* ou *erros de direito* que, à vista de divergências em torno do que tencionam ferir, ensejam a produção de mensagens relatadoras de desarranjos lingüísticos sobretudo no tocante aos aspectos semânticos e pragmáticos.

Interessa-nos, à evidência da nossa exposição, os desarranjos atinentes às *situações de fato*, e que podem suscitar discussões no ambiente administrativo-tributário. Como exemplo singelo, cite-se a mensagem que diz ser o destinatário da comunicação o *possuidor* da mercadoria apreendida, quando o efetivo portador era outra pessoa. Não nos interessam, portanto, os desarranjos que apontem perplexidades a serem resolvidas exclusivamente no ambiente jurídico, como as que promovem a desclassificação de uma categoria catalogada (*contribuinte*) para reenquadrá-lo noutra (*devedor solidário*), exemplificativamente.

4.2. A conduta

A conduta lícita do ser humano, passível de sobre si contar com formulações de índole tributária, compreende (i) um agir e (ii) um objeto. Aqui, todavia, na mensagem que relata uma conduta ilícita, observa-se, além deste par, outro par, compondo um quadrilátero que envolve a conduta, facilitando compreendê-la e, sobretudo, no ponto sob realce, a própria conduta ilícita, qual seja: (iii) o motivo do agir e (iv) a circunstância envolvendo o agir. Examinemos cada um deles.

4.2.1. O agir

O Direito preocupa-se fundamentalmente com a ação do ser humano, disciplinando-a, isto é, fixando as regras pelas quais tal ação seja considerada apropriada e adequada, numa ótica de ordenação e comunicação social. E assim o faz porque se sabe que o homem necessita de limites, aos quais se associam ameaças de sanções, como única forma de controlar seus impulsos e comportamentos instintivos, desta maneira entorpecendo e engessando o agir que naturalmente poderia tender a empreender.

Sendo assim, o ordenamento jurídico estabelece um cardápio de situações que reputa lícitas, ou seja, conformes ao que convencionou como *agir situacional admissível*. Sendo o *lícito* um valor, possui o seu contra-valor, que é o *ilícito*, cujo vocábulo procura aglutinar todas as formas de agir que sejam coibidas pela própria ordem jurídica.

O agir que mais de perto aqui nos interessa é aquele que contraria as prescrições jurídicas, e que especificamente tenha relação com a matéria tributária, tanto podendo importar num agir omissivo, quanto comissivo.

A *mensagem de ataque*, no ponto, relatará uma determinada conduta, que poderá ser adequadamente retratadora de um evento ocorrido num certo tempo e num certo espaço, ou, diferentemente, conter um relato que não corresponda lingüisticamente a qualquer ocorrência da realidade circundante. Naquela, conterá a narrativa que enfatiza o aspecto semântico na comunicação; nesta, enfatizará o aspecto *função* da linguagem, que constrói a sua própria realidade.

Seja desta ou daquela modalidade, relatará uma conduta de desconformidade situacional *vis-à-vis* com a prescrição aplicável segundo a ordem jurídica. Produzir-se-ão mensagens como: *não pagou, não declarou, trouxe irregularmente, não emitiu* etc. E, sendo uma mensagem, poderá o relato, conforme já se sublinhou, adequadamente capturar o evento ou inadequadamente a ele referir-se, sob o prisma semântico.

Simplificadamente, poder-se-ia dizer que a conduta aqui relatada noticia a presença de um contra-valor àquele inserido no relato endereçado à ação lícita tal qual antes examinada.[207]

A desconformidade do agir tanto pode decorrer do descumprimento de preceitos instalados em veículos portadores da aptidão de obrigar condutas *a priori*, em relação àqueles que saturarem os requisitos categoriais também previamente estabelecidos (leis de espectro genérico) quanto em relação a prescrições individualizadas e relativas a determinado evento segregado da realidade circundante (atos administrativos individualizadores).

Assim, sempre haverá uma expressão comunicacional que tencionará aprisionar lingüisticamente um determinado evento. Ou genérica e hipotética, que exige do operador jurídico o trabalho ingente de promover o manuseio de algumas expressões comunicacionais (no mínimo, o cotejo entre a prescrição hipotética e aquela descritora do evento ocorrido) ou específica e personalizada, que tem o evento surpreendido em linguagem, o qual parte de um pressuposto jurídico (remissão ao fundamento legal, *v.g.*) para, a partir dele, construir o arranjo lingüístico específico conferindo-lhe singularidade.

Nas situações em que o relato distancia-se do evento efetivamente ocorrido, abre-se a possibilidade de instalar-se o embate probatório. Igualmente tal ocorre nas situações em que se tenciona implantar um *esgrimir probatório* despido de referências à realidade. Aqui, à evidência, o discurso probatório pode serenamente alojar-se e desenvolver-se, como oportunamente poderemos ver ao examinarmos a *mensagem de defesa*.

4.2.2. O objeto do agir

O núcleo do agir do homem é integrado por um objeto, sem o qual a expressão comunicacional ficaria sem sentido completo. Em outras palavras, a linguagem procura especificar uma ação com alguma probabilidade de ter sido implementada na *realidade da vida*, associando-lhe um objeto para, com a ação, estabelecer uma relação.

Aqui, portanto, examina-se o objeto da ação com o que aprioristicamente estabelece a ordem jurídica como passível de integrar-se a algum agir, segundo as possibilidades que franqueia a realidade ontologicamente considerada, ou integrante de um evento *a posteriori* narrado através de uma linguagem apropriadamente formulada para repercutir nas hostes tributárias.

Pode tratar-se de signos que denotam a presença de um objeto qualquer, como natural (*terreno, lago* etc.), ideal (*1.000* etc.) ou cultural (*patente* etc.), ao qual se

---

[207] Cf. Cap. V-3.

associa o verbo que procura representar o agir sob atenção, obtendo-se, ao final, um sentido completo, que permite que o destinatário da mensagem compreenda satisfatoriamente o que o emissor da mensagem desejaria reportar, ou, ao reverso, comporte-se de maneira hostil, por entender que a afirmativa comunicacional não corresponde ao entendimento que tem acerca daquela situação, julgando, *v.g.*, que a propriedade sobre determinado veículo não coincide com aquele a que a comunicação tem em conta, ou que o produto industrializado não seja exatamente aquele ferido pela mensagem comunicacional.

Nestas plagas, diferentemente da distinção entre critérios quantitativo e material[208] empreendida por Paulo de Barros Carvalho, para as situações previamente catalogadas como passíveis de sofrer repercussões de natureza tributária, aglutina-se no que designamos *objeto do agir* toda a constelação de possibilidades que se abrem para ser a *coisa* objeto da ação do homem.

Quer-se com isto dizer que se inclui, dentre os objetos da conduta ilícita, o aspecto quantitativo que compõe o enunciado acerca da desconformidade havida, como o que repousa ao pagar-se R$ 1.000,00 – ao invés de R$ 10.000,00 – devidos à Administração Pública-interessada em função da exigibilidade de um determinado tributo.

Isto porque estamos preocupados em assinalar, como já se disse, os pontos cardeais das mensagens comunicacionais que, probabilisticamente, maior possibilidade apresentam de sofrer controvérsias discursivas, no tocante às situações de fato, as quais poderão exigir a presença de mensagens de natureza probatória *reforçativas*.

O objeto do agir, portanto, tal qual os demais conteúdos que integram uma mensagem, não é aquele constante da realidade circundante e sobre o qual se permite elaborar uma mensagem segundo códigos acolhidos pela realidade jurídica. É, sim, aquele divisado a partir de uma mensagem comunicacional, que potencialmente poderá ser refutada, quer no plano intralingüístico comunicacional estrito, quer apoiando-se em *depoimentos* colhidos dos transeuntes da experiência, sendo relatados em linguagem reconhecível pelos integrantes das relações de índole jurídico-tributária.

4.2.3. O motivo do agir

O motivo, no seu aspecto essencial, é o móvel que catapulta o agir do homem. Referimo-nos, aqui, ao motivo integrante da realidade ontológica do ser, e não àquele proveniente de prescrições de natureza deôntica instalados no contexto ou nos códigos jurídicos ou atinentes à função da linguagem. Assim, salvo nos movimentos reflexos e naqueles que transcendem a atuação do próprio homem, como os que

---

[208] *Curso de Direito Tributário*, p. 179 e 232, respectivamente.

advêm dos fenômenos da natureza, conhecendo-se, no pormenor, o motivo, facilita-se, inegavelmente, a compreensão do próprio agir que lhe é conseqüente.

O contexto e os códigos jurídicos, no que se referem às prescrições de natureza tributária, interessam-se sobre os motivos que instruíram o agir previamente catalogado como sujeito a repercutir nos seus domínios.

E o fazem de duas maneiras: ou interessam-se para dizer que o motivo de determinada conduta, surpreendido por uma narrativa lingüística, não acarretará uma determinada repercussão, quer a favor, quer em desfavor do Administrado, seja para consignar que, diferentemente, o enunciado correspondente assinala aspecto relevante para integrar a composição expressional sob relevo, predominantemente, na *mensagem de ataque*, para agravar os encargos a serem imputados ao Administrado.

Sempre há uma preocupação dos códigos jurídicos em relação às mensagens que se refiram aos motivos do agir. O ponto sob destaque é que se emprestam determinadas repercussões jurídicas a estas mensagens, quer declarando-as *neutras*, isto é, para integrarem o domínio essencial do agir a ser surpreendido pela *mensagem de ataque*, ou *partidárias*, ou seja, que indicam efetivamente ter influenciado determinada ação e continuam sendo relevantes por acarretar repercussões concretas na estruturação do conseqüente da *mensagem de ataque*.

As narrativas acerca dos motivos considerados *neutros* são tomadas em conta no antecedente da ação, mas desprezadas como fatores que influenciam *relevantemente* o agir ilícito. Pode-se afirmar que, segundo a ordem jurídica brasileira de natureza tributária, tem predomínio latente, a partir, inclusive, da orientação determinada pelo art. 136, do Código Tributário Nacional.[209] Deixar de prestar a declaração do Imposto sobre a Renda ou, mesmo, deixar de recolher determinado tributo são ações advindas de determinados motivos, os quais são considerados, no contexto jurídico-tributário, dispensáveis de serem examinados com detença, para perquirir-se da razão do agir.

Já as narrativas que procuram referir-se aos motivos considerados *partidários*, ou seja, volitiva e interessadamente adotados pelo Administrado, são aqueles que o contexto estabelece como particularmente relevantes a serem tomados em consideração na *mensagem de ataque*, por portarem traços que colidem com os valores cardeais da respectiva ordem jurídica, incômodos ao contexto e aos códigos aplicáveis, merecedores de censuras e sanções mais severas, como forma de não só apenar o Administrado em causa, mas também tomá-lo como ícone de desestímulo aos demais Administrados.

---

[209] Art. 136. Salvo disposição de lei em contrário, a responsabilidade por infrações da legislação tributária independe da intenção do agente ou do responsável e da efetividade, natureza e extensão dos efeitos do ato.

É o que se passa com determinados motivos decorrentes da própria natureza ínsita ao homem, os quais ganham rotulações sígnicas arbitrárias, conformadas substancialmente por determinados característicos aprioristicamente assentados, como *fraude, conluio, sonegação* etc.

Caso a Administração Pública-interessada note a presença de um evento motivacional que rotulamos *partidário* estará obrigada não só a fazer constar a sua presença na *mensagem de ataque*, por força do contexto jurídico mais de perto aplicável, como também, no conseqüente da mensagem, e segundo os mesmos fundamentos, fará introduzir sanções mais severas, independentemente de também produzir outras tantas mensagens que estimulem o início doutros jogos comunicacional-jurídicos, especialmente de índole penal.

Assim, como se pode ora sumular, os motivos do agir são efetivamente relevantes para a emissão da *mensagem de ataque* a uma realidade situacional considerada ilícita. Seja para estimá-la *neutra* para as repercussões conseqüentes, seja para divisá-la *partidariamente* relevante, para melhor compreender o agir tomado por parte do Administrado.

Ocorre que aqui – motivos *partidários* – abrem-se possibilidades de discussões no campo das mensagens probatórias. Isto porque poderão arranjos lingüísticos do ataque adequada ou inadequadamente referir-se aos motivos que precederam uma determinada ação por parte de um determinado Administrado, potencialmente geradores de perplexidades. Daí segregar-se, como relevante por reunir condições de vir a integrar um processo administrativo-tributário, a possibilidade de examinar-se os enunciados lingüísticos no domínio jurídico acerca dos motivos de uma determinada ação, seja por parte do Administrado pessoa física, seja pessoa jurídica.

4.2.4. A circunstância envolvendo a conduta

A circunstância é o conteúdo proposicional da narrativa lingüística acerca de objetos e de condutas que se instalam no entorno da ação ocupante *do fato-central* da *mensagem de ataque*, no caso, da conduta ilícita, procurando referir-se a coisas e eventos que integrem a atmosfera particular onde tivera lugar.

A linguagem que a descreve tem inequivocamente a finalidade de buscar relatos já produzidos ou agora especialmente produzidos, sobre os quais a comunicação de ataque instalará nova referência, com o propósito de, com esta narrativa acerca de um evento, efetiva ou potencialmente ocorrido, obter-se condições mais favoráveis para se adquirir, senão o consenso, elevado grau de aceitação acerca da afirmativa também contemporaneamente prestada de que tal ou qual motivo instruiu o agir do devedor.

A *realidade circunstancial* é o relato acerca de estados ou acontecimentos, com ou sem circunstantes que, de alguma maneira, tenham nexo de pertinência e relevância com o evento objeto do *fato jurídico central*. A circunstância exerce alguma espécie de pressão hipnótica sobre a conduta, com relevância que decorre do próprio contexto jurídico que vê a circunstância como passível de afetar as repercussões que prescrevem a determinadas condutas consideradas desconformes a prescrições de natureza jurídica. À evidência, a circunstância, trabalhando de braços com os motivos, permite melhor descrever as razões mais pertinentes e relevantes pelas quais determinada obrigação de natureza tributária não foi satisfatoriamente atendida.

Serve como farol luminoso da escuridão que diuturnamente guarnece os motivos. As comunicações, refrise-se, sobre as circunstâncias, são narrativas contributivas para obter-se o consenso ou, ao menos, mais elevar a possibilidade de que tal ocorra (especialmente, em relação aos intervenientes do processo comunicacional, notadamente a Administração Pública-julgadora – para a qual todos pragmaticamente trabalham na lida tributária processual) militando para obter-se compreensão acerca de sentimentos de natureza subjetiva, relatados na mensagem comunicacional.

A empresa que não pagou o tributo (*ação* e seu *objeto*), por encontrar-se em dificuldades e por não dispor de recursos (*o motivo* e a *circunstância*), representa um exemplo bem singelo do quanto aqui pretendemos consignar, e que ganha operatividade, a nosso ver, inequívoca nos relatos que sejam produzidos acerca de diversas composições situacionais que representem o agir considerado ilícito ou desconforme ao contexto jurídico.

4.3. O aspecto espacial

A conduta desconforme com o contexto jurídico – conduta ilícita – invariavelmente ocorre em algum local. E a *mensagem de ataque*, neste particular, assinala onde imagina a Administração Pública-interessada ter tido lugar.

Aqui nos interessa onde o evento tenha ocorrido, e não o local previamente estabelecido na ordem jurídica em que deveria ter ocorrido. Em outras palavras, como a linguagem neste particular evidentemente procura intrometer-se entre a ocorrência efetiva e a recepção, pelo destinatário, da respectiva mensagem menos importa, no ponto e sob a ótica fática, a moldura jurídico-contextual, mas, sim, a descrição atenta de onde a ocorrência implementou-se.

O relato deve ter um discurso descritivo evidentemente consentâneo com as repercussões jurídicas que tal descrição acarretará, ou seja, deve consignar os elementos relevantes para deixar inequivocamente evidenciado o aspecto espacial que seja relevante para o discurso, tal qual já examinado no tocante à *mensagem de ataque* relativa às condutas lícitas.[210]

Sim, pois, evidentemente nada adiantará – com vistas a efetivo grau de prosperabilidade – uma descrição que relate, para fins de apenamento acerca da desobediência de pagar o ISS, a *mensagem de ataque* que assinale ter o serviço ocorrido no território nacional e não numa área municipal etc. O relato, portanto, deve ser pertinente às exigências que a linguagem do contexto jurídico exige desta modalidade de imposição tributária.

4.4. O aspecto temporal

A *mensagem de ataque*, endereçada a registrar a ocorrência de um agir desconforme ao contexto jurídico correspondente, imprescindivelmente deve registrar o exato momento da sua ocorrência, segundo tábua de controle do tempo que seja reconhecida pela ordem jurídica como apropriada para servir de referencial para registrar-se o instante da ocorrência relatada.

Referimo-nos, portanto, aqui, ao tempo da ocorrência do evento, não obstante sejam igualmente em tudo aproveitáveis as considerações endereçadas precedentemente em relação ao lapso a que a mensagem se refere e ao instante em que a própria mensagem é recebida pelo seu receptor.[211]

Nesta modalidade de mensagem, contudo, poderá tornar-se viçoso um quarto marco temporal, que se refira aos instantes em que os motivos do agente estavam sendo encorpados.

O motivo do agir e, mesmo, as circunstâncias que envolveram este agir, como se sabe, especialmente no que se refere a assuntos ligados ao segmento tributário, quando dizem respeito a dolo, não são tomados de supetão ou como respostas meramente reflexas a uma determinação. Protraem-se no tempo, o qual inclusive serve de fator auxiliar para aprimorar as práticas consideradas ilícitas nesta matéria, estimulando a meditação e a reflexão estratégica por parte dos agentes submetidos a uma determinada prescrição.

A narrativa acerca do tempo em que o agir motivacional teve lugar, assim como das circunstâncias que o envolveram, auxilia a *mensagem de ataque* a ganhar robustez e chances de prosperidade, segundo os códigos comunicacionais da realidade jurídico-tributária. Assim, ao motivo do agir e às circunstâncias antes examinados, associa-se o elemento temporal, compondo trinômio valioso para surpreender-se a ação desconforme à realidade jurídica.

---

[210] Cf. Cap. V-3.
[211] Cf. Cap. V-3.

E, é claro, para reversamente o devedor evadir-se no ambiente comunicacional, refutando as afirmativas lançadas na *mensagem de ataque*, instalando o contencioso administrativo-tributário onde se dará o *esgrimir processual.*

5. Conclusões

1ª – Ao examinarmos os processos administrativo-tributários, especificamente preocupados com as provas, divisamos dois corpos de mensagens comunicacionais dotados de estruturas específicas e de autorias e finalidades diversas, e que mereceram a nossa reflexão por consubstanciarem as intervenções lingüísticas que dão início e pleno desenvolvimento ao que se convenciona designar *processo administrativo-tributário*, segundo um código comunicacional previamente estabelecido num contexto jurídico e social, mediante a prática de condutas ora permitidas, ora obrigadas, ora proibidas, já catalogadas, segundo um repertório de possibilidades aceitas também a tempo prévio: (a) *mensagens de ataque*, e (b) *mensagens de defesa.*

2ª – A Administração Pública observa um certo agir do Administrado, que, de duas, uma: (i) ou coaduna-se com as hipóteses previstas no contexto jurídico, às quais, deixando de ser hipóteses e convertendo-se em ocorrências efetivas, são-lhe acostadas determinadas obrigações, sendo rotulada pelos códigos jurídicos apropriados como *obrigação tributária* ou *acessória* ou (ii) não se coaduna ou aparenta não se coadunar com as prescrições irradiadas do ordenamento jurídico e especialmente aplicáveis ao caso, recebendo a designação de *infração tributária.*

3ª – Após a Administração Pública-interessada divisar ou mesmo supor os fatos, examinar a ocorrência dos eventos, as condutas e as circunstâncias, este ente interessado os traz a cotejo com os fundamentos apropriados alojados no contexto jurídico, segundo códigos especificamente aplicáveis, realizando uma espécie de embate lingüístico, no qual a linguagem é manuseada segundo um *silogismo comunicacional*, no qual a *premissa maior* é saturada com as mensagens jurídicas desprendidas do contexto e dos códigos jurídicos na parte relevante ao caso concreto; *a premissa menor* é preenchida com os relatos acerca dos eventos, fatos, condutas ou das circunstâncias; e *da* subsunção, havida entre tais conjuntos de mensagens, de onde extrai-se a *conclusão* atinente à realidade situacional enfrentada.

4ª – A Administração Pública-interessada, sob variadas designações, expede uma mensagem que (i) na sua porção antecedente, aloja a descrição dos eventos, fatos ou circunstâncias, relatando uma conduta autorizada pelo ordenamento jurídico ou uma infração catalogada pelo contexto e códigos jurídicos aplicáveis, enquanto (ii) na porção conseqüente, prescreve a exigência a ser endereçada ao destinatário da mensagem.

5ª – Centralizamos nossa atenção tão-somente na porção antecedente, pois ali se estabelecem contatos com realidades situacionais que poderão ser relevantemente tratadas no âmbito das mensagens probatórias. Diferentemente da porção conseqüente, que se distancia dos domínios da prova (*situações de fato*), alojando-se no plano jurídico, propício para as interpretações jurídicas (*situações de direito*). No antecedente, à evidência, predominam os fatos; no conseqüente, o Direito.

6ª – Na narrativa comunicacional alojada na porção antecedente, a Administração Pública descreverá fatos, eventos ou condutas, relatadas em linguagem, quer efetivamente ocorridas na realidade ontologicamente considerada, quer não, como o que se passa com ficções, presunções e, mesmo, mentiras. Poderá referir-se a ações consideradas tanto lícitas quanto ilícitas.

7ª – Os aspectos mais relevantes da *mensagem de ataque*, assim como os elementos que lhe são ínsitos, no tocante às ações lícitas, são assim aglutinados: pessoal (*receptor, predicação do receptor*); conduta (*agir e objeto do agir*); quantitativo (*quantificação*); espacial (*espaço*); e, temporal (*tempo*).

8ª – Toda mensagem comunicacional tributária em seu sentido completo conta com um emissor e com um receptor, trafegando tanto numa quanto noutra direção. Há situações em que a *mensagem de ataque* provém da Administração Pública e é direcionada para o Administrado; noutras, caso das *mensagens confessionais*, o Administrado a endereça à Administração Pública, a qual reage, comunicacionalmente, à anteriormente endereçada, disparando a *mensagem de ataque*.

8.1. Os protagonistas das mensagens comunicacionais possuem um nome, designação ou signo que procura distingui-los dos demais e que têm a função pragmática de permitir que a mensagem a ele e dele – e não a um outro – seja efetivamente destinada ou remetida.

8.2. Sendo uma pessoa natural, a que os códigos jurídicos costumam chamar *pessoa física*, concede-lhe a possibilidade de utilizar-se de um vocábulo ou expressão vocacionada para exercer a função de nome individual (ou prenome), e outra para o nome da família (patronímico, apelido, sobrenome ou cognome).

8.3. Sendo uma pessoa deliberadamente *artificial*, que recebe a designação *pessoa jurídica*, sofistica a eleição do seu nome – ou denominação – interferindo efetivamente de alguma maneira na sua composição, desde ao obrigar à inserção de expressões que denotam toda uma roupagem jurídica peculiarmente imposta (*União Federal, Município, sociedade anônima, limitada, comandita simples, empresa pública, autarquia* etc.) como, inclusive, impedindo a adoção, especialmente no âmbito das pessoas jurídicas de Direito Privado, de denominações já utilizadas através do sistema disciplinador e restritivo da criação, registro e utilização de marcas e sinais distintivos.

8.4. A complexidade da sociedade contemporânea, todavia, não se satisfaz em distinguir a pessoa somente com um nome (*pessoa física*) ou com uma denominação (*pessoa jurídica*). Exige outros signos que as identifiquem e, sobretudo, sirvam para distingui-las das demais num contexto comunicacional, criando-se linguagens codificadas, preponderantemente expressando-se na forma alfanumérica, em que as pessoas são *gravadas* segundo uma linguagem digital que, de acordo com regras previamente estabelecidas, permitem que determinada pessoa, possuidora de um certo nome ou denominação, tenha um específico número que não poderá ser utilizado por uma outra pessoa. Estabelece-se um conduto comunicacional codificado entre *nomes-denominações* e outros corpos de linguagem codificada.

8.5. O agente produtor da mensagem comunicacional deverá identificar o destinatário conjugando para tanto não só o *signo nominal* como os *signos alfanuméricos* cunhados segundo códigos próprios para identificar a pessoa no contexto jurídico em que a mensagem é expedida e, ainda, a natureza daquela determinada atividade que é objeto da respectiva mensagem. Para tal finalidade deverá o emissor da mensagem embrenhar-se na realidade dos códigos ontologicamente considerados, colhendo os dados que ela lhe oferece, para construí-la de maneira adequada e em condições de eficazmente repercutir em matéria jurídica.

8.6. O emissor da *mensagem de ataque* é a Administração Pública-interessada, ou, se preferirmos, o agente credenciado para produzi-la de acordo com os preceptivos jurídicos aplicáveis, ainda que seja uma máquina a instrumentalizadora da emissão da mensagem, pois haverá sempre uma pessoa *personificando* o emissor.

8.7. O emissor será aquela pessoa credenciada e habilitada pelo contexto e respectivo código jurídico a figurar no pólo emissor da comunicação, o qual deverá seguir o proceder aplicável, especialmente à vista do conteúdo que necessariamente deverá constar da respectiva mensagem. O agente, ao exercer a função que lhe é previamente atribuída, o faz em nome da pessoa jurídica com a qual tem vínculo, ou seja, aquela que se assentará no pólo emissor da mensagem comunicacional em apreço, tanto podendo ser uma pessoa jurídica de Direito Público (aqui incluídas, naturalmente, as designadas pessoas políticas de Direito Constitucional interno), como as de Direito Privado que possuam competência para tal.

8.8. Em que pese haver todo um corpo de disposições fixando as regras de emissão da *mensagem de ataque*, é inegável que, nos dias de hoje, há uma tendência de atribuir-se ao Administrado a responsabilidade pela emissão de mensagens *comunicacionais confessionais*, de índole declarativa de liames jurídico-obrigacionais. São mensagens noticiosas (que se apresentam sob a designação de *declaração* etc.), de emissão obrigatória, mas que trazem repercussões no ambiente jurídico. Assim, ocorrido o evento previamente catalogado no contexto e no código jurídico apropriado, torna-se obrigatória a sua emissão, segundo uma certa forma previamente estabelecida, contendo determinado conteúdo igualmente antecipadamente previsto, sob pena de ser aplicada sanção correspondente.

8.9. No diálogo que se trava, precedendo o potencial embate processual administrativo, há uma resposta por parte da Administração Pública-interessada, ou seja, de *homologação* de lançamento, que tanto poderá ser comissiva, quanto omissiva: (i) comissivamente, endereça ao Administrado uma resposta, na forma de comunicação escrita, na qual consignará encontrar-se de acordo ou em desacordo com o teor da mensagem originária; (ii) poderá, também, nada expressamente dizer, tal implicando uma resposta de natureza omissiva, pois *ninguém pode deixar de se comunicar*.

9ª – A *mensagem de ataque* produzida pela Administração Pública-interessada ao referir-se ao seu destinatário, ou, mesmo aquela *mensagem confessional* proveniente do Administrado-emissor, consigna o qualificativo do emissor e do destinatário, de acordo com um repertório de possibilidades já catalogados pela ordem jurídica. A Administração Pública-interessada como o *sujeito ativo da relação tributária*, e o Administrado como um *sujeito passivo da relação tributária*, na categoria de um *contribuinte*, um *responsável*, um *substituto*, um *devedor solidário* etc. A cada um destes signos expressionais a realidade jurídica fixa não só atributos, que os qualifica, mas imputa-lhe conseqüências, notadamente de caráter patrimonial.

9.1. O enunciado qualificativo constante da mensagem comunicacional apresenta pontos de contato – por referência, mas não por representação ou retratação – com a *realidade da vida*, quer elaborada com recursos lingüísticos provenientes da linguagem social, mas reconhecíveis no contexto jurídico, quer cunhada com sentido específico nas hostes da realidade deôntica, outras vezes estabelecendo pontos de referência com a realidade proposta, sob a forma de arranjos lingüísticos conhecidos como *presunção relativa* ou *mista*, ou *ficção em sentido lato*, e que podem sugerir desarranjos lingüísticos, os quais admitem ter seu conteúdo contraditado através do manuseio de relatos lingüísticos de natureza probatória.

Capítulo V • A Mensagem de Ataque | 199

10ª – O sistema do que se convenciona chamar *Direito Tributário* é integrado por um conjunto de regras que procuram certeiramente identificar uma conduta previamente regulada, assim como o objeto a que esta ação disciplinada refere-se, e, a partir desta relação, com desdobros de natureza patrimonial, extrair uma parcela de riqueza que, de alguma maneira, tenha nexo e pertinência com a relação estabelecida entre o agir e o respectivo objeto.

10.1. O agir tem como protagonista central o agente, que se apresenta sob a forma de pessoa física ou jurídica. Atua ora de maneira estática, ora dinâmica. Na atuação estática, o *agente é*, e assim sendo, o é em relação a *algo*, estabelecendo-se associação suficiente para propiciar a ocorrência da *incidência tributária*, a qual promove o disparo de mensagens especificamente confeccionadas para tanto, desde que, naturalmente, trate-se de hipótese previamente reticulada no ordenamento jurídico como passível de tal incidência. Sob a ótica dinâmica, refere-se às movimentações empreendidas pelos agentes, os quais, de alguma maneira, modificam a realidade circundante, surpreendendo-se estas movimentações através da verbalização em linguagem, uma das facetas instrumentais comunicacionais.

10.2. Onde houver a presença do homem ou, mesmo, da sua criação artificial a que se designa *pessoa jurídica* ou *pessoa física*, titular de determinados direitos e sujeita a determinadas obrigações, haverá uma ação, quer estática, quer dinâmica.

11ª – O agir do homem invariavelmente envolve um objeto, ou seja, qualquer coisa sobre a qual possa se referir em linguagem. No âmbito da *mensagem de ataque*, ocupa o habitáculo do referente que seja considerado de alguma valia ou relevância para o Direito, de acordo com os códigos jurídico-comunicacionais apropriados.

12ª – O *agir comunicacional* pode ou não ter como referente a realidade ontologicamente considerada. Se a tiver, diz-se que procurará intercalar-se entre a coisa e o indivíduo; se não a tiver, caso daquelas mensagens que são semanticamente consideradas *mentiras, ficções* ou *presunções* evidenciarão a presença de *uma função sígnica*, em que o referente *existe* (tanto que a ele é referido), mas em termos meramente comunicacionais, repercutindo de maneira efetiva (*ficções* ou *presunções*) ou podendo até repercutir de maneira potencial (*mentiras*) como *existente* na realidade jurídica.

13ª – A *mensagem de ataque* para contar com um sentido completo sob a ótica comunicacional tributária, no que se refere às *obrigações principais*, necessita reportar expressamente um determinado montante, a que o destinatário da mensagem ficará responsável em satisfazer.

13.1. Trata-se da fixação, numa só mensagem, do importe que deverá ser saldado, cumprindo-se, assim, a finalidade vocacionada pelas prescrições de índole tributária em sentido estrito, qual seja, de trazer repercussões efetivas no âmbito patrimonial, de maneira que uma parte da riqueza detida por um, em nome próprio ou de terceiro, seja transferida para outro, conferindo-se operatividade, dentre outros comandos axiológicos que intervêm no Direito, da supremacia do interesse coletivo sobre o interesse individual.

13.2. Observando-se, na mensagem, sintomas que indiquem desarranjos entre os enunciados e os dados colhidos na realidade circundante, no ponto certeiramente voltados para indicar uma quantidade da riqueza sobre a qual poderá extrair-se um determinado montante, ou que sinalizem indevido manuseio dos signos segundo regras, convenções, axiomas e teoremas inerentes aos sistemas a que pertençam, abre-se a possibilidade de produção de mensagens de natureza probatória.

13.3. Consideramos igualmente *situações de fato* – e não *situações de direito* – não só os desajustes atinentes às referências endereçadas à realidade circundante, como também os desarranjos lingüísticos observáveis no ambiente dos sistemas que são utilizados como instrumentos e meios para o atingimento das finalidades almejadas pelo Direito, caso especialmente da matemática, da geometria e da economia, que resistem a toda e qualquer tentativa jurídica de alterar-lhes os elementos que lhe são essenciais e cardeais.

13.4. Instrumentalmente, a *mensagem de ataque* à ação lícita socorre-se dos seguintes signos representativos de códigos especial e especificamente reconhecíveis no contexto jurídico, para obter-se efetivo sentido quantitativo na comunicação e possuir condições de repercutir no ambiente jurídico-tributário certeiramente no tocante à quantificação da obrigação: *base de cálculo, alíquota* e *cifra*:

a) designa-se *base de cálculo* à expressão lingüística que tem a função de relatar, segundo certas convenções, um aspecto específico do objeto da mensagem que tenha serventia para, a partir dele, erigir-se uma certa representação patrimonial que configurará a obrigação tributária a cargo do devedor. Serve-se de *coisas* ideais (números), regidos por regras instaladas ou provenientes de sistemas específicos e peculiares (geometria, aritmética, economia etc.);

b) *alíquota* é signo convencionalmente utilizado para identificar uma porção destacada de um todo a que se chama *principal* – ou, no linguajar tributário, *base de cálculo* – e que propicia a identificação da *porcentagem*, ou seja, o resultado obtido quando se calculam tantos por cento ou uns tantos centésimos de uma grandeza qualquer. A *alíquota* representa a carga que usualmente é extraída da riqueza sob o foco tributante, tendo timbre *calibratório*, segundo graduação fixada nos domínios legislativos; e,

c)   há eventos catalogados previamente pelo Direito que, uma vez ocorridos, fazem nascer a obrigação de pagar-se determinada cifra ao sujeito ativo da relação tributária, em montante previamente estipulado. Assim, ocorrido o evento, *deve-ser* o pagamento de um determinado montante ou *cifra*.

14ª – Os eventos considerados lícitos e catalogados pelo repertório de possibilidades passíveis de ocorrência, segundo a regra-matriz de cada tributo, são invariavelmente identificados num certo ambiente espacial e expressos em linguagem. A *mensagem de ataque* necessariamente deve consignar onde ocorreu o evento que ensejará determinada repercussão tributária, para tanto assinalando, em linguagem evidentemente sublinhando a *função referencial*, aquele determinado espaço arbitrariamente recortado da realidade espacial conhecida do emissor da mensagem, segundo um critério de relevância e pertinência juridicamente considerados credenciados para suficientemente distinguir o espaço reticulado em relação à realidade abrangente e que a envolve.

15ª – No ambiente tributário o *tempo é* o registro específico realizado pela linguagem, produzido segundo critérios aceitos pelos contextos e códigos atinentes aos sistemas social e jurídico, e que assinala um determinado átimo que se intromete entre a idéia de passado e de futuro, tomando-se aquele preciso instante como marco de referência para o olhar prospectivo e retrospectivo com vistas a fixar-se determinada repercussão de natureza tributária.

15.1. A *mensagem de ataque* endereçada à ação lícita possui três registros de natureza temporal que merecem destaque: (a) o registro de um determinado átimo em que é produzida, (b) o do lapso a que a mensagem se refere e (c) o instante em que a própria mensagem é recebida pelo seu receptor:

a)   o *instante da produção da mensagem* é determinado pelo agir do emissor da mensagem, isto é, justamente por aquele que a tenha produzido, quer omissiva, quer comissivamente, não importa qual seja a sua espécie;

b)   o *momento da ocorrência* biparte-se em duas faces: (i) uma, que pertence mais de perto ao receptor da mensagem, justamente aquele protagonista ou de certa maneira interessado na ocorrência em si mesma considerada, o qual possui melhores condições de sobre este instante pronunciar-se; (ii) outra, que se inclina mais para o emissor, que faz pousar na mensagem comunicacional de ataque o registro de um determinado instante que, a seu ver, corresponde àquele preciso instante em que teve lugar a ocorrência sobre a qual se produz o relato;

c) o *instante em que a mensagem é recebida pelo receptor*, que tanto é relevante para o emissor quanto para o destinatário da *mensagem de ataque*, pois a mensagem comunicacional somente terá sentido completo nos domínios jurídicos, efetivamente repercutindo – função que lhe é essencial – caso *atinja* o receptor da mensagem.

16ª – A *mensagem de ataque* contra o ilícito possui uma porção antecedente e outra conseqüente. Na antecedente relata, através de linguagem predominantemente na sua função descritiva, a ocorrência de um evento, mediante o exame e o manejo lingüístico das *situações de fato*, opondo-se-lhes prescrições provenientes dos redutos jurídicos que teriam sido desrespeitados. No conseqüente, prescreve a sanção correspondente, a qual invariavelmente resultará num dar ou num fazer, além de, naturalmente, procurar obter a satisfação daquela obrigação outrora desatendida.

17ª – A *mensagem de ataque* endereçada ao ilícito possui aspectos e elementos que lhe são essenciais, os quais potencialmente poderão alojar desarranjos em linguagem passíveis de suscitar discussões de natureza probatória. São eles: pessoal, *o devedor* e a *sua predicação*; conduta, o *agir*, o *objeto*, o *motivo* e a *circunstância*; espacial, o *espaço*; e, temporal, o *tempo*.

18ª – A *mensagem de ataque* que flagra uma conduta ilícita tem como seu destinatário aquele responsável em suportar as repercussões advindas do agir desconforme às prescrições jurídicas aplicáveis à específica realidade situacional. Invariavelmente é uma pessoa física ou pessoa jurídica dotada de traços e característicos que lhes conferem singularidade em relação aos demais circundantes, para tanto adotando-se nomes e nomenclaturas específicas, até combinações alfanuméricas com o propósito de particularizá-los em relação à plêiade de pares conviventes.

18.1. Há, nesta modalidade de mensagem, preponderantemente a possibilidade de este destinatário:

a) ter sido o agente que tenha recebido anteriormente uma *mensagem de ataque* em relação a um agir lícito (*lançamento*) e que, diante de seu comportamento recalcitrante, recebe nova comunicação, agora dotada de conteúdo apenador, ou

b) ser um personagem que ingressa somente neste instante no estádio em que se promovem as exigências de natureza tributária, ocupando

Capítulo V • A Mensagem de Ataque | 203

tal assento em razão dos predicados jurídicos que possui, podendo assim ser compelido a instalar-se na relação obrigacional em virtude do agir inadimplente de outrem; ou, ainda

c) ali ingressar por saturar as condições exigíveis para uma categoria atingida por mensagens de amplo espectro, que não permitam promover-se identificação conseqüentemente individualizadora, alojadas em leis quer prescrevam determinadas condutas que, no caso, tenham sido descumpridas, como, *v.g.*, a de uma pessoa que promova o contrabando de determinados produtos.

19ª – O *devedor* é aquele que possui a obrigação de empreender algum agir que repercutirá no ambiente jurídico-comunicacional, quer pagando um determinado valor, quer agindo de uma determinada forma, quer se resignando com a perda imposta etc., submetendo-se, enfim, a uma mensagem de natureza apenadora dotada de características próprias para causar-lhe conseqüências no plano repercussional e não necessariamente coincidindo com aquele que satura o aspecto pessoal no tocante à *mensagem de ataque* endereçada à conduta lícita.

19.1. O receptor da *mensagem de ataque* endereçada à conduta ilícita tem assento neste pólo comunicacional em razão de possuir um determinado atributo que o faz enquadrar-se numa determinada categoria previamente catalogada pelos códigos jurídicos aplicáveis. Assim, passa a integrar esta relação comunicacional porque os códigos de natureza legislativa que ordenam o fragmento relevante do contexto jurídico determinam que aqueles que saturarem determinadas condições previstas nos preceptivos apropriados, estarão sujeitos a uma série de repercussões, fruto da coatividade ínsita a este sistema.

20ª – A conduta considerada ilícita do ser humano, passível de sobre si contar com formulações de índole tributária, compreende (i) um agir, (ii) um objeto, (iii) o motivo do agir e (iv) a circunstância envolvendo o agir.

21ª – O ordenamento jurídico estabelece um cardápio de situações que reputa *ilícitas*, vocábulo que procura aglutinar todas as formas de agir que sejam coibidas pela própria ordem jurídica, especialmente aquelas que especificamente tenham relação com a matéria tributária, tanto podendo importar num agir omissivo quanto comissivo. A *mensagem de ataque* relatará uma determinada ação, que poderá ser adequadamente retratadora de um evento ocorrido num certo tempo e num certo espaço, ou, diferentemente, conter um relato que não corresponda lingüisticamente a qualquer ocorrência da realidade circundante. Naquela, conterá a narrativa que enfatiza o aspecto semântico na comunicação; nesta, enfatizará o aspecto *função* da linguagem, que constrói a sua própria realidade.

21.1. A desconformidade do agir tanto pode decorrer do descumprimento de preceitos instalados em veículos portadores da aptidão de obrigar condutas *a priori*, em relação àqueles que saturarem os requisitos categoriais também previamente estabelecidos (leis de espectro genérico), quanto em relação a prescrições individualizadas e relativas a determinado evento segregado da realidade circundante (atos administrativos individualizadores).

21.2. Invariavelmente haverá uma expressão comunicacional que tencionará aprisionar lingüisticamente um determinado evento. Ou genérica e hipotética, que exige do operador jurídico o trabalho ingente de promover o manuseio de algumas expressões comunicacionais (no mínimo, o cotejo entre a prescrição hipotética e aquela descritora do evento ocorrido) ou específica e personalizada, que tem o evento surpreendido em linguagem, o qual parte de um pressuposto jurídico (remissão ao fundamento legal, v.g.) para, a partir dele, construir o arranjo lingüístico específico conferindo-lhe singularidade.

22ª – O núcleo do agir do homem é integrado por um objeto, sem o qual a expressão comunicacional ficaria sem sentido completo. Assim, a linguagem procura especificar uma ação com alguma probabilidade de ter sido implementada na *realidade da vida*, associando-lhe um objeto para, com a ação, estabelecer uma relação.

22.1. O objeto da ação conforma-se ao que aprioristicamente estabelece a ordem jurídica como passível de integrar-se a algum agir, segundo as possibilidades que franqueiam a realidade ontologicamente considerada, ou integrante de um evento *a posteriori* narrado através de uma linguagem apropriadamente formulada para repercutir nas hostes tributárias.

22.2. Pode tratar-se de signos que denotam a presença de um objeto qualquer, como natural, ideal ou cultural, ao qual se associa o verbo que procura representar o agir sob atenção, obtendo-se, ao final, um sentido completo, que permite que o destinatário da mensagem compreenda satisfatoriamente o que o emissor da mensagem desejaria reportar, ou, ao reverso, comporte-se de maneira hostil, por entender que a afirmativa comunicacional não corresponde ao entendimento que tem acerca daquela situação.

22.3. O *objeto do agir* não é aquele constante da realidade circundante e sobre o qual se permite elaborar uma mensagem segundo códigos acolhidos pela realidade jurídica. É, sim, aquele divisado a partir de uma mensagem comunicacional, que potencialmente poderá ser refutada, quer no plano intralingüístico comunicacional estrito, quer apoiando-se em *depoimentos* colhidos dos transeuntes da experiência, sendo relatados em linguagem reconhecível pelos integrantes das relações de índole jurídico-tributária.

23ª – O motivo é o móvel que estimula o agir do homem. Referimo-nos àquele integrante da realidade ontológica do ser, e não àquele proveniente de prescrições de natureza deôntica instalados no contexto ou nos códigos jurídicos ou atinentes à função da linguagem. Assim, salvo nos movimentos reflexos e naqueles que transcendem a atuação do próprio homem, como os que advêm dos fenômenos da natureza, conhecendo-se, no pormenor, o motivo, facilita-se, inegavelmente, a compreensão do próprio agir que lhe é conseqüente.

23.1. O contexto e o código jurídicos, no que se refere às prescrições de natureza tributária, interessam-se pelos motivos que instruíram o agir previamente catalogado como sujeito a repercutir nos seus domínios:

    a) ou interessa-se para dizer que o motivo de determinada conduta surpreendido por uma narrativa lingüística não acarretará uma determinada repercussão, quer a favor, quer em desfavor do Administrado;

    b) ou para consignar que, diferentemente, o enunciado correspondente assinala aspecto relevante para integrar a composição expressional sob relevo, predominantemente, na *mensagem de ataque*, para agravar ou atenuar os encargos a serem imputados ao Administrado.

23.2. Os códigos jurídicos, em relação às mensagens que se refiram aos motivos do agir que envolve ilicitude, atribuem-lhes determinadas repercussões jurídicas:

    a) declarando-as *neutras*, isto é, irrelevantes para integrarem o domínio essencial do agir a ser surpreendido pela *mensagem de ataque*; ou

    b) *partidárias*, que indicam efetivamente ter influenciado determinada ação e continuam sendo relevantes por acarretar repercussões concretas na estruturação do conseqüente da *mensagem de ataque*.

23.3. As narrativas acerca dos motivos considerados *neutros* são tomadas em conta no antecedente da ação, mas desprezadas como fatores que influenciam *relevantemente* as repercussões advindas do agir ilícito.

23.4. As narrativas que procuram referir-se aos motivos considerados *partidários*, ou seja, especialmente os volitiva e interessadamente adotados pelo Administrado, são aqueles que o contexto estabelece como particularmente relevantes a serem tomados em consideração na *mensagem de ataque*, sobretudo nas situações em que portam traços que colidem com os valores cardeais da respectiva ordem jurídica, incômodos ao contexto e aos códigos aplicáveis, merecedores de censuras e sanções mais severas, como forma de não só apenar o Administrado em causa, mas também para tomá-lo como símbolo de desestímulo aos demais Administrados.

23.5. Caso a Administração Pública-interessada note a presença de um evento motivacional que rotulamos *partidário*, estará obrigada não só a fazer constar a sua presença na *mensagem de ataque*, por força do contexto e dos códigos jurídicos mais de perto aplicáveis, como também, no conseqüente da mensagem e, segundo os mesmos fundamentos, fará introduzir sanções mais severas, independentemente de também produzir outras tantas mensagens que estimulem o início doutros jogos comunicacional-jurídicos, especialmente de índole penal.

24ª – A circunstância é o conteúdo proposicional da narrativa lingüística acerca de objetos e de condutas que se instalam no entorno da ação ocupante *do fato-central* da *mensagem de ataque*, especialmente da conduta ilícita, procurando referir-se a coisas e eventos que integrem a atmosfera particular onde tivera lugar.

24.1. A *realidade circunstancial* é o relato acerca de estados ou acontecimentos, com ou sem circunstantes, que de alguma maneira tenham nexo de pertinência e relevância com o evento objeto do *fato jurídico central*. A circunstância exerce pressão hipnótica sobre a conduta, com relevância que decorre do próprio contexto jurídico que vê a circunstância como passível de afetar as repercussões que prescrevem a determinadas condutas consideradas desconformes a prescrições de natureza jurídica. A *circunstância* juntamente com os *motivos*, permite melhor descrever as razões mais pertinentes e relevantes pelas quais determinada obrigação de natureza tributária não foi satisfatoriamente atendida.

25ª – A conduta desconforme com o contexto jurídico invariavelmente ocorre em algum local. E a *mensagem de ataque*, neste particular, assinala onde imagina a Administração Pública-interessada ter tido lugar, sendo relevante onde o evento tenha ocorrido, e não o local previamente estabelecido na ordem jurídica em que deveria ter ocorrido.

26ª – A *mensagem de ataque*, endereçada a registrar a ocorrência de um agir desconforme ao contexto e aos códigos jurídicos correspondentes, imprescindivelmente deve registrar o exato momento da sua ocorrência, segundo tábua de controle do tempo que seja reconhecida pela ordem jurídica como apropriada para servir de referencial para registrar-se o instante da ocorrência relatada.

26.1. Na modalidade de mensagem endereçada ao ilícito, torna-se relevante realçar o marco temporal que se refira aos instantes em que os motivos do agente estavam sendo encorpados. O motivo do agir e, mesmo, as circunstâncias que envolveram este agir, como se sabe, especialmente no que se refere a assuntos ligados ao segmento tributário, quando dizem respeito a dolo, não são tomados de supetão ou como respostas meramente reflexas a uma determinação.

26.2. A narrativa acerca do tempo em que o agir motivacional teve lugar, assim como das circunstâncias que o envolveram, auxilia a *mensagem de ataque* a ganhar robustez e chances de prosperidade, segundo os códigos comunicacionais da realidade jurídico-tributária. Assim, ao motivo do agir e às circunstâncias associa-se o elemento temporal, compondo trinômio valioso para surpreender-se a ação desconforme à realidade jurídica.

Capítulo VI

A Mensagem de Defesa e a Técnica Jurídico-Comunicacional

1. Introdução

A Administração Pública-interessada ao expedir a *mensagem de ataque* estabelece lingüisticamente o ponto central (o *fato-central*) e o periférico (*fato-circunstancial*) sobre os quais poderá o Administrado manifestar-se, constituindo, assim, um duto comunicacional entre seu emissor e este, o receptor.

A manifestação poderá ocorrer sob a forma de *concordância tácita*, na qual a conduta do Administrado será absolutamente de acordo com as afirmativas a ele lançadas pela *mensagem de ataque*, fazendo com que ele, Administrado, recolha tributos, efetue declarações, pague o montante pecuniário do apenamento etc.

Poderá, ainda, dar-se sob a forma de *concordância expressa*, não obstante *em termos*, através da qual o Administrado reconhece a procedência da *mensagem de ataque* recebida, mas não pode ou não deseja atendê-la de imediato, em razão de fatores transcendentes ao meio jurídico, como, por exemplo, a falta de meios suficientes para satisfazer às obrigações que lhe são impostas de uma só vez, neste caso socorrendo-se de atitudes assentadas em linguagem através das quais se conforma com o ataque sofrido, mas busca alternativas para quando possível atendê-las, caso de pedidos de parcelamento, confissões etc.

Diferentemente, poderá ainda discordar de um ou outro aspecto contido na *mensagem de ataque*, ou, no limite, de todos os aspectos nela contidos, animando-se para o enfrentamento, passando a adotar o comportamento típico de alguém que se encontra prestes a ingressar num ambiente hostil, no caso, o de um processo administrativo de natureza tributária. Esta conduta, conforme já antes frisado, é a que interessa à presente investigação.

2. As fases

A *mensagem de defesa* a cargo do Administrado, em vista da sua complexidade, admite ser segregada em três fases distintas, mas absolutamente integradas: (a) *a fase de compreensão*, (b) *a fase de estratégia* e (c) *a fase comunicacional propriamente dita*.

Na (a) *fase de compreensão*, o receptor da *mensagem de ataque* (o Administrado) tem um comportamento zetético especulativo, mas, nos confins, voltado para a aplicação técnica na realidade,[212] ou seja, enfatizando o aspecto pergunta e não o aspecto resposta, com o propósito finalístico de compreender o que está sendo dito a seu respeito; (b) na *fase estratégica*, o Administrado modifica um pouco o seu comportamento, assentando-se, agora, no binômio *receptor-potencial emissor* (antes, meramente *receptor*), pois vasculha o que dizer, ora descobrindo, ora inventando; (c) finalmente, na *fase comunicacional propriamente dita*, o Administrado, já trajando a vestimenta de emissor, recorre a técnicas comunicacionais para atingir o destinatário da mensagem que então estará sendo produzida.

Em todas estas fases encontra-se presente uma pluralidade de códigos (sobretudo com fatores lingüísticos e jurídicos), formados a partir de um contexto comunicacional (social, jurídico etc.) os quais interferem no processo da compreensão, na própria investigação e, sobretudo, na elaboração e na emissão da mensagem comunicacional de defesa, conferindo a todas estas fases um sentido finalístico, notadamente para obter-se uma decisão que lhe seja favorável, daí dizer-se em todas as fases, mas sobretudo em relação às duas últimas, tratar-se de um *agir deliberadamente interessado*.

3. A fase da compreensão

Recorde-se que vemos as mensagens trocadas no domínio do Direito como um fenômeno comunicacional, aglutinando no seu trânsito certos protagonistas que possuem papéis específicos, previamente catalogados num contexto jurídico-comunicacional, numa interação que constitui um mundo de intersubjetividade comunicacional.

Na *fase de compreensão*, contudo, abre-se um parênteses no tráfego comunicacional, no qual o receptor da mensagem retrai-se, isolando-se num instante de reflexão. Há uma ênfase no exercício de atividade predominantemente mental por parte do Administrado, que se revela essencial para conformar-se o conteúdo do disparo da *mensagem de defesa*. Como se trava um contato com um texto (*mensagem de ataque*), a "compreensão do texto baseia-se numa dialética de *aceitação e repúdio dos códigos do emitente*, e de *proposta e controle dos códigos dos destinatário*".[213]

---

[212] Tércio Sampaio Ferraz Jr., *Introdução ao Estudo do Direito*, p. 45.
[213] Umberto Eco, *Tratado Geral de Semiótica*, p. 233.

Capítulo VI • A Mensagem de Defesa e a Técnica Jurídico-Comunicacional | 211

3.1. Conhecimento ou *reconhecimento* do código

A *mensagem de ataque* recebida, assim como a que proximamente será produzida, o foi e o será através da forma escrita, segundo certos códigos.[214]

Tanto sob a ótica retrospectiva (*mensagem de ataque* recebida) quanto prospectiva (*mensagem de defesa* a ser expedida), a comunicação fora articulada e será composta segundo códigos previamente catalogados e compreensíveis – efetiva ou potencial – por aqueles interessados no conflito administrativo-tributário.

O código apresenta a virtude de conferir um manto de ordenação e sentido à mensagem, de maneira a que possam os registros autônomos ser combinados entre si, estabelecendo relações *sintagmáticas* e *paradigmáticas* ou *associativas*,[215] transmitindo algo passível de compreensão, repercutindo sobretudo nas ações comunicacionais intersubjetivas.

Nesta fase, portanto, há necessariamente um contato com os códigos, seja já familiares (*reconhecimento*), seja inusitados (*conhecimento*), por parte do Administrado, os quais devem ser conservados na retentiva mas acesos no desenrolar de todas as fases, sendo, contudo, retomados com maior intensidade no curso da comunicação propriamente dita.

3.2. Situações de fato

O Administrado, portanto, numa visão ora evidentemente simplificada, ao tomar ciência da *mensagem de ataque* ingressa no mundo da linguagem, habitado por revestimentos lingüísticos oriundos do *mundo do Direito*, expressões lingüísticas cunhadas na realidade social, formas de linguagem lapidadas em áreas de conhecimento e ciências específicas (matemática, geometria etc.), expressões sintomáticas de sensações e motivações subjetivas (como da psicologia) etc.

Ordena-os, de maneira racional, com o propósito de conhecer sobre o que a mensagem refere-se, para o fim de, subseqüentemente, decidir sobre o que irá fazer ou dizer.

Ao assim fazê-lo, segrega as afirmativas que lhe são endereçadas que se refiram às *situações de fato* daquelas que atinam às *situações de direito*.[216] Em relação às *de fato*, poderá aceitar as afirmativas lançadas, refutá-las ou, ainda, considerá-las irrelevantes. Quanto às *de direito*, empreenderá interpretações nos meandros do Direito, discutindo-as, se desejar. Recortemos os relatos que se refiram às *situações de fato*.

---

[214] Cf. Cap. IV-2.

[215] Nas relações sintagmáticas as palavras "combinam-se em unidades consecutíveis, denominadas *sintagmas*. Em um sintagma, o valor de um termo surge da oposição entre ele e o que o precede, o que o segue ou ambos." (...) "O plano associativo das palavras determina agrupamentos provados pelas afinidades mais diversas, da ordem dos significantes ou dos significados." São os chamados *paradigmas*. Luis Alberto Warat, *O Direito e sua linguagem*, p. 31-32.

[216] Cf. Cap. IV-6.

As narrativas contidas na *mensagem de ataque* poderão em determinados trechos de sua superfície referirem-se às *situações de fato*, ou seja, o relato descrito na mensagem comunicacional que promova a individualização de determinado evento ocorrido num certo tempo e num certo espaço (*fato jurídico-central*), assim como as circunstâncias que freqüentaram o seu entorno (*fato jurídico-circunstancial*), igualmente ocorridas naquele mesmo tempo e naquele mesmo espaço, os quais admitem a produção de mensagens probatórias (*fato jurídico-probatório*).

Poderá, ainda, remeter predominantemente a *situações de direito*, mas que terão chances de ser mais bem elucidadas e, mesmo, enfrentadas, se contarem com os depoimentos colhidos das *situações de fato*, o que as remete a serem introduzidas na relação comunicacional processual que está prestes a instalar-se.

Pois bem, seja por delimitação da *mensagem de ataque*, seja por invocação conveniente da defesa que estará sendo proximamente confeccionada, tais realidades situacionais admitem ser agrupadas através de duas vertentes confeccionadas a partir de indagações a que correspondam:

a) *são situações que se instalam em qual aspecto ferido pela mensagem de ataque e sobre o qual, probabilisticamente, poderá haver o embate?*

Refere-se, especificamente, aos aspectos integrantes *das mensagens de ataque*, quer contra a conduta lícita, quer em relação à conduta ilícita, já examinadas, e que sumariamente poderiam ser assim agrupadas: (i) na *mensagem de ataque* contra a conduta lícita, pessoal (o *receptor* e a *predicação do receptor*), conduta (o *agir* e seu *objeto*), quantitativo (a *quantificação*), espacial (o *espaço*), temporal (o *tempo*); ou, (ii) na *mensagem de ataque* à vista de conduta ilícita, em relação ao aspecto pessoal (o *devedor* e a *predicação do devedor*), conduta (o *agir*, o *objeto*, o *motivo* e a *circunstância*), espacial (o *espaço*) ou temporal (o *tempo*).

b) *são situações predominantemente lingüísticas ou predominantemente situacionais, não obstante, é certo, expressas invariavelmente em linguagem?*

Em outras palavras, são afirmativas que poderão ser resolvidas com maior grau de distanciamento da *realidade do mundo*, ou seja, dos objetos, das condutas capturáveis na realidade circundante, ou, diferentemente, poderão conveniente e necessariamente exigir o auscultar-se da *realidade da vida*, para melhor compreendê-las e a elas referir-se? Com isto define-se a natureza da intervenção: ou predominantemente uma manifestação nos domínios da lingüística ou predominantemente assentada na realidade e, conseqüentemente, inspirada nos dados da experiência, não obstante expressa igualmente em linguagem.

As respostas obtidas a partir de tais indagações *fundantes* permitem ao Administrador enveredar-se na *fase estratégica*.

Capítulo VI • A Mensagem de Defesa e a Técnica Jurídico-Comunicacional | 213

4. A fase estratégica

Nesta altura, o Administrado, já sabendo sobre o que a resposta de ataque recebida sinaliza a seu respeito, começará a movimentar-se, inicialmente, através de um *agir flutuante*[217] ou *saltitante*,[218] que tanto pode compreender o recolhimento de dados que repute relevantes, como também confeccionar esboços de linguagem estruturada.

O Administrado estará agindo estrategicamente, ou seja, interessada e partidariamente com o propósito de refutar algum elemento da afirmativa que lhe fora lançada pela *mensagem de ataque*, certeiramente voltado para uma *situação de fato*.

Centra a sua atenção em encontrar sobre o que dizer (a *descoberta*) ou em criar o que dizer (a *invenção*).

4.1. A descoberta

Na descoberta, empreende-se a verificação e a constatação sobre o que já existe, identificando-se o binômio *linguagem-objeto*, ou seja, a presença de um objeto sobre o qual haja expressão de linguagem, a qual se intromete entre a coisa e o desfrutuário da mensagem lingüística.

Trata-se de um *juízo constatativo*, cujo conteúdo identificado admite a elaboração de *mensagem-guia* que o conduzirá a um altar onde serão tomados seriamente em consideração, no caso, nos domínios do processo administrativo.

Para alguns, o objeto tem *vida própria*, mitigando-se a importância do raciocínio do orador ou do emissor da mensagem a ser sobre si produzido.[219]

Observamos, contudo, que a linguagem descoberta acerca de um objeto (descobre-se a *linguagem do objeto*, e, através dela, o *objeto*, compondo o aludido binômio *linguagem-objeto*) possui, sim, um recôndito de privacidade, dela própria, que entrelaça a linguagem descoberta em relação ao objeto que a ela se refere.

Contudo, é inegável que, no manejo comunicacional, esta *linguagem-objeto* descoberta admite enriquecimentos ou empobrecimentos, dependendo da habilidade do orador e da capacidade crítica do auditório destinatário da mensagem a ser produzida.

---

[217] O agir flutuante compreende mas não se limita, portanto, à leitura da *mensagem de ataque*: "A primeira actividade consiste em estabelecer contacto com os documentos a analisar e em conhecer o texto deixando-se invadir por impressões e orientações. Esta fase é chamada de leitura *flutuante*, por analogia com a atitude do psicanalista. Pouco a pouco a leitura vai-se tornando mais precisa (...)." Laurence Bardin, *Análise de conteúdo*, p. 96.

[218] Se penso num assunto apenas para comigo e sem uma intenção de escrever um livro, saltito à sua volta; é a única maneira de pensar que é em mim natural. Forçar os meus pensamentos a uma seqüência ordenada é para mim um tormento. Valerá sequer a pena tentar, nestas circunstâncias, fazê-lo? Ludwig Wittgenstein, *Cultura e Valor*, p. 49.

[219] Para Roland Barthes as "provas fora-da-*technè* são, portanto, as que escapam à liberdade de criar o objecto contingente; encontram-se fora do orador (do operador da *technè*), são razões inerentes à natureza do objecto." *A aventura semiológica*, p. 56.

Um exemplo melhor elucida o que gostaríamos de transmitir. Se alguém se corta e apresenta o sangue escorrendo, o leigo – como nós – pouco discorrerá sobre este evento: dirá que é um líquido pastoso, de uma certa cor, que causa aflição e desconforto, mancha as roupas e, pronto; pouco mais será acrescentado. Se, contudo, tratar-se de um especialista na matéria, poderá discorrer horas a fio sobre esta mesma *linguagem-objeto* – o sangue, a partir do qual são expedidas repercussões denotativas e conotativas – enriquecendo-se, assim, a linguagem sobre a qual se assenta. Até aqui a ênfase aloja-se na capacidade comunicacional do emissor. Isto tudo, para um Auditório competente, isto é, que tenha grau suficiente de capacidade compreensiva, pois, ao contrário, funcionará como um relato comunicacional proferido numa língua estrangeira que não seja dominada pelos ouvintes.

Pois bem, se a disputa no processo administrativo-tributário versa sobre lançamentos realizados nas demonstrações de uma sociedade anônima, somente a descrição sobre certos registros lá instalados, segundo uma certa ordem, *modificará* a linguagem do objeto no tocante ao plano do conteúdo, não obstante trate-se do mesmo plano de expressão. Pode-se até argumentar tratar-se de questão de técnica, mas é inegável que tal intervenção como que *modifica* parcialmente a *linguagem-objeto* (e não o objeto em si).

Seja como for, na descoberta *tropeça-se* em algo já existente em linguagem, e que será trazido à ribalta do processo administrativo-tributário, em virtude do atributo de relevância que se lhe é desde logo atribuída pelo manuseador da linguagem, no caso, pelo Administrado.

4.2. A invenção

Na invenção, há a identificação de uma coisa ou conjunto de coisas, que servirão de referente para a confecção de uma mensagem especialmente elaborada com vistas a um processo administrativo-tributário.

Esta linguagem inventiva pode ter como referente objetos naturais, culturais, ideais ou metafísicos, invariavelmente identificados no tempo pretérito, aos quais se procura associar *códigos de consistência comunicacional*, que possam ser compartilhados com todos aqueles que venham a participar da relação comunicacional.[220]

A invenção desta camada de linguagem, à evidência, caminha paralelamente à *realidade do mundo*, podendo ora dela figurativamente aproximar-se (quando se refere a uma coisa passível de *reverificação*) ora distanciar-se (quando as condições de

---

[220] Ao "modelar nosso comportamento ostensivo, tanto quanto nossos pensamentos, o que conta são nossas convicções *compartilhadas* – nosso conhecimento subjetivo modelado pelas convenções de significado que sustentamos com outros – e não a natureza da realidade. Se algumas palavras não têm contraparte no mundo objetivo, mas *acreditamos* que têm, podemos ainda empregá-las para pensar e comunicar-nos". *Teorias da comunicação de massa*, Melvin L. DeFleur e Sandra Ball-Rokeach, p. 260.

Capítulo VI • A Mensagem de Defesa e a Técnica Jurídico-Comunicacional | 215

sustentabilidade circunscrevem-se aos domínios lingüísticos), sempre, contudo, de maneira que faça um determinado sentido minimamente suficiente para ser tomado seriamente em consideração, reunindo condições de potencial prosperabilidade no domínio do processo administrativo.

Sugere – a invenção – duas faces praticamente indissociáveis: a de identificar-se o que dizer, e sobre a operação de efetivamente dizer-se, identificar-se. Esta movimentação dialética encontra-se inegavelmente presente, parecendo-nos que somente conseguimos identificar *o que dizer, já dizendo.* Todavia, entre ambas, intromete-se, protuberantemente, o raciocínio, que merecerá exame específico.

Assim, a *invenção*, face inclusive à sua extrema importância para o processo administrativo – sem qualquer menosprezo, contudo, à *descoberta* – merece ser examinada tanto no que se refere à operação em que o Administrado procura identificar sobre o que dizer, como acerca (a) do raciocínio que empreenderá para dizê-lo, e, também, (b) o de emitir efetivamente a mensagem comunicacional conseqüente.

4.3.   O raciocínio

Tanto ao descobrir, como ao inventar, o agir do Administrado orienta-se por um raciocínio, que confere certa estabilidade e ordenação em como ele, Administrado, constata ou confecciona um conjunto de elementos que integrarão o veículo comunicacional a ser proximamente emitido. Pois bem, para atingir tal intento, empreende duas espécies de raciocínio: o *dedutivo* e o *indutivo*.

A *dedução*, segundo uma visão clássica, é a forma de raciocínio por meio da qual, a partir de premissas *verdadeiras*, obtém-se conclusão igualmente *verdadeira*. No raciocínio dedutivo, portanto, há a pretensão de que as "premissas fornecem uma prova *conclusiva*",[221] de maneira que se passa afirmar que o raciocínio dedutivo é aquele *cujas premissas fornecem provas decisivas para a verdade de sua conclusão.*[222]

Na indução, diferentemente, o raciocínio envolve a "pretensão, não de que suas premissas proporcionem provas convincentes da verdade de sua conclusão, mas de que somente forneçam *algumas* provas disso".[223] Em outras palavras, na indução não se deseja demonstrar a verdade de suas *conclusões como decorrentes, necessariamente, de suas respectivas premissas, limitando-se a estabelecê-las como prováveis ou provavelmente verdadeiras.*[224]

---

[221] Irving M. Copi, *Introdução à Lógica*, p. 35.

[222] Ibid., p. 139.

[223] Ibid., p. 35.

[224] Ibid., p. 313.

O raciocínio, portanto, pode-se sumariar – evidentemente numa resenha empobrecida em face da complexidade que envolve o raciocinar do homem – segundo uma visão clássica, estabelece uma relação sobretudo lógica entre premissas e conclusões, permitindo assentar-se um discrímen entre ambas as espécies clássicas de raciocínio (*dedutivo* ou *indutivo*) no grau de certeza que se atribui às conclusões. No dedutivo, elevadíssimo, a ponto de serem consideradas *verdadeiras*; no indutivo, não tão elevado, conferindo-se grau de incerteza, utilizando-se de apelos probabilísticos e consensuais.

E como as premissas e as conclusões são saturadas? Através de expressões que têm significação para aquele que raciocina, e que se mostram pertinentes para a elucidação da perplexidade que o revolve, fruto das afirmativas contidas na *mensagem de ataque* recentemente recebida, e que podem até lhe remeter a obviedades.[225]

Porém, convém sublinhar que esta série de raciocínios que o Administrado está desenvolvendo, por estarem sendo incorridos com propósitos pragmáticos de repercutir nas relações intersubjetivas, diferencia-se daquele realizado por pessoas desinteressadas em efetivamente agir num ambiente comunicacional. Quer-se com isto dizer que o agente *raciocinante* que se enclausura no habitáculo do raciocínio, não desejando transpô-lo, não se preocupa em buscar pertinência, relevância e, mesmo, convencimento acerca da sua consistência. Isto porque não será enfrentado por nenhum opositor, donde poder remanescer até em relativa desordem.

Diferentemente se dá com o *raciocinante* interessado em integrar um processo comunicacional, especialmente se o ambiente comunicacional em que adentrará é francamente hostil e confessadamente cético em relação às afirmativas que emitirá. Sendo assim composto tal ambiente, o raciocínio refina-se e esmera-se, procurando estruturar, precedentemente e de maneira já um tanto ordeira, os enunciados que proximamente elaborará. Trata-se, poder-se-ia dizer, de um *raciocínio comunicacional*, partidário e deliberadamente voltado para servir de elemento propulsor fundante das mensagens comunicacionais que a partir dele se propagarão especificamente na quadra do processo administrativo-tributário.

O raciocínio comunicacional, portanto, alicerça-se no binômio *dedução-indução*, sendo arquitetado e executado com o propósito de, subseqüentemente, servir de fundamento para a elaboração da *mensagem de defesa* de índole jurídico-comunicacional, sob a forma do encadeamento de argumentos.

5. A fase comunicacional

Designa-se fase comunicacional aos instantes em que são elaborados para materializar-se a *mensagem de defesa*, com o propósito de integrar um ambiente

---

[225] "Não são os axiomas isolados que me parecem óbvios, é um sistema em que as conclusões e as premissas se apóiam *mutuamente*." Ludwig Wittgenstein, *Da certeza*, p. 53.

Capítulo VI • A Mensagem de Defesa e a Técnica Jurídico-Comunicacional | 217

comunicacional. Melhor falando, poder-se-ia dizer tratar-se da *fase comunicacional em sentido estrito*, pois todas as demais são, como já se viu, partes integrantes de todo o processo comunicacional que terá o Administrado como um dos seus protagonistas.

5.1. Técnica: demonstração ou argumentação

Estamos convencidos de que estamos transitando num ambiente de disputa, em que estrategicamente cada um dos co-partícipes deste conflito tem a finalidade de obter uma decisão que lhe seja favorável e, portanto, conveniente.

Existe consenso entre eles no tocante a diversas formas de expressão e de conduta lingüística, assim como no tocante à finalidade almejada (de obter-se uma decisão favorável), mas evidente discenso no tocante a esta decisão. Concordam com a forma e a maneira da disputa, mas *divergem desde logo da decisão que lhes seja desfavorável*, poder-se-ia resumir numa expressão.

Pois bem, obter o convencimento do julgador é a finalidade que norteia o agir. E, dependendo do ambiente e da natureza em que se instala a perplexidade envolvendo a *situação de fato*, e dependendo, ainda, do que o Administrado divisa acerca das suas possibilidades no embate que se encontra em condições de potencialmente instalar, apresentam-se dois caminhos de raciocínio e de manejo lingüístico: o da *demonstração* e o da *argumentação*.

Não que a demonstração ou a argumentação tenham a aptidão de aglutinar em torno de si todas as possibilidades que a rica intervenção do homem proporciona à utilização da linguagem. Absolutamente não, pois sabe-se, à farta, que inexistem conceitos que possam aglutinar todas as formas de raciocínio e ação do homem.

Procura-se, aqui, tão-somente nomear duas categorias de agir do homem que possam hospedar diversas das possibilidades de que o homem dispõe para, num ambiente comunicacional, obter o convencimento interessado de alguém em relação a algum aspecto que julgue relevante a ser levado em consideração, aqui, nesta específica atmosfera do processo administrativo-tributário.

5.1.1. A demonstração

Na demonstração, a intervenção do homem,

> (...) funda-se na idéia de *evidência*, concebida como a força diante da qual todo pensamento do homem normal tem de ceder. Em conseqüência, no plano do raciocínio demonstrativo, toda prova seria redução à evidência, sendo que o evidente não teria necessidade de prova.[226]

---

[226] Cf. Tércio Sampaio Ferraz Jr., *Introdução ao Estudo do Direito*, p. 295.

É claro que, ao se falar em evidência, há um incômodo preliminar. Sim, pois o que pode ser evidente para uns, talvez não o seja para outros, especialmente quando nos defrontamos com expressões ambíguas, situadas entre as noções universais e particulares, que na penumbra não admitem divisar-se com precisão os seus domínios.

No Direito, especificamente na realidade tributária, quantas e quantas expressões acerca de objetos suscitam dúvidas e perplexidades, estimulando intensas disputas e acalorados debates, tudo por não haver convergência ou consenso acerca de certas expressões objetais, como as que envolvem os *periódicos* na seara da imunidade tributária.

Esta objeção preambular é efetivamente embaraçosa, pois praticamente a totalidade dos objetos que nos cerca, seja natural, cultural, ideal ou metafísico, admitem diferentes *olhares*, propiciando o discenso.

Contudo, é inegável que há determinados objetos que podem possuir elevado grau de consenso em relação a um determinado auditório familiarizado com as expressões e temas sob discussão, inclusive, mas não se limitando, àqueles que envolvem a matéria tributária. Objetos que podem ser úteis à lida tributária, como *automóvel, casa, número* etc. partem de um consenso em grau elevado, não obstante invariavelmente relativo, mas suficiente para permitir a prática da técnica da demonstração, como forma de exteriorizar para o destinatário da mensagem a *evidência* sobre a qual se fala.

5.1.2. A argumentação

A argumentação, por sua vez, *desenvolve-se a partir da idéia de que nem toda prova é concebível como redução à evidência, mas requer técnicas capazes de provar ou acrescer a adesão dos espíritos às teses que se apresentam ao seu descortínio.*[227]

Segundo esta ótica, na argumentação, o foco central é a captação de adesão de espíritos às proposições formuladas, daí contar com o característico marcante da persuasão, ou seja, de convencer por meio do discurso.

Sobremais, na argumentação não se objetiva *a adesão a uma tese exclusivamente pelo fato de ser verdadeira. Pode-se preferir uma tese à outra por parecer mais eqüitativa, mais oportuna, mais útil, mais razoável, mais bem adaptada à situação.*[228] Na esteira da *nova retórica,*[229] não há razão absoluta, mas relativa, motivo pelo qual as premissas são consideradas prováveis, mas não verdadeiras.[230]

---

[227] Op. cit.

[228] Chaim Perelman, *Lógica jurídica*, p. 156.

[229] Cf. Chaim Perelman e Lucie Olbrechts-Tyteca, *Tratado da argumentação: a nova retórica.*

[230] "Os raciocínios humanos a respeito de fatos, decisões, crenças, opiniões e valores já não são considerados obedientes à lógica de uma Razão Absoluta, mas são vistos em seu comprometimento efetivo com elementos afetivos, avaliações históricas e motivações práticas. Nesta perspectiva, o discurso persuasivo se despoja definitivamente daquela aura de fraudulência que o adornava até a idade de ouro da retórica clássica (...) para converter-se em técnica da interação discursiva 'razoável', sujeita à dúvida, à revisão, controlada por toda uma série de condicionamentos extralógicos." Umberto Eco, *Tratado Geral de Semiótica*, p. 234-235.

6. A *técnica jurídico-comunicacional*

Na fase da comunicação propriamente dita, seja precedida por raciocínio dedutivo ou indutivo, seja utilizando-se técnica demonstrativa ou argumentativa, revela-se conveniente ressaltar que, segundo os fundamentos até aqui expostos, admite-se conceber e utilizar-se uma *técnica comunicacional*, isto é, uma maneira especial de manejar-se a linguagem – sobretudo, no ponto, sob a forma escrita – partidariamente voltada para ingressar-se num duto de tráfego comunicacional, com o propósito de obter-se uma decisão com repercussões concretas.

O Administrado tem de enfrentar o grave dilema que persegue todo aquele que deseja comunicar-se através do texto: apresentar de maneira sucessiva o que é simultâneo.[231] E, sobretudo, para propagar determinados efeitos que sejam suficientes para sensibilizar a Administração Pública-julgadora para obter repercussões favoráveis.

As idéias encontram-se espalhadas no pensamento; as mensagens probatórias identificadas lá se encontram; as a serem produzidas, por ainda não o terem sido, dispõem-se de maneira difusa e ainda fragmentária. Como ordená-las na linearidade do texto, em ordem sucessiva, forma imprescindível para permitir-se a repercussão na acústica comunicacional?

Cremos que a resposta estará numa *técnica comunicacional*, ou seja, constituída pelo *uso do existente para, por meio dele, transformar o existente e adaptá-lo aos desejos, necessidades e fins do ser que se serve dela.*[232]

A *técnica comunicacional* configura-se como um conjunto de regras e diretrizes que permitem ao manejador de determinados meios de linguagem aumentar as possibilidades de efetivamente modificar o ambiente comunicacional, nele introduzindo uma mensagem voltada deliberadamente para obter repercussões favoráveis ao seu emissor, interessado em obter determinados resultados.

Esta técnica, a nosso ver, é integrada por diversos fatores e vetores,[233] os quais podem ser desde logo sumariados, mas não com propósitos exaustivos, pois, dado que o fenômeno comunicacional possui variáveis infinitas, resta impossível catalogar todos os fatores e vetores que relevantemente lhe dizem estreito respeito.

Nossa preocupação, portanto, é, de início, singelamente mencionar,[234] para, ao depois, aprofundar, na intensidade e extensão recomendáveis para a presente

---

[231] Para Denis Bertrand, coerções da textualização, cuja linearidade obriga a apresentação, de maneira sucessiva, o que é simultâneo. *Caminhos da semiótica literária*, p. 114.

[232] Anatol Rosenfeld, *Texto/Contexto II*, p. 133.

[233] Vemos os *fatores* como os elementos passíveis de referência em linguagem, que têm a aptidão de propiciar a obtenção de uma determinada repercussão num ambiente comunicacional, enquanto *vetores* como elementos exógenos, mas interferentes, em maior ou menor intensidade, no curso de uma comunicação, como o borrão causado por uma impressora que interfere no curso de uma *mensagem de defesa*, distraindo a atenção do seu destinatário e interferindo de certa maneira na repercussão que a mensagem obterá.

[234] Com o propósito de comunicacionalmente *provocar* o destinatário desta mensagem, para animá-lo e estimulá-lo a prosseguir no contato que está tendo com este texto, com as idéias que dele irradiam e, conseqüentemente, com o seu próprio emissor.

220 | A Prova no Processo Administrativo-Tributário • Marcio Pestana

investigação, considerações sobre os aspectos que nos parecem mais relevantes para serem tomados em consideração pelo Administrado ao formalizar a sua *mensagem de defesa*. São eles:

a) *a manipulação*. Aquele que manuseia as mensagens que transitarão num ambiente comunicacional precisa ter consciência de que é um manipulador potencial, ou seja, capaz de criar um domínio lingüístico que poderá ou não adequadamente referir-se à realidade circundante, repercutindo, concretamente;

b) *os recursos linguísticos*. O Administrado, ao intervir no ambiente comunicacional terá a sua disposição uma riqueza não dimensionável de possibilidades lingüísticas para exprimir a sua insatisfação em relação à afirmativa contida na *mensagem de ataque*. Terá de escolher os recursos de linguagem mais apropriados ao debate que travará na esfera processual administrativa;

c) *a concisão*. Trata-se da palavra de ordem das relações comunicacionais. A concisão, atualmente, é exigência do sistema comunicacional, não só em si mesmo considerado, como, sobretudo, pelos destinatários da *mensagem de defesa*, que não se detém em narrativas além daquelas minimamente necessárias;

d) *o desprendimento da mensagem*. Deve-se considerar que a comunicação que será elaborada – a *mensagem de defesa* – em determinada altura será desprendida do seu autor e emissor, ganhando a atmosfera da comunicação. Uma vez expedida, propaga-se, indefinidamente enquanto houver alguém em condições, ainda que potenciais, de dela ter conhecimento;

e) *o contexto jurídico*. O contexto que dá acústica às relações comunicacionais possui enunciados e diretrizes que devem ser levados seriamente em consideração, revestindo toda a atividade comunicacional. Ainda que se apresente de maneira desordenada, reúne os elementos imprescindíveis para a montagem de códigos ordenadores e disciplinadores (os *códigos relevantes*);

f) *os códigos relevantes*. A *técnica comunicacional* exige obediência à maneira pela qual a *mensagem de defesa* deve expressar-se, não só no tocante ao núcleo central da mensagem a ser expedida envolvendo *afirmações-refutações*, mas, também, no que se refere a aspectos de condução da comunicação num domínio específico (*comunicacional-jurídico*);

g) *o recorte da situação de fato*. O Administrado lidando com a *mensagem de defesa* deverá acuidadamente delimitar a superfície e o limite do conteúdo da linguagem que sobre ela se debruçará, seja uma linguagem *descoberta*, seja *inventada*, configurando, com isto, o epicentro da narrativa;

h) *as circunstâncias e os motivos*. Deve-se buscar obter-se objetividade notadamente acerca das circunstâncias, que auxiliam a compreender os motivos da conduta havida e agora sob controvérsia. Na realidade tributária, as circunstâncias auxiliam a surpreender-se os motivos do agir, que podem servir de agravantes ou

Capítulo VI • A Mensagem de Defesa e a Técnica Jurídico-Comunicacional | 221

atenuantes das sanções impostas. Como os motivos instalam-se no *eu*, as circunstâncias podem sinalizar sintomaticamente o que se passou no interior do Administrado;

i) *as camadas de linguagem.* O Administrado deverá ter ciência de que o manuseio lingüístico terá desenvolvimento através da emissão de mensagens que se alojarão, umas sobre as outras;

j) *o estilo comunicacional.* A narrativa guarda um entrelaçamento entre o seu estilo e o objeto narrado. Em outras palavras, há uma combinação entre o estilo da narrativa e o assunto narrado. Quem *errar na escolha do estilo prejudica o próprio desempenho,*[235] conseqüentemente, a intenção finalística da *mensagem de defesa;*

k) *as premissas consistentes.* A mensagem, para fazer sentido com vistas a uma decisão almejada, deve estruturar-se através de *silogismos ou entimemas lingüísticos,* em que as premissas sejam *consistentes,* ou seja, consensualmente aceitas pelos integrantes do processo administrativo e, sobretudo, esclarecidas aos presentes, inclusive para evitar-se o preconceito da visão fraudadora que ao longo dos anos eclipsou a retórica;[236]

l) *a relevância.* Nada interessa o que não freqüentar o núcleo da refutação lingüística e contiver o predicado da relevância. Tudo o que dele estiver fora não será levado seriamente em consideração no sentido repercussional de um processo administrativo-tributário, donde ser imprescindível a identificação do que seja importante em matéria de mensagem probatória;

m) *a composição.* A ordenação da disposição da mensagem é relevante para atingir-se o objetivo almejado. Se a comunicação é bem articulada, as idéias apresentam-se com fluidez, facilitando-se a sua compreensão, reunindo condições de veiculação favoráveis;

n) *a argumentação comunicacional.* A *mensagem de defesa* tem a finalidade de convencer o julgador do processo administrativo-tributário. Para atingir este objetivo deverá oferecer afirmativas que se sustentem, caso enfrentadas, escolhendo a melhor maneira para tal acontecer; e,

o) *as armadilhas comunicacionais.* Cuide-se para não se incorrer em sofismas e raciocínios falaciosos, materializados em linguagem, que possam sugerir uma certa aparência que não se compagina com o que, efetivamente, procura-se representar nesta acústica comunicacional.

---

[235] John Wilson, *Pensar com conceitos,* p. 44.

[236] Uma "das regras discursivas da retórica (entendida em seu sentido mais nobre) é que, embora a argumentação proceda por premissas prováveis, a probabilidade dessas premissas seja tornada explícita. Só com este pacto o discurso persuasivo se distingue da fraude". Umberto Eco, *Tratado Geral de Semiótica,* p. 243.

6.1. A manipulação

Os protagonistas que ativamente participam da formulação de mensagens, quer de ataque, quer de defesa, quer de decisão, são manipuladores potenciais da linguagem. E, se são da linguagem, o são da *realidade* a que a linguagem quer se referir. No caso, de uma linguagem técnica, com poderes suficientes para causar repercussões num ambiente específico, restringindo a liberdade de recepção da linguagem.[237]

Toda manipulação num ambiente comunicacional, especialmente numa redoma técnica, é potencialmente perigosa,[238] donde ser absolutamente imprescindível que o manuseador da linguagem, no caso, o Administrado, tenha exata compreensão e dimensão da gravidade do ato emissor que estará prestes a dar início.

Isto porque seu agir desencadeará reverberações comunicacionais, não só em relação ao seu próprio e particular interesse, como, inclusive, em relação aos circundantes e às gerações que lhe sucederão, como as decorrências que surgirão no âmbito da Administração Pública, no modelo paradigmático que a decisão obtida poderá estabelecer em relação às narrativas contidas na respectiva *mensagem de defesa* etc.

A manipulação, como qualquer ação do homem, admite graduação, tanto de extensão quanto de intensão. Quando diminuta, especialmente no sentido da intensão, traveste-se de imprecisão, ambigüidade, narrativa ofuscada etc. Quando excessiva, transmuda-se para um sentido equivalente à fraude, à simulação, à hipocrisia, à mentira. As primeiras, quando surpreendidas, geram compadecimento, compreensão ou solidariedade; as segundas, repulsa, censuras e reações hostis.

Trata-se, como se observa, de uma tomada de posição predominantemente *psico-comunicacional* por parte do Administrado, que terá a faculdade de optar pelo calibramento de manipulação que julgar mais apropriado para o caso. A faculdade de opção, portanto, é ampla; não tão vastas, entretanto, serão as repercussões advindas da decisão tomada, que poderão inclusive trazer conseqüências desfavoráveis ao próprio emissor da *mensagem de defesa*, especialmente nas situações em que o Administrador utilizar-se de manipulação de linguagem em elevado grau, o que poderá suscitar reações extremadas, em sentido oposto.

---

[237] A manipulação apóia-se numa estratégia central, talvez única: a redução mais completa possível da liberdade de o público discutir ou de resistir ao que lhe é proposto. Essa estratégia deve ser invisível, já que seu desvelamento indicaria a existência de uma tentativa de manipulação. Philippe Breton, *A Manipulação da Palavra*, p. 20.

[238] Cf. Hans Magnus Enzensberger, *Elementos para uma Teoria dos Meios de Comunicação*, p. 36.

Capítulo VI • A Mensagem de Defesa e a Técnica Jurídico-Comunicacional | 223

A manipulação, no ambiente comunicacional, é sempre mencionada – especialmente criticada – nas intervenções massificadas, especialmente na mídia eletrônica, notadamente em segmentos de interesses específicos da coletividade, como na política, na publicidade e no curso de guerras e revoluções. A chamada *comunicação de massa*, portanto, vive às turras com a manipulação das mensagens divulgadas, ora as defendendo (pela ótica do emissor), ora as criticando (sob o prisma do destinatário).

Pois bem, num processo administrativo-tributário, há uma relação comunicacional inegavelmente de menor repercussão, se tomado em consideração o auditório quantitativo de atingidos pelo veículo comunicacional. Contudo, como é, repetimos, um palco potencialmente acessável por toda uma coletividade, e também potencialmente constituidor de paradigmas – pois toda decisão tomada no âmbito do processo poderá servir de *fórmula consagrada* para situações semelhantes – aplicam-se-lhe, igualmente, as mesmas preocupações e objeções endereçadas à chamada manipulação no ambiente da comunicação de massa.

Podem-se invocar diferentes motivos para tentar explicar as razões das manipulações. Numa visão evidentemente simplificada, saciamo-nos em identificar os valores e a ideologia como os fatores preponderantes para nortear tal comportamento. Vale-se, e admite hierarquização (ideologia), arma-se a possibilidade da manipulação, a qual se hospeda no ponto de vista, do qual se parte para a enunciação, ou seja, para a elaboração de mensagens, no caso, *de defesa.*[239]

6.2. Os recursos lingüísticos

A *mensagem de defesa* para poder propiciar a formação de um processo administrativo-tributário necessariamente deve apresentar-se sob a forma escrita, para tanto contando com insumos lingüísticos. Assim, o Administrado, ao elaborar a sua mensagem, conta com um amplo repertório de possibilidades instrumentais, na forma de vocábulos, que admitem a produção de expressões, que, a sua vez, permitirão a elaboração de enunciados e mensagens que adentrarão no circuito jurídico-comunicacional.

Estes insumos, quer nos parecer, são unidades culturais refletidoras de como um povo pensa, como age, como se comporta, como se relaciona, como se ordena, como se comunica, tudo segundo a sua própria história, plena de experiências e repleta de experimentações.

Estes recursos lingüísticos, antes dotados de traços de particularização mais restritos, ou seja, mais claramente situados *nesta região, neste povo, naquele grupo,* hoje, especialmente em face da comunicação de massa e dos meios eletrônicos,

---

[239] Não há enunciado, qualquer que seja sua dimensão, que não esteja submetido à orientação de um ponto de vista. A mais objetivante neutralidade a implica inevitavelmente, ainda que por omissão. Denis Bertrand, *Caminhos da Semiótica Literária*, p. 113.

encontram-se mais disseminados e, mesmo, homogeneizados da sua utilização, a qual possibilita a constituição de uma camada de linguagem cultural unindo diversos povos e comunidades sob o mesmo código.

Pois bem, o Administrado emitirá uma *mensagem de defesa*. E, no ponto aqui sob realce, fará uma afirmativa envolvendo *situações de fato*; conseqüentemente, sua intervenção terá a preocupação de *provar*, perante terceiros, através de linguagem, a *consistência* de algo que afirma, em posição francamente hostil à afirmativa contida na *mensagem de ataque*.

E, neste particular, o entrelaçamento da linguagem com a coisa palpável, potencializa as possibilidades favoráveis do emissor da mensagem em qualquer ambiente comunicacional. Noutros torneios, a comunicação, quando tem como referente a *coisa* que a experiência sensível prontamente reconheça, tem a sua função de convencimento do destinatário sobremaneira facilitada. Aproximar-se, em linguagem, do *mundo vivido* equivale a potencializar resultados no plano repercussional.

No processo administrativo-tributário, o entrelaçamento da linguagem, relativamente às *situações de fato*, deve realizar-se com o acontecimento, ou seja, com a ocorrência que tenha tido lugar num certo tempo e num certo espaço, a qual, ganhando uma narrativa, pode tanto ocupar o assento do fato-jurídico-central, como do fato-jurídico-circunstancial.

Este entrelaçamento constitui unidade fragmentária de uma exposição, como pedras, que assentadas umas ao lado das outras, umas acima das outras, umas perpendicular às outras, propiciam ao final a obtenção de uma mensagem com condições de repercutir, tal qual uma edificação.

Lidará, à evidência, com signos que, devidamente estruturados e articulados, terão a finalidade de estabelecer um liame entre um acontecimento (logo, uma ocorrência situada num tempo e num espaço) e a compreensão, presente, de tal acontecimento de outrora, o que permitirá propiciar uma conseqüência, no plano da repercussão.

Evidentemente, trata-se de uma escolha sobremaneira cuidadosa, pois se o instrumental for inadequado, acarretando um desarranjo lingüístico, o resultado obtido poderá ser desastroso. Assim, haverá um trabalho ingente e meticuloso do Administrado de identificar signos que o mais de perto e adequadamente reflitam o que se pretende dizer, buscando atingir grau elevado de *univocidade*, conferindo precisão e especificidade ao ambiente comunicacional, reconhecidamente pleno de ambigüidades e potencialmente propagador de *ruídos* que prejudicam a obtenção das repercussões desejadas.

6.3. A concisão

Os dias atuais exigem que todas as mensagens trocadas num ambiente jurídico-comunicacional realizem-se de forma concisa. Em outras palavras, não se admite, contemporaneamente, que as comunicações sejam longas, exigindo curso penoso da interação com o destinatário, ainda que qualitativamente adequadas e pormenorizadas.

Esta advertência, sabe-se, encontra resistências no ambiente jurídico, inclusive no processual-administrativo. São variados os motivos. Desde práticas sacramentadas que se repetem ao longo da própria história do Direito, até a aptidão verborrágica que os profissionais neste segmento do saber e das atividades do homem efetivamente possuem de manejar a linguagem, o que os estimula a fluir, às vezes desenfreadamente, numa exposição comunicacional.

Associa-se, por vezes, a tantos motivos, a circunstância do emissor da mensagem encontrar-se em dificuldades para expor seu posicionamento e defender-se de alguma afirmativa contra si endereçada e, sobretudo, no ponto aqui sob realce, por faltar-lhe mensagens probatórias necessárias para saturar, na composição da *mensagem de defesa*, as provas da refutação. Quando isto ocorre, observa-se um *alongamento da narrativa*, pois revela-se necessário, para uma mensagem que tenha a pretensão de obter uma decisão favorável, a sofisticação do assentamento dos corpos lingüísticos para obter-se convencimento do julgador. Os argumentos retóricos, sabe-se, necessitam de *espaço expositivo* e assim avante.

Pois bem, noutro extremo da mensagem jurídico-comunicacional armada no ambiente do processo administrativo-tributário, encontra-se alguém com pouco tempo e, por vezes, pouca disposição de enfrentar, interessadamente, uma mensagem longa e meticulosa. Freqüentemente, aliás, encontra-se assoberbado, fruto da deficiente estruturação da própria Administração Pública, fator este que não convive harmoniosamente com mensagens prolongadas.

Ora, a *técnica comunicacional* no campo do processo administrativo-tributário, no tocante à composição da *mensagem de defesa*, recomenda que a intervenção em linguagem se dê de maneira concisa (ou *objetiva*, como costumeiramente diz-se na linguagem social e coloquial).

A mensagem não pode ser longa e aborrecida, a ponto de propiciar distrações e, mesmo, antipatia por parte do julgador. É preciso ter-se presente que atualmente, nos meios de comunicação disponíveis, observa-se uma movimentação constante em favor da simplificação da forma de comunicar-se, ao mesmo tempo em que se dá intensa ligeireza do transporte comunicacional. Isto, em todos os segmentos culturais, logo, também nos domínios do processo administrativo-tributário.

Quem coteja os filmes de outrora com os do hoje percebe com serenidade que a velocidade das tomadas de cena são intensamente mais rápidas, os *takes* até abruptos; compare-se a dinâmica dos videoclips, até ingênuos de The Beatles com a de um grupo musical da atualidade; os jornais impressos diminuem a quantidade de texto, aumentando, ao mesmo tempo, a utilização de gráficos e fotos que mais facilmente despertem a atenção do leitor e remetam a conclusões igualmente sumárias; as intervenções dos usuários na Internet são apressadas e sôfregas, não se detendo em *sites* por mais de que alguns poucos minutos ou até segundos; o texto coloquial escrito passa por perturbações evidentes, que mutilam palavras e eclipsam sentidos, como se pode bem constatar nos novos códigos comunicacionais de mensagens trocadas através das comunicações eletrônicas entre indivíduos ou, mesmo, entre indivíduos e máquinas previamente programadas.

Os operadores das mensagens jurídico-comunicacionais são estes mesmos usuários, destinatários, circunstantes, observadores ou interventores destas mensagens comunicacionais trocadas no *ambiente da vida*. Por que intervindo no ambiente jurídico, modificariam a forma com que agem nas relações comunicacionais, especialmente tendo em conta que uma mensagem jurídica é, sobretudo, uma mensagem comunicacional?

Nenhuma resposta poderá justificar esta mutação de agir do utente dos meios jurídicos-comunicacionais em relação aos demais meios colocados no *mundo da vida*. Ainda que coloquem a roupagem própria do papel que representarão num certo segmento da sociedade, que naturalmente envolve, igualmente, a forma de expressar-se, é evidente que tal mutação não pode dar-se de maneira radical, como se fossem duas pessoas absolutamente diferentes. Ora, há um habitáculo comportamental constante e que acompanha a pessoa, independentemente do ambiente onde se encontre, da atividade que exercite, da função social que se encontre representando.

À evidência, impõe-se, portanto, nas mensagens jurídico-comunicacionais elaboradas com o propósito de causar determinadas repercussões num processo administrativo-tributário, o elevado grau de concisão, nem tão acentuada que deixe de transmitir o objeto da mensagem por empobrecimento e deficiência do discurso nem tão alargada, a ponto de abandonar a propriedade da concisão.

6.4.   O desprender-se da mensagem

O fenômeno comunicacional é pautado por uma característica marcante: uma vez introduzida uma mensagem no circuito da comunicação, ela se desprende do seu emissor, ganhando o domínio do auditório que com ela tenha contato.

Desprender-se não significa dizer que não mais terá relação com o seu emissor. Ao contrário, a comunicação remanesce com um vínculo estreito com o seu autor, que sempre poderá proclamar a sua autoria,[240] e, sobretudo, no ponto sob destaque,

---

[240] Dispositivos sistematizados pelo direito autoral apontam mecanismos legislativos que asseguram o direito moral com foros de eternidade a esta possibilidade, não obstante assegurem a possibilidade de disposição das repercussões patrimoniais advindas de obras, conforme a Lei nº 9.610/98.

poderá obter favorecimentos efetivos ou, mesmo, dissabores, vez que estabelece um vínculo implicacional.[241]

Aliás, a produção da mensagem possui exatamente esta finalidade, qual seja, a de propiciar repercussões ao seu emissor (plano da repercussão), o qual, evidentemente, nesta ribalta processual sobre a qual nos preocupamos, pretende lhe ser favorável, refutando-se as afirmativas até então propaladas e reinantes no ambiente.

O *desprendimento* antes referido diz respeito ao fato de que a mensagem ganha uma *vida autônoma*, ingressando num vácuo comunicacional inexoravelmente estimulador de *releituras* diferençadas por todos aqueles que a contataram, seja espontaneamente, seja em virtude da obrigação que se lhes é imposta, caso da intervenção que se avizinha por parte da Administração Pública-julgadora.

O destinatário, ao travar contato com *aquela* mensagem, não mais terá à frente *a mesma mensagem* emitida pelo Administrado, mas *uma outra mensagem, aquela* recebida pelo destinatário, e que, a sua vez, não será *a mesma* se confrontada com *a outra* recebida por outro destinatário e assim à frente. Em suma, segundo se observa pela própria experiência, uma mensagem jamais será idêntica a *outra mensagem* (não obstante textualmente seja a mesma), mas, se tanto, aproximada, em relação àquela originariamente emitida.[242]

Isto porque o destinatário tem um outro *olhar* sobre o mesmo objeto físico designado mensagem, em razão de possuir outra cultura, outra experiência, outra história, outra formação técnica, outro interesse etc. em relação ao Administrado.

E, com isto, observam-se regiões de instabilidade no curso da mensagem, pois, diante de desvios e bifurcações, poderá adentrar em pistas comunicacionais não previamente almejadas pelo emissor da mensagem, desgarrando-se dos propósitos pretendidos.

Tal possibilidade, aliás, no campo das provas é bastante viva, sobretudo no manejo de subsunções operadas no plano da linguagem em relação a categorias tracejadas a partir do contexto jurídico, surpreendendo acontecimentos que, ao serem relatados, podem ser rotulados sob uma ou outra conformação. O uso de um imóvel sendo referido como fruto de um ajuste locatício, em vez de decorrente de um comodato, dependendo de como forem consignados os respectivos relatos na *mensagem de defesa*, podem permitir a comutação de sentidos, o que reafirma que a

---

[241] Dissabor como o enfrentado por Brahms, que não obstante tenha consumido 21 anos para produzir a sua 1ª Sinfonia, teve esta obra, após dele *desprender-se*, rotulada pelos destinatários da comunicação musical, sobretudo críticos, como a 10ª Sinfonia de Beethoven.

[242] Um texto, uma vez separado de seu emissor (bem como da intenção do emissor) e das circunstâncias concretas de sua emissão (e conseqüentemente de seu referente implícito), flutua (por assim dizer) no vazio de um espaço potencialmente infinito de interpretações possíveis. Conseqüentemente, texto algum pode ser interpretado segundo a utopia de um sentido autorizado fixo, original e definitivo. A linguagem sempre diz algo mais do que seu inacessível sentido literal, o qual já se perdeu a partir do início da emissão textual. Umberto Eco, *Os limites da interpretação*, p. xiv.

mensagem, ao ser desprendida, não se despede inteiramente do emissor, que com ela remanesce implicacionalmente atrelado, mas propicia leituras diferençadas em relação àquelas pretendidas pelo respectivo emissor.

Ou seja, deve-se ter em consideração que o que será elaborado – a *mensagem de defesa* – em determinada altura será desprendida do seu autor e emissor, ganhando a atmosfera em que ocorrem as reverberações comunicacionais. Uma vez expedida, propaga-se, indefinidamente enquanto houver possibilidade de alguém dela tomar conhecimento.

6.5. O contexto jurídico-comunicacional

Quando produzimos uma mensagem, não importa sua natureza, ela é instruída, transitará e será potencialmente compreensível por tudo se dá dentro de um contexto comunicacional.

Um gesto de um homem, agitando os braços para cima, poderá ter diversas significações, dependendo, naturalmente, do contexto em que ele tenha lugar. Se numa quadra de esportes, poderá ser compreendido como a solicitação para receber um passe; se na rua, um pedido de socorro ou a contratação dos serviços de um taxista; se num auditório, equivalerá a um pedido de palavra ou a um protesto, e assim avante.

A comunicação sobre a qual deitamos as presentes considerações ocorre num ambiente jurídico, ou seja, revestido por todo um corpo de arranjos lingüísticos que conferem organização e funcionalidade a regras que propiciam, num plano razoável, a possibilidade de convivência entre os seres e os objetos que os rodeiam, configurando, assim, um contexto jurídico.[243]

O contexto jurídico é fundamental para a comunicação, pois interfere inexoravelmente na compleição e, conseqüentemente, nas mutações que os códigos comunicacionais possuem, dando sentido ao que antes não fazia sentido, outorgando efeitos ao que antes não gerava efeitos, prescrevendo que algo hoje passa a ser proibido, quando antes fora permitido etc.

Na *mensagem de defesa*, o contexto jurídico gera inúmeras interferências. Vão desde a delimitação do sentido atribuído a vocábulos e expressões, como a que previamente estabelece o conteúdo da expressão *receita bruta*,[244] até catalogar aprioristicamente as regras que estabelecem a forma e o conteúdo das mensagens de defesa, assim como o palco jurídico-comunicacional onde terão desenvolvimento e

---

[243] Cf. Cap. IV-1.

[244] Distinguindo-a de uma prescrição médica que determina a utilização de um medicamento forte, o contexto jurídico, numa das suas manifestações, prescreve que *a receita bruta das vendas e serviços compreende o produto da venda de bens nas operações de conta própria, o preço dos serviços prestados e o resultado auferido nas operações de conta alheia* (art. 279, do Regulamento do Imposto sobre a Renda – Decreto 3.000/99).

término, fixando-se, em arremate, repercussões às mensagens de decisão ali proferidas.

Ora, o Administrado, ao confeccionar a sua *mensagem de defesa*, através da qual refutará uma afirmativa que lhe fora endereçada pela Administração Pública-interessada através da *mensagem de ataque*, deverá pautar a sua atuação pelos limites impostos pelo contexto jurídico, sob pena de a comunicação produzida não trazer qualquer repercussão potencialmente favorável no ambiente jurídico.

Ou seja, tal mensagem efetivamente *comunicará* num ambiente sob a ótica largamente comunicacional. Só que a repercussão ocorrerá num habitáculo estranho àquele interessadamente pretendido pelo Administrado, o que frustrará o seu deliberado intento.

O contexto, à evidência, estabelece, às últimas sobre o que se pode falar, sobre o que não se pode falar, quando se falar, onde se falar, evidentemente, aqui se refrisando, numa ótica repercussional,[245] ao mesmo tempo em que abre um leque de possibilidades ao emissor da *mensagem de defesa* acerca de segregar o que lhe convém falar e sobre o que não lhe convém falar, *ou seja*, assegurando ao Administrado a possibilidade de *narcotizar ou enfatizar* as propriedades que partidariamente ele entenda merecer ser assim consideradas na mensagem.[246]

Exige-se, pois, por parte do Administrado, o domínio pleno das prescrições que pululam do contexto jurídico-comunicacional (que compõe o *código*)[247] para que se possa, com eficácia, introduzir-se no palco comunicacional adequado uma *mensagem de defesa* de natureza probatória, para o fim de refutar a afirmativa que lhe fora endereçada pela *mensagem de ataque* e que, até este instante, reinava prevalecente, dado não ter sido até então importunada.

Tal domínio exige uma técnica, por vezes sofisticada e complexa, que pode escapar à competência e habilidade do próprio Administrado, razão pela qual compreensivelmente torna-se conveniente socorrer-se dos préstimos de especialistas e expertos na matéria sob discussão, ainda que tal se refira a exclusivamente *situações de fato*.

6.6. Os códigos relevantes

Há regras codificadas que diretamente interferem na mensagem em apreço, para o fim de lhe atribuir determinadas possibilidades de repercussão que não se

---

[245] Pois, *a priori*, pode-se sobre tudo falar, o que não equivale a dizer que necessariamente levar-se-ão em conta e atribuir-se-ão repercussões previamente almejadas ao que se está sendo dito.

[246] Um texto nada mais é que aquele mecanismo que prescreve quais propriedades, na representação enciclopédica dos termos que o compõem, devem ser narcotizadas e quais devem ser enfatizadas, de modo a se poderem dar amálgamas e, assim, estabelecer níveis de sentido ou isotopias no interior do texto. Umberto Eco, *Conceito do texto*, p. 96.

[247] Cf. Cap. IV-2.

encontram em qualquer mensagem. Em outras palavras, para a mensagem que está sendo emitida ser considerada uma *mensagem de defesa*, para o fim de integrar um contencioso administrativo, necessita sujeitar-se a determinadas diretrizes codificadas preestabelecidas.

Referimo-nos, no ponto, às regras de natureza jurídica, que tanto disciplinam as relações de natureza tributária em sentido estrito (obrigação tributária *principal, acessória* etc.) como aquelas que estabelecem as formas e maneiras pelas quais, havendo controvérsia, poder-se-á compor um litígio de natureza processual-administrativa. Assim, à evidência, o Administrado depara-se com, no mínimo, dois feixes de codificação jurídica: *codificação material* e *codificação processual.*

Caso pretenda obter êxito na empreitada que inicia, a qual tem como pano de fundo a refutação de uma afirmativa que lhe fora lançada, encontrará razoáveis possibilidades de sucesso se transitar com desenvoltura e competência por este mundo *material* ou *processual* codificado, sabendo atender às prescrições que lhe são impostas, assim como sacando e manuseando com competência os instrumentais que os códigos colocam a sua disposição.

Inegavelmente enfrentará perplexidades e sentir-se-á inseguro, isto porque a codificação reinante é repleta de ambigüidades, apresentando locuções, às vezes, sem sentido pragmático, não obstante sintaticamente adequadas etc. Deparará, muito provavelmente, com sérias dificuldades ao promover o confronto de descrições e prescrições da linguagem codificada com aquelas que permeiam e orbitam em torno dos acontecimentos que estarão sendo colocados sob fogo lingüístico.

Concluirá que o ambiente dos códigos, em suma, não é um refúgio remansoso; antes, uma linguagem constantemente em crise e potencialmente geradora de perplexidades e instabilidades, aspectos que oneram e, às vezes, impedem um desempenho satisfatório por parte do Administrado com a finalidade de ver reconhecida a procedência das suas afirmativas.

A codificação em geral possui credibilidade o suficiente para que o destinatário a considere como idônea e inteiramente aplicável à situação. Prevalece, até por deficiência técnica do Administrado, uma presunção de que os códigos são perfeitos, constituindo uma engrenagem de funcionamento uniforme, sem empeços seja qual for a natureza. Referimo-nos, evidentemente, ao Administrado que constitua a maioria dos brasileiros atingidos pelas pretensões tributárias.

Ora, trata-se de mera impressão. Nem sempre esta aparente uniformidade resiste a um exame mais apurado dos seus contornos. Reiteradamente tem-se observado que podem revelar desconformidades com *códigos fundantes*, notadamente no que se convenciona chamar *plano legislativo* ou *constitucional*, prescrições que efetivamente impressionam os Administrados, mas que podem ser contornadas ou mesmo enfrentadas por experts familiarizados com o manejo dos códigos.

Capítulo VI • A Mensagem de Defesa e a Técnica Jurídico-Comunicacional | 231

Os códigos que mais de perto interessam à *mensagem de defesa* focalizam-se, como já dissemos, sobre os acontecimentos e sobre o jogo do processo administrativo-tributário.

O código relativo aos acontecimentos é aquele que foi adotado pela Administração Pública-interessada para produzir a *mensagem de ataque*, voltando-se ou para uma conduta lícita, ou para uma conduta ilícita, e que será provavelmente referido pelo Administrado ao emitir a sua *mensagem de defesa*, sem prejuízo deste utilizar outro conjunto codificado que, no seu entender, tenha conexão com os acontecimentos e com as refutações que se encontre prestes a emitir.

Ao seu lado, há o código atinente ao processo administrativo-tributário, que assinala a forma pela qual deverá ser apresentada a *mensagem de defesa*, a quem deverá ser endereçada, onde deverá ser apresentada, quando poderá ser exibida, sobre o que deverá versar, sobre qual matéria não poderá tratar, quais são as exigências imputadas ao Administrado no tocante ao ônus de comprovar o que afirmará etc. Em suma, estabelece as regras do *jogo processual*.

Para a técnica jurídico-comunicacional é imprescindível que o Administrado domine estes códigos, conhecendo-os minudentemente, inclusive no que tange aos seus *defeitos congênitos*, para que possa contorná-los ou, mesmo, a par da intervenção no processo administrativo em si, através da formulação da *mensagem de defesa*, tomar outras providências que assegurem a remoção de máculas codificadas restritivas. [248]

6.7. O recorte da *situação de fato*

A *mensagem de ataque* especificou toda uma gama de aspectos sobre o qual poderá o Administrado manifestar-se. Delimitou, assim, a redoma onde o esgrimir lingüístico terá lugar, caso, evidentemente, haja esta disposição por parte do Administrado.

A atividade que ora se abre é a de *recapitular*, com precisão, qual é exatamente a afirmativa contida na linguagem de ataque que será enfrentada – *recapitulação*, portanto, da atividade exercida na fase de compreensão – pois, assim o fazendo, reconstrói-se o paradigma que servirá de referente para a *mensagem de defesa*.

Tendo em conta a profusão de acontecimentos e fatos que podem suscitar refutações envolvendo as chamadas *situações de fato*,[249] parece-nos apropriado que o emissor da mensagem centralize a sua atenção, sobretudo, nos aspectos já

---

[248] Como nas situações em que o Administrado impetra medida judicial insurgindo-se contra o depósito recursal administrativo, obtendo uma autorização judicial, ainda que de caráter provisório e temporário, mas eficazmente suficiente para permitir a apreciação, em grau superior, de um recurso administrativo sem realizar-se o recolhimento de tal montante.

[249] Cf. Cap. IV-6.

catalogados na *mensagem de ataque* potencialmente passíveis, segundo elevado grau de probabilidade, de alojarem-se as controvérsias de natureza *fático-tributárias.*

Nas mensagens de ataque endereçadas às condutas lícitas:[250]

Aspecto	Elemento
Pessoal	O receptor
	A predicação do receptor
Conduta	O agir
	O objeto do agir
Quantitativo	A quantificação
Espacial	O espaço
Temporal	O tempo

Tabela 3 – Mensagem de ataque: conduta lícita

Nas mensagens de ataque endereçadas às condutas ilícitas:[251]

Aspecto	Elemento
Pessoal	O devedor
	A predicação do devedor
Conduta	O agir
	O objeto
	O motivo
	A circunstância
Espacial	O espaço
Temporal	O tempo

Tabela 4 – Mensagem de ataque: conduta ilícita

A partir deste cardápio de possibilidades prováveis, abre-se o exercício do *pêndulo do conteúdo*, ou seja, de uma movimentação dialética que se realiza a partir do binômio originário essencial *afirmação/refutação*, ampliando-se para um trinômio: *afirmação/verificação/refutação*, concluindo no quadrinômio *afirmação/ verificação/refutação/mensagem de defesa.*

Em outras palavras, reexamina-se a afirmativa contida na *mensagem de ataque*; visita-se o que se sabe e o que se tem a respeito dos fatos relatados na *mensagem de ataque* (*verificação*); irresigna-se com a afirmativa, refutando-a, emitindo-se, subseqüentemente, a *mensagem de defesa.*

---

[250] Cf. Cap. V-3.
[251] Cf. Cap. V-4.

Capítulo VI • A Mensagem de Defesa e a Técnica Jurídico-Comunicacional | 233

Exemplificando-se:

Mensagem de ataque: *não foi pago o tributo* (fase de compreensão)

Verificação: *há o comprovante de pagamento* (fase estratégica)

Refutação: *o tributo foi pago* (fase estratégica)

Mensagem de defesa: *o tributo foi pago; eis o comprovante de pagamento* (fase comunicacional)

Como se observa, a partir do manuseio destes grupamentos de linguagem (*afirmação/verificação/refutação*), obtém-se a delimitação do conteúdo da *mensagem de defesa*.

Evidentemente, *nas situações de fato* envolvendo maior complexidade, por exemplo, em que a *mensagem de ataque* assenta-se em presunções, e o Administrado, na fase estratégica, realiza *invenções* de linguagem e não simples *descobertas*, amplia-se a dificuldade da passagem lógica e sobretudo discursiva entre a *refutação* e a *mensagem de defesa*, exigindo mais do Administrado.

Exemplificando-se:

Mensagem de ataque: *há renda sem comprovação, em face de sinais exteriores de riqueza* (fase de compreensão)

Verificação: *há sinais de riqueza, mas decorrem de favores de terceiros* (fase estratégica)

Refutação: *não há renda sem comprovação* (fase estratégica)

Mensagem de defesa: *não há renda sem comprovação; sinais de riqueza decorrem de favores de terceiros* (fase comunicacional)

O aspecto nuclear, portanto, aqui, é de fixar-se, com nitidez, o ponto nevrálgico da comunicação em que haverá o embate. Poder-se-ia dizer que a fixação do conteúdo da *mensagem de defesa* resultará da substituição da função positiva de uma expressão pela função negativa, ou, se preferir, de uma expressão", *sim* por uma outra equivalente à função *não*, e vice-versa.

Assim, a refutação de uma afirmativa dizendo *ter prestado serviços*, equivalerá a uma afirmativa dizendo *não ter prestado serviços*; *ter circulado mercadorias*, à de *não ter circulado mercadorias*; de *não ser proprietário de imóvel*, à de *ser proprietário de imóvel* etc.

6.8. As circunstâncias e os motivos

O Administrado ao formular a sua *mensagem de defesa* atinente às situações de fato deve ter em mira não só o fato central, como o fato adjacente ou circunstante.[252]

Tendo à frente sobre o que dizer, consulta o contexto e o código aplicável, para identificar se as circunstâncias merecem ou não contar com maiores considerações.

---

[252] Cf. Cap. IV-5 e IV-6.

Isto porque a *mensagem de ataque*, como já frisamos, poderá atribuir relevância a certos acontecimentos circunstanciais ou, diferentemente, ser-lhe indiferente.[253]

Empreendendo-se esta movimentação dialética entre os fatos (*centrais* e *circunstanciais*) e o contexto jurídico-comunicacional, e concluindo ser relevante consignar o fato circunstante, o Administrado procurará trazer à *mensagem de defesa* a atmosfera dos acontecimentos que mais de perto cercaram o acontecimento central sobre o qual paira o embate *afirmação-refutação*.

Constituirão, num só texto, dois feixes de linguagem que procuram conter consistência e, portanto, prevalecer no embate, unidos por vínculo de relevância, não só entre si, como ocorrências que se deram num certo tempo e espaço, como em relação ao contexto jurídico, que os define e atribui-lhes conseqüências específicas.

A estes dois acontecimentos, acosta-lhe os motivos, ou seja, a deliberação do Administrado em, calcado em determinadas premissas, ter desatendido à obrigação que lhe fora imposta a partir do contexto e códigos jurídicos, assentando o foco da preocupação comunicacional no tripé *fato-central/fato-circunstante/motivo*.

Ora, as circunstâncias na lida tributária ganham importância nas refutações veiculadas através de *mensagens de defesa* que enfrentam afirmativas que se refiram a certas condutas do Administrado que sejam pautadas por intenções de contornar-se, mediante artifícios, ou efetivamente negar-se ao cumprimento de obrigações tributárias.

São afirmativas de ataque que procuram caracterizar condutas rotuladas como *fraude, simulação, sonegação* etc. e que têm o tom do diapasão comum de sugerir a vontade deliberada do Administrado de furtar-se ao cumprimento da respectiva obrigação de natureza tributária.

Caso o Administrado pretenda opor-se à afirmativa lançada, e, sobretudo, justificar o motivo que o levou a descumprir a prescrição jurídica dele exigida – desde que relevante, pertinente e conveniente, ao seu juízo –, terá de demorar-se em consignar, detalhadamente, o entorno do acontecimento central, segregando, na medida do possível, fatores que sejam contextualmente considerados *nobres* o suficiente para justificar o descumprimento havido, o que, se não excluirá, ao menos atenuará o apenamento que o contexto jurídico prescreve em relação ao descumprimento de obrigações tributárias.

Inegavelmente é um tarefa espinhosa, pois o Administrado deverá criar, em linguagem, um duto transitivo compreendendo o motivo da conduta e a justificativa circunstancial *nobre*, estimuladora da conduta havida. E, para atingir tal propósito, deverá transpor, igualmente, outro duto comunicacional, que liga o aspecto psicológico do agente à conduta objetivamente considerada. E, aqui, o campo é fértil

---

[253] Considerando *neutra* ou *partidária*. Cf. Cap. IV-6 e III.2.3.

Capítulo VI • A Mensagem de Defesa e a Técnica Jurídico-Comunicacional | 235

a imprecisões e novas dificuldades, compondo uma ribalta de intensas dificuldades: entre a *aparência* e a *realidade*. Muitas vezes, a conduta aparenta ter tido um motivo; e, se é que se poderá precisá-lo efetivamente, ele (motivo) é diferente do apregoado.

As circunstâncias, à evidência, são extremamente valiosas para compor a *mensagem de defesa*, notadamente quando o ataque que então é refutado invade paragens de natureza subjetiva, pretendendo descrever e capturar tomadas de posição que tiveram lugar no íntimo do Administrado, domínio reconhecidamente de difícil ou, mesmo, intransponível acesso.

6.9. As camadas de linguagem

Inicialmente, convém registrar que é inegável, segundo a cultura relativa à conformação espacial que nos impregna, que a expressão *camada de linguagem* sugere uma ordenação horizontal, ou seja, a fixação de conjuntos de linguagem, uns sobre os outros.

Evidentemente, trata-se de uma expressão metafórica, pois expressões lingüísticas não são alojadas fisicamente umas sobre as outras, mas, sim assentadas, umas após as outras, segundo um código ordenador que permita fazer sentido a uma determinada união coletiva de vocábulos.

O aspecto que merece aqui sublinhar é que, ao se referir a um determinado acontecimento, estarão sendo manejados diversos conjuntos de linguagem, de autores, finalidades, conteúdos e tempos de elaboração diferentes, que necessitam ser adequadamente postos, para poderem repercutir efetivamente no âmbito do processo administrativo-tributário. Exige-se, pois, a eleição de um código que ordene tais mensagens, de maneira que uma *fale* sobre a outra, numa seqüência apropriada e conveniente.

Aqui, contudo, sublinha-se que na *técnica comunicacional* envolvendo provas haverá uma movimentação de planos de linguagem que exigem redobrada atenção e mestria do interessado. Na narrativa dos fatos e das respectivas provas, serão realizados diversos assentamentos.

A Administração Pública-interessada afirma que o Administrado importou um bem. Estes dois verbos (*afirmar* e *importar*) já remetem a dois acontecimentos que merecerão referências necessárias por parte do Administrado, e que são dois conjuntos de linguagem que se sobrepõem, pois somente a Administração Pública-interessada poderá afirmar que o Administrado algo fez, se já tiver como visível outra camada de linguagem dizendo tal ter ocorrido (a importação do bem). Prosseguindo, diz que o bem importado o fora pelo valor de R$ 1.000,00 e prossegue a narrativa até formalizar, em linguagem, a sua pretensão em vista do Administrado.

Ora, torna-se evidente que há uma sobreposição de camadas de linguagem que já se apresentaram organizadas na *mensagem de ataque*, e que após *desconstruídas* pelo Administrado, na *fase de conhecimento* e *estratégia*, nos domínios da comunicação propriamente dita serão *reconstruídas*, ganhando novas camadas lingüísticas, agora de autoria do Administrado ou de terceiros interessados ou mesmo desinteressados, mas que o Administrado repute conveniente trazer à ribalta do processo administrativo através da *mensagem de defesa* que estará sendo emitida.

Neste particular, interessante observar-se que as mensagens que sofrem o *empilhamento* provêm de diferentes autores. Alguns poderão ser francamente interessados no litígio ou, noutro extremo, indiferentes ao que se passará no palco processual. Os primeiros são os agentes que representam a Administração Pública-interessada e o Administrado, assim como os que lhe são próximos, e que, em relação a este último (Administrado), podem ser alojados nas categorias dos contadores, auditores, advogados, consultores etc. que mais de perto freqüentam as atividades que tragam repercussão na realidade tributária. Aqueles autores que se permitem reputar indiferentes à matéria sob discussão são estranhos ao ponto sob a potencial controvérsia, como consumidores que tenham adquirido certas mercadorias, proprietários de móveis que tenham dado veículos em locação ao Administrado etc.

A identificação do Autor das linguagens a serem utilizadas, notadamente aquelas já produzidas, tem interessante repercussão jurídico-comunicacional. Quanto mais distantes do interessado nos resultados que o conflito administrativo proporcionará, maior credibilidade reunirão para serem levadas seriamente em consideração pela Administração Pública-julgadora. Quanto mais próximas, enfrentarão desde logo algum preconceito por parte do decididor do processo administrativo, no sentido de considerar que tais mensagens já elaboradas – e agora colhidas – o foram de maneira partidária; isto é, com propósitos de efetivamente favorecer o interessado em questão.

Pois bem, o assentamento de tais camadas não possui ordem correta ou incorreta. Dependerá do objeto sobre o qual se instalará o litígio e, mesmo em função da sua complexidade, que conferirão, integradamente, relevância a priorizar-se este ou aquele aspecto para sobre ele erigir-se a mensagem, a que sobre outra se referirá e assim avante.

Contudo, seja qual for a matéria que merecer o destaque, é inegável que o corpo de mensagens que mais possui possibilidades de impressionar o julgador é aquele que dá notícia de algo de elevado consenso.[254] E, havendo a possibilidade de intrometer-se nos planos de linguagem mensagens *reiterativas* no mesmo sentido da

---

[254] E, evidentemente, que a par doutros requisitos, seja relevante à refutação que está sendo confeccionada. Cf. Cap. IV.

refutação que ora tem início, amplia-se a possibilidade da boa sedimentação do sentido, conferindo reforço a todo o plexo de linguagem utilizada.

Não fora feita a importação noticiada pela Administração Pública, conforme já certificara o despachante aduaneiro; ademais, já a própria autoridade pública, ao fiscalizar as instalações do Administrado, consignara, no auto de infração, inexistir nem mesmo indícios de que a mercadoria fora importada; aliás, *os registros contábeis não contêm qualquer referência ao ingresso de tal mercadoria, tampouco os talonários de ingresso de mercadoria* etc. Ora, como se observa, são unidades de mensagens de origens (autorias) diferentes, mas que são assentadas em camadas, por vezes uma não se apoiando efetivamente na outra (mera ilusão em função da disposição temporal da narrativa), mas que ganham um uniforme de camadas de linguagem, conferido pela narrativa da *mensagem de defesa.*

6.10. O estilo comunicacional

O emissor da *mensagem de defesa* ao elaborá-la elege um estilo de expressar-se. *Estilo* é daqueles vocábulos problemáticos que o observador sabe distinguir, mas não sabe, à justa, delimitar as suas propriedades e a sua composição, conseqüentemente.

Nos limites desta investigação, satisfazemo-nos em divisar o *estilo comunicacional* da *mensagem de defesa,* como a forma e a maneira através do qual o Administrado, observando códigos apropriados, assenta vocábulos num texto, articulando-os segundo uma maneira muito particular e, em seu entender, apropriada, para suscitar a simpatia e arrebatar o destinatário da comunicação em relação a um aspecto relevante veiculado através da mensagem.

O estilo pode ser associado à idéia de encantamento, ou seja, o de, a partir do manejo estilístico, procurar-se encantar o destinatário, capturando-o numa redoma de convencimento favorável ao emissor da mensagem, tudo isto através da comunicação, no caso em pauta, escrita, o que muito exige do Administrado, mormente se considerada a aridez das discussões travadas num processo administrativo-tributário.

Esclareça-se, por conveniente, que a apreensão do destinatário na redoma do encantamento não é realizada por sensibilizar-se a sua emoção – elemento absolutamente estranho ao meio processual-tributário –, mas, sim, por capturá-lo no domínio da razão técnica, ou seja, nos redutos construídos a partir de determinados códigos jurídico-comunicacionais utilizáveis na *situação de fato* sob destaque controverso.

Evidentemente, escolhe-se um estilo, não porque se aprecie uma certa forma de exteriorizar-se, em escrita, a maneira de pensar e de defender o que entende ser o *seu direito.* Trata-se, diferentemente, de uma escolha deliberadamente partidária, interessadamente voltada para escolher uma maneira que impressione o julgador, sensibilizando-o para a *mensagem de defesa*, obtendo um decisório que lhe seja favorável, com repercussões concretas no plano repercussional. Como terá de levar em consideração *situações de fato*, sobre as quais há controvérsia, estabelece-se interessante cadeia associativa entre o *referente* e o *estilo.*

A linguagem, ao referir-se a *situação de fato*, conforme já pudemos examinar, pode direcionar-se diretamente a um *referente'* encontrável na experiência (*o carro, o dinheiro, a pessoa* etc.) ou ter de imediatamente apoiar-se num *referente'* alojado na experiência, para dele promover uma associação lógica e em linguagem, para somente então atingir um outro *referente''* (presunção, *v.g.*).

Sendo assim, no primeiro cenário, há um liame direto entre a linguagem e o *referente'*; já no segundo, no mínimo, um liame entre linguagem, *referente'*, linguagem e *referente''*. Ambos, em comum, com o propósito de gerar conseqüências no plano repercussional. No primeiro, há, portanto, uma *comunicação simplificada*; no segundo cenário, uma *comunicação complexa.*

Na *comunicação simplificada*, procura-se impressionar o julgador, chamando a sua atenção para a evidência do próprio *referente'*, suas propriedades, suas características que, no ponto sob controvérsia, são suficientes para desencadear um arranjo lingüístico simples que relate o que necessário for (segundo o código apropriado) para sensibilizar o julgador.

Revela-se absolutamente apropriado, neste sentido, a utilização de linguagem na sua função descritiva, na qual o emissor tão-somente narra o acontecimento relevante, introduzindo-o no duto comunicacional do processo administrativo-tributário. Seria, basicamente, uma *apresentação*, em linguagem, aos circunstantes, de um *referente'* relevante, que, por algum motivo, não fora detectado ou seriamente tomado em consideração pela *mensagem de ataque.*

Diferentemente se passa na *comunicação complexa.* Aqui, exige-se mestria no manejo da linguagem, que se relaciona sucessivamente com diversos referentes, exigindo destreza para que o expressar do Administrado faça sentido, de início um sentido comum, igualmente fazendo sentido jurídico-comunicacional, ao mesmo tempo saturando os requisitos exigidos pelos códigos apropriados, para o fim de repercutir, favoravelmente ao emissor, neste ambiente processual sobre o qual se discorre.

Esta evidente elevação no grau de dificuldade do trato da linguagem, de certa maneira, impõe um estilo à forma de expressão do Administrado, diminuindo-se o tom narrativo e descritivo da mensagem, e aumentando-se, sobremaneira, a função persuasiva e lógica (ao menos na sua aparência) da intervenção que estará sendo elaborada.

Capítulo VI • A Mensagem de Defesa e a Técnica Jurídico-Comunicacional | 239

Abre-se campo fértil para a retórica que, através da argumentação, sobretudo mediante a adoção de *técnica comunicacional*-indutiva, volta-se certeiramente para capturar a atenção do auditório, com vistas à decisão almejada.

O ponto central da *técnica comunicacional* neste aspecto sob realce é enaltecer a conveniência de o Administrado escolher o estilo que mais adequadamente, em linguagem, refira-se à *situação de fato* sobre a qual se está produzindo uma mensagem. Não só em razão de com tal correta escolha facilitar-se o atingimento de tal objetivo, mas também para não se causar objeções que poderiam ser evitadas, caso a eleição de estilo realizasse-se segundo rígida adequação.

Em outras palavras, quer-se deixar consignado que o estilo apropriado passa despercebido da discussão administrativo-tributária, não causando distrações que possam conturbar o eixo central da controvérsia. Havendo a escolha de um estilo apropriado, para adequadamente enfrentar a situação de refutação que está exigindo um pronunciamento em linguagem, estar-se-á transitando com desenvoltura e desembaraço por entre alguns dos obstáculos que o tráfego jurídico-comunicacional costumeiramente apresenta.

Diferentemente ocorrerá, contudo, caso o estilo adotado seja impróprio. Em tal ocorrendo, a repercussão concreta que obterá junto ao auditório interessado será de reações desfavoráveis, até preconceituosas, despertando uma tomada de posição aprioristicamente desfavorável ao Administrado.

Se se conviesse emitir uma *comunicação simplificada*, mas, ao invés, emite-se uma *comunicação complexa*, tal escolha de estilo por si só gerará posições, ao menos num primeiro instante, desfavoráveis. Se, para dizer que alguém é proprietário de uma barra de ouro, começa-se a *mensagem de defesa* discorrendo-se sobre os metais, seus característicos, sua importância num contexto monetário, a razão da expressão *onça-troy*, para então arrematar-se dizendo ser efetivamente o proprietário, para tanto acostando uma *linguagem descoberta* apropriada (certificado de propriedade), evidentemente tal estilo gerará, como se disse, ao menos numa primeira aproximação, reação hostil, sob os mais variados fundamentos (*tom desagradavelmente professoral, informações desnecessárias, ofensa ao princípio da economia do pensamento* etc.).

A escolha inadequada do estilo de linguagem, portanto, causa repercussões desfavoráveis ao emissor, não obstante possam ser contornadas. A *técnica-comunicacional* sinaliza que a escolha de um estilo apropriado, ao mesmo tempo que capta a simpatia do destinatário da mensagem, tem a eficácia de não ingressar em áreas nebulosas sujeitas a ruídos comunicacionais, que podem, às últimas, causar empeço ao ponto central da refutação que então tem lugar em oposição à *mensagem de ataque* recebida pelo Administrado.

6.11. As premissas consistentes

As mensagens de defesa usualmente estruturam-se numa cadeia associativa ou paradigmática, com a constante que *de premissas obtêm-se conclusões*. As premissas, como um efetivo princípio que norteia a conformação das mensagens atinentes às *situações de fato*, não são por nós consideradas verdadeiras ou falsas, mas, sim, *consistentes* ou *inconsistentes*, ou seja, que resistam ou não resistam a um esgrimir lingüístico que tem lugar num processo administrativo-tributário, ou por propriedades compositivas e irradiativas próprias da mensagem, ou decorrentes de fatores e vetores exógenos à própria mensagem, e que predominam e persistam prevalecendo no ambiente comunicacional em que tomam parte.[255]

A consistência sinaliza ao menos um grau razoável de probalidade de que o que se diz possui potencialmente alguma possibilidade de fazer sentido, resistindo a uma refutação. Evidentemente, esta possibilidade não decorre da mensagem em si, mas do tratamento que os freqüentadores do ambiente comunicacional habitualmente dispensam a comunicações semelhantes, senão idênticas, às sob atenção, e que deverão decidir se dispensam ou não igual tratamento a esta mensagem comunicacional sob foco.

Este grau de razoabilidade probabilística, que equivale a uma senha que permite à mensagem introduzir-se no ambiente comunicacional, sem que contra si tenha, de pronto, rejeição absoluta,[256] pode ter a sua intensidade subseqüentemente mitigada a ponto de ser enjeitada no ambiente, isto no instante em que a proposição é sindicalizada com maior cuidado, ou, reversamente, aumentada, em consideração de seus próprios atributos ou de recursos exógenos, como os que provêm dos códigos jurídico-comunicacionais aplicáveis à apreciação da mensagem.

No instante em que a afirmativa é levada em conta como fator relevante para a decisão que será proferida, pode se dar que o julgador concorde com o arranjo da *mensagem de defesa*, para então promover a conclusão a que chegara com as disposições irradiadas dos aludidos códigos. Manuseia-se, à evidência, premissas com conclusões, que servem de premissas a novas conclusões, as quais impulsionam novas premissas que gerarão novas conclusões, e assim avante até que a sucessividade destas movimentações encerre-se, por suficiência de linguagem dos propósitos almejados pela *mensagem de defesa*.

Encontram-se no ambiente jurídico-comunicacional-tributário, de maneira profusa, construções lingüísticas envolvendo o binômio *premissas-conclusões*, relativas a *situações de fato*, como as que se depreendem de mensagem como *tendo em vista que quem trabalha ganha remuneração e, tendo em conta que eu trabalhei, percebi uma remuneração de R$ 1.000,00* etc.

---

[255] Cf. Cap. IV-4.

[256] Como a que decorre de uma afirmativa de chofre considerada inverossímel, como a de que há, na Lua, fiscalização do ICMS.

Pois bem, interessante observar-se que todo o assentamento das premissas que integram a mensagem admite a elaboração e o oferecimento, também em linguagem, de comprovações de que tais premissas são consistentes. Ou seja, cada uma das premissas utilizadas na mensagem admite ter para si um complemento lingüístico que a credencie a ser tomada seriamente em consideração por aqueles que com ela terão algum tipo de trato. Isto, claro, se necessário, pois, repita-se, a ocultação da consistência das premissas gera perplexidades e reações comportamentais preconceituosas por parte do destinatário da mensagem, o que deverá ser evitado para não acarretar-se um ruído comunicacional.

Seja como for, a mensagem assenta-se em premissas, as quais advogamos devam ser *consistentes*, o que permitirá atingir-se conclusões não necessariamente *consistentes*, mas potencialmente *consistentes*, isto é, com condições de portar tal atributo.

Não nos preocupam, aqui, as premissas que usualmente saturam a chamada premissa maior do silogismo que classicamente é utilizado no ambiente jurídico, em que é preenchida pelos fundamentos jurídicos, contando com a premissa menor saturada com os fatos, o que sinalizaria uma subsunção clássica que, transplantada, constituiria a disposição subsuntiva entre *situações de direito* e *situações de fato*.

Interessa-nos enfatizar o manejo de premissas no domínio das *situações de fato*, que ficam de certa maneira à parte da realidade jurídica, mas que concedem conclusões que nos levam a provas confirmadoras de uma refutação que está sendo veiculada através de uma *mensagem de defesa* que enfrenta a comunicação provinda da Administração Pública-interessada mediante a emissão da *mensagem de ataque*.

Há arranjos de premissas que, ao remeterem à conclusão, fazem-no, no tocante à reverberação no plano repercussional, de maneira incisiva e agressiva, outras, mais amenas e serenas. O manuseio e disposição técnica de premissas que sejam fatores condutores dos raciocínios indutivos, como os provenientes dos exemplos e das analogias, produzem percussões comunicacionais adocicadas e suaves por parte do destinatário da comunicação. Já aqueles atinentes aos raciocínios demonstrativos, caso dos silogismos e entimema (silogismo *encurtado*), produz uma força vigorosa e perturbante, contundentemente tocando o destinatário da mensagem, intensidade esta que poderá ser favorável ao interessado na impressão causada, por vezes até o estimulando a, na medida do possível, reiterar a técnica dedutiva, ainda que no curso de uma indução.

6.12. A relevância

A *mensagem de defesa* refere-se a fatores e vetores que sejam relevantes para auxiliar a tarefa de refutar uma afirmativa que tenha sido assacada contra o Administrado, ou, mesmo, para auxiliar uma linha de defesa que tenha sido eleita

242 | A Prova no Processo Administrativo-Tributário • Marcio Pestana

como a mais apropriada para obter-se uma decisão favorável no âmbito do processo administrativo-tributário.

Como as mensagens orbitam em torno do valor *consistência*,[257] devem, para obter tal predicado, contar com composições lingüísticas que se refiram ao que seja relevante.

A relevância afigura-se-nos como um emblema que o homem atribui à coisa e aos homens, que apregoa particularidades tais que os distinga dos demais circundantes, em virtude de, uma vez manuseada em linguagem, propiciar a compreensão e, conseqüentemente, uma repercussão efetiva, de um arranjo lingüístico, no caso, atinente a um acontecimento. Apresenta, à evidência, dificuldades em ter seus domínios claramente especificados, vez que se apóia sobremaneira no habitáculo subjetivo do operador do que seja relevante.[258]

Não se confundem com a *pertinência*, uma propriedade que, não obstante também integre uma relação com a coisa e com o homem, enfatiza o aspecto lógico do liame havido, diferentemente da *relevância*, que poderá estabelecer a união segundo fundamentos provenientes doutros setores da atividade humana, que não o da lógica, como daqueles de natureza cultural, sociológica, econômica, lúdica etc. E, claro, no ponto sob realce, tendo como fundamento um contexto e um código jurídico. A *pertinência*, ademais, poderá ser ou não ser relevante para a discussão que se trava num ambiente administrativo-tributário, pois nem tudo que é pertinente será relevante para o desate do contencioso lingüístico que está tendo curso.

A par deste ângulo – que se refere à *coisa* e aos *homens* – reclama-se relevância ao conteúdo da própria *mensagem de defesa*. Em outras palavras, este tipo de mensagem comunicacional deverá levar em consideração a aceitabilidade do argumento ou a demonstração *pelo qual o fato, para se explicar, é inferido da explicação proposta.*[259] E, mais: que tenha um nexo com a *mensagem de ataque* a ser relevantemente refutada.

A relevância da coisa, assim como a da mensagem comunicacional, constituem elementos absolutamente necessários a serem levados em consideração, sob a ótica da *técnica comunicacional*, que deliberadamente está voltada a obter uma decisão.

6.13. A Composição

A *mensagem de ataque* usualmente limita-se a atender às exigências formais e substanciais que os códigos estabeleçam para ser adequadamente endereçada ao

---

[257] Cf. Cap. 4-4.
[258] Karl Popper ao examinar o fator relevância no que se refere às probabilidades dos eventos enfatiza que os termos *relevante* e *irrelevante são fortemente enganadores. A lógica da pesquisa científica*, p. 177.
[259] Irving M. Copi, *Introdução à Lógica*, p. 381.

Administrado. Tal decorre, dentre outros motivos, da desnecessidade de a Autoridade Pública querer convencer ou persuadir o Administrado a cumprir a obrigação que lhe compete.

Ao contrário, confortavelmente instalada no assento da autoridade, a Administração Pública-interessada utiliza-se de meios lingüísticos insulsos e despidos de qualquer emoção: *vez que houve tal acontecimento, o Administrado deve satisfazer tal obrigação*. E, se não o fizer, ou já tiver deixado de tê-lo feito, impõe-se-lhe determinado apenamento. O aspecto sombrio que angustia o Administrado em decorrência de encontrar-se diante do binômio *autoridade-apenamento*, haurido do código jurídico-comunicacional, praticamente substitui a necessidade do esmero e da composição refinada com traços de persuasividade por parte da *mensagem de ataque*.

Na *mensagem de defesa*, diferentemente, que desde o instante da sua própria concepção, sabe-se, estará sendo confeccionada para ser introduzida num ambiente processual-comunicacional com propósitos partidários, o emissor está deliberadamente preocupado em convencer o destinatário da mensagem acerca de algum aspecto que diga respeito às *situações de fato* que seja relevante para a defesa do Administrado, daí atribuir-se importância à maneira de expressar-se, à forma de expressar-se, ao conteúdo e a tantos outros conjuntos de linguagem que participam de alguma maneira na mensagem sobre a qual se debruça a *técnica comunicacional* sobre a qual aqui se discorre.

Pois bem, dentre estas frentes que o Administrado deve levar em consideração, apresenta-se a *composição da mensagem*. Em resumo, por *composição* entende-se a forma e a maneira pela qual a mensagem apresenta um *começo-meio-fim*, no sentido horizontal, assim como uma intervenção de aprofundamento-afloramento da proposição que constitui o seu objeto, no sentido vertical, tudo com vistas a gerar conseqüências concretas.[260]

Vislumbra-se similitude com a composição musical sinfônica que, ao longo de sua história, invariavelmente nos concedeu uma conformação de *começo-meio-fim* (a par da intensidade e extensidade que permitem discernir as sinfonias de Johannes Brahms das de Piotr Ilyich Tchaikowsky) que apresentava variações compositivas diversas na longa história da música sinfônica, tendo, por vezes, uma abertura *allegro*, para adentrar num movimento lírico ou minueto, com um encerramento rápido, na forma de rondó ou rondó-sonata. Tal composição é inexoravelmente concebida para despertar comportamentos nos destinatários das mensagens musicais (desde os mecenas ou contratantes de tais préstimos até o auditório ingênuo), alguns controlados pelo autor – *intencionais* – outros nem tanto, como

---

[260] Esta arquitetura compositiva no âmbito da retórica, evidentemente, não é nova, bastando invocar-se alguns dos clássicos retóricos, como *Retórica*, de Aristóteles, *Rethorica ad Herennium* e o *De inventione*, de Cícero, ou *Institutio Oratoria*, de Quintiliano.

244 | A Prova no Processo Administrativo-Tributário • Marcio Pestana

alegria, tristeza, enternecimento, melancolia enfim, qualquer uma das inúmeras possibilidades que a música pode causar a um auditório.

Pois bem, a *mensagem de defesa*, no tocante ao embate sobre as *situações de fato*, para nós possui uma arquitetura peculiar, que estabelece uma seqüência sintagmática e paradigmática, no formato de um quadripé, em que um depende do outro, para ter condições minimamente necessárias para repercutir no ambiente jurídico-comunicacional: (a) afirmação do ataque; (b) refutação do ataque; (c) confirmação da refutação; e (d) requerimento.

a) A afirmação do ataque

O Administrado deve ter em conta que deverá, dentre outras finalidades, facilitar o trabalho a cargo do julgador. Esta facilitação, nos dias de hoje, equivale a assinalar, de maneira clara e cristalina, na parte introdutória da *mensagem de defesa*, qual é a afirmativa constante da *mensagem de ataque* que, endereçada a determinada *situação de fato*, sofrerá a oposição por parte do Administrado.

Trata-se de um recorte lingüístico sobre um trecho específico da linguagem emitida pela Administração Pública-interessada, que seja relevante para a defesa que está sendo confeccionada, sendo até corriqueiro transcrever-se, entre aspas ou recursos gráficos de semelhante finalidade, os dizeres contidos na *mensagem de ataque*, inclusive os erros de grafia.

Na afirmação de ataque especificam-se os pontos centrais que se pretende enfrentar, inclusive salientando-se os motivos que levaram a autoridade pública a emiti-la. Arma-se, à evidência, um requadro de linguagem, delimitando-se o perímetro do confronto.

Ainda que a *mensagem de defesa* tenha que, subseqüentemente, retornar ao aspecto salientado e central da oposição – o que inexoravelmente o fará ao longo do percurso – este assentamento introdutório acerca do palco controverso tem a grande valia de causar repercussão pragmática no julgador, que se introduz nos domínios do embate, preparando-se para recepcionar, logo a seguir, uma pluralidade de enunciados e proposições em sentido oposto ao descrito na *mensagem de ataque*. Ele, julgador, já *suspeita*, mas ainda não está certo, que aqui será a ribalta da controvérsia, gerando uma desconfiança e, mesmo, curiosidade natural, que somente serão saciadas na fase subseqüente.

Há, na composição, a utilização predominante da linguagem na sua função descritiva, predomínio que em absoluto exclui a presença de alguma dose de função persuasiva. Sim, pois, ao até escolher-se determinado trecho da *mensagem de ataque*, está-se ocultando ou sombreando outra porção que não convém ao Administrado realçar; quando se ironizam equívocos lingüísticos do ataque, com a expressão *sic*,[261] quando começam a ser utilizados recursos lingüísticos rotulados como *falácias*, antes mesmo de introduzir o fulcro central da introdução, como o que consigna expressamente a miopia da fiscalização empreendida pelo agente da Administração Pública etc.

b) A refutação do ataque

Nesta altura da *mensagem de defesa*, o Administrado preocupa-se em instalar o ponto central do confronto, para tanto compondo a sua mensagem segundo uma *ordem natural* ou *artificial.*

Seguindo a ordem natural, a composição assinala, de maneira seqüencial, os acontecimentos tal qual ocorridos. Há uma ênfase cronográfica e mesmo causal à mensagem. Do ontem passa-se para o hoje; consigna-se a causa e a repercussão que lhe corresponde etc.

Este encadeamento natural facilita a compreensão acerca do acontecimento epicentral da disputa, pois, mesmo tendo efetivamente incorrido na realidade circundante, ou simplesmente concebido em linguagem, há sempre a incidência do vetor temporal na composição lingüística envolvendo acontecimentos, aspecto que acompanha o destinatário da comunicação, ou melhor, qualquer homem que se debruce sobre uma mensagem escrita ordenadora de vocábulos que façam sentido, segundo certos códigos.

Constituindo o par de possibilidades básicas de que dispõe o Administrado para consignar a refutação, poderá, diferentemente, utilizar-se da *ordem artificial*, ou seja, segregando-se acontecimentos no plano da linguagem em desacordo com a seqüência dos acontecimentos, o que permite começar exposições a partir da ocorrência efetivamente materializada, para regressar-se a considerações acerca dos motivos que precederam, ou começar a narrativa do fim para o começo etc.

Ora, como se observa, cada uma destas formas básicas de narrativas pode ser útil para a composição da *mensagem de ataque*. O que nos parece apropriado, contudo, é que haja uniformidade na composição entre o critério adotado por ocasião da (a) afirmativa de ataque em relação à estabelecida na (b) refutação do ataque.

Isto porque tal uniformidade facilita a análise do julgador, que praticamente grafa, em seus apontamentos, duas colunas distintas, mas topograficamente segregadas por uma linha divisória que estabelece os limites dos domínios de uma e outra afirmativa. Forma-se a ribalta da controvérsia, que ganhará uma terceira coluna, interessadamente saturada pelo Administrado: a da confirmação da refutação.

---

[261] Sabe-se que muitos utilizam no debate processual esta expressão sem mesmo ter conhecimento do seu exato significado, qual seja, o de advérbio "assim", que se escreve para indicar a exatidão da cópia, especialmente para sinalizar vocábulos ou expressões que pareçam impróprias ao emissor da mensagem que está sendo agora produzida. Cf. Caldas Aulete, *Dicionário Contemporâneo da Língua Portuguêsa*, vol. 5, p. 3732.

c) A confirmação da refutação

O Administrado até agora já cravou a (a) afirmação de ataque e (b) a refutação do ataque, convindo, neste instante, ocupar-se de confirmar a refutação já oferecida.

Aqui transita por um entrelaçamento de conjuntos de linguagem, que estabelecem riquíssimas combinatórias entre si, afigurando-se-nos conveniente sublinhar algumas das possibilidades que se nos parecem mais corriqueiramente encontráveis nas discussões de natureza processual administrativo-tributária:

(i) *Mensagem sobre mensagem de defesa.* O Administrado utiliza-se de reafirmações de natureza lingüística, seja em razão da demonstração que empreende, seja da ênfase retórica que procura imprimir à sua intervenção. *Como disse, conforme já ficou consignado, de acordo com o que já se noticiou,* ou, por meio de expressões como *em outras palavras, noutros torneios, isto é* etc. Aqui há somente uma nova maneira de *reabordar* o que já fora dito na própria *mensagem de defesa,* só que evidentemente com propósitos reforçativos e comprobatórios.

(ii) *Mensagem sobre linguagem descoberta.* Na fase estratégica, como já vimos,[262] o Administrado poderá encontrar corpo de linguagens já existentes, que estabelecem mensagens descobertas, as quais serão utilizadas, agora, com a finalidade de confirmar-se a refutação já consignada. Dá-se, poder-se-ia dizer, maior destaque à *mensagem descoberta,* razão pela qual a *mensagem de defesa* deixa que *ela fale por si só,* claro, se efetivamente for uma mensagem de escol para a finalidade almejada. Caso, contudo, esta mensagem seja potencialmente de menor repercussão, a *mensagem de defesa* avantaja-se, justamente para o fim de pinçar e por méritos próprios potencializar um aspecto que ainda que se encontre esfumaçado e que, com o devido brilho lingüístico, ganhe a aptidão de contribuir para confirmar a refutação.

(iii) *Mensagem sobre linguagem inventada.* Poderá a *mensagem de defesa* trazer à baila uma linguagem inventada especialmente para auxiliar a comprovação da refutação a uma *situação de fato* constante da *mensagem de ataque.* O referente da *mensagem de defesa* poderá ser, portanto, a mensagem irradiada a partir de uma declaração ou certidão especialmente elaboradas para atingir-se a finalidade pretendida pelo Administrado, como, ainda nas comportas exemplificativas, consubstanciar-se em relatórios finais resultantes de levantamentos complexos realizados por empresas de auditoria que permitem à *mensagem de defesa* introduzir depoimentos escritos confirmatórios da refutação consignada pelo Administrado.

---

[262] Cf. Cap. VI-4.

Capítulo VI • A Mensagem de Defesa e a Técnica Jurídico-Comunicacional | 247

Este instante é o momento crucial da *mensagem de defesa*, pois será dado destaque ao corpo de linguagem probatória, que poderá atribuir propulsão à comunicação expedida, inclinando-a a favor do Administrado. E, claro, poderá dar-se o reverso, pois, se as mensagens produzidas forem tímidas e insuficientes para auxiliar o encargo refutatório, tal insuficiência poderá estimular o julgador a frustrar a pretensão do Administrado.

Seja qual for a mensagem probatória a ser utilizada, o Administrado examinará, dentre elas, a maneira mais conveniente de dispô-las. Parece-nos que a *técnica comunicacional* recomenda começar-se pelas mensagens mais fortes e contundentes, introduzindo-se a seguir as de menor intensidade e repercussão, para, no arremate, consignar-se outras mais de maior vigor e intensidade probatória.

Isto porque o destinatário da mensagem, que é o julgador, tomando contato com primeiro conjunto de mensagens (mais fortes), impressiona-se favoravelmente; no segundo (mais fracas) ingressa no plano da dúvida, esmorecendo, um pouco, a simpatia que sentira por ocasião do impacto do primeiro conjunto; ao final (mais fortes), *reimpressiona-se*, ou seja, volta ao estado que o assolara inicialmente ao deparar-se com o primeiro conjunto de mensagens probatórias.

Evidentemente, tal ordem não é infalível e aplicável aprioristicamente em qualquer *mensagem de defesa*. Trata-se, apenas, de uma forma de compor e assentar as mensagens de uma maneira que, decididamente, volte-se para captar a atenção e o convencimento, se possível favorável, por parte daquele que representa a Administração Pública-julgadora.

d) O requerimento

Ao debruçar-se sobre a porção final da *mensagem de defesa*, há uma tendência natural (fruto de uma prática constante e mesmo sedimentada através do longo percurso histórico do Direito) de fazer-se o já consagrado *pedido*, ou seja, consignar-se a pretensão almejada pelo interessado.

Firmes no nosso propósito de não adentrar às *situações de direito*, permanecendo o quanto possível no exame das *situações de fato*, observamos que, nesta parte final da *mensagem de defesa*, ambos os planos inegavelmente entrelaçam-se, integrando, por vezes, a mesma oração, a fim de que o requerimento possa repercutir efetivamente.

Deveras, composições de corpos de linguagem de ambos os planos são alojados na *mensagem de defesa*, imbricando-se em expressões como *tendo em vista que o acontecimento tal não ocorreu, e tendo em conta que o código legislativo estabelece tal, então impõe-se a decisão no sentido tal*. Isto é de duas premissas com, no mínimo, boas probabilidades de serem consistentes, consigna-se, com a tonalidade própria de um requerimento formulado ao destinatário da comunicação, que seja acolhida a refutação introduzida pelo Administrado no processo administrativo-tributário, como também, no conseqüente, seja proferida uma decisão que termine o processo administrativo-tributário.

6.14. A argumentação comunicacional

A maneira pela qual a *mensagem de defesa* é disposta e saturada, no tocante à proposição a ser trafegada no ambiente comunicacional, revela-se de extrema importância, haja vista que a finalidade almejada é a de convencer um auditório particular acerca da consistência das afirmativas lançadas.

Este aspecto é de extrema relevância, pois a *mensagem de defesa* a par de se referir, no essencial, a um acontecimento instalado no que se denomina *situação de fato*, para o fim de lançar um projétil probatório, deve inequivocamente estar voltada para gerar conseqüências práticas nos domínios do plano repercussional, donde ser conveniente a utilização de certas técnicas para divulgar, no âmbito comunicacional, a mensagem que entende ser a mais apropriada para consignar a prova que se acha adequada ao caso, à qual se associam, naturalmente, vetores colhidos a partir de um contexto jurídico-comunicacional, segundo códigos apropriados.

Pois bem, ao longo da história do homem, foram sendo catalogadas determinadas maneiras pelas quais o emissor da mensagem procura obter o convencimento e a adesão de outro acerca do que se transmite. Às vezes fazendo-o por meio de demonstração, outras tantas, por meio da argumentação, ambas técnicas costumeiramente utilizadas para tal objetivo.

Para nós, contudo, parece-nos mais apropriado em vista da estrutura comunicacional sobre a qual discorremos, aglutinar ambas as aludidas técnicas sob a roupagem unificada de *argumentação comunicacional*, a qual procura configurar um meio de agir deliberadamente voltado para atingir-se, pragmaticamente, um determinado resultado previamente almejado, em razão de um comportamento esperado pelo emissor da mensagem em relação a um determinado terceiro.

Vemos, portanto, os *argumentos comunicacionais*, como o manejo da linguagem, voltado para obter decisões concretas previamente identificadas, que elabora afirmativas que se apresentem como consistentes ou em condições de serem discutidas com seriedade num certo auditório, especificamente, no caso, integrado por aqueles interessados no processo administrativo-tributário.[263]

Pois bem, não temos a pretensão de passar em revista todas as fórmulas já consagradas que foram catalogadas pelo homem acerca deste manejo da linguagem. Julgamos oportuno, contudo, consignar algumas delas que se nos parecem apropriadas

---

[263] Entendimento que se harmoniza nos traços principais com Karl Larenz, para quem argumentar significa fornecer fundamentos, que permitam a uma afirmação apresentar-se como justificada, pertinente ou pelo menos discutível. Os fundamentos, para atingirem esse fim, têm de ser conformados de tal modo que convençam os participantes na discussão, cuja existência se pressupõe, e que permitam suplantar os contra-argumentos por eles aduzidos. *Metodologia da Ciência do Direito*, p. 212.

Capítulo VI • A Mensagem de Defesa e a Técnica Jurídico-Comunicacional | 249

para serem utilizadas numa disputa contenciosa envolvendo a matéria tributária, especificamente no que atina às discussões envolvendo as *situações de fato*, não obstante entrelaçadas, pelo próprio conteúdo expositivo, com vetores provenientes do contexto jurídico-comunicacional.

Para tanto compartilharemos em larga superfície com a catalogação e exposição empreendida por Chaim Perelman e Lucie Olbrechts-Thyteca,[264] para os quais os argumentos admitem ser segregados, segundo (a) técnicas de ligação e de (b) dissociação de noções.

6.14.1. As técnicas de ligação

Nas técnicas de ligação, identificam-se os (i) argumentos quase-lógicos; (ii) os argumentos fundamentados na estrutura do real (que utilizam as ligações por sucessão ou coexistência) e os que (iii) fundamentam a estrutura do real (identificadores de leis ou estruturas do real, utilizando-se de argumentos assentados em exemplos, modelos e analogias).

(i) Os argumentos quase-lógicos

Os argumentos quase-lógicos apresentam uma estrutura que lembra os raciocínios formais, lógicos ou matemáticos, merecendo destaque os *argumentos de reciprocidade*, de *transitividade*, da *inclusão da parte no todo*, da *divisão do todo em partes, comparação, sacrifício* e da *probabilidade*.

a) Os argumentos de reciprocidade

A *mensagem de defesa* explora comunicacionalmente a idéia de simetria situacional, de maneira que se aplique a um pólo desta relação o mesmo tratamento dispensado à situação integrante do outro pólo da relação simétrica.

Na seara tributária, exemplifique-se com o argumento que procura justificar os motivos de uma determinada conduta ilícita. – *Deixei de pagar o tributo, não porque seja um devedor contumaz, mas porque outro, numa situação idêntica à minha, não estava obrigado a fazê-lo.*

b) O argumento de transitividade

Na *mensagem de defesa* utiliza-se o manuseio de relações, segundo conformações lingüísticas, as quais remetem a conclusões. "a" possui uma relação com "b" que, à sua vez, possui relação com "c". Logo, há relação entre "a" e "c".

A utilização,

> (...) das relações transitivas é inestimável nos casos em que se trata de ordenar seres, acontecimentos, cuja confrontação direta não pode ser efetuada. A partir do modelo de certas relações transitivas como *maior do quê, mais pesado do quê, mais*

---

[264] *Tratado da argumentação: a nova retórica*, p. 211-511.

extenso do quê, estabelecem-se entre certos seres, cujas características só podem ser conhecidas através de suas manifestações, relações que são consideradas transitivas.[265]

A argumentação de transitividade encontra-se presente no próprio silogismo e no entimema, pois de um termo transita-se para outro, até obter-se a conclusão: *Os rendimentos mensais até tal montante estão isentos do pagamento do imposto sobre a renda; meus rendimentos foram inferiores a este tanto; logo, estou isento do pagamento do imposto sobre a renda.*

c) O argumento da inclusão da parte no todo

Neste argumento quase-lógico procura-se transmitir ao destinatário da *mensagem de defesa* que o mesmo tratamento dado ao todo deve ser dispensado à parte deste todo: *Tendo em vista que há imunidade tributária no que se refere aos templos de qualquer culto, e que em determinadas religiões a liturgia estimula a reverência através de imagens, há imunidade tributária em relação à venda de imagens assentadas em papel que o pastor comercializou nos domínios do templo.*

d) O argumento de divisão do todo em partes

Esta modalidade de argumento tem inegável utilidade nas operações aritméticas de adição, subtração e correspondentes combinatórias. Desmembramento de uma área rural em outras tantas, segregando reserva legal, áreas impróprias ao plantio e à utilização etc., com efeitos práticos para enfrentar uma sanção atinente ao Imposto sobre a Propriedade Territorial Rural (ITR), serve de exemplo de uma situação passível de utilizar-se com bastante desenvoltura do argumento de divisão do todo em partes, no ambiente do processo administrativo-tributário.

Esta modalidade de argumento, sob outro viés, integra a soleira do dilema que, como se sabe, é uma *forma de argumento em que se examinam duas hipóteses para concluir que*, seja qual for a escolhida, atingirá o mesmo resultado: *ou conduzem a dois resultados de igual valor (geralmente dois fatos temidos) ou acarretam em cada caso uma incompatibilidade com uma regra à qual se estava vinculado.*[266]

O resultado temido por uma empresa[267] de ter de pagar Imposto sobre a Renda é atingido não importa o procedimento de cálculo: lucro presumido ou lucro real. Mais ou menos onerosamente, atinge-se o mesmo resultado, qual seja, recolher o tributo, quer pela parte (lucro presumido), quer pela outra parte (lucro real).

---

[265] Chaim Perelman e Lucie Olbrechts-Tyteca, *Tratado da argumentação: a nova retórica*, p. 260

[266] Chaim Perelman e Lucie Olbrechts-Tyteca, *Tratado da argumentação: a nova retórica*, p. 268.

[267] Por mais que o pagamento de tributo seja uma *obrigação-cidadã*, não se observa na realidade empresarial uma efetiva satisfação em realizar-se tal recolhimento. Há, mesmo, em face da volúpia arrecadadora brasileira, da incompetência de gestão, e do pouco retorno proporcionado à sociedade no tocante aos serviços públicos essenciais, uma sensação de temor por parte do contribuinte, daí dizer-se que pagar o IRPJ (ou qualquer outro tributo) equivale a dizer tratar-se de um *resultado temido* por uma empresa.

Capítulo VI • A Mensagem de Defesa e a Técnica Jurídico-Comunicacional | 251

e) O argumento de comparação

Nesta modalidade de argumentos, a comparação sinaliza para a idéia de medição de mais de um termo ou situação, a qual propicia conduzir, do manuseio da operação realizada, a uma conclusão útil e relevante para a afirmativa que se pretende refutar.

Para enfrentar-se a *mensagem de ataque* que arbitra um peso elevado e incorreto a um caminhão carregado de determinada matéria-prima, utiliza-se, na *mensagem de defesa*, o argumento da comparação, tomando-se, para tanto, dois termos referenciais para atingir-se um terceiro: preconiza-se a comparação entre o peso líquido e o peso bruto do veículo, para então obter-se o preciso peso da matéria-prima, informação que é útil e relevante para o esgrimir lingüístico tributário nas *situações de fato.*

f) O argumento pelo sacrifício

O argumento pelo sacrifício remete à idéia de que há uma relação entre meio e fim, no qual aquele (meio) é um encargo que uma vez transposto permite atingir-se a finalidade que estimulou suportá-lo: *A utilização de um imóvel meu por uma tia idosa e sem recursos não caracteriza, a meu ver, locação passível de gerar renda, por arbitramento, submetida à incidência do Imposto sobre a Renda e respectivos encargos. Trata-se de um sacrifício que me imponho (de deixar de auferir renda efetiva), para cumprir um dever moral e, mesmo, jurídico, de prestar assistência aos familiares desfavorecidos.*

g) O argumento de probabilidade

O argumento de probabilidade possui extrema importância na *mensagem de defesa* na seara tributária, dado que as mensagens probatórias referem-se a acontecimentos ocorridos num certo tempo e num certo espaço, logo, tendo um referente sobre o qual a mensagem expressa-se e que, por vezes, não são comprovados diretamente, mas, sim, segundo uma argumentação probabilística.

Como toda mensagem, necessita de acordos prévios para ser seriamente compreendida. Neste sentido, o argumento da probabilidade é valioso não só para reforçar as credenciais das premissas lingüísticas que remeterão às conclusões, como também para despertar convencimento e obter adesão em relação a situações que, probabilisticamente, têm absoluta ou ao menos elevada possibilidade de efetivamente ter ocorrido. Trata-se de um trânsito em linguagem entre o *conhecimento parcial* e a *ignorância parcial.*[268]

Se sou um trabalhador que recebo R$ 1.000,00 por mês; se tenho comprovantes que trabalho no mesmo lugar, na mesma função, durante os últimos 4 anos, sem ter tido qualquer alteração no meu salário; se tenho comprovantes de recebimentos de 47 salários, mas não tenho um comprovante do 27° mês, mas meu extrato bancário

---

[268] Irving M. Copi, *Introdução à Lógica*, p. 424.

comprova que a empresa depositou um valor idêntico àqueles mensalmente depositados, há uma probabilidade bastante elevada de que, neste determinado mês eu tenha recebido o mesmo salário dos demais meses, razão pela qual se refuta a mensagem de ataque na qual se diz que eu teria recebido o triplo naquele determinado 27º mês em relação ao salário que mensalmente recebo.

(ii) Os argumentos fundamentados na estrutura do real

Nesta modalidade de argumentos utilizam-se as ligações por *sucessão* ou *coexistência*. As ligações por *sucessão* dizem respeito aos acontecimentos que têm curso no fluir do tempo, prestando-se às ligações causa-efeito; na *coexistência*, há a ligação entre *realidades de nível desigual e diferente, sendo uma a manifestação da outra, considerada mais estável e com um valor explicativo*. É o que ocorre no liame entre a pessoa, sua intenção e os seus atos.[269]

a) O argumento do vínculo causal

A ênfase que ora se atribui a este argumento é a de, ocorrido um certo acontecimento, lapidar-se, através da linguagem, uma causa que o explicaria, para tanto afastando-se aquilo com pouca possibilidade de ter ocorrido, e centrando atenções naquilo que mais provavelmente tenha sido a razão do acontecimento.

Há, contudo, outras possibilidades como a de estabelecer-se um liame entre dois acontecimentos sucessivamente ocorridos, numa relação de dependência,[270] ou, uma vez com o acontecimento à mão, realçar-se os seus efeitos, que poderão igualmente revelar-se interessantes para a disputa administrativo-tributária.

Certo contribuinte obtém um cheque administrativo mediante saque de determinado montante na sua conta corrente no dia 27 de dezembro do ano tal; no dia 3 do primeiro mês do ano subseqüente, este mesmo contribuinte reingressa com o mesmo montante do cheque administrativo na sua própria conta corrente, lançando na sua Declaração do Imposto sobre a Renda um saldo bancário diminuto na relação de Bens e Direitos. Trata-se de um exemplo da união realizada entre três acontecimentos (saque bancário; depósito bancário; declaração tributária), de ocorrência sucessiva, e que se presta à formulação de argumentos de vínculo causal, numa *mensagem de defesa*, por parte de um terceiro contribuinte destinatário da *mensagem de ataque*, por ter sido entendido que fora o beneficiário de um pagamento através do mencionado cheque administrativo.

Registre-se, por oportuno, que a ligação *causa-efeito* conta com interessantes métodos de averiguação acerca do seu efetivo entrelaçamento, merecendo destaque, por ser relevante a um processo administrativo-tributário – sem, contudo, excluir-se ou menosprezar-se qualquer outro – o método de John Stuart Mill, designado Método

---

[269] Chaim Perelman, *Lógica Jurídica*, p. 173.

[270] Dependência, de maneira que se diga que tudo o que é posterior em essência depende necessariamente do anterior. João Duns Escoto, *Tratado do Primeiro Princípio*, p. 45.

Capítulo VI • A Mensagem de Defesa e a Técnica Jurídico-Comunicacional | 253

de Variação Concomitante, de que *um fenômeno que varia de qualquer maneira, sempre que um outro fenômeno varia de uma determinada maneira, é uma causa ou um efeito desse fenômeno, ou está com ele relacionado, através de algum fato de causalidade.*[271] Assim, o arbitramento de receitas de uma empresa que industrializa sorvetes, em razão do movimento apresentado no verão de um certo ano, e a partir dele anualizado e estendido a outros cinco anos, admite ser enfrentado, na *mensagem de defesa*, através da demonstração das variações concomitantemente ocorridas entre o clima e a receita da empresa.

b) O argumento pragmático

Trata-se da maneira de expressar-se em linguagem, numa movimentação dialética entre causa e efeito, para o fim de transferir-se o valor de um destes pólos da relação, para o outro pólo, ou seja, transferir-se o para a causa o valor da conseqüência e vice-versa. Poderá, ainda, consistir no rompimento deste liame, deslocando o fator causal para as circunstâncias, outras pessoas etc.[272]

A cessão de quotas de uma sociedade por valor bem abaixo da sua correspondência em relação ao patrimônio líquido, que suscita suspeitas de artificialismo,[273] justifica-se, mediante argumentação assentada na *mensagem de defesa*, pelo valor negativo atribuído resultar de uma participação societária pífia em matéria quantitativa, encontrar-se o patrimônio líquido contábil defasado em relação à realidade do mercado etc.

c) O argumento da autoridade

É a maneira pela qual se refere, na *mensagem de defesa, a atos ou juízos de uma pessoa ou de um grupo de pessoas como meio de provas a favor de uma tese,*[274] usualmente em razão do seu prestígio ou atributos considerados positivos por parte do auditório, e que tenha a função de dar reforço qualitativo às afirmativas constantes da *mensagem de defesa*, no tocante a *situações de fato*, com vistas à decisão objetivada.

É o caso de um parecer de um jurista que, além de enfrentar as questões de direito, assinale ter constatado o acontecimento sob foco com minudência, a ponto de tê-lo feito constar como pressuposto de sua manifestação, não por atribuí-lo a uma afirmativa de outrem, mas por ter efetivamente constatado *in loco* a sua ocorrência.

d) O argumento da interação entre ato e a pessoa

A *mensagem de defesa* poderá interessar-se em evidenciar a integridade habitual do seu emissor, no tocante ao cumprimento de obrigações tributárias. Para

---

[271] Irving M. Copi, *Introdução à Lógica*, p. 353.

[272] Quem é acusado de ter cometido uma má ação pode esforçar-se por romper o vínculo causal e por lançar a culpabilidade em outra pessoa ou nas circunstâncias. Se conseguir inocentar-se terá, por esse próprio fato, transferido o juízo desfavorável para o que parecerá, neste momento, a causa da ação. Chaim Perelman e Lucie Olbrechts-Tyteca, *Tratado da argumentação: a nova retórica*, p. 303.

[273] Se a participação societária cedida fosse de titularidade de pessoa jurídica poderia ser fulminada a cessão de distribuição disfarçada de lucros, caracterizando um *ato anormal de gestão*. Luís Eduardo Schoueri, *Distribuição disfarçada de lucros*, p. 160.

[274] Chaim Perelman e Lucie Olbrechts-Tyteca, *Tratado da argumentação: a nova retórica*, p. 348.

esta modalidade de argumento, um *ato é, mais do que um indício, um elemento que permite construir e reconstruir nossa imagem da pessoa, classificar esta em categorias às quais se aplicam certas qualificações.*[275]

Para afastar a imposição de apenamento grave, de natureza tributária, a *mensagem de defesa* pode historiar e documentar que o contribuinte em questão, a par de ser contribuinte deste determinado tributo, tendo-o recolhido pontualmente nos últimos dez anos, igualmente o tenha feito em relação a outros dez tributos, quer federais, estaduais e municipais, o que o realça à condição de contribuinte cordato, a qual não se compagina com a pecha que lhe atribui o auto de apenamento em questão.

e) O argumento de refreamento à interação ato-pessoa

Nesta modalidade, argumenta-se no sentido de realizar-se, se não a ruptura absoluta, o refreamento da interação entre o ato e a pessoa, especialmente com o propósito de preservar esta última das repercussões advindas de tal interação.

A *mensagem de defesa* que procura afastar a responsabilidade pessoal de um administrador de uma pessoa jurídica, por desatendimento a uma obrigação tributária, poderá distingui-lo em relação aos seus pares, segundo critérios funcionais, de competência, de poder etc., tudo com o propósito de refrear as conseqüências que são impostas a todas as pessoas integrantes da diretoria, dada a interação que possuem com os atos.

(iii) Os argumentos que fundamentam a estrutura do real

Neste viés há uma preocupação com os argumentos que fundamentam a estrutura do real, valorizando os exemplos, as analogias e as metáforas, para o fim de, a partir de um caso particular, divisar-se uma situação real, passível de receber afirmativas lingüísticas consistentes.

a) A argumentação pelo exemplo

Nesta modalidade de argumentação invoca-se uma situação precedente (rotulada de *exemplo*), sobre a qual não pairam dúvidas por parte dos integrantes do auditório, que servirá de termo comparativo com outra situação sobre a qual há um interesse específico.

Uma versão brasileira e tropicalizada do *riquixá*, tornando-se potencialmente passível de submeter-se à incidência do ISS, poderia na *mensagem de defesa*, dizer equivaler-se ao transporte de passageiro através de automóveis, donde invocar-se dois acontecimentos que, tomando um exemplo como paradigma, propicia um melhor desenvolvimento, em linguagem, da mensagem conveniente, com vistas a

---

[275] Op. cit., p. 338.

Capítulo VI • A Mensagem de Defesa e a Técnica Jurídico-Comunicacional | 255

potencializar a obtenção de um determinado resultado processual administrativo-tributário.

b) O argumento por analogia

No argumento por analogia explora-se, em linguagem, uma proporção entre termos que possuam similitude de estruturas, a que Chaim Perelman e Lucie Olbrechts-Tyteca os designa *tema* e *foro*,[276] os quais pertencem a áreas diferentes,[277] propiciando, no tocante aos seus efeitos comunicacionais, a transferência de valor do *foro* para o *tema*: *Assim como o fabricante responde pelos danos que seus produtos causar ao consumidor, de acordo com o Código do Consumidor, a taxa de controle de fiscalização ambiental deve ser calculada segundo o potencial poluidor e de consumo de recursos naturais cabalmente provados e não em função do capital social da empresa.*

c) A argumentação por metáforas

A *técnica comunicacional* utiliza-se de metáforas, mesmo que a expressão lingüística ocorra num ambiente tributário. A sua utilidade pragmática repousa na contribuição valiosa que dá para influir na apreciação, por parte do destinatário da mensagem, do quanto veiculado na comunicação, mediante um deslocamento de sentido de vocábulos ou expressões, enriquecendo ou empobrecendo o acontecimento em si mesmo considerado, ao qual lhe acostam vetores relevantes.

É o que se passa com expressões às quais se associa um singelo predicado (*costuma pagar o tributo* pontualmente, *como o fez desta vez*) ou com um possessivo (*o valor do* nosso *imóvel lançado na relação de bens e direitos*) ou, ainda, nas situações em que as expressões metafóricas contam com apresentações introdutórias que conferem valorização ao que, em seguida, será grafado (*permita-se dizer; ousar-se-ia consignar* etc.).

6.14.2. As técnicas de dissociação de noções

Nas técnicas de dissociação de noções, tem-se por objetivo essencial recusar-se o reconhecimento da existência de uma ligação que *fora considerada aceita, que fora presumida ou desejada,* porque *nada permite constatar ou justificar a influência que certos fenômenos examinados teriam sobre aqueles que estão em causa e porque, em conseqüência, é irrelevante levar-se em consideração os primeiros.*[278]

---

[276] "Propomos chamar de *tema* o conjunto dos termos A e B, sobre os quais repousa a conclusão (inteligência da alma, evidência) e chamar de *foro* o conjunto dos termos C e D, que servem para estribar o raciocínio (olhos do morcego, luz do dia). Normalmente, o foro é mais bem conhecido que o tema cuja estrutura ele deve esclarecer, ou estabelecer o valor, seja valor do conjunto, ou valor respectivo dos termos. *Tratado da argumentação: a nova retórica*, p. 424-425.

[277] Sem o que poderia ser apropriadamente utilizado o *argumento por exemplo*.

[278] Chaim Perelman e Lucie Olbrechts-Tyteca, *Tratado da argumentação: a nova retórica*, p. 467.

a) O par aparência-realidade

A aparência não coincide com a realidade, pois, se tal fosse, não seria aparência, mas realidade. A aparência é que nos toca imediatamente, tendo a vocação de nos sugerir um caminho que nos conduza ao que seja real, embora, muitas vezes, tal condução não se realize efetivamente, porque a aparência engana os circunstantes, se tomada a realidade como paradigma de aferição.

No segmento tributário, que é ricamente povoado por presunções, o par *aparência-realidade* é reiteradamente invocado para promover-se a dissociação de noções. Ao pensar-se num exemplo, imediatamente vem à mente o arbitramento relativo à expressão *sinais de riqueza aparentes*, o que se associa a rendimentos não levados à tributação, associação esta que tanto pode apresentar-se como consistente, quanto ganhar foros de absoluta inconsistência, sendo imprescindível para realizar-se a desconexão de noções até então associadas, através da emissão de mensagens de natureza probatória.

b) Os pares filosóficos

O operador do processo administrativo lida com pares de vocábulos e expressões (que predominantemente, mas não exclusivamente, são opostos), com a finalidade de promover, mediante convencimento do destinatário da mensagem, o desprestígio de um dos pólos dos pares e, reversamente, o prestígio do seu outro par. Lida, portanto, com pares como *legal/ilegal, interpretação/literalidade, meio/fim, ideal/possível, dado/explicação, consistência/inconsistência* etc. no qual, da afirmativa de ataque que enfatiza um par, procura-se modificar a ênfase, através de deslocamento de importância para o outro pólo do par.

No tocante às *situações de fato*, tal qual o manejo que realiza em relação ao par *aparência/realidade*, lida-se com o par *consistência/inconsistência* da linguagem em vista da decisão de um auditório particular, de maneira que procurará, na *mensagem de defesa*, tornar evidente a inconsistência da *mensagem de ataque* no tocante a determinada afirmativa, sublinhando a sua inconsistência, conseqüentemente, procurando realizar o deslocamento da ênfase num dos pólos do par, para tanto utilizando-se, se necessário, doutros corpos de linguagem de natureza probatória.[279]

6.15. As armadilhas comunicacionais

A finalidade que uma mensagem probatória possui de auxiliar a aceitação de um determinado auditório acerca de alguma afirmativa que lhe é simultânea ou anteriormente já endereçada pode atingir seu propósito de diversas maneiras.

Por vezes, a finalidade é atingida através da composição lingüística adequada, com arranjos que estabelecem relações associativas e paradigmáticas apropriadas, identificando-se premissas potencialmente consistentes por parte dos co-partícipes da irradiação comunicacional, que propulsionam conclusões específicas, fechando, assim, um circuito da comunicação com propósitos repercussionais.

---

[279] Cf. Cap. IV-4.

Capítulo VI • A Mensagem de Defesa e a Técnica Jurídico-Comunicacional | 257

Outras vezes, entretanto, a composição não se encontra tão aperfeiçoada quanto se recomendaria estivesse, por ruído ou deficiência comunicacional de um destes elementos integrante do circuito, podendo inclusive provir de deficiência técnica e até comunicacional, voluntária ou involuntária, por parte do emissor.

Especialmente nas situações em que tal ocorre e não há intenção deliberada do emissor para que tal se dê e, mais, sem que ele próprio instado a perceber a deficiência, a efetivamente perceba, um exame atento do arranjo lingüístico poderá sinalizar a presença de *armadilhas comunicacionais.*

Armadilhas, neste contexto, são arranjos em linguagem que tanto podem surpreender o emissor da mensagem quanto o seu destinatário. Se não são percebidas pelo agente produtor da comunicação e lá se encontram presentes, *pulsando,* caso o destinatário a detecte é bem possível que a repercussão seja desfavorável à composição elaborada pelo emissor. Se, diferentemente, o destinatário não a detecta, persegue reverberando, isto é, repercutindo no duto comunicacional. São *armadilhas,* portanto, que podem surpreender o desatento destinatário, capturando o seu convencimento e obtendo a sua adesão à afirmativa contida da mensagem emitida.

Ainda que a composição da linguagem admita possibilidades incalculáveis, dado o universo infinito de arranjos lingüísticos que se entreabrem para o homem a partir da faculdade que possui de dispor sobre os signos e símbolos, segundo este ou aquele código comunicacional, observa-se um cardápio de situações já surpreendidas e catalogadas de linguagem sinalizadoras de *armadilhas comunicacionais,* as quais merecem referência sumária, com o propósito de enfatizar que a *técnica comunicacional* deve levá-las seriamente em consideração, especialmente tendo-se em conta a atitude que, partidária ou apartidariamente, poderá o emissor da mensagem delas dispor, tudo isto por interferirem no plano repercussional de maneira intensa.

Este catálogo ao qual nos referimos condensa repercussões comunicacionais que se desprendem de arranjos que materializem, em linguagem, o que se chamaria na lógica de *falácia,* ou seja, de uma *forma de raciocínio que parece correta, mas que, quando examinada cuidadosamente, não o é.*[280]

Não nos preocupamos, portanto, em enfatizar, neste ponto, o raciocínio em si empreendido pelo emissor da mensagem, mas, sim, ter em consideração as repercussões potenciais ou efetivas que possam ser obtidas por arranjos em linguagem que consignem, sobretudo sob a forma escrita, em relação à matéria tributária, *armadilhas* resultantes do raciocínio falacioso, sobremaneira as atinentes

---

[280] Irving M. Copi, *Introdução à Lógica,* p. 73.

às falácias *não-formais*[281] que potencialmente possam ser trazidas à *mensagem de defesa* que irá a seguir propiciar a formação de um processo administrativo-tributário.

Dentre elas, inicia-se a jornada observando-se a falácia do recurso à força (*argumentum ad baculum*) que dá um apelo à força para obter-se, por parte do destinatário da mensagem, uma determinada conclusão. Na fase que antecede à *mensagem de ataque*, a fiscalização fazendária por vezes maneja, em linguagem, esta falácia, como nas situações em que, pretendendo atribuir celeridade ao procedimento administrativo, exige comportamentos velozes por parte do Administrado, sob pena de lhe imputar um arbitramento etc., aspecto este que poderá ser explorado favoravelmente pelo Administrado através da *mensagem de defesa*.

Há, ainda, o argumento contra o homem (*argumentum ad hominem*), que possui um caráter ofensivo, no qual se hostiliza o homem e não a consistência da mensagem. Exemplificativamente, enfrentando-se uma *mensagem de ataque*, no tocante a uma certa insuficiência de mensagens probatórias, hostiliza-se o agente fiscalizador, ou, mesmo, os representantes da Administração Pública, assim eclipsando as razões de inconsistência da própria mensagem.

No apelo à autoridade (*argumentum ad verecundiam*), diferentemente, preten-de-se obter uma decisão sobretudo em razão do peso e prestígio de indivíduos. Evidentemente nem sempre a composição é falaz, pois há situações em que a consistência do conteúdo dito por estes indivíduos é que efetivamente contribui para o desate do contencioso, caso de pareceres elaborados por doutos na matéria sob discussão, e que a enfrentam com mestria e competência. No apelo à autoridade, sob este prisma aqui examinado, pode-se dizer que há uma utilização imprópria e inadequada dos indivíduos, jogando-se com fatores contextuais e circunstanciais, como os que envolvem transcrições de estudiosos acerca de uma determinada questão tributária, que, entretanto, se examinada no pormenor, não recepciona, à justa, o transplante lingüístico realizado.

No apelo à piedade (*argumentum ad misericordiam*) o emissor da mensagem tenciona obter emoção por parte do destinatário, para o fim de ver determinada conclusão ser por ele aceita. Não obstante seja de difícil percussão no ambiente tributário, há situações em que o Administrado a utiliza neste ambiente, quando diz não ter recolhido o tributo por não dispor de recursos para dar o que comer a sua família, explorando os domínios do princípio da capacidade contributiva.

Situações há em matéria comunicacional nas quais que se formula um apelo ao povo (*argumentum ad populum*), diante da ausência de provas consistentes. Nesta realidade situacional, o emissor da mensagem realiza um apelo com a preocupação de obter resposta emocional por parte do julgador do processo administrativo-

---

[281] Ibid., p. 73.

Capítulo VI • A Mensagem de Defesa e a Técnica Jurídico-Comunicacional | 259

tributário, despertando o seu entusiasmo a partir do arranjo lingüístico. É o que se passa ao pretender-se defender que deveria haver isenção tributária a barras de cereais, vez que, em razão das suas reconhecidas propriedades, poderia satisfazer a necessidade de toda a coletividade, extirpando a fome no país.

Na *generalização apressada*, por sua vez, a falácia da relevância, que traz repercussões inequívocas do plano comunicacional, irradia-se a partir da catalogação incorreta ou mesmo de catalogação correta de situações de certo tipo, mas que as tomadas da posição generalizantes a partir daí sejam apressadas. Se se observar o movimento do caixa de um comerciante ao longo do dia, poderá concluir-se que, de 100 vendas, emitiu-se nota fiscal em 99 delas, esquecendo-se da emissão de uma venda realizada. Se desta única situação dizer-se que o comerciante em questão é um sonegador contumaz, evidentemente, estar-se-á construindo uma generalização apressada, que não bem manuseou uma catalogação, no caso, praticamente adequada.

Na falsa causa, à sua vez, inexiste o nexo lógico e efetivo entre *causa* e *efeito*, para remeter a uma conclusão (*non causa pro causa*). Como espécie de mensagem em que se evidencia a ausência de liame entre causa-efeito, cite-se a argumentação que assinala na *mensagem de defesa* que a presença de um fiscal do ICMS numa rede de supermercados, tumultuando a rotina do empreendimento, acarretou a diminuição da receita do dia, razão pela qual é improsperável o arbitramento ocorrido.

Relativamente às falácias de ambigüidade, que igualmente se consubstancia numa armadilha comunicacional, observamos a *falácia do equívoco*, constantemente referida pelos estudiosos da linguagem, na qual os vocábulos e as construções lingüísticas remetem a diferentes denotações e conotações no plano repercussional, dependendo do ambiente em que são levados em consideração. *Perda do bem*, no ambiente tributário, não acarreta a mesma repercussão que tal expressão obtém num cenário social, como o do *falecimento de um ente querido, o bem mais valioso* etc.

A *falácia da anfibologia*, a sua vez, remete à idéia de que se partem de premissas ambíguas, em função da sua construção gramatical, para atingir-se determinada conclusão. Amoldando-se aos quadrantes da armadilha comunicacional, corresponderia às chamadas que capítulos, títulos e subtítulos da *mensagem de defesa* sugerem, tal qual manchetes de jornais, e que, se forem lidos e compreendidos na singeleza de como se encontram, gerarão uma determinada repercussão que será diferente daquela que decorrerá de uma leitura pormenorizada do conteúdo textual a que se refere o aludido enunciado *armadilhesco*.

As armadilhas comunicacionais, em suma, são as *distrações lingüísticas* voluntárias ou involuntárias por parte do emissor da comunicação que, parte ou toda

A Prova no Processo Administrativo-Tributário • Marcio Pestana

a *mensagem de defesa* poderá conter, acarretando repercussões ao Administrado, quer favoráveis, caso permaneçam sem oposição, quer desfavoráveis, caso sejam surpreendidas e competentemente enfrentadas.

7. Conclusões

1ª – A Administração Pública-interessada, ao expedir a *mensagem de ataque*, estabelece lingüisticamente o ponto central (o *fato-central*) e o periférico (*fato-circunstancial*) sobre os quais poderá o Administrado manifestar-se, estabelecendo, assim, um duto comunicacional entre seu emissor e este, o receptor.

2ª – A *mensagem de defesa* a cargo do Administrado, que enfrentará a *mensagem de ataque*, por apresentar nuanças de relevo para a matéria tributária, admite ser examinada em três fases distintas, mas absolutamente integradas: (a) *a fase de compreensão*, (b) *a fase de estratégia* e (c) *a fase comunicacional propriamente dita*:

a) na *fase de compreensão*, o receptor da *mensagem de ataque* (o Administrado) adota um comportamento zetético especulativo, ou seja, enfatizando o aspecto pergunta e não o aspecto resposta, com o propósito finalístico de compreender o que está sendo dito a seu respeito;

b) na *fase estratégica*, o Administrado modifica um pouco o seu comportamento, assentando-se, agora, numa característica marcadamente investigativa e criativa voltada para resultados, aglutinando o binômio *receptor-potencial emissor* (antes, meramente *receptor*), pois vasculha o que dizer, ora descobrindo, ora inventando; e

c) na *fase comunicacional propriamente dita*, o Administrado, já trajando a vestimenta de emissor, recorre a técnicas comunicacionais para atingir o destinatário da mensagem que então estará sendo produzida.

3ª – Na *fase de compreensão* abre-se um parênteses no tráfego comunicacional, no qual o receptor da mensagem retrai-se, isolando-se num instante de reflexão. Enfatiza-se o exercício de atividade predominantemente mental por parte do Administrado, que se revela essencial para conformar-se o conteúdo do disparo da *mensagem de defesa*. Trava-se um contato com um texto (*mensagem de ataque*), empreendo-se movimentação dialética de aceitação e repúdio, assim como esboçando-se a proposta e controle de códigos.

3.1. Tanto na *mensagem de ataque* recebida, quanto na *mensagem de defesa* a ser expedida, a comunicação articula-se e compõe-se segundo códigos previamente catalogados e compreensíveis – efetiva ou potencial – por aqueles interessados no conflito administrativo-tributário, os quais conferem um manto de ordenação e sentido à mensagem, de maneira a que

Capítulo VI • A Mensagem de Defesa e a Técnica Jurídico-Comunicacional | 261

possam os registros autônomos ser combinados entre si, estabelecendo relações *sintagmáticas* e *paradigmáticas* ou *associativas*, transmitindo algo passível de compreensão, repercutindo sobretudo nas ações comunicacionais intersubjetivas.

3.2. Na fase da compreensão há necessariamente um contato com os códigos, seja já familiares (*reconhecimento*) seja inusitados (*conhecimento*), por parte do Administrado, os quais devem ser conservados na retentiva mas oportunamente acesos no desenrolar de todas as fases, sendo, contudo, retomados com maior intensidade no curso da *fase de comunicação propriamente dita.*

3.3. O Administrado, ao tomar ciência da *mensagem de ataque*, ingressa no mundo da linguagem, habitado por revestimentos lingüísticos oriundos do *mundo do direito*, expressões lingüísticas cunhadas na realidade social, formas de linguagem lapidadas em áreas de conhecimento e ciências específicas, expressões sintomáticas de sensações e motivações subjetivas etc., ordenando-os, de maneira racional, com o propósito de conhecer sobre o que a mensagem refere-se.

3.4. As narrativas contidas na *mensagem de ataque* poderão em determinados trechos de sua superfície referirem-se às *situações de fato*, ou seja, o relato descrito na mensagem comunicacional que promova a individualização de determinado evento ocorrido num certo tempo e num certo espaço (*fato jurídico-central*), assim como as circunstâncias que freqüentaram o seu entorno (*fato jurídico-circunstancial*), igualmente ocorridas naquele mesmo tempo e naquele mesmo espaço, os quais admitem a produção de mensagens probatórias (*fato jurídico-probatório*).

3.5. Seja por delimitação da *mensagem de ataque*, ou por invocação conveniente da defesa que estará sendo proximamente confeccionada, ainda na *fase do conhecimento*, a realidade situacional admite identificar dois aspectos relevantes para o encaminhamento lingüístico probatório:

a) *identifica-se sobre qual aspecto terá assento o embate* processual administrativo-tributário. Nas *mensagens de ataque* contra a conduta lícita, dizendo respeito ao aspecto pessoal (o *receptor* e a *predicação do receptor*), conduta (o *agir* e seu *objeto*), quantitativo (a *quantificação*), espacial (o *espaço*), temporal (o *tempo*); ou, na *mensagem de ataque* à vista de conduta ilícita, em relação ao aspecto pessoal (o *devedor* e a *predicação do devedor*), conduta (o *agir*, o *objeto*, o *motivo* e a *circunstância*), espacial (o *espaço*) ou temporal (o *tempo*); e,

262 | A Prova no Processo Administrativo-Tributário • Marcio Pestana

b) observa-se se as afirmativas contidas na *mensagem de ataque* poderão ser resolvidas com maior grau de distanciamento da *realidade do mundo*, ou seja, dos objetos, das condutas capturáveis na realidade circundante, ou, diferentemente, poderão, conveniente e necessariamente, exigir o auscultar-se da *realidade da vida*, para melhor compreendê-las e sobre elas referir-se.

4ª – Na *fase estratégica*, o Administrado estará agindo interessada e partidariamente com o propósito de refutar algum elemento da afirmativa que lhe fora lançada pela *mensagem de ataque*, certeiramente voltado para uma *situação de fato*, para tanto centralizando a sua atenção em encontrar sobre o que dizer (a *descoberta*) ou em criar o que dizer (a *invenção*).

4.1. Na *descoberta*, empreende-se a verificação e a constatação sobre o que já existe, identificando-se o binômio *linguagem-objeto*, ou seja, a presença de um objeto sobre o qual haja expressão de linguagem, a qual se intromete entre a coisa e o desfrutuário da mensagem lingüística, empreendendo-se um *juízo constatativo*, cujo conteúdo identificado admite a elaboração de *mensagem-guia* que o conduzirá à ribalta onde serão tomados seriamente em consideração, no caso, nos domínios do processo administrativo.

4.2. Na *invenção*, há a identificação de uma coisa ou conjunto de coisas que servirão de referente para a confecção de uma mensagem especialmente elaborada com vistas a um processo administrativo-tributário. Poderá ter como referente objetos naturais, culturais, ideais ou metafísicos, invariavelmente identificados no tempo pretérito, aos quais se procuram associar *códigos de consistência comunicacional*, que possam ser compartilhados com todos aqueles que venham a participar da relação comunicacional.

4.3. A *invenção* caminha paralelamente à *realidade do mundo*, podendo ora dela figurativamente aproximar-se (quando se refere a uma coisa passível de *reverificação*), ora distanciar-se (quando as condições de sustentabilidade circunscrevem-se aos domínios lingüísticos), sempre, contudo, de maneira que faça um determinado sentido minimamente suficiente para ser tomado seriamente em consideração, reunindo condições de potencial prosperabilidade no domínio do processo administrativo.

4.4. Tanto ao descobrir, como ao inventar, o agir do Administrado orienta-se por um raciocínio, que confere certa estabilidade e ordenação em como ele, Administrado, constata ou confecciona insumos que integrarão o veículo comunicacional a ser proximamente emitido. Para tanto empreende duas espécies de raciocínio, o *dedutivo* e o *indutivo*:

Capítulo VI • A Mensagem de Defesa e a Técnica Jurídico-Comunicacional | 263

a) a *dedução*, segundo uma visão clássica, é a forma de raciocínio através do qual, a partir de premissas *verdadeiras*, obtém-se conclusão igualmente *verdadeira*. No raciocínio dedutivo, portanto, há a pretensão de que as premissas fornecem uma prova *conclusiva*;

b) na *indução*, o raciocínio envolve a pretensão, não de que suas premissas proporcionem provas convincentes da verdade de sua conclusão, mas de que somente forneçam *algumas* provas disso. Na indução não se deseja demonstrar a verdade de suas conclusões como decorrentes, necessariamente, de suas respectivas premissas, bastando estabelecê-las como prováveis.

4.5. O raciocínio estabelece uma relação sobretudo lógica entre premissas e conclusões, permitindo assentar-se um discrímen entre ambas as espécies clássicas de raciocínio (*dedutivo* ou *indutivo*) no grau de certeza que se atribui às conclusões. No dedutivo, elevadíssimo, a ponto de serem consideradas *verdadeiras*; no indutivo, não tão elevado, conferindo-se grau de incerteza, utilizando-se de apelos probabilísticos e consensuais.

4.6. Realiza-se um *raciocínio comunicacional*, partidário e deliberadamente voltado para servir de fator propulsor das mensagens comunicacionais que, a partir dele, se propagarão especificamente na quadra do processo administrativo-tributário. O *raciocínio comunicacional* alicerça-se no binômio *dedução-indução*, sendo arquitetado e executado com o propósito de, subseqüentemente, servir de fundamento para a elaboração da *mensagem de defesa* de índole jurídico-comunicacional, sob a forma do encadeamento de argumentos.

5ª – Na *fase comunicacional propriamente dita*, os atos são elaborados para materializar-se a *mensagem de defesa*, com o propósito de integrar um ambiente comunicacional, ou seja, trata-se da *fase comunicacional em sentido estrito*, pois todas as demais são, inegavelmente, partes integrantes de todo o processo comunicacional que terá o Administrado como um dos seus protagonistas. Esta, final, é aquela em que a comunicação é materializada e efetivamente divulgada, transitando num duto comunicacional.

5.1. Há, fundamentalmente, duas técnicas clássicas para obter-se o convencimento do julgador acerca de uma afirmativa, reveladoras de duas maneiras de manejar-se a linguagem: a da *demonstração* e a da *argumentação*:

a) na *demonstração*, a intervenção do homem funda-se na idéia de *evidência*, ou seja, diante da qual todo homem normal e bem-intencionado tem de ceder. Sendo assim, o que é evidente não necessita de prova, mas tão-somente de uma *apresentação*;

264 | A Prova no Processo Administrativo-Tributário • Marcio Pestana

b) a *argumentação* ganha relevo diante de situação não evidente, revelando-se imprescindível para capturar-se a adesão de um auditório a uma determinada tese. Busca-se, portanto, a adesão de espíritos às proposições formuladas, daí contar com o característico marcante da persuasão, ou seja, de convencer-se por meio do discurso. Na argumentação, não se objetiva a adesão a uma tese exclusivamente pelo fato de ser verdadeira, mas por ser apropriada a uma determinada situação.

6ª – Na *fase da comunicação propriamente dita*, seja precedida por raciocínio dedutivo ou indutivo, seja utilizando-se técnica demonstrativa ou argumentativa, admite-se conceber-se uma *técnica comunicacional*, ou melhor, uma maneira especial de manejar-se a linguagem, partidariamente voltada para ingressar-se num fluxo comunicacional, com o propósito de obter-se uma decisão com repercussões concretas.

6.1. A *técnica comunicacional* configura-se como um conjunto de regras e diretrizes que permitem ao manejador de determinados meios de linguagem aumentar as possibilidades de modificar o ambiente comunicacional, nele introduzindo uma mensagem voltada deliberadamente para obter repercussões favoráveis ao seu emissor.

6.2. A *técnica comunicacional* sofre reflexos inegáveis de (i) *fatores*, que são os elementos passíveis de referência em linguagem, que têm a aptidão de propiciar a obtenção de uma determinada repercussão num ambiente comunicacional, assim como de (ii) *vetores*, que são os elementos exógenos, mas interferentes, em maior ou menor intensidade, no curso de uma comunicação, distraindo a atenção do seu destinatário e interferindo, de certa maneira, na repercussão que a mensagem obterá.

6.3. Tais *fatores* e *vetores* que influenciam a *mensagem de defesa* exigem ser examinados e dominados pelo emissor da comunicação que se encontra prestes a ser emitida, sendo assim sumulados: (a) a *manipulação*; (b) *os recursos lingüísticos*; (c) *a concisão*; (d) *o desprendimento da mensagem*; (e) *o contexto jurídico*; (f) *Os códigos relevantes*; (g) *o recorte da situação de fato*; (h) *as circunstâncias e os motivos*; (i) *as camadas de linguagem*; (j) *o estilo comunicacional*; (k) *as premissas consistentes*; (l) *a relevância*; (m) *a composição;* (n) *a argumentação comunicacional;* e (o) *as armadilhas comunicacionais.*

7ª – Os protagonistas que, ativamente, participam da formulação de mensagens, quer de ataque, quer de defesa, quer de decisão, são manipuladores potenciais da linguagem. E, se são da linguagem, o são da *realidade* a que a linguagem quer se referir. No caso, de uma linguagem técnica, com poderes suficientes para causar repercussões num ambiente específico.

Capítulo VI • A Mensagem de Defesa e a Técnica Jurídico-Comunicacional | 265

7.1. Seu agir desencadeará reverberações comunicacionais, não só em relação ao seu próprio e particular interesse, como, inclusive, em relação aos circundantes e às gerações que lhe sucederão, como as decorrências que surgirão no âmbito da Administração Pública, no modelo paradigmático que a decisão obtida poderá estabelecer em relação às narrativas contidas na respectiva *mensagem de defesa* etc.

7.2. A manipulação admite graduação, tanto de extensão, quanto de intensão. Quando diminuta, especialmente no sentido da intensão, traveste-se de *imprecisão, ambigüidade, narrativa ofuscada* etc. Quando excessiva, transmuda-se para um sentido equivalente à *fraude*, à *simulação*, à *hipocrisia*, à *mentira*. As primeiras, quando surpreendidas, geram compadecimento, compreensão ou solidariedade; as segundas, repulsa, censuras e reações hostis.

7.3. Podem-se invocar diferentes motivos para tentar explicar-se as razões das manipulações. Saciamo-nos em identificar os *valores* e a *ideologia* como os fatores preponderantes para nortear tal comportamento. Se *vale*, e admite hierarquização (*ideologia*), arma-se a possibilidade da manipulação, a qual se hospeda no *ponto de vista*, do qual se parte para a *enunciação*, ou seja, para a elaboração de mensagens, no caso, *de defesa*.

8ª – A *mensagem de defesa*, para poder propiciar a formação de um processo administrativo-tributário, necessariamente deve apresentar-se sob a forma escrita, para tanto contando com insumos lingüísticos, que são unidades culturais refletidoras de como um povo pensa, age, se comporta, se relaciona, se ordena, se comunica, tudo segundo a sua própria história, plena de experiências e repleta de experimentações.

8.1. O Administrado emitirá uma *mensagem de defesa*, cuja afirmativa envolverá *situações de fato*; conseqüentemente, sua intervenção terá a preocupação de *provar*, perante terceiros, através de linguagem, a *consistência* de algo que afirma em posição francamente hostil à afirmativa contida na *mensagem de ataque*.

8.2. O entrelaçamento da linguagem com a coisa palpável potencializa as possibilidades favoráveis do emissor da mensagem em qualquer ambiente comunicacional. A comunicação, quando tem como referente a *coisa* que a experiência sensível prontamente reconheça, tem a sua função de convencimento do destinatário sobremaneira facilitada. Aproximar-se, em linguagem, do *mundo vivido*, equivale a contar com acréscimo de possibilidades de obterem-se resultados favoráveis no plano repercussional.

266 | A Prova no Processo Administrativo-Tributário • Marcio Pestana

8.3. No processo administrativo-tributário, o entrelaçamento da linguagem, relativamente às *situações de fato*, deve realizar-se com o acontecimento, ou seja, com a ocorrência que tenha tido lugar num certo tempo e num certo espaço, a qual, ganhando uma narrativa, pode tanto ocupar o assento *do fato-jurídico-central*, como do *fato-jurídico-circunstancial*.

9ª – Não se admite contemporaneamente que as comunicações sejam longas, exigindo curso penoso da interação com o destinatário, ainda que qualitativamente adequadas e pormenorizadas. A *técnica comunicacional* no campo do processo administrativo-tributário, no tocante à composição da *mensagem de defesa*, recomenda que a intervenção em linguagem dê-se de maneira concisa.

9.1. A mensagem não pode ser longa e aborrecida, a ponto de propiciar distrações e, mesmo, antipatia por parte do julgador. É preciso ter-se presente que, atualmente, nos meios de comunicação disponíveis, observa-se uma movimentação constante em favor da simplificação da forma de comunicar-se, ao mesmo tempo em que se dá intensa ligeireza ao transporte comunicacional. Isto, em todos os segmentos culturais, logo, também nos domínios do processo administrativo-tributário.

10ª – O fenômeno comunicacional é pautado por uma característica marcante: uma vez introduzida uma mensagem no circuito da comunicação, ela se desprende do seu emissor, ganhando o domínio do auditório que com ela tenha contato, ou seja, ganhando uma *vida autônoma*, ingressando num vácuo comunicacional inexoravelmente estimulador de *releituras* diferençadas por todos aqueles que a contataram, seja espontaneamente, seja em virtude da obrigação que se lhe é imposta, caso da intervenção que se avizinha por parte da Administração Pública-julgadora.

10.1. O destinatário, ao travar contato com *aquela* mensagem, não mais terá à frente *a mesma mensagem* emitida pelo Administrado, mas *uma outra mensagem*, *aquela* recebida pelo destinatário, e que, a sua vez, não será *a mesma* se confrontada com *a outra* recebida por outro destinatário e assim à frente. Logo, uma mensagem jamais será idêntica à *outra mensagem* (não obstante textualmente até possa ser considerada *a mesma*), mas, se tanto, aproximada, em relação àquela originariamente emitida.

11ª – Quando produzimos uma mensagem, seja de qual natureza for, ela é instruída, transitará e será potencialmente compreensível por tudo se dar dentro de um contexto comunicacional. A comunicação relevante para o processo administrativo-

Capítulo VI • A Mensagem de Defesa e a Técnica Jurídico-Comunicacional | 267

tributário ocorre num ambiente jurídico, isto é, revestido por todo um corpo de arranjos lingüísticos que conferem organização e funcionalidade a regras que propiciam, num plano razoável, a possibilidade de convivência entre os seres e os objetos que os rodeiam, configurando-se, assim, um *contexto jurídico*.

11.1. O contexto jurídico é fundamental para a comunicação, pois interfere inexoravelmente na compleição e, conseqüentemente, nas mutações que os códigos comunicacionais possuem, atribuindo sentido ao que antes não fazia sentido, outorgando efeitos ao que antes não gerava efeitos, prescrevendo que algo hoje passa a ser proibido, quando antes fora permitido etc.

11.2. Na *mensagem de defesa*, o contexto jurídico gera inúmeras interferências. Sempre servindo de *repositório fundante* de disposições, vão desde a delimitação do sentido atribuído a vocábulos e expressões, até efeitos da catalogação aprioristicamente de regras que estabelecem a forma e o conteúdo das *mensagens de defesa*, assim como ao palco jurídico-comunicacional onde terão desenvolvimento e término, fixando-se, em arremate, repercussões às mensagens de decisão ali proferidas.

11.3. O Administrado, ao confeccionar a sua *mensagem de defesa*, por meio da qual refutará uma afirmativa que lhe fora endereçada pela Administração Pública-interessada por meio da *mensagem de ataque*, deverá pautar a sua atuação operativa segundo os limites impostos pelo contexto jurídico, sob pena de a comunicação produzida não trazer qualquer repercussão potencialmente favorável no ambiente jurídico.

12ª – Para a *mensagem de defesa* integrar um contencioso administrativo, é necessário submeter-se a determinadas regras codificadas preestabelecidas, ou seja, às regras de natureza jurídica, que tanto disciplinam as relações de natureza tributária em sentido estrito e próprio, como àquelas que estabelecem as formas e maneiras pelas quais, havendo controvérsia, poder-se-á compor um litígio de natureza processual-administrativa. O Administrado depara-se, portanto, com, no mínimo, dois feixes de codificação jurídica: *codificação material* e *codificação processual*. Aqueles preocupados preponderantemente com os *acontecimentos*; estes, com o *jogo* do processo administrativo-tributário, evidentemente sob o prisma das *situações de fato* ora examinado.

12.1. Tanto um quanto outro corpo codificados integram ambientes inseguros, com a linguagem constantemente em crise e potencialmente geradora de perplexidades e instabilidades, características que oneram e, às vezes, impedem um desempenho satisfatório por parte do Administrado com a finalidade de ver reconhecida a procedência das suas afirmativas.

268 | A Prova no Processo Administrativo-Tributário • Marcio Pestana

12.2. O código relativo aos acontecimentos é aquele que foi adotado pela Administração Pública-interessada ao produzir a *mensagem de ataque*, voltando-se ou para uma conduta lícita, ou para uma conduta ilícita e que será provavelmente referido pelo Administrado ao emitir a sua *mensagem de defesa*, sem prejuízo deste utilizar outro conjunto codificado que, no seu entender, tenha conexão e relevância com os acontecimentos e com as refutações que se encontrem prestes a serem emitidas em linguagem.

12.3. O código atinente ao processo administrativo-tributário, assinala a forma pela qual deverá ser apresentada a *mensagem de defesa*, a quem deverá ser endereçada, onde deverá ser apresentada, quando poderá ser exibida, sobre o que deverá versar, de que matéria não poderá tratar, quais são as exigências imputadas ao Administrado no tocante ao ônus de comprovar o que afirmará etc. Em suma, estabelece as regras do *jogo processual*.

13ª – A *mensagem de ataque* inegavelmente especificou toda uma gama de aspectos sobre a qual poderá o Administrado manifestar-se, delimitando, de certa maneira, a redoma onde o esgrimir lingüístico terá lugar, caso, evidentemente, haja esta disposição por parte do Administrado. Tendo em conta a profusão de acontecimentos e fatos que podem suscitar refutações envolvendo as chamadas *situações de fato*, o emissor da mensagem deverá centralizar a sua atenção nos aspectos catalogados na *mensagem de ataque* potencialmente passíveis, segundo elevado grau de probabilidade de alojarem-se as controvérsias de natureza *fático-tributárias*:

a)   as *mensagens de ataque* contra a conduta lícita, dizendo respeito ao aspecto pessoal (o *receptor* e a *predicação do receptor*), conduta (o *agir* e seu *objeto*), quantitativo (a *quantificação*), espacial (o *espaço*), temporal (o *tempo*); e,

b)   na *mensagem de ataque* à vista de conduta ilícita, em relação ao aspecto pessoal (o *devedor* e a *predicação do devedor*), conduta (o *agir*, o *objeto*, o *motivo* e a *circunstância*), espacial (o *espaço*) ou temporal (o *tempo*).

13.1. A partir deste cardápio de possibilidades prováveis, abre-se o exercício do *pêndulo do conteúdo*, ou seja, de uma movimentação dialética que se realiza a partir do binômio originário essencial *afirmação/refutação*, ampliando-se para um trinômio *afirmação/verificação/refutação*, concluindo-se no quadrinômio *afirmação/verificação/refutação/mensagem de defesa*.

13.2. O Administrado, ao formular a sua *mensagem de defesa* atinente às *situações de fato*, deve ter em mira não só o *fato-central*, como também o

Capítulo VI • A Mensagem de Defesa e a Técnica Jurídico-Comunicacional | 269

fato adjacente ou *circunstante*, consultando-se o contexto e os códigos jurídicos aplicáveis, para identificar se as circunstâncias merecem ou não contar com maiores considerações. Isto porque a *mensagem de ataque* poderá atribuir relevância a certos acontecimentos circunstanciais ou, diferentemente, ser-lhe indiferente.

13.3. Empreendendo-se esta movimentação dialética entre os fatos (*centrais* e *circunstanciais*), o contexto e os códigos jurídico-comunicacionais, e concluindo ser relevante realçar-se o *fato circunstante*, o Administrado procurará trazer à *mensagem de defesa* a atmosfera dos acontecimentos que mais de perto cercaram o acontecimento central sobre o qual paira o embate *afirmação-refutação.*

13.4. A *mensagem de ataque*, no tocante às circunstâncias, integra, num só texto, dois feixes de linguagem (*fato-central* e *fato-circunstancial*), que procuram obter consistência e, portanto, prevalecer junto ao Administrado, unidos por vínculo de relevância, não só entre si, como ocorrências que se deram num certo tempo e espaço, como em relação ao contexto e aos códigos jurídicos, que os definem e atribui-lhes conseqüências específicas.

13.5. A estes dois acontecimentos, acosta-lhes os motivos, ou seja, a deliberação de o Administrado de, calcado em determinadas premissas, ter desatendido à obrigação que lhe fora imposta a partir do contexto e dos códigos jurídicos, assentando o foco da preocupação comunicacional no tripé *fato-central/fato-circunstante/motivo.*

13.6. As circunstâncias na lida tributária ganham importância formidável nas refutações veiculadas através de *mensagens de defesa* que enfrentam afirmativas que se refiram a certas condutas do Administrado que sejam pautadas por intenções de contornar-se, mediante artifícios, ou efetivamente negar-se ao cumprimento de obrigações tributárias. Referimo-nos às afirmativas de ataque que procuram surpreender condutas rotuladas como *fraude, simulação, sonegação* etc., e que têm o tom do diapasão de sugerir a vontade deliberada do Administrado de furtar-se ao cumprimento da respectiva obrigação de natureza tributária.

13.7. Caso o Administrado pretenda opor-se à afirmativa lançada, e, sobretudo, justificar o motivo que o levou a descumprir a prescrição jurídica dele exigida – desde que relevante, pertinente e conveniente, ao seu juízo – terá de demorar-se em consignar, detalhadamente, o entorno do acontecimento central, segregando, na medida do possível, fatores que sejam contextual e codificadamente considerados *nobres* o suficiente para justificar-se o descumprimento havido, o que, se não excluirá, ao menos atenuará o apenamento que o contexto e a respectiva codificação jurídica prescrevem em relação ao descumprimento de obrigações tributárias.

14ª – A mensagem comunicacional, ao referir-se a um determinado acontecimento, estará permitindo o manejo de diversos conjuntos de linguagem, de autores, finalidades, conteúdos e tempos de elaboração diferentes, que necessitam ser adequadamente postos, para poderem repercutir efetivamente no âmbito do processo administrativo-tributário. Exige-se, pois, a eleição de um código que ordene tais mensagens, de maneira que uma *fale com a outra*, numa seqüência apropriada e conveniente, segundo, portanto, uma *técnica comunicacional*.

14.1. As mensagens, no tocante aos seus autores, poderão originar-se de categorias de *francamente interessados* no litígio ou, noutro extremo, *indiferentes* ao que se passará no palco processual. Quanto mais distantes do interessado nos resultados que o conflito administrativo proporcionará, maior credibilidade reunirão para serem levadas seriamente em consideração pela Administração Pública-julgadora. Quanto mais próximos, enfrentarão desde logo algum preconceito por parte do decididor do processo administrativo, no sentido de considerar que tais mensagens já elaboradas – e agora colhidas – o foram de maneira partidária, isto é, com propósitos de efetivamente favorecer o interessado em questão.

14.2. É inegável que o corpo de mensagens que mais possui possibilidades de impressionar o julgador é aquele que dá notícia de algo de elevado consenso. E, havendo a possibilidade de intrometer-se nos planos de linguagem mensagens *reiterativas* no mesmo sentido da refutação que então tem início, amplia-se a possibilidade da boa sedimentação do sentido, conferindo reforço a todo o plexo de linguagem utilizada.

15ª – O emissor da *mensagem de defesa* ao elaborá-la elege um estilo de expressar-se. O *estilo comunicacional* da *mensagem de defesa* é a forma e a maneira através do qual o Administrado, observando códigos apropriados, assenta vocábulos num texto, articulando-os segundo uma maneira muito particular e, em seu entender, apropriada, para suscitar a simpatia e arrebatar o destinatário da comunicação em relação a um aspecto relevante veiculado através da mensagem.

15.1. O estilo pode ser associado à idéia de encantamento, ou seja, o de, a partir do manejo estilístico, procurar-se encantar o destinatário, capturando-o numa redoma de convencimento favorável ao emissor da mensagem, tudo isto através da comunicação, sobretudo escrita, o que muito exige do

Capítulo VI • A Mensagem de Defesa e a Técnica Jurídico-Comunicacional | 271

Administrado, mormente se considerada a aridez das discussões travadas num processo administrativo-tributário.

15.2. A escolha de um estilo é deliberadamente partidária, posto que interessadamente voltada para identificar-se uma maneira que impressione o julgador, sensibilizando-o para a *mensagem de defesa*, para o fim de obter-se um decisório que lhe seja favorável, com repercussões concretas no plano repercussional. Como terá de levar em consideração *situações de fato*, sobre as quais há controvérsia, estabelece-se interessante cadeia associativa entre o *referente* e o *estilo*.

15.3. A linguagem, ao referir-se a *situação de fato*, pode direcionar-se diretamente a um *referente* encontrável na experiência ou ter de imediatamente apoiar-se num *referente* alojado na experiência, para dele promover uma associação lógica e em linguagem, para somente então atingir um outro *referente*. Naquele cenário, há um liame direto entre a linguagem e o *primeiro referente*; já no segundo, no mínimo, um liame entre *linguagem*, *primeiro referente*, novamente *linguagem* e *segundo referente*. No primeiro, há, portanto, uma *comunicação simplificada*; no segundo cenário, uma *comunicação complexa*:

a) na *comunicação simplificada*, procura-se impressionar o julgador, chamando a sua atenção para a evidência do próprio *referente*, suas propriedades, suas características que, no ponto sob controvérsia, seriam suficientes para desencadear um arranjo lingüístico simples que relate o que necessário for (segundo o código apropriado) para sensibilizar o julgador, para tanto sobremaneira utilizando-se da linguagem na sua função descritiva, na qual o emissor tão-somente narra o acontecimento relevante, introduzindo-o no duto comunicacional do processo administrativo-tributário. Trata-se, basicamente, de uma *apresentação*, em linguagem, aos circunstantes, mas sobretudo ao julgador, de um *referente* relevante;

b) na *comunicação complexa*, exige-se mestria no manejo da linguagem, que se relaciona sucessivamente com diversos referentes, exigindo destreza para que o expressar do Administrado faça sentido; de início um sentido comum, igualmente fazendo sentido jurídico-comunicacional, ao mesmo tempo saturando os requisitos exigidos pelos códigos apropriados, para o fim de repercutir, favoravelmente ao emissor. Nesta modalidade, diminui-se o tom narrativo e descritivo da mensagem, aumentando-se a função persuasiva e lógica (ao menos na sua aparência) da intervenção que estará sendo elaborada, abrindo-se campo fértil para

272 | A Prova no Processo Administrativo-Tributário • Marcio Pestana

a retórica que, através da argumentação, volta-se certeiramente para capturar a atenção do auditório, com vistas à decisão almejada.

16ª – As mensagens de defesa usualmente estruturam-se numa cadeia associativa ou paradigmática, com a constante que *de premissas obtêm-se conclusões*. As premissas, como um efetivo princípio que norteia a conformação das mensagens atinentes às *situações de fato*, não são por nós consideradas *verdadeiras* ou *falsas*, mas, sim, *consistentes* ou *inconsistentes*, ou seja, que resistam ou não resistam a um esgrimir lingüístico que tem lugar num processo administrativo-tributário, quer em razão de propriedades compositivas e *irradiativas* próprias da mensagem, quer decorrentes de fatores e vetores exógenos à própria mensagem, e que prevaleçam e persistam prevalecendo no ambiente comunicacional em que tomam parte.

16.1. A consistência sinaliza ao menos um grau razoável de probalidade de que o que se diz possui potencialmente alguma possibilidade de fazer sentido, resistindo a uma refutação. Evidentemente esta possibilidade não decorre da mensagem em si, mas do tratamento que os freqüentadores do ambiente comunicacional habitualmente dispensam a comunicações semelhantes, às sob atenção, e que deverão decidir se dispensam ou não igual tratamento a esta mensagem comunicacional sob foco.

16.2. Todo o assentamento das premissas que integram a mensagem admite a elaboração e o oferecimento, também em linguagem, de comprovações de que tais premissas são consistentes. Cada uma das premissas utilizadas na mensagem admite ter para si um complemento lingüístico que a credencie a ser tomada seriamente em consideração por aqueles que com ela terão algum tipo de trato. A ocultação da consistência das premissas gera perplexidades e reações comportamentais preconceituosas por parte do destinatário da mensagem, o que deverá ser evitado para não se acarretar um ruído comunicacional.

16.3. Há arranjos de premissas que, ao remeterem à conclusão, fazem-no, no tocante à reverberação no plano repercussional, de maneira incisiva e agressiva, outras, mais amenas e serenas. O manuseio e disposição técnica de premissas que sejam fatores condutores dos raciocínios indutivos, como os provenientes dos exemplos e das analogias, produzem percussões comunicacionais adocicadas e suaves por parte do destinatário da comunicação. Já aqueles atinentes aos raciocínios demonstrativos, caso dos silogismos e entimema (silogismo *encurtado*), produz uma força vigorosa e perturbante, contundentemente afetando o destinatário da mensagem, intensidade esta que poderá ser favorável ao interessado na impressão causada.

Capítulo VI • A Mensagem de Defesa e a Técnica Jurídico-Comunicacional | 273

17ª – As mensagens, ao orbitar em torno do valor *consistência*, devem, para obter tal predicado, contar com composições lingüísticas que se refiram ao que seja relevante, isto é, o emblema que o homem atribua à coisa e aos homens, que assinala particularidades tais que os distinga dos demais circundantes, em virtude de, uma vez manuseada em linguagem, propiciar a compreensão e, conseqüentemente, uma repercussão efetiva, de um arranjo lingüístico, no caso, atinente a um acontecimento. A relevância, à evidência, revela dificuldades em ter seus domínios claramente especificados.

17.1. A *relevância* não se confunde com a *pertinência*, uma propriedade que, não obstante também integre uma relação com a coisa e com o homem, enfatiza o aspecto lógico do liame havido, diferentemente da *relevância*, que poderá estabelecer a união segundo fundamentos provenientes doutros setores da atividade humana, que não o da lógica, como daqueles de natureza cultural, sociológica, econômica, lúdica etc. A *pertinência*, ademais, poderá ser ou não ser relevante para a discussão que se trava num ambiente administrativo-tributário, pois nem tudo que é pertinente será relevante para o desate do contencioso lingüístico em curso.

17.2. A par deste ângulo – que se refere à *coisa* e aos *homens* – reclama-se relevância ao conteúdo da própria *mensagem de defesa*, pois este tipo de comunicação deverá levar em consideração a aceitabilidade do argumento ou a demonstração pela qual o fato, para explicar-se, é inferido da explicação proposta, tendo, ademais, necessariamente, um nexo com a *mensagem de ataque* a ser relevantemente refutada.

18ª – Na *mensagem de defesa* que, desde o instante da sua própria concepção, sabe-se, estará sendo confeccionada para ser introduzida num ambiente processual-comunicacional com propósitos partidários, o emissor está deliberadamente preocupado em convencer o destinatário da mensagem acerca de algum aspecto que diga respeito às *situações de fato* que seja relevante para a defesa do Administrado, daí atribuir-se importância à maneira de expressar-se, à forma de expressar-se, ao conteúdo e a tantos outros conjuntos de linguagem que participam de alguma maneira na mensagem sobre a qual se debruça a *técnica comunicacional*. Daí, mostrar-se a importância da *composição da mensagem*.

18.1. Por *composição* entende-se a forma e a maneira pela qual a mensagem apresenta um *começo-meio-fim*, no sentido horizontal, assim como uma intervenção de *aprofundamento-afloramento* da proposição que constitui o seu objeto, no sentido vertical, tudo com vistas a gerar conseqüências concretas.

18.2. A *mensagem de defesa*, no tocante ao embate sobre as *situações de fato*, possui uma arquitetura peculiar, que estabelece uma seqüência sintagmática e paradigmática, no formato de um quadripé, em que cada um deles depende do outro, para ter condições minimamente suficientes para repercutir com possibilidades de êxito no ambiente jurídico-comunicacional: (a) *afirmação do ataque*; (b) *refutação do ataque*; (c) *confirmação da refutação*; e (d) *requerimento*.

18.3. O Administrado deve ter em conta que deve, dentre outras finalidades, facilitar o trabalho a cargo do julgador. Esta facilitação, nos dias de hoje, equivale a assinalar, de maneira clara e cristalina, na parte introdutória da *mensagem de defesa*, qual é a afirmativa constante da *mensagem de ataque* que, endereçada a determinada *situação de fato*, sofrerá a oposição por parte do Administrado. Trata-se de um *recorte lingüístico* ou *requadro de linguagem*, se se preferir.

18.4. Este assentamento introdutório acerca do palco controverso tem a grande valia de causar repercussão pragmática no julgador, que se introduz nos domínios do embate, preparando-se para recepcionar, logo a seguir, uma pluralidade de enunciados e proposições em sentido oposto ao descrito na *mensagem de ataque*.

18.5. Há, na composição, no tocante à *afirmação do ataque*, a utilização predominante da linguagem na sua função descritiva, predomínio que em absoluto exclui a presença de alguma dose de função persuasiva. Inclusive de maneira reflexa, pois, ao recortar-se determinado trecho da *mensagem de ataque*, o emissor estará ocultando ou sombreando outra porção que não lhe convém realçar.

18.6. Seguindo a ordem natural, a composição assinala, de maneira seqüencial, os acontecimentos tal qual ocorridos. Há uma ênfase cronográfica e mesmo causal à mensagem. Do ontem, passa-se para o hoje; consigna-se a causa e a repercussão que lhe corresponde etc. Trata-se de encadeamento que facilita a compreensão acerca do acontecimento epicentral da disputa, pois mesmo tendo efetivamente incorrido na realidade circundante, ou simplesmente concebido em linguagem, há sempre a incidência do vetor temporal na composição lingüística envolvendo acontecimentos.

18.7. O Administrado, para consignar a refutação, poderá, diferentemente, utilizar-se da *ordem artificial*, ou seja, segregando-se acontecimentos no plano da linguagem em desacordo com a seqüência dos acontecimentos, o que permite começar exposições a partir da ocorrência efetivamente materializada, para regressar-se a considerações acerca dos motivos que precederam, ou começar a narrativa do fim para o começo etc.

Capítulo VI • A Mensagem de Defesa e a Técnica Jurídico-Comunicacional | 275

18.8. O Administrado, prosseguindo, ocupa-se de confirmar a refutação já oferecida, para tanto transitando por um entrelaçamento de conjuntos de linguagem, que estabelecem riquíssimas combinatórias entre si, merecendo realce específico algumas das possibilidades que corriqueiramente são encontráveis nas discussões de natureza processual administrativo-tributária:

a) *Mensagem sobre mensagem de defesa.* O Administrado utiliza-se de reafirmações de natureza lingüística, seja em razão da demonstração que empreende, seja da ênfase argumentativa que procura atribuir a sua intervenção. Trata-se de uma nova maneira de *reabordar* o que já fora dito na própria *mensagem de defesa*, só que evidentemente com propósitos *reforçativos* e *comprobatórios*;

b) *Mensagem sobre linguagem descoberta.* Na fase estratégica, o Administrado poderá encontrar corpos de linguagens já existentes, isto é, *mensagens descobertas*, as quais serão utilizadas, nesta fase, com a finalidade de confirmar-se a refutação já consignada. Dá-se, poder-se-ia dizer, maior destaque à *mensagem descoberta*, razão pela qual a *mensagem de defesa* deixa *que fale por si só.* Caso, contudo, esta mensagem seja aparentemente de menor repercussão, a *mensagem de defesa* tornar-se-á avantajada, justamente para o fim de pinçar e por méritos próprios potencializar um aspecto que, ainda que se encontre esfumaçado, com o devido brilho lingüístico, ganhe a aptidão de contribuir para confirmar a refutação;

c) *Mensagem sobre linguagem inventada.* Poderá a *mensagem de defesa* trazer à baila uma comunicação inventada especialmente para auxiliar a comprovação da refutação a uma *situação de fato* constante da *mensagem de ataque.* O referente da *mensagem de defesa* poderá ser, portanto, a mensagem irradiada a partir de uma declaração ou certidão especialmente elaboradas para atingir-se a finalidade pretendida pelo Administrado, como consubstanciar-se em relatórios finais resultantes de levantamentos trabalhosos e complexos que permitem à *mensagem de defesa* introduzir depoimentos escritos confirmatórios da refutação consignada pelo Administrado.

18.9. A *confirmação da refutação* é o momento crucial da *mensagem de defesa*, pois será dado destaque ao corpo de linguagem probatória, que poderá atribuir propulsão favorável à comunicação expedida, inclinando-a a favor do Administrado. Ou, mesmo, ocorrer o reverso, pois, se as mensagens produzidas forem tímidas e insuficientes para auxiliar o encargo refutatório, tal insuficiência poderá estimular o julgador a frustrar a pretensão do Administrado.

18.10.Segundo a *técnica comunicacional*, recomenda-se, na confirmação da refutação, iniciar-se a manifestação pelas mensagens mais fortes e contundentes, introduzindo-se, a seguir, as de menor intensidade e repercussão, para, no arremate, consignar-se outras mais de maior vigor e intensidade probatória. Trata-se de uma forma de compor e assentar as mensagens de uma maneira que, decididamente, volte-se para captar a atenção e o convencimento, se possível favorável, por parte daquele que representa a Administração Pública-julgadora.

18.11.No tocante ao *requerimento*, observa-se que, na parte final da *mensagem de defesa*, as *situações de direito* e *de fato* inegavelmente entrelaçam-se, integrando, por vezes, a mesma oração, a fim de que o requerimento possa repercutir efetivamente. De premissas com, no mínimo, boas probabilidades de serem consistentes, consigna-se, com a tonalidade própria de um requerimento formulado ao destinatário da comunicação, que seja acolhida a refutação introduzida pelo Administrado no processo administrativo-tributário, como também, no conseqüente, seja proferida uma decisão que termine o processo administrativo-tributário.

19ª – A *mensagem de defesa* a par de se referir, no essencial, a um acontecimento instalado no que se denomina *situação de fato*, para o fim de lançar um *projétil probatório*, deve inequivocamente estar voltado para gerar conseqüências práticas nos domínios do plano repercussional, donde ser conveniente a utilização de certas técnicas para divulgar a mensagem que entende ser a mais apropriada para consignar a prova que se acha adequada ao caso, à qual se associam, naturalmente, fatores e vetores colhidos a partir de um contexto jurídico-comunicacional, segundo códigos apropriados.

19.1. Para tal finalidade convém recorrer-se à *argumentação comunicacional*, a qual procura configurar um meio de agir deliberadamente voltado para atingir-se, pragmaticamente, um determinado resultado previamente almejado, em razão de um comportamento esperado pelo emissor da mensagem em relação a um determinado auditório.

19.2. Os *argumentos comunicacionais* consistem no manejo da linguagem, voltado para obter decisões concretas previamente identificadas, que permitem elaborar afirmativas que se apresentem como consistentes ou em condições de serem discutidas com seriedade num certo auditório, especificamente, no caso, integrado por aqueles interessados no processo administrativo-tributário. Admitem ser agrupados segundo (a) *técnicas de ligação* ou de (b) *dissociação de noções*.

19.3. Nas *técnicas de ligação*, identificam-se os (i) *argumentos quase-lógicos*; (ii) os *argumentos fundamentados na estrutura do real* (que utilizam as

Capítulo VI • A Mensagem de Defesa e a Técnica Jurídico-Comunicacional | 277

ligações por *sucessão* ou *coexistência*) e os que (iii) *fundamentam a estrutura do real* (identificadores de leis ou estruturas do real, utilizando-se de argumentos assentados em *exemplos, modelos* e *analogias*).

19.4. Os argumentos quase-lógicos apresentam uma estrutura que lembra os raciocínios formais, lógicos ou matemáticos, merecendo destaque os *argumentos de reciprocidade*, de *transitividade*, da *inclusão da parte no todo*, da *divisão do todo em partes, comparação, sacrifício* e da *probabilidade*:

a) através dos *argumentos de reciprocidade*, a *mensagem de defesa* explora comunicacionalmente a idéia de simetria situacional, de maneira que se aplique a um pólo desta relação o mesmo tratamento dispensado à situação integrante do outro pólo da relação simétrica;

b) na *mensagem de defesa*, utiliza-se o *argumento de transitividade* para manusearem-se relações, segundo conformações lingüísticas, as quais remetem a conclusões. "a" possui uma relação com "b" que, à sua vez, possui relação com "c". Logo, há relação entre "a" e "c". A argumentação de transitividade encontra-se presente no próprio silogismo e no entimema, pois de um termo transita-se para outro, até obter-se a conclusão;

c) no *argumento da inclusão da parte no todo*, procura-se transmitir ao destinatário da *mensagem de defesa* que o mesmo tratamento dado ao todo deve ser dispensado à parte deste todo;

d) a mensagem de defesa utiliza-se do *argumento de divisão do todo em partes* especialmente no embate relativo a operações aritméticas de adição, subtração e correspondentes combinatórias;

e) no *argumento de comparação*, o cotejamento realizado sinaliza a idéia de medição de mais de um termo ou situação, a qual propicia conduzir, do manuseio da operação ocorrida, uma conclusão útil e relevante para a afirmativa que se pretende refutar;

f) o *argumento pelo sacrifício* remete à idéia de que há uma relação entre meio e fim, no qual aquele (meio) é um encargo que, uma vez transposto, permite atingir-se a finalidade que estimulou suportá-lo; e

g) o *argumento de probabilidade* possui extrema importância na *mensagem de defesa* na seara tributária, dado que as mensagens probatórias referem-se a acontecimentos ocorridos num certo tempo e num certo espaço, logo, tendo um referente sobre o qual a mensagem expressa-se e, por vezes, não são comprovados diretamente, mas, sim, segundo uma argumentação probabilística.

19.5. Os *argumentos fundamentados na estrutura do real* estabelecem ligações por *sucessão* ou *coexistência*. As ligações por *sucessão* dizem respeito aos acontecimentos que têm curso no fluir do tempo, prestando-se às ligações *causa-efeito*; na *coexistência*, há a ligação entre realidades de nível desigual e diferente, sendo uma a manifestação da outra, considerada mais estável e com um valor explicativo. É o que ocorre no liame entre a pessoa, sua intenção e os seus atos:

a) a ênfase que se atribui ao *argumento do vínculo causal* é de que, ocorrido um certo acontecimento, lapida-se, através da linguagem, uma causa que o explicaria, para tanto afastando-se aquilo com pouca possibilidade de ter ocorrido, e centrando atenções naquilo que mais provavelmente tenha sido a razão do acontecimento. Pode-se, ainda, estabelecer-se um liame entre dois acontecimentos sucessivamente ocorridos, numa relação de dependência, ou, uma vez com o acontecimento à mão, realçar-se os seus efeitos, que poderão igualmente revelar-se interessantes para a disputa administrativo-tributária. Variações do vínculo causal são igualmente utilizadas nas mensagens de defesa, como a que se assenta no *método de variação concomitante*, de que há uma interdependência entre fenômenos, de sorte que a repercussão de um determinado fenômeno gera determinados efeitos no outro fenômeno que lhe é relacionado;

b) no *argumento pragmático*, utiliza-se a linguagem segundo uma movimentação dialética entre causa e efeito, para o fim de transferir-se valor de um destes pólos da relação, para o outro pólo, ou seja, transferir-se para a causa o valor da conseqüência e vice-versa. Poderá, ainda, consistir no rompimento deste liame, deslocando o fator causal para as circunstâncias, outras pessoas etc.;

c) na *mensagem de defesa, o argumento da autoridade* refere-se a atos ou juízos de uma pessoa singular ou coletiva como meio de prova favorável a uma determinada tese sob debate que poderá conter *situações de fato*;

d) a *mensagem de defesa* poderá interessar-se em evidenciar a integridade habitual do seu emissor, no tocante ao cumprimento de obrigações tributárias. Para esta modalidade do *argumento da interação entre ato e a pessoa*, o ato é uma trilha lingüística que permite construir a imagem da pessoa, de seus atos, das suas qualificações e dos fatos que o têm como protagonista;

e) no *argumento de refreamento à interação ato-pessoa*, há o sentido de realizar-se, se não a ruptura absoluta, o refreamento da interação entre o ato e a pessoa, especialmente com o propósito de preservar esta última das repercussões advindas de tal interação.

Capítulo VI • A Mensagem de Defesa e a Técnica Jurídico-Comunicacional | 279

19.6. No viés dos *argumentos que fundamentam a estrutura do real* há uma preocupação com o que seja *real*, valorizando-se os (i) *exemplos*, (ii) as *analogias* e as (iii) *metáforas*, para o fim de, a partir de um caso particular, divisar-se uma situação passível de receber afirmativas lingüísticas consistentes.

a) segundo *a argumentação pelo exemplo*, invoca-se uma situação precedente (rotulada de *exemplo*), sobre a qual não pairam dúvidas por parte dos integrantes do auditório, que servirá de termo comparativo com outra situação sobre a qual há um interesse específico;

b) no *argumento por analogia*, explora-se, em linguagem, uma proporção entre termos que possuam similitude de estruturas, pertencentes a áreas diferentes, propiciando, no tocante aos seus efeitos comunicacionais, a transferência de valor entre termos;

c) a *mensagem de defesa* poderá socorrer-se de *metáforas*, mesmo que a expressão lingüística ocorra num ambiente tributário. A sua utilidade pragmática repousa na contribuição valiosa que dá para influir na apreciação, por parte do destinatário da mensagem, do quanto veiculado na comunicação, mediante um deslocamento de sentido de vocábulos ou expressões, enriquecendo ou empobrecendo o acontecimento em si mesmo considerado, ao qual lhe acosta vetores relevantes.

19.7. Os argumentos atinentes às *técnicas de dissociação de noções* têm por objetivo essencial recusar-se o reconhecimento da existência de uma ligação que fora considerada aceita, que fora presumida ou desejada, o que se revela bastante importante para as *mensagens de defesa*, podendo ser aglutinados sob as designações de (i) par *aparência-realidade e (ii) pares filosóficos.*

a) relativamente ao par *aparência-realidade*, sabe-se que a aparência não coincide com a realidade, pois, se tal fosse, não seria *aparência*, mas *realidade*. A aparência é que nos toca imediatamente, tendo a vocação de nos sugerir um caminho que nos conduza ao que seja *real*, embora, muitas vezes, tal condução não se realize efetivamente, porque a aparência engana os circunstantes, se tomada a realidade como paradigma de aferição;

b) o operador do processo administrativo lida com pares de vocábulos e expressões (que predominantemente, mas não exclusivamente, são opostos), com a finalidade de promover, mediante convencimento do destinatário da mensagem, o desprestígio de um dos pólos dos pares e, reversamente, o prestígio do seu outro par. No tocante às *situações de fato*, tal qual o manejo que realiza em relação ao par *aparência/ realidade*, lida-se com o par *consistência/inconsistência* da linguagem em vista da decisão de um auditório particular, de maneira que procurará, na *mensagem de defesa*, tornar evidente a inconsistência da *mensagem de ataque* no tocante a determinada afirmativa, sublinhando a sua inconsistência, conseqüentemente, procurando realizar-se o deslocamento da ênfase num dos pólos do par, para tanto utilizando-se, se necessário, doutros corpos de linguagem de natureza probatória.

20ª – A finalidade que uma mensagem probatória possui de auxiliar a aceitação de um determinado auditório acerca de alguma afirmativa que lhe é simultânea ou anteriormente já endereçada pode atingir seu propósito (i) através da composição lingüística adequada, com arranjos que estabeleçam relações associativas e paradigmáticas apropriadas, identificando-se premissas potencialmente consistentes por parte dos co-partícipes da irradiação comunicacional, que propulsionam conclusões específicas, fechando, assim, um circuito da comunicação com propósitos repercussionais, ou (ii) atingir tais objetivos, não obstante a composição não se encontre tão aperfeiçoada quanto se recomendaria estivesse, por ruído ou deficiência comunicacional de um destes elementos integrantes do circuito, podendo inclusive provir de deficiência técnica e até comunicacional, voluntária ou involuntária, por parte do emissor.

20.1. Nas situações em que tal ocorre (sem *mérito* próprio da mensagem) e não há intenção deliberada do emissor para que tal se dê, e, mais, sem que ele próprio, instado a perceber a deficiência, a efetivamente perceba, um exame atento do arranjo lingüístico poderá sinalizar a presença de *armadilhas comunicacionais*, que são arranjos em linguagem que tanto podem surpreender o emissor da mensagem, quanto o seu destinatário. Se presentes, *pulsando*, caso o destinatário as detecte, é bem possível que a repercussão seja desfavorável à composição elaborada pelo emissor. Se, diferentemente, o destinatário não as detecte, perseguem reverberando, ou seja, repercutindo no duto comunicacional.

20.2. As *armadilhas*, portanto, podem surpreender o desatento destinatário, capturando o seu convencimento e obtendo a sua adesão à afirmativa contida na mensagem emitida, materializando, em linguagem, o que a lógica designa *falácia*, sumariando-se aquelas que mais de perto podem ser observadas nas mensagens de defesa no ambiente processual-tributário: a) a *falácia do recurso à força*, que dá um apelo à força para obter-se, por parte do destinatário da mensagem, uma determinada

Capítulo VI • A Mensagem de Defesa e a Técnica Jurídico-Comunicacional | 281

conclusão; b) o *argumento contra o homem*, que possui um caráter ofensivo, no qual se hostiliza o homem e não a consistência da mensagem; c) no *apelo à autoridade*, de quem se pretende obter uma decisão sobretudo em razão do peso e prestígio de indivíduos; d) no *apelo à piedade*, em que o emissor da mensagem tenciona obter emoção por parte do destinatário, para o fim de ver determinada conclusão ser por ele aceita; e) invoca-se a *falácia do apelo ao povo* diante da ausência de provas consistentes; f) na *generalização apressada*, a falácia da relevância que traz repercussões inequívocas do plano comunicacional, irradiando-se a partir da catalogação incorreta ou mesmo de catalogação correta de situações de certo tipo mas que a tomada da posição generalizante, a partir daí, seja apressada; g) *na falsa causa*, onde inexiste o nexo lógico e efetivo entre *causa* e *efeito*, para remeter a uma conclusão; h) relativamente às *falácias de ambigüidade*, em que se observa a *falácia do equívoco*, na qual os vocábulos e as construções lingüísticas remetem a diferentes denotações e conotações no plano repercussional, dependendo do ambiente em que são levados em consideração; i) a *falácia da anfibologia*, que remete à idéia de que se partem de premissas ambíguas, em função da sua construção gramatical, para atingir-se determinada conclusão.

20.3. As armadilhas comunicacionais são as *distrações lingüísticas* voluntárias ou involuntárias do emissor da comunicação que parte ou toda a *mensagem de defesa* poderá conter, acarretando repercussões ao Administrado, quer favoráveis, caso permaneçam sem oposição, quer desfavoráveis, caso sejam surpreendidas e competentemente enfrentadas.

Bibliografia

ABBAGNANO, Nicola. *Dicionário de Filosofia*. Trad. Alfredo Bosi; Ivone Castilho Benedetti. 4. ed. São Paulo: Martins Fontes, 2000.

AMORIM, José Roberto Neves. *Direito ao Nome da Pessoa Física*. São Paulo: Saraiva, 2003.

ARAÚJO, Clarice Von Oertzen de. "Fato e Evento Tributário – uma análise semiótica", *In*: DE SANTI, Eurico Marcos Diniz (Coord.). *Curso de Especialização em Direito Tributário*. São Paulo: Forense, 2005.

ARENDT, Hannah. *Entre o Passado e o Futuro*. Trad. Mauro. W. Barbosa de Almeida. 3. ed. São Paulo: Perspectiva, 1992.

_____. *Sobre a Violência*. Trad. André Duarte. 3. ed. Rio de Janeiro: Relume-Dumará, 2001.

ARISTÓTELES. *A Política*. Trad. Roberto Leal Ferreira. 2. ed. São Paulo: Martins Fontes, 1998.

BANDEIRA DE MELLO, Celso Antônio. *Curso de Direito Administrativo*. 15. ed. São Paulo: Malheiros, 2002.

BARDIN, Laurence. *Análise de Conteúdo*. Trad. Luís Antero Reto; Augusto Pinheiro. Lisboa: Edições 70, 2002.

BARRETO, Paulo Ayres. *Imposto sobre a Renda e Preço de Transferência*. São Paulo: Dialética, 2001.

BARTHES, Roland. *A Aventura Semiológica*. Trad. Maria de Santa Cruz. Lisboa: Edições 70, 1985.

_____. *Elementos de Semiologia*. Trad. Maria Margarida Barahona. Lisboa: Edições 70, 2001.

BASTOS, Celso Ribeiro; MARTINS, Ives Gandra da Silva. *Comentários à Constituição do Brasil*. v. 2. São Paulo: Saraiva, 1989.

BECKER, Alfredo Augusto. *Teoria Geral do Direito Tributário*. São Paulo: Saraiva, 1963.

BERTRAND, Denis. *Caminhos da Semiótica Literária*. Trad. Grupo Casa. São Paulo: Ed. da Universidade do Sagrado Coração, 2003.

BITTAR, Eduardo C. B. *O Direito na Pós-Modernidade*. São Paulo: Forense Universitária, 2005.

BONAVIDES, Paulo. *Ciência política*. 2. ed., Rio de Janeiro: FGV, 1974.

BONILHA, Paulo Celso B. *Da Prova no Processo Administrativo Tributário*. 2. ed., São Paulo: Dialética, 1997.

BRETON, Philippe. *A Manipulação da Palavra*. Trad. Maria Stela Gonçalves. São Paulo: Loyola, 1999.

CANOTILHO, J. J. Gomes; MOREIRA, Vital. *Fundamentos da Constituição*. Coimbra: Coimbra Editora, 1991.

CARRAZZA, Roque Antonio. *ICMS*. 7. ed. São Paulo: Malheiros, 2001.

CARVALHO, Paulo de Barros. *Curso de Direito Tributário*. 10. ed. São Paulo: Saraiva, 1998.

_____. *Direito Tributário: fundamentos jurídicos da incidência*. 2. ed. São Paulo: Saraiva, 1999.

_____. *Teoria da Norma Tributária*. 2. ed. São Paulo: Ed. Revista dos Tribunais, 1981.

CASTRO, Carlos Roberto de Siqueira. *O Devido Processo Legal e a Razoabilidade das Leis na Nova Constituição do Brasil*. Rio de Janeiro: Forense, 1989.

COELHO, Sacha Calmon Navarro. *Teoria Geral do Tributo, da Interpretação e da exoneração tributária: (o significado do art. 116, parágrafo único, do CTN)*. São Paulo: Dialética, 2003.

COPI, Irving M. *Introdução à Lógica*. Trad. Álvaro Cabral. 2. ed. São Paulo: Mestre Jou, 1978.

COSSIO, Carlos. *Teoria egológica del derecho y el concepto juridico de liberdad*. 2. ed. Buenos Aires: Perrot, 1964.

DEFLEUR, Melvin L.; BALL-ROKEACH, Sandra. *Teorias da Comunicação de Massa*. Trad. Octavio Alves Velho. 5. ed. Rio de Janeiro: Jorge Zahar Editor, 1993.

DI PIETRO, Maria Sylvia Zanella. *Direito Administrativo*. 15. ed. São Paulo: Atlas, 2002.

DINAMARCO, Cândido Rangel. *Fundamentos do Processo Civil Moderno*. 3. ed., T. II. São Paulo: Malheiros, 2000.

DÓRIA, Antônio Roberto Sampaio. *Princípios Constitucionais Tributários e a Cláusula Due Process of Law*. São Paulo: Ed. Revista dos Tribunais, 1964.

ECO, Umberto. *A Estrutura Ausente*. Trad. Pérola de Carvalho. São Paulo: Perspectiva, 1987.

_____. *Conceito de Texto*. Trad. Carla de Queiroz. São Paulo: USP, 1984.

_____. *Os Limites da Interpretação*. Trad. Pérola de Carvalho. São Paulo: Perspectiva, 1999.

_____. *Tratado Geral de Semiótica*. Trad. Antônio de Pádua Daniesi; Gilson Cesar Cardoso de Souza. São Paulo: Perspectiva, 1976.

ENZENSBERGER, Hans Magnus. *Elementos para uma Teoria dos Meios de Comunicação*. Trad. Cláudia S. Dornbusch. São Paulo: Conrad, 2003.

ESCOTO DUNS, João. *Tratado do Primeiro Princípio*. Trad. Mário Santiago de Carvalho. Lisboa: Edições 70, 1998.

FERRAGUT, Maria Rita. *Presunções no Direito Tributário*. São Paulo: Dialética, 2001.

FERRAZ, Anna Cândida da Cunha. *Conflito entre Poderes. O Poder Congressual de sustar atos normativos do Poder Executivo*. São Paulo: Ed. Revista dos Tribunais, 1994.

FERRAZ, Sérgio; DALLARI, Adilson Abreu. *Processo administrativo*. São Paulo: Malheiros, 2002.

FERRAZ JÚNIOR, Tércio Sampaio. *Direito, Retórica e Comunicação: subsídios para uma pragmática do discurso jurídico*. 2. ed., São Paulo: Saraiva, 1997.

_____. *Introdução ao Estudo do Direito: técnica, decisão, dominação*. São Paulo: Atlas, 1993.

FIGUEIREDO, Lucia Valle. *Curso de Direito Administrativo*. 5. ed., São Paulo: Malheiros, 2001.

FOUCAULT, Michel. *A Verdade e as Formas Jurídicas*. Trad. Roberto Cabral de Melo Machado; Eduardo Jardim Morais. Rio de Janeiro: PUC – Rio, 1996.

GRACIÁN, Baltasar. *A Arte da Prudência*. São Paulo: Martin Claret, 2002.

GRECO, Marco Aurelio. *Contribuições: uma figura "sui generis"*. São Paulo: Dialética, 2000.

HABERMAS, Jürgen. *A Inclusão do Outro: estudos de teoria política*. Trad. George Sperber; Paulo Astor Soethe. São Paulo: Loyola, 2002.

_____. *Direito e Democracia: entre facticidade e validade*. Trad. Flávio Beno Siebeneichler, V. 1, Rio de Janeiro: Tempo Brasileiro, 1997.

_____. *O Discurso Filosófico da Modernidade.* Trad. Ana Maria Bernardo *et. al.* Lisboa: Publicações Dom Quixote, 1990.

_____. *Passado como Futuro.* Trad. Flávio Beno Siebeneichler. Rio de Janeiro: Tempo Brasileiro, 1993.

_____. *Técnica e ciência como Ideologia.* Trad. Artur Morão. Lisboa: Edições 70, 1968.

_____. *Verdade e Justificação: ensaios filosóficos.* Trad. Milton Camargo Mota. São Paulo: Loyola, 2004.

HESSE, Konrad. Elementos de Direito Constitucional da República Federal da Alemanha. Trad. Luís Afonso Heck. 20. ed., Porto Alegre: Fabris, 1998.

HESSEN, Johannes. *Filosofia dos Valores.* Trad. L. Cabral Moncada. Coimbra: Almedina, 2001.

HORVATH, Estevão. *Lançamento Tributário e "Autolançamento".* São Paulo: Dialética, 1997.

_____. *O Princípio do não-confisco no Direito Tributário.* São Paulo: Dialética, 2002.

HUIZINGA, Johan. *Homo ludens: o jogo como elemento da cultura.* Trad. João Paulo Monteiro. 5. ed., São Paulo: Perspectiva, 2001.

HUSSERL, Edmund. *Meditações Cartesianas: introdução à fenomenologia.* Trad. Maria Gorete Lopes e Sousa. Porto: Rés-Editora, s.d.

JAKOBSON, Roman. *Lingüística e comunicação.* 14. ed., São Paulo: Cultrix, 1991.

JARDIM, Eduardo Marcial Ferreira. *Manual de Direito Financeiro e Tributário.* 3. ed. ampl. e atual., São Paulo: Saraiva, 1996.

KANT, Immanuel. *Manual dos cursos de lógica geral.* Trad. Fausto Castilho. 2. ed., São Paulo: Unicamp, 2003.

KELSEN, Hans. *Teoria Geral das Normas.* Trad. José Florentino Duarte. Porto Alegre: Fabris, 1986.

_____. *Teoria Geral do Direito do Estado.* Trad. Luís Carlos Borges. 2. ed., São Paulo: Martins Fontes, 1992.

_____. *Teoria Pura do Direito.* 3. ed., São Paulo: Martins Fontes, 1991.

LARENZ, Karl. *Metodologia da Ciência do Direito.* Trad. José Lamego. 3. ed., Lisboa: Fundação Calouste Gulbenkian, 1997.

LOCKE, John. *Dois Tratados sobre o Governo.* Trad. Julio Fischer. São Paulo: Martins Fontes, 1998.

LUHMANN, Niklas. *Sociologia do Direito I.* Trad. Gustavo Bayer. Rio de Janeiro: Tempo Brasileiro, 1983.

LUNARDELLI, Pedro Guilherme. *Isenções tributárias.* São Paulo: Dialética, 1999.

MACHADO, Hugo de Brito. *Aspectos fundamentais do ICMS.* 2. ed., São Paulo: Dialética, 1999.

MARTINS, Ives Gandra da Silva (Coord.). "Processo Administrativo Tributário". *In: Processo Administrativo Tributário.* 2. ed., São Paulo: Ed. Revista do Tribunais, 2002. p. 53-80.

MATTELART, Armand; MATTELART, Michèle. *História das Teorias da Comunicação.* Trad. Luiz Paulo Rouanet. 7. ed., São Paulo: Loyola, 2004.

MAUDONNET, Maria Clara V. A. "Comentários sobre o novo código do consumidor: Lei nº 8.078/91." *Revista de Direito Mercantil, Industrial, Econômico e Financeiro.* São Paulo, p. 83-88, abril/junho. 1992.

MEDAUAR, Odete. *Direito Administrativo moderno.* 7. ed., São Paulo: Revista dos Tribunais, 2003.

286 | A Prova no Processo administrativo-tributário • Marcio Pestana

MEIRELLES, Hely Lopes. *Direito Administrativo Brasileiro.* 26. ed., São Paulo: Malheiros, 2001.

MELO, José Eduardo Soares de. *ICMS: teoria e prática.* 4. ed., São Paulo: Dialética, 2000.

MONTESQUIEU, Charles de Secondat Barão de La Brède e de. *O Espírito das Leis.* Trad. Cristina Murachco. São Paulo: Martins Fontes, 1996.

MOSQUERA, Roberto Quiroga. *Tributação no Mercado Financeiro e de Capitais.* São Paulo: Dialética, 1998.

NALINI, José Renato. *Uma Nova Ética para o Juiz.* São Paulo: Ed. Revista dos Tribunais, 1994.

PERELMAN, Chaïm. *Lógica Jurídica: Nova retórica.* Trad. Vergínia K. Pupi. Rev. Trad. Maria Ermantina Galvão. 2. ed. São Paulo: Martins Fontes, 2004.

PERELMAN, Chaïm; OLBRECHTS-TYTECA, Lucie. *Tratado da Argumentação: a nova retórica.* Trad. Maria Ermantina Galvão G. Pereira. São Paulo: Martins Fontes, 1996.

PESTANA, Marcio. *O Princípio da Imunidade Tributária.* São Paulo: Ed. Revista dos Tribunais, 2001.

_____. *A Concorrência Pública na Parceria Público-Privada (PPP).* São Paulo: Atlas, 2006.

_____. "Anistia Fiscal e os Princípios da Isonomia, Razoabilidade e Proporcionalidade". *Revista da Faculdade de Direito da Fundação Armando Alvares Penteado.* v. 1, São Paulo: 2002.

_____. "Inconstitucionalidade e Prescrição na Restituição do Tributo". *Cadernos de Direito Constitucional e Ciência Política.* São Paulo: Ed. Revista dos Tribunais, jul-set 1995.

PINTO, Fabiana Lopes. "O Sigilo Bancário e a Lei Complementar n$^{\underline{o}}$ 105/2001". *In:* Heleno Taveira Tôrres (Coord.). *Leis Complementares em Matéria Tributária.* São Paulo: Manole, 2003.

POPPER, Karl R. *A Lógica da Pesquisa Científica.* Trad. Leonidas Hegenberg; Octanny Silveira da Mota. 10. ed., São Paulo: Cultrix, 2003.

REZENDE FILHO, Gabriel José de. *Curso de Direito Processual Civil.* v. II, 3. ed., São Paulo: Saraiva, 1953.

ROBLES, Gregório. *O Direito como Texto: quatro estudos de teoria comunicacional do Direito.* Trad. Roberto Barbosa Alves. São Paulo: Manole, 2005.

ROSENFELD, Anatol. *Texto / Contexto II.* São Paulo: Perspectiva, 2000.

SANTAELLA, Lucia; NÖTH, Winfried. *Comunicação e Semiótica.* São Paulo: Hacker, 2004.

SANTI, Eurico Marcos Diniz de. *Decadência e Prescrição no Direito Tributário.* São Paulo: Max Limonad, 2000.

SAUSSURE, Ferdinand de. *Curso de Lingüística Geral.* Trad. Antônio Chelini; José Paulo Paes; Izidoro Blikstein, 18. ed., São Paulo: Cultrix, 1995.

SCHOUERI, Luís Eduardo. *Distribuição Disfarçada de Lucros.* São Paulo: Dialética, 1996.

SILVA, José Afonso da. *Curso de Direito Constitucional Positivo.* 9. ed., São Paulo: Malheiros, 1994.

SILVA, Ovídio A. Baptista da. "A plenitude de 'defesa' no processo Civil", *In:* TEIXEIRA, Sálvio de Figueiredo (Coord.). *As Garantias do Cidadão na Justiça.* Saraiva, 1993. p. 149-166.

TOME, Fabiana del Padre. *Teoria Morfológica, Sintática e Semântica da Prova e sua Pragmática no Processo Administrativo Tributário Federal,* 2005. Tese (Doutorado em Direito) Faculdade de Direito – PUC, São Paulo.

TÔRRES, Heleno. *Direito Tributário e Direito Privado: autonomia privada: simulação: elusão tributária.* São Paulo: Ed. Revista dos Tribunais, 2003.

TORRES, Ricardo Lobo. *Curso de Direito Financeiro e Tributário*. 7. ed., Rio de Janeiro: Renovar, 2000.

VIEHWEG, Theodor. *Tópica e Jurisprudência*. Trad. Tércio Sampaio Ferraz Jr. Brasília: Departamento de Imprensa Nacional, 1979.

WARAT, Luis Alberto. *O Direito e sua Linguagem*. 2. ed. aum., Porto Alegre: Fabris, 1995.

WATZLAWICK, Paul; HELMICK BEAVIN, Janet; JACKSON, Don D. *Pragmática da Comunicação Humana*. Trad. Álvaro Cabral. 8. ed., São Paulo: Cultrix, 1996.

WILSON, John. *Pensar com Conceitos*. Trad. Waldéa Barcellos. São Paulo: Martins Fontes, 2001.

WITTGENSTEIN, Ludwig. *Cultura e Valor*. Trad. Jorge Mendes. Lisboa: Edições 70, 2000.

_____. *Da Certeza*. Trad. Maria Elisa Costa. Lisboa: Edições 70, 1998.

_____. *Investigações Filosóficas*. Trad. Marcos G. Montagnoli. Petrópolis: Vozes, 1994.

_____. *Tractatus Logico-Philosophicus*. Trad. Luiz Henrique Lopes dos Santos. São Paulo: USP, 1993.

XAVIER, Alberto. *Tipicidade da Tributação, Simulação e Norma Antielisiva*. São Paulo: Dialética, 2001.

Cadastre-se e receba informações sobre nossos lançamentos, novidades e promoções.

Para obter informações sobre lançamentos e novidades da Campus/Elsevier, dentro dos assuntos do seu interesse, basta cadastrar-se no nosso site. É rápido e fácil. Além do catálogo completo on-line, nosso site possui avançado sistema de buscas para consultas, por autor, título ou assunto. Você vai ter acesso às mais importantes publicações sobre Profissional Negócios, Profissional Tecnologia, Universitários, Educação/Referência e Desenvolvimento Pessoal.

Nosso site conta com módulo de segurança de última geração para suas compras. Tudo ao seu alcance, 24 horas por dia. Clique **www.campus.com.br** e fique sempre bem informado.

w w w . c a m p u s . c o m . b r
É rápido e fácil. Cadastre-se agora.

Outras maneiras fáceis de receber informações sobre nossos lançamentos e ficar atualizado.

- ligue grátis: **0800-265340** (2ª a 6ª feira, das 8:00 h às 18:30 h)
- preencha o cupom e envie pelos correios (o selo será pago pela editora)
- ou mande um e-mail para: **info@elsevier.com.br**

Nome: _____
Escolaridade: _____ ❑ Masc ❑ Fem Nasc: __/__/__
Endereço residencial: _____
Bairro: _____ Cidade: _____ Estado: _____
CEP: _____ Tel.: _____ Fax: _____
Empresa: _____
CPF/CNPJ: _____ e-mail: _____
Costuma comprar livros através de: ❑ Livrarias ❑ Feiras e eventos ❑ Mala direta
❑ Internet

Sua área de interesse é:

❑ **UNIVERSITÁRIOS**
❑ Administração
❑ Computação
❑ Economia
❑ Comunicação
❑ Engenharia
❑ Estatística
❑ Física
❑ Turismo
❑ Psicologia

❑ **EDUCAÇÃO/ REFERÊNCIA**
❑ Idiomas
❑ Dicionários
❑ Gramáticas
❑ Soc. e Política
❑ Div. Científica

❑ **PROFISSIONAL**
❑ Tecnologia
❑ Negócios

❑ **DESENVOLVIMENTO PESSOAL**
❑ Educação Familiar
❑ Finanças Pessoais
❑ Qualidade de Vida
❑ Comportamento
❑ Motivação

20299-999 - Rio de Janeiro - RJ

O SELO SERÁ PAGO POR
Elsevier Editora Ltda

CARTÃO RESPOSTA
Não é necessário selar

Cartão Resposta
0501 20048-7/2003-DR/RJ
Elsevier Editora Ltda
CORREIOS